対比列伝

ヒトラーとスターリン

第3巻

アラン・ブロック

鈴木主税＝訳

草思社文庫

対比列伝　ヒトラーとスターリン【第3巻】　目次

＊原注は第4巻の巻末にまとめて掲載。

対比列伝　ヒトラーとスターリン【第3巻】

第13章 無効にされた一九一八年

ヒトラー　一九三四―一九三八（四四―四九歳）
スターリン　一九三四―一九三八（五四―五九歳）

1

一九三三～三四年は、ナチのドイツにおいてもソ連においても、外交政策が移り変わる時期となったが、その理由は非常に異なっていた。ヒトラーの基本的な前提条件は、ドイツが軍事力を回復するまでは何としても戦争の危険を避けなければならないことだった。かつて戦場で戦った一人の兵士として、彼は思い入れたっぷりに戦争の恐怖を語った。そして、新政権は平和を希求するというのが、ドイツのプロパガンダの主要なテーマとなった。これには、イギリス、フランス、そしてヨーロッパの他の弱小国の世論に強く働きかける狙いがあり、彼はその間に再軍備計画を猛然と進めたのである。

当分のあいだ、ヒトラーはオーストリアとダンツィヒのナチ、およびチェコスロヴァキアとポーランドのドイツ系少数民族にたいし、帝国への合併を要求して周囲に警戒心を起こさせないよう、自粛を求めた。そのかわりに、自国をボリシェヴィズムの脅威からヨーロッパ文明を守る強いドイツとして前面に押しだした。しかし、ヨーロッパの秩序をつくりあげ、それを保障するための協力体制に加わるよう迫られると自分の手を縛ることになりかねないので、その種の関わりあいをいっさい避けた。唯一、ヒトラーが認めたのは、一九三四年のポーランドとの不可侵条約や一九三五年の英独海軍協定のような二国間の取り決めだけで、それらは、自分の目的にそぐわなくなったときにはいつでも破棄できるようにしておいたからである。

スターリンもまた、一九三三～三四年という時期に、国際情勢とソ連の外交政策を再検討する方向に進んでいた。ソ連は敵対する資本主義国に包囲されており、そのソ連を代表するのが共産党だというのが信条だったにもかかわらず、実際は内戦と連合国による介入が終わったあと、ソ連は何ら脅威を感じることなく、三〇年代の初めまで独自に発展の道をたどることができた。三三年十一月、アメリカと外交関係を樹立したのを機に、すべての列強をはじめ他の国々の大半も、ソヴィエト政府をロシアの合法的な政府として承認し、通商関係を結んだ。しかし、共産党政府は世界革命に献身する組織、コミンテルンの総本山としての自らの役割を捨てず、いぜんとしてそのことが関係の正常化を妨げていた（二八年のコミンテルン第六回大会において、この組織のソ連への従属が明白になった。そのことは、コミンテルンは世界の社会民主主義政党を主な攻撃目標にせよというスターリンの呼びかけを受け入れたことを見ればよくわかる)。

スターリンの最大の関心事は、終始一貫してソ連で自分自身の革命を遂行することだった。ソ連は自国を防衛する備えがなければならない。強力な軍事産業をつくりあげることが工業計画における最優先事項となった。しかし、彼の最大の目標は、戦争を回避することであり、これが現実に重大な問題になってくるのは、ようやく一九三一～三二年になってからである。

外交政策の優先順位が比較的低かったことを示すのは、ゲオルギー・チチェーリンも、一九三〇年に彼にかわって外務人民委員になったマクシム・リトヴィノフも、政治局のメンバーではなく中央委員会の委員にすぎなかったという事実である。三〇年代にソ連の外相としてリトヴィノフが国外で確固たる名声をあげたことは、スターリンがそれを手柄として認めこそすれ、リトヴィノフがソ連の政策を決定したわけではなく、彼としては自分で外交政策に影響をおよぼしたいと願ったかもしれないが、しょせんは政治局の見解や政策の公式の代弁者だったことを意味したにすぎない。政治局員が集まって外交問題を話しあうとき、リトヴィノフもよく同席した。しかし、スターリンは外務省が頼りにする情報源以外にも独自のパイプ――たとえばＮＫＶＤなど――をもち、随時介入することができた。スターリンの見解は絶対的なものだったのである。

ソ連は、侵略的な日本の台頭にたいして、後年ヨーロッパで行なったように、いろいろな戦術を組み合わせて対抗した。一九三一年に、日本が満州を占領したあとでソ連がとった第一の戦術は、日本への不戦条約の申し入れである。ソ連は、この宥和政策（東清鉄道の売却を含む）を四一年までつづけることになる。二番目は、ブリュッヘル元帥指揮下のソ連極東軍を増強したことである。三〇年代の一連の国境紛争ではしばしば大規模な軍隊が動員されて戦闘が行なわれたが、ソ連は日本にたいして、ソ連の極東地方を征服しようと思えば中国を侵略するよりも高くつくことを思い知らせようとした。

一九三二年の第三の行動方針は、中国共産党を介して中国国民党に圧力をかけ、党首の蔣介石が日本からの挑戦を受けて立つように仕向け、また二八年以来断絶していた中ソ関係の復活を認めさせることだった。そうすることで、中国と日本が結託してソ連に対抗するのを防ごうとしたのである。

ソ連の指導部にとって、ヨーロッパで戦争が起こる危険性がどれくらいあるか、そしてそれにどう対処するかを見きわめるのが、ますます困難になっていた。イギリスもフランスも資本主義国であり、敵国と考えられたが、さし迫った脅威になるとは思われなかった。ドイツもしかりで、この国は経済危機によってどの国よりも深刻な打撃を受けていた。第一次世界大戦では、ドイツにロシアの広大な領土を占領され、ソ連はブレスト－リトフスク条約で味わった屈辱を決して忘れたわけではないが、ドイツが武装解除されてしまい、二国が軍事と経済の分野で一九二〇年代を通じて密接に協力してきたことによって、それも帳消しになっていた。

ドイツにおける国家社会主義の台頭は、共産党の票もそれに匹敵する着実な増加ぶりを示したので、ドイツの資本主義デモクラシーが崩壊に瀕している証だと考えられた。マルクス主義者の立場から見れば、ヒトラーは銀行家と産業資本家の代弁者にすぎず、最初はまともにとりあうつもりもなかった。ソ連の公式の見解では、ヒトラー政権はどのようなかたちをとったところであくまでも過渡的なものであり、共産党の指導のもとに団結したドイツの労働者層に政権を獲得するまたとない機会を与えてくれるはずだった。しかし、ソ連はこれが錯覚であることがわかったあとでも、ドイツが再軍備によってソ連を攻撃しうる軍事力をもつにいたるまでには何年もかかると踏んでいた。

一方、ヒトラーが口をきわめて共産主義を罵倒しつづけ、ドイツでソ連市民が手荒く扱われる事件が起こったにもかかわらず、スターリンは二国間の友好関係や協力体制の維持を断念しようとはしなかったし、ドイツの軍部と外務省もやはりそれを望ん

スウェーデン
エストニア
ラトヴィア
リガ
モスクワ
ドヴィナ川
バルト海
メーメル
リトアニア
ヴィリニュス
ミンスク
ソヴィエト連邦
東
プロイセン
オーデル川
ヴィスワ川
ベルリン
ワルシャワ
ポーランド
1939年9月、
ドイツが占領
1939年9月、
ソ連が占領
キエフ
ドニエプル川
ボヘミア－モラヴィア：
1939年3月、ドイツが占領
スロヴァキア
ウィーン
ハンガリーが
占領
オーストリア
ハンガリー
ルーマニア
黒海
ユーゴスラヴィア
ブルガリア
イスタンブール
ローマ
アルバニア
トルコ
ギリシア
アルバニア：
イタリアが併合
20
30

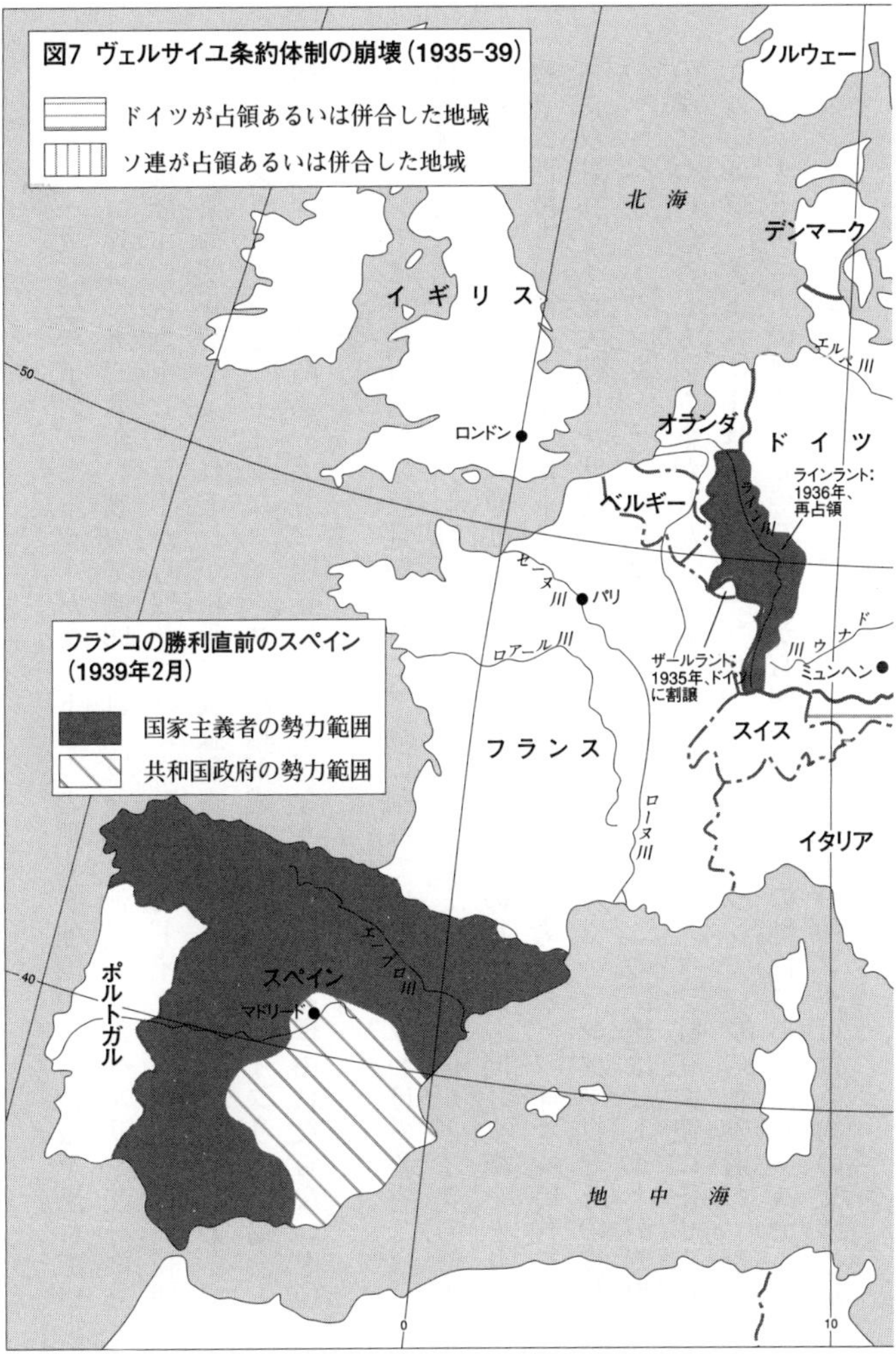
図7 ヴェルサイユ条約体制の崩壊(1935-39)
ドイツが占領あるいは併合した地域
ソ連が占領あるいは併合した地域
ノルウェー
北海
デンマーク
イギリス
エルベ川
50
ロンドン
オランダ
ドイツ
ラインラント:
1936年、
再占領
ベルギー
ライン川
セーヌ川
パリ
ドナウ川
フランコの勝利直前のスペイン
(1939年2月)
ロアール川
ザールラント:
1935年、ドイツに割譲
ミュンヘン
国家主義者の勢力範囲
共和国政府の勢力範囲
スイス
フランス
ローヌ川
イタリア
エブロ川
ポルトガル
40
スペイン
マドリード
地中海
0
10

でいた。一九三三年五月、ヒトラーがまだドイツの孤立と他国からの脅威を恐れていたとき、ソ連は一九二六年に初めて調印され、三一年に延長されたベルリン友好中立条約を批准する合意をヒトラーから取りつけた。三三年にドイツ国防軍と赤軍の長期にわたる協力関係が――それぞれが相手に敬意を表しながら――打ち切られたあとでさえ、スターリンは、ドイツにファシスト政権が成立することは、イタリアの場合と同様、二国間に友好関係を保ち、相互に通商を行なうのを妨げる理由にならないという自らの見解を表明した。

ベルリンでは、政府内部の意見がつねに二つに割れていた。とりわけ外務省では、東方派と西方派にはっきり分かれていた。前者は、ソ連との協力関係がドイツの修正主義的な目標を追求する際に重要な資産になるという軍の指導部と同じ立場をとり、後者は西欧と協調することがドイツの国益に最もかなうと考えた。ワイマル時代のモスクワ駐在ドイツ大使ウルリッヒ・フォン・ブロックドルフ-ランツァウとその後任のヘルベルト・フォン・ディルクセンは熱烈な東方派で、この伝統はヒトラーが首相の座についたあとも引き継がれた。一九三三年十一月にモスクワ駐在大使に任ぜられたルドルフ・ナドルニーは、フォン・ブロックドルフ-ランツァウの信奉者だった。また、ナドルニーの後任として三四年から四一年までその地位にあったウェルナー・フォン・デアア・シューレンブルクは、結局、一九三九年の独ソ不可侵条約の交渉に加わることになった。

しかしヒトラーは、ソ連を冷たく突き放すこともしなければ、積極的に関わろうともしなかった。ドイツが軍事力を回復するまでは、ソ連と正面切って仲違《なかたが》いする――もしくは反対に関係を密にする――必要はないと考え、またそれを望みもしなかった。独ソ関係はとくに冷え切っていたわけではなかったが、ドイツの外交官が関係改善の努力をつづけても、またスターリンがモスクワから打診しても、それ以上の進展は見られなかった。二国間の通商関係はなりゆきまかせの状態がつづいていたが、貿易はワイマル時代よりもずっと低い水準に落ちていた。

スターリンは、可能であればドイツとの協調関係を樹立することが望ましいという考えを捨ててはいなかった。とくに、それに力を得たヒトラーが西欧諸国と反目するようになれば理想的だった。ソ連はベルリンで、またモスクワのドイツ大使館を通じて歩み寄りの努力をつづけることになる。しかし、スターリンは忍耐強く、関係の樹立を地道に模索してはいたが、その方面にあまり希望を託していなかった。主眼が置かれていたのは、ソ連軍の増強である。一九三三年、赤軍および海軍の支出は一四億ルーブル以上にのぼった。三四年には国防人民委員部に五〇億ルーブルの予算が認められた。三四～三五年は、トゥハチェフスキーの指導のもとに赤軍の近代化と再編成が行なわれた束の間の平穏な時期となった。最終的に決められた方針は、極東と西方の前線を分離し、それぞれが独立して行動できる別々の軍隊をつくりあげるというものだった。

それと同時に、もう一つの可能性として、戦争を回避するための外交努力もつづけられた。この傾向をはっきりと示す最初の兆候は、リトヴィノフが一九三三年末にソ連邦中央執行委員会で行なった演説に見てとれる。「もし外交というものをその時代ごとに分けることが可能だとしたら、われわれは現在、疑いもなく二つの時代の接点にさしかかっている……」。新しい帝国主義戦争の時代が始まろうとしており、リトヴィノフは『わが闘争』のなかで宣言されている「銃火と剣で東方に拡大する道を切り開き……ソ連の諸民族を奴隷にする」というヒトラーの意図をその証だとした。リトヴィノフは、独ソ関係改善の望みを捨ててはいなかったが、ソ連は「わが国と同じく、平和の維持を真摯に願望していることが明らかな国々」とのより緊密な関係に特別な関心を払い、「平和を破ろうとする国々には抵抗していく」と表明した。[*1]

リトヴィノフの演説が示しているのは、国際連盟への加盟（一九三四年九月）にいたったソ連の急激な路線変更――ソ連の新聞はそれまで国際連盟を「盗賊連盟」と揶揄していた――であり、その後の四年間、ソ連は国際連盟のなかで集団安全保障政策を追求した。武力に代わるこの取り組みを真っ先に主張し、かつその象徴となったのが、リトヴィノフその人だった。イギリス人を妻にもつ往年のボリシェヴィキの一人だが、ユダヤ人の血を引くことから、まぎれもなく反ナチ感情をもっていた。彼は、ジュネーヴでスターリンに貢献したことから、粛清を免れ、独ソ戦後に政界に復帰し、最後は天寿をまっとうしている。

ソ連がパートナーとして選んでいたのは、明らかにフランスだった。フランスは第一次大戦前にロシアと同盟を結んでいた。ドイツが国際連盟を脱退し（一九三三年九月）、ヒトラーがポーランドとの不戦条約を締結すると、フランスの外相ルイ・バルトゥー（『わが闘争』を読んでいた）は、フランスの同盟体制を復活させようとして積極的に動きだした。一九三四年夏のあいだに、バルトゥーとリトヴィノフはジュネーヴで会談し、二つの新しい条約案について合意した。

「条約履行」政策——ヒトラーはこれを非難した——にのっとって、シュトレーゼマンが交渉にあたった一九二五年のロカルノ条約により、ドイツはフランスおよびベルギーとのあいだで、ヴェルサイユ条約により確定された西部国境を、ラインラントの非武装地帯を含めて維持することに同意していた。この協定は、イギリスとイタリアによって保証された。しかし、ドイツは東部における同種の条約については合意を拒んでいた。戦後の国境を自ら認めることになるからである。二つのバルトゥー－リトヴィノフ計画の一番目は、東部においてロカルノ条約に似た構想を復活して、ソ連、バルト諸国、ポーランドおよびチェコスロヴァキアを含む相互援助条約を提案することだった。すなわち、ソ連は国際連盟に加盟し、ソ連およびドイツは隣国の攻撃から保護される。その際、ドイツの再軍備をフランスに承認させるばかりでなく、場合によってはドイツを国際連盟に再加入させる。そのかわりに、各国は相互援助条約の加盟国を相手に戦う覚悟でなければ、東ヨーロッパにおける侵略行為をすべて断念しなければならない。二番目は、単独の仏ソ条約で、先に提案されている「東欧ロカルノ条約」調印国からの侵略にたいして、フランスはソ連への援助を約束し、ソ連はロカルノ条約調印国がフランスにたいして負う義務を引き受けるとした。

スターリンの観点からすると、これら二つの構想が実現すれば、望むもののすべてが手に入ることになる。すなわち、ソ連はヨーロッパの政界に復帰し、以後、孤立する危険がなくなる。そして、ドイツまたはポーランドからの侵略にたいする保証が得られ、同時にこの両国にもソ連の攻撃にたいする保証を与えるのである。ヒトラーの観点からすれば、そのような協定は最も望ましくないものだった。この協定は東方に生活圏を確保するという自身の長期計画を断念することを意味し、また事前に自らの手を縛ることになるとしてヒトラーが全面的に反対を唱える多国間条約そのものなのである。ドイツもポーランドも、ソ連が国際連盟に加盟したその月（一九三四年九月）に調印を拒否した。

バルトゥーは明らかに、ドイツが拒否することを予期していた。彼はフランスの内閣に、たとえヒトラーが加盟を拒否しても両方の条約を推進すると語っていたのである。しかし、一九三四年十月、ユーゴスラヴィアのアレクサンダル王が訪問先のフランスでクロアチアのテロリストに暗殺されたとき、その馬車に同乗していたバルトゥーも殺害された。フランス外相の地位は、彼の計画に反対していたただ一人の閣僚ピエール・ラヴァルに引き継がれた。

ラヴァルはバルトゥーの東欧条約計画を公然としりぞけたりはしなかったが、実質的にそれをひっくりかえしてしまった。バルトゥーが意図したように、ドイツを引き入れる努力をするかわりに、ラヴァルは永続的な仏独協定を結ぶ計画を立てた。ドイツは彼にありとあらゆる激励の言葉を述べたが、ラヴァルは何の言質も与えなかった。そして、バルトゥーの提案が実体を失い、総合的なヨーロッパ協定を話しあう要領を得ない議論になっていくのを満足げに眺めながら、ドイツは再軍備を急いだ。宥和が誤りであったことが明らかになるのは、一九三五年一月に予定されたザール地方の住民投票が行なわれる直前の時期だった。ザールの住民はドイツと合併するか、フランスと合併するか、それとも国際連盟の管理下に残るかを選ぶことになっていた。ザールをドイツに取り戻す手段として、ヒトラーは圧倒的な勝利を得ることに全力を集中し、他方、ラヴァルはドイツが大量の得票をすれば、障害が一つ取り除かれ、その後の仏独関係がよくなるだろうと希望して、いかなる事件も起こらないよう最善を尽くした。

ヒトラーはフランスおよびイギリス政府の態度を知れば知るほど、いま自分がもっと大胆な行動に出ても、英仏はかならず抗議するだろうが、妨害される危険を冒すことにはならないと確信するようになった。ザールの住民投票さえまだすんでいないのに、彼は閣議でこう語っている。「フランスは予防戦争の機会を完全に失った。これを見ても、フランスが友好回復に向けて努力しているのがよくわかる」[*2]。イギリスおよびフランスの態度を勘定に入れたドイツの戦略は、一九三五年一月に再確認された。交渉はするが、ドイツの再軍備を制限したり、ドイツを巻きこんで包括的な解決を図る協定には絶対に合意しない。交渉に応じるのはドイツが再軍備の時間かせぎをするためである。ヒトラーにとって真に問題となるのは、自分がこれ以後も進んでイニシアティブをとるべきかどうかだった。

ザールで九〇パーセントの票がドイツとの再合併に賛成したことを、ナチはヴェルサイユの束縛をふりほどいて踏み出す第一歩だとして歓迎した。ヒトラーはそれにつづいて、敗戦国ドイツに課されていた、はるかに重要な禁止事項を一方的に破棄する挙に出た。一九三五年三月、ベルリンはすでにドイツ空軍が存在することを発表した。そして、一週間後——この発表が巻き起こした反応を確かめるために、ちょっと間をおいて――ドイツ政府は徴兵制を再導入し、五五万の兵力をもつ三六個師団からなる平時の軍隊を創設することを公にした。

この発表は、ちょうど同じ週末の戦没者追悼記念日に合わせて行なわれたため、忌わしいヴェルサイユ条約を廃棄してドイツ軍を再建するというその主張は、燃え上がる熱狂的な愛国心の発露に迎えられた。それは当然のようにも思える。しかし、イギリスとフランスはどんな反応を示すだろうか。イギリスは厳しく抗議した。そして、そのあとでヒトラーに、イギリスの外相サー・ジョン・サイモンを迎える用意があるかとたずねた。フランスは国際連盟に提訴し、ロカルノ条約調印国――イギリス、イタリア、フランス――の会議をストレーザに召集したが、彼らは懐柔策を模索し、緊張を除く必要性について協議した。このような議題は、行動によって抗議の意志を示そうという場合には適当だと思われない。

イギリス外相が国際連盟担当相アンソニー・イーデンをともなってベルリンに着いたとき――訪問そのものがヒトラー外交の勝利だった――彼らは丁重に迎えられたが、ヒトラーが反共主義のカードを巧みに使って主要な問題を避け、ソ連を含む相互援助条約に調印することを断固として拒否しつづけるつもりであることを知らされた。ヒトラーは、ドイツが再軍備することによってヨーロッパを共産主義の脅威から守るうえで大いに役立っていると公言した。

四月、ロカルノ条約調印国である三国はストレーザに集まって、ドイツの行動を非難し、ロカルノ条約の遵守とオーストリアの独立支援を再確認した。そのあと、彼らは国際連盟理事会（このとき、ソ連もすでに議席をもっていた）を開き、この次に義務を放棄して平和を脅かす国が出たとき、いかなる処置を取るべきかを検討する委員会を設置した。結局、ラヴァルはフランス首相になった五月二日に、バルトゥーの大構想のうちでわずかに残った仏ソ相互援助条約の調印にしぶしぶ同意した。

いわゆるストレーザ戦線が、見かけ倒しにすぎないことはまもなく明らかになるのだが、ヒトラーは国際連盟が満場一致で非難にまわり、ドイツが孤立する可能性も考慮に入れなければならなかった。五月二十一日、ヒトラーは最高司令官として宣戦を布告し動員を命じる権利を自らに与える、改定国防法に署名し、国会で演説した。彼は、西欧民主主義諸国の平和を希求する心情を直観的に理解し、それを恣意的な一方的行動と巧みに結びつける自らの能力――ドイツ人の幻想をうまく利用したのと同じ手腕――を遺憾なく発揮した。

過去三〇〇年間に、ヨーロッパ大陸では大量の血が流されてきたが、各国は流した血の量に見合う結果を得ているとは言えない。つまるところ、フランスはフランス、ドイツはドイツ、ポーランドはポーランド、イタリアはイタリアであることに変わりはないのだ。王家のエゴイズム、政治的情熱、そして盲目的な愛国心が、一見いかにも遠大な政治的変革の途上で、おびただしい血を流して達成したことといえば、国民感情に関するかぎり、せいぜい諸国民の皮膚を撫でたにすぎないのである……戦争のもたらす最大の影響は、国の精華を枯らしてしまうことである……ドイツには平和が必要であり、ドイツは平和を望んでいる。そして、イギリスの政治家が、そのような保証は無に等しい、誠実さを証明する唯一の手段は集団的な条約に署名することだなどと言うのを聞くとき、私はイーデン氏にぜひとも次のことを覚えておいていただきたいと思う……いざというときには態度を変えればいいと心中ひそかに期して条約に調印するほうが、全国民の前で平和に寄与する政策を忠実に守ると公言するよりも、ときにはずっと容易なのである。なぜなら、公約を守り通すというのは、戦争の原因になりうるあらゆるものを拒絶するということだからである。[*3]

ヒトラーは、集団安全保障はウィルソンが示した一つの理念であるが、戦後処理で受けた扱いによって、ドイツはもはやウィルソン主義的な思想をまったく信用できなくなってしまったと指摘した。ドイツは平等の地位を否定されて、二流の権利しかない国家として扱われ、他の国々が口では軍縮を約束しながら実行しなかったせいで再軍備に追いこまれた。このような経験にもかかわらず、ドイツはなおも安全保障を求めて協調する覚悟である。しかし、われわれドイツには多国間条約が有効だとは思えない。それは、戦争を局地にとどめるかわりに、拡大させるものである。そして、ボリシェヴィキのロシアには、ヨーロッパの独立を破壊すると誓っている国家がある。国家社会主義のドイツはその国と絶対に折り合いをつけるつもりはない。多国間条約に代えて、ドイツは近隣のすべての国に不戦条約を申し出た。そのような条約を結んだ結果、ポーランドとの関係が好転したことを見れば、それが平和にどれほど貢献するかがわかるというものである、と。

ヒトラーは、いかにももっともらしく親善の意を表明することによって、自分の申し出を裏づけようとした。ヴェルサイユ条約の武装解除条項を破棄したといっても、ドイツがその条約の他の条項——ラインラントの非武装化を含む——やロカルノ条約の他の義務規定を厳格に尊重していくことには変わりがない。ドイツには、オーストリアを併合しようなどという意図はないし、イギリスとフランスの提案どおりに、空からの攻撃についての取り決めをし、ロカルノ条約を強化する用意がある、と。ヒトラーは、ドイツの海軍力をイギリスの海軍力の三五パーセントに制限する意志がある点をとくに強調した。また、ドイツは最重量級の戦車と大砲のような重兵器を廃止し、国際的な協定に従って爆撃機と毒ガスを制限する用意がある。さらに、他のすべての国にも適用されるならば、軍備の総体的な制限を受け入れる用意もある。

これこそヒトラーが、国際連盟を脱退したあとでラウシュニングに語っていた、以前にも増して国際連盟のものの言い方にのっとって話すということの真意だった。このとき、ヒトラーはさらにこうつけ加えている。「私が世界平和と軍縮および相互安全保障条約について話すのを聞けば、わが党の同志はかならずその真意を理解してくれる!」と。[*4]

そのヒトラーにさえ、三週間も経たないうちに自分の言葉に決定的な反応が現われることは予想できなかっただろう。『わが闘争』のなかで、彼はイギリスと同盟することの重要性をことのほか強調していた。ドイツの将来は東方に、つまり大陸にある。一方、イギリスはその国力の基盤が植民地と通商と海軍にあり、ヨーロッパ大陸には関心がないので、ごく自然に同盟国になれる。このことを理解せずして、同時にイギリスおよびロシアと争う愚を避けえなかったことを、ヒトラーは帝政ドイツの最大の失策と見なした。

すでに一九三四年十一月、ヒトラーはドイツの造船所の生産能力と原料となる資源を最大限に活用してドイツ海軍の艦船建造を進めることで、レーダー提督と合意していた。しかし、これには陸軍の軍備増強よりもずっと長い時間がかかった。そこでヒトラーは、その期間中、自ら制限を課する——独断でイギリスの海軍力の三分の一と決めた――ことによりイギリスの好意を確実につないでおくのが得策だと考えた。どのみち数年間は、ドイツ海軍がそこまで到達するのは不可能だった。三四年十一月、この数字とともにドイツに海軍交渉を行なう意志があることがイギリスに伝えられ、翌年三月、イギリス外相サー・ジョン・サイモンおよびイーデンとの会談の席上でも再び伝えられた。イギリス海軍の覇権を認めることは大きな譲歩だとヒトラーは主張し、三五年三月末、野心満々のリッベントロープに機会を与え、もしイギリスが彼の提案を取り上げたなら、すぐに出向き、協定について交渉してくるようにと指示した。

フランスおよびイタリアとともにドイツの再軍備を非難したばかりであるにもかかわらず、また提案の内容についてはどちらの国にも何も言わず、イギリス内閣は六月四日にリッベントロープと会うことに同意した。その翌日になると、彼らはドイツ海軍の再軍備を大筋において認めたばかりでなく、くわしい話しあいに入る前にまず承認してもらう必要があるというリッベントロープの主張に応じて、イギリスの海軍力の三五パーセントというドイツの主張も受け入れた。イギリスはさらに潜水艦――一九一七年ですらイギリスにほとんど致命的な打撃を与えていた――については、イギリスの四五パーセントを主張するドイツの要求も呑んだ。それは最終的には一〇〇パーセントとなり（一九三八年に達成）、その時点では過去の条項違反も合法とされた。

ヒトラーの二国間外交の勝利が既成事実となったとき、イギリスはようやく利害が共通する他の国々に相談した。フランスは激怒し、かつての連合国の裏切りに憤慨した。ドイツとの交渉で足並みを揃えるためにさんざん努力したあとだったから、彼らがそれを裏切りと見なすのも当然だった。ストレーザ戦線は崩壊したのである。イギリスは弱いと踏んでいたヒトラーばかりでなく、ムッソリーニもその感をいっそう強くした。フランスとイギリスは、ムッソリーニのエチオピア征服計画に関する新しい危機に直面したとき、すでに仲間割れしていたのである。

ストレーザ会議で、イギリスの首相と外相はドイツにたいする統一戦線を維持するために、エチオピア問題をもちだすのを慎重に避けた。ムッソリーニが平和維持の原則に「ヨーロッパにおいては」という限定的な文言を挿入したときでさえ、反対しなかった。このことから、イタリアの指導者は自分の計画が黙認されたと受け取ったらしい。ラヴァルはドイツと協定にこぎつけ、かつオーストリア併合を防ぐにあたって、イタリアの支持を失うくらいなら、ムッソリーニのアフリカにおける冒険を黙認してもよいと覚悟していた。それまでのところ、一九三五年三月にエチオピアが国際連盟に提出した訴えは慎重に扱われていた。しかし、イギリスの世論は、ムッソリーニにどれほど抵抗できるかということを集団安全保障の試金石と見なした。そこで、国際連盟が九月に会議を開いたとき、イギリス政府は先頭に立ってイタリアにたいする制裁を要求して、それを課することにした。これによって、イギリスはムッソリーニを怒らせたばかりでなく、四カ月のあいだに二度も世界を唖然とさせたことになる。

イギリスの行動が弁護されるとしたら、その前提となるのは、戦争になるのを辞さずに制裁を支持する覚悟があるかどうかである。そのようにして集団安全保障を有効なものとし、相手がドイツであろうとイタリアであろうと、その国による侵略を阻止できるかどうかである。十月、イタリアとエチオピアとのあいだに戦争が勃発してイギリスの真意が試されることになったのだが、イギリスのスタンリー・ボールドウィン政府はその両方の面で最悪の事態を招いた。まず、制裁を課するべきだと主張してムッソリーニを敵にまわし、ドイツによる侵略にたいして統一戦線を張る望みをつぶしてしまった。次に、ムッソリーニの脅しに直面して制裁を実効あるものにできず、集団安全保障に託された希望と国際連盟の権威に致命的な打撃を与えたのである。

ヒトラーはエチオピア危機に際し、終始一貫して断固たる中立政策をとり、そこから引き出せる利益をすばやく見てとった。西欧列強とイタリアの関心は、もっぱら地中海にあり、ドイツの再軍備から目をそらしていた。そのため、相互条約のさまざまな提案は、ドイツの側でこれ以上の行動に出る必要もなく終止符が打たれてしまった。イタリアが力くらべで負ければ、中央ヨーロッパと南東ヨーロッパにおいて、オーストリア併合を含むドイツの野心にたいして抵抗を組織する力が弱まるにちがいない。もし勝てば、いっそう国際連盟の信用が落ちて、フランスとイギリスは今後の侵略行為を阻止する自信を失うだろう。ヒトラーが一つだけ恐れたのは、この争いがホーア－ラヴァル協定*のような妥協で一時的に鎮まるかもしれないことだった。結果はムッソリーニの勝利となったが、彼は西欧諸国に激怒して孤立し、初めてドイツからの同盟の提案に耳を傾ける気になった。

『わが闘争』のなかで、ヒトラーはイタリアとイギリスをひとまとめにし、生活圏を獲得しようとして猛攻撃をかけるときに、ドイツが同盟を結ぶべき二つの国だと見なしていた。だが、それまでのところは、ムッソリーニがオーストリアの独立を保証したこと、また南東ヨーロッパにイタリアの勢力圏をつくる野心を抱いていることが妨げになっていた。のちに彼が認めるように、ローマ－ベルリン枢軸の構想が生まれたのは、一九三五年秋、エチオピア危機のさなかだった。

* 原注：イタリアのエチオピア侵略にたいして勇ましく団結を呼びかけておきながら、就任したばかりのイギリス外相サー・サミュエル・ホーアは、ひそかにラヴァルと調停計画の交渉をしたが、その計画ではイタリアが占領したエチオピア領土の大半をそのままムッソリーニの手に残すことになっていた。これが新聞にすっぱ抜かれたとき、たちまちあがった抗議の声に押されて、二人は一九三五年十二月に辞任せざるをえなくなった。

2

ソ連は、国際連盟に加入したときをもって、一九一七年にボリシェヴィキが権力を握り、帝政ロシアが連合諸国と結んだ秘密条約を公表したとき以来つづいていた孤立状態を脱した。しかし、ソ連の指導者が世界の変化に適応できるようになるには、まだ時間がかかった。彼らは、イギリスとフランスはソ連が最も恐れるべき二大帝国主義国であるという固定観念を最初に抱いて以来、その感覚をひきずっていた。国際連盟がエチオピア危機でしくじり、イギリスとフランスが割れてその指導力の弱さが明るみに出るにいたってようやく、ソ連は次のことを理解したのである。もっと重大な問題になる可能性を孕《はら》むのは、もはや二つの西欧民主主義国ではなく、「侵略国家」のドイツと日本およびイタリアである、と。ソ連にとっての安心材料は、資本主義諸国の足並みが乱れていることであり、彼らが団結してソ連を攻撃するという共産主義者の心に深くしみこんでいた恐怖（ストレーザ戦線が結成されてからしばらくのあいだそれがよみがえった）は収まった。

一九三五年五月、ラヴァルを首班とする右翼のフランス政府がためらいながらやっと調印した仏ソ相互援助条約は、それ自体ではソ連の安全保障としてほとんど価値がなかった。その前身とも言うべき有名な一八九〇年代の仏露同盟とは違って、特別な軍事協定もなければ、参謀間の協力の取り決めも、どのような場合に自発的に軍を動員できるかについての規定もなかった。条約が機能する前に、まず国際連盟によって侵略の事実が確認されなければならなかった。条約には、日本がソ連を攻撃した場合、フランスの援助を規定する条項がなかった。そして、一九一四年以前とは違って、ソ連とドイツが国境を接していないので、ドイツがフランスを攻撃した場合、ソ連がフランスの支援におもむく方法についても規定することができなかった。モスクワ宛の電報（一九三五年四月二十二日）で、リトヴィノフはこのことを率直に認めている。

戦争になった場合、軍事面では条約に多くは期待できない。いぜんとして、われわれの安全保障はもっぱら赤軍によっている。この条約は、われわれにとって政治的な意味あいのほうが大きいのである。[*5]

同じ月に調印されたチェコ－ソ連条約と同じように、それはロシアがヨーロッパの政治に復帰したことの象徴であり、いまなおヨーロッパ最大の軍事大国と見なされる国の首相をモスクワまでおもむかせることとなった。スターリンは非常に感銘を受けて、そのお返しに、これまでフランス共産党が反対してきたフランス国防予算を公に認めるとラヴァルに言明した。

ソ連もフランスも、その条約をドイツとの関係改善の試みと相容れないものではないと考えていた。だが、双方とも、その条約が相手にとって障害になればいいと期待していた。ラヴァルは、一九三五年の残りの期間に、ドイツとの協定にこぎつけようと大いに努力した。ソ連の指導者も同じだった。モスクワ駐在ドイツ大使には、ソ連はフランスと条約を結んだことによって他の可能性を排除しようとするものではないと、何度も請けあった。三五年夏のソ連とドイツの新しい通商協定の交渉が、この動きを促進するように思われた。

ソ連側で交渉にあたったのは、ベルリンのソ連通商代表部のグルジア（訳注：現ジョージア。以下グルジアと表記）人首席ダーヴィド・カンデラキだった。彼はスターリン直通の電話回線をもっており、スターリンの信頼を得ているということだった。シャハトは初めのうちは協力する気がなかったが、一九三五年六月になって、五億マルクの無条件信用供与を提案した。これは、一〇年にわたる関係において前例のないほど大きな額だった。ソ連は通商交渉を経済問題ばかりでなく、政治的な方向に拡大しようとつとめ、三五年十二月、一九二六年のベルリン条約に不戦条約を追加することもできると提案した。この提案は、三六年にもたびたびほのめかされたが何の応答も引き出せなかった。交渉の結果として得られたものは、きまりきった通商と支払いの取り決めだけだった。フランスの場合もソ連の場合も、反対したのはいずれもヒトラー自身だった。彼は話しあいを長びかせて再軍備のためにもっと時間をかせごうという気にはなったが、どんな約束によっても手を縛られるつもりがなかった。フランスとソ連は、よい代案を見つけられなかったので、三六年二月、仏ソ条約の批准に向かって進んだ。ヒトラーは、すみやかにこの動きをとらえて次に打つ手を正当化した。

ヒトラーがソ連と緊密な関係に入るのを拒んだ主な理由は、ナチ・ドイツを共産主義にたいするヨーロッパの防壁として打ち出せば、イデオロギーの面で有利だからだった。スターリンは、それに対応する自らの反ファシズム人民戦線を捨てるつもりはまったくなかった。これは個々の共産党が適応しようと苦闘しつづけてきたソ連の政策の新しい方向で、七年ぶりに召集された第七回コミンテルン大会（一九三五年七～八月にモスクワで開かれた）で公式に承認された。また、ブルガリア共産党のディミトロフが、執行委員会の書記長に選ばれた。彼はドイツ国会議事堂の放火事件に関連して逮捕され、そのあとの裁判でゲーリングを痛罵して怒らせたことにより世界に名を知られた人物である。

スターリンの行動からして、彼がコミンテルンのことなどほとんど念頭になかったことがわかる。黒海沿岸に滞在したまま、六週間の会期中一度も姿を現わさず、すべてをモロトフとマヌイリスキーにまかせて、各国共産党の代表から何を聞かれてもあらかじめ想定しておいた同意を取りつけさせることで満足していた。そして、これ以降、コミンテルンの大会が開かれることはなかった。しかし、反ファシズム人民戦線は、集団安全保障およびスペイン内戦の共和主義運動を支持したことと同じく、ソ連が一九三〇年代半ばにヨーロッパとアメリカで共感と支援を勝ちえた点で、以前の世界革命の呼びかけよりも大きな成功だった。

「異端者のなかの《イン・パルティブス・インフィデリウム》」共産党と同じく、帝国の外に住むドイツ系住民は、ヒトラーが祖国のために最もふさわしい方法で操ることのできる資産だった。ヒトラーは当然、オーストリアの併合に心をひかれていた。その鍵を握るのがムッソリーニであり、一九三四年に阻止されたときには、彼の介入が決定的にものを言った。三五年一月、ヒトラーはオーストリア・ナチ党の指導者グループに、ドイツが再軍備を完了するまで、行動を起こすのを三年から五年は延ばさなければならないだろうと語った。一方、亡命者からなるナチのオーストリア軍団はバイエルンから遠く離れた地に移され、自重するように命じられた。ドイツの新聞はオーストリアのニュースの報道を禁じられた。

イタリアがエチオピアで大胆な行動を起こし、ムッソリーニがイギリスおよびフランスとぶつかったので、状況は急激に変化しそうだった。ヒトラーは急がなかった。じっと待って、まず地中海と東アフリカで何が起こるかを見守ることにした。そして、ウィーンでも同じ方針を踏襲した。フォン・パーペンに権限を与え、オーストリア首相シュシュニクとドイツ－オーストリア協定を念頭においた非公式の話しあいをつづけさせ、草案までつくらせたが、その先の処置をぐずぐずと引き延ばして、エチオピア戦争の結果が明らかになるのを待った。

ヨーロッパの他の場所のドイツ系少数民族問題を処理するにあたって、ヒトラーがとった戦術に大きな違いがあったことは、南チロルとチェコスロヴァキアおよびポーランドの状況にたいする対処の仕方を比較してみればよくわかる。南チロルは十四世紀から一九一八年までハプスブルク家の領土の一部だった。第一次大戦後、イタリアに編入され、ドイツ語を話す少数民族は絶えず苦しむことになったが、ヒトラーは民族主義的な政治家として彼らを支持することもできたはずである。しかし彼は、一九二六年の時点ですでに、それとは正反対の、しかも一般にまったく支持されない見解をもっていた。つまり、南チロルは重要性においてはるかに大きなドイツ－イタリア同盟のために犠牲にしなければならないと考えていたのである。同盟を結ぶために、彼はドイツ系の少数民族を移住させるつもりだった。

ヒトラーがチェコスロヴァキアに敵意をもつようになったのは、ウィーン時代である。彼は、チェコスロヴァキアを人工的につくられた国であって、フランスの衛星国でしかないと見ていたが、チェコ－ソ連条約締結後は、中央ヨーロッパにおけるソ連の航空母艦にすぎないと言っていた。チェコスロヴァキアに住む三五〇万のドイツ人は、どの国のドイツ系少数民族よりも数が多く、一九三〇年にはチェコスロヴァキアの総人口の二二パーセント以上を占めていた。三五年の選挙では、すでにベルリンから多額の援助を受けていたコンラート・ヘンラインの「ズデーテン・ドイツ戦線」がドイツ系有権者の過半数の票を集め、将来チェコスロヴァキアにたいして内部から利用できる武器としてヒトラーの思いのままに操られていた。チェコの大統領エドゥアルト・ベネシュは、一九三六年から三七年にかけてヒトラーとのあいだに直接協定を結ぼうと努力したが、うまくいかなかった。機が熟せば、ヒトラーは手の内を明かすつもりだったが、それまではチェコスロヴァキアに何も告げないでおくことにしていたのである。

ポーランド（ダンツィヒを除く）のドイツ系少数民族は、一九三一年に七四万四〇〇〇人で、人口の二・三パーセントにすぎなかった。しかし、一度もドイツ帝国下に入ったことがないズデーテンのドイツ人と違って、ポーランドのドイツ系少数民族は一九一八年以前はドイツ帝国の国民だった。この場合、ワルシャワ政府との和解を求めたのは、ヒトラーのほうだった。これは、失地回復を求めるドイツの国家主義者の長年の要求に反する取り決めだった。上シュレージエンでは、とりわけ経済の分野で、その地位を保とうとドイツ系少数民族が苦闘し、帝国への併合を求める攻撃的な大管区指導者アルベルト・フォルスター指揮下のダンツィヒのナチが絶えず圧力をかけていたので、ドイツ－ポーランド関係は相変わらずぎくしゃくしていた。しかし、ヒトラーはそのような問題が自分の始めたポーランドとの協調路線の妨げにならないようにする決意を明らかにした。少なくとも二、三年のあいだ、東ヨーロッパでフランスの第一の同盟国であるポーランドに中立を保たせておくほうが大切なので、ダンツィヒの住民とドイツ系少数民族の利益は二の次にし、ポーランドがフランスのみならずソ連も含む同盟に加わるのを阻止しなければならなかった。そんなことになれば、ヒトラーがかねてから思い描いていた東方への最終的な攻撃が妨害されることになるのである。

一九三五年と三六年にまたがる秋から冬にかけて注目を集めたのは、制裁がイタリアにおよぼす影響と、イギリスおよびフランスがその制裁を石油にまで拡大してイタリアと最終的に決裂するところまで突き進むかどうかだった。パリとロンドンではすでに、ヒトラーがこの重大な事態を利用して、ヴェルサイユ条約によりドイツ軍の駐留が禁じられているラインラントを再武装する可能性について話しあいが行なわれていた。

フランスの文書によれば、警告を受けていたにもかかわらず、フランス政府（一九三六年一月にラヴァル内閣が瓦解して、アルベール・サローが率いる暫定政府に代わっていた）とフランス軍の参謀部は、どちらの可能性についてもそれに対処するための計画を立案できないでいた。イギリスもフランスと同じく、ありえないだろうという希望的な観測のもとに、そのような状況に立ち向かう用意をしていなかった。「それぞれが強い決意を確認するかわりに、自国の弱さを相手が補強してくれることを当てにし、両国ともそれで満足していた」[*6]のである。

ヒトラーにとっては、ムッソリーニの企てがどういう結果になるか、はっきりしないうちに行動を起こすのが最良のタイミングだった。つまり、ムッソリーニが石油制裁に直面して敗北を認めざるをえなくなる——国際連盟の勝利——か、あるいはアフリカで完全な勝利を収めてイギリスおよびフランスとのあいだに和解の道を開いてしまうかしないうちに行動を起こす必要があったのだ。非武装地帯を占領すれば、ヴェルサイユ条約ばかりでなくロカルノ条約にも違反することを、ヒトラーはよく知っていた。したがって、ロカルノ条約調印国としてのムッソリーニの出方を含め、起こりそうな反応を前もって周到に探ってみた。ムッソリーニは、石油制裁を加えられるか否かまだ確信がなく、ドイツにたいして条約に違反しても何の措置もとらないことを約束した。ヒトラーは、それと同時に、自分のほうから譲歩できることは何かを考えはじめ、自己の行動を正当化するのに利用できる問題を見出した。二月十一日に、フランス議会が仏ソ条約を批准したことがそれである。この行為によって、フランスの世論がさらに分裂し、ばらばらになることはわかっていた。ドイツ軍への命令は、三月二日に発せられた。週末であれば対抗措置を取るのが遅れるだろうと考えて、行動の日は七日の土曜日と決まった。

ラインラント再占領のニュースがロンドンとパリに届くか届かないかのうちに、遠大なドイツの新和平案がとびこんできた。ヒトラーは、破棄したロカルノ条約のかわりに、フランスとベルギーにたいして二五年間の不戦条約を提案し、さらにイギリスがきわめて重視していた航空条約をつけ加えた。新しい協定はイギリスとイタリアに保証されるだろう。新しい非武装地帯が国境の両側に設けられ、フランスとドイツが対等の立場に置かれることになる。他方、ドイツは、東方の隣国にたいして、すでにポーランドと締結した条約にならった不戦条約を提案していた。ドイツは、国際連盟規約の改訂と旧植民地を回復する可能性を話しあうため、対等な権利が回復されたことを理由に、国際連盟への復帰を申し出た。

ヒトラーはのちに次のように認めている。

ラインラント進駐後の四八時間は、わが生涯で最も神経の苛立つ時間だった。そのとき、フランスがラインラントに進軍したら、われわれは尻尾を巻いて退却せざるをえなかっただろう。われわれが配備できる兵力は、ごくわずかな抵抗をするにもまったく充分ではなかったのである。[*7]

ニュルンベルク裁判におけるヨードル将軍の陳述によると、進駐軍は一個師団からなっていたにすぎないが、すでに非武装地帯にいた武装警察四個師団がそれに加わっていた。彼らは集中的な訓練を受けて、いまや歩兵四個師団になっていた。

フランス軍は数においてまだ総体的な優位を保っていたが、フランス政府は決断力を欠き、また予測可能な展開に備える作戦計画さえも欠いていた。事態を懸念したフランスとイギリスは協議し、ドイツにたいして抗議した。しかし、次のように反論されるのがつねであった。冷静に、かつ論理的に考えてみれば、ラインラントはつまるところドイツの一部である。ドイツは国境を侵犯していない。「自分たちの裏庭を占領している」だけなのだ、と。「再建のチャンス」というのが、『ロンドン・タイムズ』紙のトップ記事の見出しだった。ドイツがラインラントを占領した直後の週末、他のロカルノ条約加盟国がロンドンで会議を開き、しばらくのあいだだが、彼らの態度が硬化するかに見えた時期があった。そのことを伝える報告がベルリンに届き、ドイツの参謀本部はフォン・ブロンベルクを介してヒトラーに、実際にライン川を渡った三個大隊を撤退させ、ライン西岸に要塞を築かないことを保証するというように、和解のジェスチュアを示してはどうかと強く勧告した。ヒトラーは少しためらってから拒絶した。そして、これ以後、いつもそのことをもちだしては、自分が毅然として動じないのに、軍が動揺したと言って軍の指導者を非難した。数年後、ヒトラーは晩餐会のあとで満足そうに次のように回想している。

私以外の者が帝国の元首だったとしたら、三月十三日にどんなことが起こっていただろう！　誰なりとも名前をあげるがいい。その者たちはきっと怖気づいていただろう。私は嘘をつかざるをえなかった。われわれを救ったのは、私の泰然自若とした態度と揺るぎない自信である。二四時間以内に事態が鎮静に向かわなければ、さらに六個師団をラインラントに送りこむと言って、私は威嚇した。しかし、実際には四個旅団しかもたなかったのだ。[*8]

ヒトラーのあげた数字が正確であろうとなかろうと、将軍たちの決意ではなく、ヒトラーの決意が決め手になったことに疑いはない。重要な二つの事柄において、彼の判断が正しかったことが証明された。各国があれこれ協議したにもかかわらず、結局、ラインラントに進駐したのはドイツ軍だけだったのである。そして、彼の「和平提案」がひとたび世論を——他国ばかりでなくドイツ国内をも——撹乱《かくらん》するという目的を達してしまうと、彼は相手にリードされて先に進むのを避け、イギリスから出された「質問事項」に答えるのを憤然として拒むことができた。

　三月が終わらないうちに、ヒトラーは国会を解散して国民の信を問うた。そして、再び調停者として国民の前に現われたのである。彼はブレスラウで宣言した。

> 　ドイツ国民を含めてあらゆる国の国民が、いま時代の転換点に立っているとの思いを深くしている……昨日の被征服者であるわれわれドイツ人ばかりでなく、勝者もまた、何かがあるべき姿になっていない、理性が人間を見捨てたと内心で確信している……諸国民はたがいに新しい関係を見つけ出さなければならない、新しいかたちをつくり出さなければならない……しかし、この新しく打ち立てなければならない秩序の上にこそ、理性と論理、理解と相互の思いやりという言葉が成立するのである。この新しい秩序の入口にヴェルサイユ条約という言葉を置くことができると考える者は、誤りを犯している。それは新秩序の礎石とはならず、墓石となるだろう。[*9]

　選挙の結果は、信じられないほどの挙国一致ぶりを示した。公式に、四五〇〇万の有権者の九九パーセントが投票し、九八・八パーセントが提示された唯一の候補者リストに賛成票を投じたと言われた。しかし、一九三三年の国際連盟脱退につづく国民投票のときと同じく、大多数のドイツ国民が本当にヒトラーの行動を是認したかどうかを本気で疑う者はいなかった。すなわち、多くのドイツ人は、ヒトラーがドイツの力を誇示し、ヴェルサイユ条約を断固として破棄したので、それ以外のドイツ人は、戦争になりそうな気配を危惧していたのだが、その不安を指導者が追い払って、またもや自らの正しさを証明してみせたので、彼の行動を是認したのであろう、と。

振り返ってみると、ラインラントの再武装が戦間期の歴史における分岐点となって、第一次大戦後の安全保障システムの崩壊が始まったと見なされている。しかし、地獄に下る道は少しも劇的ではなかった。その後の二年半にわたって、とにかくヒトラーの要求にたいしては戦争にならないですむような解決策を提示して彼を満足させることが可能だという幻想が、西欧の民主主義国でいっこうに消えなかった。ミュンヘン会談（一九三八年九月）のあと、ごくしばらくのあいだだが、イギリス首相ネヴィル・チェンバレンはその鍵を英独共同の不可侵宣言のなかに見出したと信じていた。その幻想がようやく跡形もなく消え去るのは、プラハ占領のとき（一九三九年三月）であり、ラインラント危機から三年も経っていた。

ヒトラーは大成功を収めた。そして、ヨーロッパの他の指導者たちの決意を三度試したあと、彼はもはや予防戦争が起こる危険はないと確信した。しかし、賭金を上げてもいいと思えるまでには、もっと時間をかけてドイツの再軍備に力を注がなければならなかった。一九三七年十一月になってようやく、ヒトラーは初めて武力の威嚇による膨張計画と、頭のなかにある予定表をもって、軍首脳と外務省に相対した。一九三六年三月から三七年十一月にかけて、重要な進展――イタリアとの和解、スペインにおける内戦の勃発、日独伊防共協定――があった。しかし、これらにたいする非難の声は、三八～三九年まであがらなかった。

したがって、一九三六～三七年の外交史には最終的な結論が出ていない。将来の指標は与えてくれたが、結論はなかった。三六年の夏、ヒトラーはリッベントロープをロンドン駐在大使に任命した。もしリッベントロープが、海軍条約で勝利を得たように、イギリスとの同盟――ドイツの提示する条件で――をもって帰ることができれば、最も喜ぶのはほかならぬヒトラーである。リッベントロープが失敗し、ドイツとイギリスの利害は両立しないと確信して帰国したときでさえ、ヒトラーはイギリスが自国の利益にたいして違った見方をするようになる可能性を残しておいた。といっても、三六～三七年の残りは、絶対に結論に達することなしに、断続的な話しあいをつづけさせておくことで満足した。三六年、ラヴァル政府のあとを引き継いだレオン・ブルムの人民戦線政府は、何度もベルリンに働きかけたが、効果がなかった。ヒトラーは、ソ連の同盟国のフランスが、いまやユダヤ人で社会主義者の首相をもつという事実を、

三六年になってさらにエスカレートさせた反共主義のキャンペーンのための新たな材
料として利用したいと考えたのである。
　フォン・パーペンは、確かにシュシュニクとの交渉を結論までもっていき、一九三六年七月にドイツ-オーストリア協定を結ぶことができた。またしても多国間外交にたいする二国間外交の勝利である。しかし、オーストリアの主権を承認したその協定そのものはあまり重要ではなく、ヒトラーは一時の方便と見なしており、むしろそれが道を開いてくれる、つまりムッソリーニとの和解の障害になるものを除き、結局、三八年のオーストリア併合をムッソリーニが黙認することのほうがより重要だった。
　一九三一年には、フランスはドイツ政府にオーストリア-ドイツ関税同盟の提案を撤回させうるほどヨーロッパで強い立場にあった。しかし、三八年のフランスは、イタリアと同様、ドイツのオーストリア併合を黙認し、ミュンヘン協定におけるチェコスロヴァキアとの同盟を放棄する以外になす術がなかった。すでに三四年に始まっていた中欧および東欧におけるフランスの安全保障システムの崩壊は、ラインラント再武装がもたらした最も深刻な結果だった。ドイツがひとたびラインラントに要塞を築いてしまうと、もはやフランスは非武装地帯を通り、ただちにドイツ領土を侵犯して、東ヨーロッパの同盟国の救援におもむくことができない。フランスがまだドイツにたいして明らかに軍事的な優位を保ち、ラインラントが広く開かれていたときに、軍隊を送ってヴェルサイユおよびロカルノ条約の侵害に対応しなかった事実から、フランスの他の約束も、危機に際しては頼りにならないのではないかとの疑念が強まった。

フランスの人民戦線政府は、同盟国の信頼を回復するために二つの新しい試みをした。一つは、ポーランドにたいする二〇億フランの融資で、八億フランはフランス製の兵器の購入にあてられる。残る一つは、小協商（原注：小協商は一九一九年の和平協定ののちに、チェコスロヴァキア、ルーマニア、ユーゴスラヴィアのあいだで、オーストリアとハンガリーによるハプスブルク帝国再建を阻止するために結ばれた。加盟国は取り決めの保証を、フランスの支援に頼っていた）との完全な防衛同盟の提案だった。これには加盟国が、ハンガリーのみならず、いかなる国から侵略されても相互に助けあうこととする条件がつけられていた。だが、どちらも実を結ばなかった。前者はフランスの軍需産業が兵器を生産できなかったから、後者はユーゴスラヴィアがドイツまたはイタリアとの紛争に巻きこまれることに抵抗し、またイギリスが、東ヨーロッパでこれ以上責任を負わないようにとフランスに圧力をかけたからである——これは一九三〇年代を通じてイギリスのフランスにたいする関係にいつも見られた傾向である。

その結果として、ラインラント事件のあと、ドイツの強さと西欧列強の弱さが浮き彫りにされ、ナチはこのイメージを積極的に利用できるようになったのである。

ヒトラーはそのときも、そのあとも、どこまで進めるかを調べる手段として、積極的にダンツィヒを利用した。一九三六年六月、ダンツィヒの大管区指導者アルベルト・フォルスターは、残存しているドイツの各独立政党に「同質化」を強要する威嚇のキャンペーンを一歩進め、これをダンツィヒ自由市の国際連盟高等弁務官ショーン・レスターの解任を求めるドイツの要求にすり変えた。連盟各国からの支援がなく、レスターは辞任した。ポーランドは、国家社会主義に反対するドイツ人の権利には関心がなかったが、自分たちの権利を守ることには強い関心があった。そして、国際連盟保護下の自由市というダンツィヒの地位を廃止することには絶対に同意しない、とはっきり言明した。そこで、ドイツにもポーランドにも受け入れられる、新しい高等弁務官（カール・ブルクハルト）が任命された。しかし、フォルスターは、ダンツィヒの社会主義者の非合法化をヒトラーに承認させることに成功し、次にレスターをやめさせることに成功して調子に乗りすぎ、自信過剰におちいった。党のシンパに向けた演説のなかで、彼はこう語ったのである。ドイツの四カ年計画とは、戦争の準備を進めるということである。ヒトラーは数カ月したらダンツィヒに入ってくるだろう。そして、国際連盟ばかりでなく、ポーランド人も追い出されてしまうだろう、と。それにつづいて騒動が起こり、ドイツはポーランドに、ダンツィヒにおけるポーランド人の権利を尊重すると再び保証し、フォルスターは自重するよう命じられた。ドイツの今後の目標を公然と話す時期はまだ到来していなかった。一九三四年のポーランドとの不可侵条約は、まだ効力を失っていなかったのだ。しかし、フォルスターがヒトラーの真意を早まって漏らしたのではないかとポーランド人が思い悩んだことで、ヒトラーが満足したのは間違いない。

南方では、ヒトラーが政権の座につくずっと前に、ドイツ外務省と経済省が、南東ヨーロッパの国々との経済的・政治的な関係を進展させようとして躍起になっていた。ヒトラーは、最初はとくに関心があったわけではない。しかし、彼らと貿易協定を結べば、ボーキサイトや銅や石油のような軍備に必要な原材料ばかりでなく、国内における肉やバターの不足を補うこともできる。また、もしハンガリーのみならず、ユーゴスラヴィアとルーマニア*もドイツの軌道に引きこむことができれば、小協商を弱め、チェコスロヴァキアを孤立させるのに役立つという事実にも無関心でなかった。

一九三四年のシャハトの新計画では、二国間協定によって外国貿易の流れを変え、各貿易相手国との輸入と輸出を等しくすることを目標とし、ドイツの製品を買う国からしか輸入しないことにした。この政策によって、南東ヨーロッパ三国からの輸入が大きく増え、一九三四年から三六年にかけて、ハンガリーからの食肉の輸入は二倍、ユーゴスラヴィアからの食肉の輸入は五倍になった。また、南東ヨーロッパから輸入される二、三の原材料にも同様の増加が見られ、とくにルーマニアからの石油の輸入は五〇パーセントも増えた。

しかし、景気の回復と再軍備により、ドイツの工業製品がますます多く国内で消費されるようになると、需要が増えた輸入品と、相手国が買いたいと思うドイツの輸出品との均衡を保つのがいっそう難しくなった。これは、ドイツの外国貿易全般に影響する問題であり、一九三六年に襲った全般的な経済危機の一端をなしていた。その結果、四カ年計画が立案され、ゲーリングがシャハトに取って代わった。優先権が与えられたのは、再軍備とそれを支えるための原材料と食料の輸入――価格を問わず――だった。ドイツは、これらの輸入代金支払いの問題を兵器の輸出で解決した。兵器にたいする安定した需要が必要な国家にとってこれは恵みとなり、ピークに近い生産効率を維持することができた。要するに、彼らは自分たちがつくりだした政治不安から経済的な利益を引き出したのである。

意味深いのは、東ヨーロッパの農業国のなかで、ポーランドだけがこうした貿易のパターンに引きこまれるのを拒んで、政治的な独立を保つためにドイツへの輸出を削減し、兵器を他国から買う道を選んだことである。

＊ 原注：これら三カ国のすべてにドイツ系の少数民族がいた。しかし、彼らは早くからの移住者の子孫――十三世紀からのトランシルヴァニアのザクセン人、十八世紀からのハンガリーとユーゴスラヴィアのシュワーベン人――であり、彼らはヒトラーの長期的な膨張計画には関係がなかった。ヒトラーが目を向けていたのは、南東よりも東と北東方面、一九一八年のブレスト－リトフスク条約によって一時的に安全が保障されていた地域である。

ラインラントの再武装を考える国際連盟理事会のロンドン会議で、リトヴィノフは、ドイツは義務規定違反を犯したのだから連盟が何らかの行動に出なければ笑いものになるだろうとの立場を示した。しかし、具体的な行動については、ロカルノ条約の調印国に答をまかせ、ソ連は理事会が決める方針に何なりと従うと言明した。しかし、彼はヒトラーが旧条約を破棄した直後に提案する新しい条約案にだまされないようにと、他の国々に熱心に警告し、三月十九日にはロンドン駐在ソ連大使イワン・マイスキーがこれを繰り返している。

3

戦争は局地化できると考える人びとがいることを、私は知っている。このような人たちは、次のように考えるのだ。明確な協定があれば、よしんば戦争が（たとえば）東または南東ヨーロッパで起こっても、西ヨーロッパの国々は影響を受けることなくやり過ごせる、と……だが、これは最も大きな思い違いである……平和は不可分なものなのである。[*10]

そのあとに締結された独ソ不可侵条約を理由に、ソ連はたしかに集団安全保障を擁護してはいたが、それを額面通りに受け取るべきではないと主張するのはきわめて容易である。しかし、イギリスやフランスについても、その後のエチオピアやチェコスロヴァキア問題に際して二国がとった行動やドイツとの交渉の仕方を考えれば、同じことが言える。すべての国々が日和見主義を決めこんでいたのである。ヒトラーがしかけた威嚇と戦争の危険を、ソ連はイギリスやフランスよりも現実的に認識していたがゆえに、それに単独で対抗しないほうが明らかに有利だと見抜いていた。しかし、ソ連がイギリスとフランスの信頼性を疑問視していたことは、イギリスとフランスがソ連を疑っていたのとまったく変わるところがなかった。彼らは、他の国々と同じ程度までなら関わりあいになってもいいと考えていたが、他国が関わりをもたないうちに自国だけが先走らないよう警戒した。つまり、いずれかの時点で干渉するか否かが決定できるだろうと考えたのである。ドイツとの不可侵条約を締結したあと、ソ連の政策についてモロトフが述べた見解は、公平であたりさわりがなく、すべての可能性を残しておくものだった。ヒトラーが国際的な協定を守る意志をもち、たとえば国際連盟に復帰するつもりならば、ソ連はヒトラーとの協調を歓迎する。ソ連はフランスが攻撃された場合、仏ソ条約および「全般的な政治情勢」に従ってフランスを援助するというわけだ。しかし、フランスが攻撃された場合にソ連が援助するという保証の内容には、フランスがラインラントの再武装に反対して軍事行動を起こした場合が含まれるかどうか、もし含まれるとして、ソ連がドイツと共通の国境をもたないというのに、どの程度まで援助できるのかという問題には触れられないままだった。
最後に、ベルリンの聴衆を意識して、モロトフは次のようにつけ加えた。

ソ連国民の一部は、ドイツの現在の統治者とは何があろうと和解できないとの態度をとる傾向がある。これは、ドイツの指導者たちがソ連にたいして執拗に敵意に満ちた演説を繰り返していることにも一因がある。しかし、主流をなしているのは、独ソ関係の改善は可能であるという見方であり、これがソ連政府の政策を決定する要素になっている。[*11]

一九三六年は、ソ連の粛清が始まった年である。ソ連軍の最高司令部をほとんど一掃した処刑は、三七年一月に始まった。それが国外におよぼした影響として、ソ連が国際情勢に与える影響力が大幅に低下したことがあげられる。ますます法外なものになっていった告発が真実なら、ソ連政権は裏切り者の巣窟で、反革命が起これればひとたまりもないにちがいない。もし真実でなければ、最近まで政治と軍の指導者だった人間にたいし、あんなにいい加減な申し立てをし、はては裁判の経緯を翻訳して国外で公表さえする政府に、どうしてまともに対応できようか。パリではソ連の同盟国としての信用が、またベルリンでは敵対国としての威信ががた落ちになった。

一九三六年から三八年までの、ヒトラーとスターリンの外交政策を比較するには、両者のスペイン内戦への干渉の仕方をくらべるのが一つの方法である。三六年までは、どちらもスペインに特別な関心を示さなかった。七月、ヒトラーがワーグナー音楽祭のためにバイロイトに滞在していたとき、ヘスが手筈を整えて、モロッコからきた二人のドイツ人をヒトラーに会わせた。二人は、スペインのドイツ人居留地で広範なネットワークをつくりあげたナチ党外国組織部の地元職員で、一人は当時アフリカに駐在するスペイン軍司令官フランコの友人だった。彼は、フランコ軍をスペイン本土に送りこむための支援を懇請する手紙をたずさえていた。三六年二月に選出された左翼の共和国政府に対抗する右翼軍の反乱は、いまにも失敗に終わりそうな形勢だった。それを救う唯一のチャンスは、フランコとその指揮下の軍が握っていたが、スペインの海軍と空軍は政府支持を表明していたので、ドイツかイタリアが空輸するというかたちで援助してくれなければ、フランコには海峡を渡る手段がなかったのである。

ヒトラーは、スペインに巻きこまれることに反対する外務省の助言に耳を貸さなかった。ゲーリング、フォン・ブロンベルク、そして国防軍諜報部の長官でスペインの事情にくわしいウィルヘルム・カナリス提督の意見を聞いたあと、ヒトラーは援助することに決めた。二日後、ドイツの飛行機は輸送作戦を開始した。そして、八月の第一週の終わりには、小規模なドイツ遠征軍の先遣隊がスペインで作戦行動をしていた。ベルリンの国防省の特別スタッフと在スペインのドイツ軍司令部は、偽装した二つの貿易会社と手を組んでいた。スペイン側の会社は「ヒスマ」、ドイツ側の会社は「ロワク」と称した。これらが、軍隊の輸送と軍需物資の供給にあたり、その見返りとしてドイツへ原材料を輸出し、かつ必要な財政上の取り決めを行なった。しかしドイツの軍事援助は、一九三七年の最盛時に四万ないし五万を差し向けたイタリア軍ほどの規模には決してならなかった。ドイツ軍の兵力は三六年の秋にほぼ一万であり、主力をなすのはスペインで最強の空軍、コンドル軍団であり（バスク地方の町のゲルニカを爆撃したのはこの軍団である）、八個騎兵大隊と平均して五六〇〇人からなる兵をもつ、対空、対戦車および機甲部隊が同行していた。

当初は、内戦はすみやかに終わると考えられていた。一九三六年十一月、ドイツとイタリアはフランコと国家主義者をスペイン政府として承認したが、結局、フランコのマドリード占領の試みが失敗するのを見ることになった。フランコの同盟国は、内戦が長びくという見込みに直面し、威信を傷つけずには手を引くことができなくなった。フランコについたドイツの代表ウィルヘルム・ファウペル将軍は、ドイツ軍三個師団を配備すべきだと熱心に説いたが、十二月二十一日の会議で、ヒトラーはそうした規模の派兵に反対する決定を下した。そして、討論をつづけていくうちに、それ以後ドイツの戦争政策に適用されるガイドラインが決まった。

エチオピア戦争が終わって、息をつく暇もなしにスペイン内戦が勃発したのは、ヒトラーにとってはこの上なく幸運なことだった。彼は、他の強国が地中海の戦争をつづけるのを傍観し、その間にドイツは再軍備に専念できた。したがって、ドイツの関心はこのあと長期にわたってヨーロッパの注意をスペインに集中させることにあり、フランコをすみやかに勝たせることにはなかった。ドイツは、フランコが絶対に負けないようにしなければならなかったが、彼にたいする主な軍事援助の負担は、イタリアに負わせた。イタリアがますます介入の度合を深めるにつれて、彼らはフランスおよびイギリスとの関係を修復するのが困難になる。そして、ドイツに接近してくるという、すでにエチオピア戦争中に始まったプロセスをさらに継続しないわけにはいかなくなるはずだった。

スターリンは、もっと難しい判断を下さなければならなかった。彼の最初の考えは、共和国政府への援助はフランスにまかせておくというものだった。フランスはスペインと国境を接するので、戦争の結果は、他のどの国よりもフランスに深刻な影響をおよぼすことになる。フランスは政治的かつ階級的に分裂していて、それがブルムの率いる人民戦線政府の出現によって激化したため、政府が公然と共和国政府に味方するのは危険だった。イギリスは例によってフランスにたいし慎重に行動するよう圧力をかけ、共同で「不介入委員会」をつくった。

コミンテルンはすでに動員されており、支援を組織し、非党派的な反ファシズムの基盤に立って世界中の共鳴者から資金を集めた。ソ連の労働組合は、これを始めるにあたって多額の寄付金を拠出した。だが、ソ連の兵器や部隊を送ってヨーロッパの反対側の端で起こった内戦に直接介入するとなれば、これはまったく別の問題だった。スターリンは次の三点のかねあいをよく考慮しなければならなかった。ソ連を戦争に巻きこませない、フランスと国際連盟のその他の強国との協調路線から外れない、革命の輸出国というソ連の亡霊を復活させないという三点である。しかし、その一方で、世界中の進歩的な考えをもつ人びとの心に強く訴えている大義*のための支援を控え、共和国政府が負けるのを見て見ぬふりをするわけにはいかなかった。

八月に、スターリンはドイツとイタリアを含む他の強国とともに不介入協定を受け入れた。しかし、同時に、スペイン共和国政府と正式に外交関係を樹立し、マドリードにソ連の使節団を派遣した。一九一七年に赤衛隊が冬宮に突入したときの司令官で、のちにレーニンの最初の政府の閣僚となったウラジーミル・アントーノフ－オフセーエンコが、バルセロナの総領事のポストについた。バルセロナは無政府主義者と「トロツキスト」の牙城になっていて、スターリンは特別に関心をもっていた。不介入がどのような結果になるかを見守っているあいだに、コミンテルンは共和国政府に非軍事的な援助をするだけにとどまらず、兵器を供給するための組織を設立するように指示された。

九月にスターリンは、ラルゴ・カバリェロがつくった新しい政府に二人のスペイン共産党員が参加することに同意した。スペイン共産党は、かねてからソ連が援助を送ってくれないことに不満を漏らしていたが、コミンテルンの代表としてやってきたイタリア人のパルミロ・トリアッティにこう言われただけだった。「ソ連は自国の安全が何よりも大事なのだ。まかりまちがえば、ソ連のとる措置が勢力の均衡を覆し、東ヨーロッパに戦争を引き起こすことにもなりかねないからだ」[*12]。同じ月に、ほかにも数人のロシア人とコミンテルン関係の人物がスペインに現われ、そのなかには前にNKVDの経済部長をつとめていたアレクサンドル・オルロフがいた。オルロフが派遣

＊　原注：ヒュー・トマスは、スペイン内戦の研究書（『スペイン市民戦争』都築忠七訳、みすず書房、一九八八）のなかでこう論じている。「情熱の激しさにかけては、第二次大戦もスペインの内戦にくらべると大した事件ではないように思われた。内戦というものが知識人にとってそうであるように、スペインの内戦は『正しい戦争』に見えた。内戦には国家の戦いにつきまとう見えすいた卑俗さがないからだ」

されたのは、コミンテルンと外国の共産党のスペインにおける活動を抜かりなく見張るためであった。しかし、スターリンはまだためらっていて、それより先に進まなかった。

彼の疑問は、コミンテルンの指導者の一人、フランス共産党のモーリス・トレーズの話で解けたらしい。トレーズは、九月二十二日にモスクワを訪れ、ソ連政府やソ連軍を表立って巻きこまなくても、コミンテルンを通じて援助を送る方法があると提案した。そして、コミンテルンがソ連に亡命している共産党員を含めて、外国の志願兵からなる国際義勇軍を組織してはどうかと提案した。この義勇軍が、共産党の指導のもとにソ連の軍事援助の受け皿になり、NKVDがすでにコミンテルンのためにつくっている組織を通じて援助をすればよい。これは、八つの都市にある輸出入会社のチェーンからなり、ドイツも含むさまざまな供給源から兵器を調達できるようにうまく(支払いを管理する陰のパートナーとなるNKVDの職員といつも一緒に)配置されていた。

しかし、スターリンはそれでも用心して、交渉を有利に進めた。ソ連の兵器が実際に使われたのは、共和国の金準備の大部分——金額にして五億ドル——が前払いとして、カルタヘナからオデッサに発送されたあとのことである。共和派は、金のほかに大量の原材料を、国家主義者がドイツに送ったのと同じように、ソ連へ送った。ロシア人の数は総計して二〇〇〇人以下、大半の期間はおそらく五〇〇人を超えなかったと考えられており、彼らは参謀のポストにつくか教官の役割をはたした。ドイツ軍と同様、赤軍も実戦の経験を積むことに関心があった。一九三六年から三七年にかけての冬には、スペインに送られたソ連製の航空機はほとんどロシア人パイロットが操縦した。国家主義者をマドリードから追い返す猛攻撃は、十月二十九日にロシア人が操縦するソ連製の戦車によって敢行された。同日、反対側からも首都に激しい爆撃作戦が敢行されたが、これには市民の反応をしきりに見たがるフランコのドイツ人顧問たちを満足させるという目的もあった。

国際義勇軍に加わって戦った外国人の数は、ひどく誇張されていた。現実的な数字は約四万だが、どの時期においても、同時に戦いに加わっていた人数は、決して一万八〇〇〇人を超えなかった。志願兵の数が最も多かったのはフランスであり、全部で約一万人だが、そのうち三〇〇〇人が死んだ。次に多かったのはドイツとオーストリアの五〇〇〇人で、そのうち二〇〇〇人が死んだ。彼らは、コミンテルンに加盟している各国の共産党を通じて募集された。将来のチトー元帥、ヨシプ・ブロズは、パリのセーヌ左岸の小さなホテルで、彼らをスペインに送りこむ業務を組織的に行なっていた。戦場で、彼らはクレーベル将軍の指揮下に入った。変名を名乗っていたこの人物は、ブコヴィナで生まれ、ロシア人に捕まってボリシェヴィキに加わるまで、オーストリア軍に大尉として勤務したラザール・ステルンである。

共和派にたいするソ連の援助は、ドイツとイタリアがフランコに約束したものとくらべてかなり少なかった。[*13] それにもかかわらず、一九三六年秋のソ連の援助は決定的であり、反乱軍が二、三カ月で内戦に勝利することができなくなった。ソ連の顧問と国際義勇軍は、共和国軍に秩序と規律をもたらした。そして後者は、三七年春のハラマとグアダラハラの戦いで大きな役割をはたした。しかし三八年には、ソ連とコミンテルンからの援助物資が減ったために共和国政府の運命もそれまでとなった。スペイン史を専攻するイギリスの歴史家レイモンド・カーが指摘するように、「援助物資の量という観点から論じるのは間違っている……戦局を左右したのは、結局、ドイツとイタリアの援助が継続して行なわれたこと、そしてフランコ軍が危機におちいるたびに枢軸の援助物資が到着したことだった[*14]」のである。

不介入委員会は多くの時間を費やして、双方の支援者のあいだで交わされる非難と反論を聴問した。三国の外相、リッベントロープ、チアノ（イタリア）、マイスキー（ソ連）がたがいに張り合って、相手のあからさまな介入にもっともらしく怒りをぶちまけた。スターリンは公的にはソ連がスペイン共和国に援助を与えたことを決して認めなかった。しかし、特派員がこぞってソ連の貢献を書きたてたときも、彼らが勝手に、ソ連は反ファシズムの大義を真剣に受けとめてスペインの民主主義のために救援におもむいた唯一の国であると書くままにさせておいた。このことは、共和国内のシンパがソ連の粛清にたいして抱いていた無惨な印象を払拭するという貴重な役割をはたした。

スターリンはこう主張した。共和国政府へのコミンテルンの支援は、つねに不偏不党、反ファシズムの理念にもとづき、「民主主義、議会主義の共和国は、スペイン国民の権利と自由を保証する人民戦線は……平和のために、進歩し、なお進歩しつづける全人類のために、共通の大義を守るための砦として正当化されなければならない*15」と。これは、一九三六年十二月にコミンテルン執行委員会が承認した決議からの引用である。その一週間前、スターリンはスペインの首相ラルゴ・カバリェロに宛てて、自分ばかりでなくモロトフとヴォロシーロフも署名した手紙を送った。そのなかで、彼は共和国政府にたいし、急進主義を避け、中産階級の支持をとりつけて政府の基盤を広げるようにと熱心に説いた。「スペインの敵に、スペインを共産党の共和国だと言わせないためである*16」

兵器と物資の供給源としてあてにできるのが、コミンテルンを経由してのソ連だけだった事実につけこんで、スターリンは内戦ばかりでなくスペインの政治にまで介入した。彼がこれを好機として利用したことが、何にもましてソ連と共産党がスペインに汚点をつくり、苦い記憶を残す結果となった。スペインの左翼は、長らくイデオロギーと政策の不一致から分裂状態にあった。共産党指導部は、団結して民主主義共和国の防衛にあたる必要から、モスクワの方針を受け入れ、革命論議を先送りにした。だが、内乱に関わったスペイン人のなかには、それを認めず、革命を裏切ったとして共和国政府と共産党を非難する者が大勢いた。他のどの国よりもスペインに多いアナーキストは、イデオロギー的に昔から共産党の敵であり、両者の争いは十九世紀のバクーニンとマルクスの論争にまでさかのぼった。また、スターリンが敵意を抱いていたグループがもう一つあった。それは、スターリンがトロツキストと同一視するPOUM（マルクス主義統一労働者党）という非共産党系のマルクス主義政党で、彼らは大胆にも、トロツキーにスペインに来るよう申し入れていた。POUMはモスクワ裁判を攻撃し、トロツキーの言葉を使って、「有害な独裁者の官僚的な政権」をロシアにつくりあげた「スターリン主義反動派《テルミドリアン》」を非難した。POUMの最大の支持者層が存在したのはバルセロナとカタルーニャであり、スターリンは彼らを一掃しようと決心していた。一九三六年十一月十七日の『プラウダ』の論説は、次のように指摘した。「カタルーニャに関するかぎり、トロツキストとアナーキストの掃討が始まっている。そして、これはソ連国内と同じエネルギーをもって遂行されるだろう[*17]」。三七年五月、バルセロナの緊張はついに沸点に達して吹きこぼれ、一方に共産党と警察、

ヒトラーの周囲にわきあがった群衆の熱狂は、入念に組織されたものだったとはいえ、純粋な感情の発露であった。
［上］1933年９月、ニュルンベルク。
［下］1934年のビュッケベルクにおけるパレード。

演説するヒトラー。
「人間は、強く信じられていると思われることをすべて信じる」——ニーチェ

オーストリア併合ののち、ウィーンのヘルデン広場で群衆に向かって演説するヒトラー（1938年）。

1920年代の「共産主義インターナショナル」誌の表紙［上］と、1930年代のヒトラーのキャンペーン・ポスター。この二つには共通するプロパガンダのテクニックが使われ、労働者が熱望していると思われるものが描かれている。

ヒトラーが腕をふるった外交
［左上］ズデーテンをめぐる危機に際し、チェンバレンの訪問を受けていかにも憂慮しているそぶりをみせる。
［左下］プラハに侵攻するドイツ軍（1939年３月)。群衆の最前列で二人の若者が嫌悪の念をあらわにしている。

PRYMKY JOSEF

［上］モスクワから戻った「第二のビスマルク」リッベントロープを歓迎するヒトラー。

［左］この絵の説明文は「西・白ロシア国民議会全権委員ゲルマニュク同志、ポーランドの軛《くびき》から国民を解放したスターリンに感謝する」というもの。
［右］独ソ不可侵条約。署名するモロトフと、それを見守るスターリン、リッベントロープ。

［上］1941年６月東部戦線への侵攻。人類史上、単一のものとしては最大規模となる戦争の始まり。
［下］1941年、マイナス40度の極寒のなか、侵攻はモスクワ直前で停滞する。

転換点となったスターリングラードの戦い
［上］「赤い十月」工場での戦闘（1942年）。
［下］バルコニーで絞首刑にされたドイツ人（ハリコフ、1943年3月）。

他方にアナーキストとPOUMが対峙して四日のあいだ街頭で戦い、四〇〇〇人の死者、一〇〇〇人の負傷者を出した。

この五月危機によって、カバリェロは没落した。モスクワの方針であるPOUMの解体を拒んだためである。スターリンにしか責任を負わず、自らの権限で行動するNKVDは、POUMの中央委員会のメンバー四〇人を逮捕し、カバリェロ政府の閣僚をつとめたことのあるPOUMの指導者アンドレス・ニンを殺害し、ソ連におけるのと同様の方法によって革命的な反対派をくじいた。だが、そのあとで、スペインにいたロシア人の多くは本国に呼び戻され、粛清の波に呑みこまれて消えた。そのなかにはアントーノフ－オフセーエンコ、赤軍グループの長イワン・ベルジン将軍、大使でソ連使節団の団長マルセル・ローゼンベルクらがいた。

ミュンヘン会談ののち、スターリンはスペインでソ連が援助をつづけても、もう利益がないと判断した。国際義勇軍の最後の作戦は一九三八年九月二十二日に行なわれ、内戦は三九年の春、フランコの勝利に終わった。粛清によって消えたソ連の顧問たちのほかに、多数の非ソ連人共産党員もまたスペイン内戦に参加したために悲惨な目にあった。一九四〇年代の終わりに、国際義勇軍を退いた東ヨーロッパの共産党員の大半が、スターリンに疑われた。四九年のラスロ・ライクの裁判と処刑のあと、ほとんどすべての者が逮捕され、その多くが銃殺された。ハンガリー外相のライク自身は、スペイン内戦時に第一三国際義勇軍ラコシ大隊の政治委員だった。彼はスペインへ行ってその大隊の軍事的能率をわざと落とし、トロツキー主義のプロパガンダをつづけたと「自白した」。粛清はその影をこれほどのちにまで落としたのである。

4

ヒトラーはスペイン内戦の勝者を、スターリンは敗者を支援したが、両者の態度と経験には共通するところがあった。一九三七年十一月、ドイツの政策の将来がひそかに見直されたとき、ヒトラーはドイツの観点からすれば、フランコ側が一〇〇パーセント勝利するのは望ましくないと語った。「われわれの関心は、戦争をつづけること、地中海の緊張を保つことにある」[*18]。ヒトラーもスターリンも、戦争に人の注意をそらす効果があることを高く評価していた。ヒトラーはドイツが再軍備を進められると考え、スターリンはヨーロッパの他の強国が分裂しているので、外部の脅威を案じることなく粛清が遂行できると見た。どちらも、戦争に参加することをプロパガンダの目的に――ヒトラーは反ボリシェヴィキ十字軍に、スターリンはソ連を反ファシズムの大義と一体化するために――利用できた。ドイツもソ連も、自分たちのもつ兵器をテストし、将校やパイロットに実戦の経験を積ませる絶好の機会を得たのである。しかし、ソ連よりもドイツのほうが学んだ教訓をうまく活用した。また両者は、スペイン産の原材料を自国に輸送することによって利益を得た。結局、どちらの場合にも、外務省の影が薄れた。ヒトラーにスペイン介入を勧めるにあたって、党の国外組織がイニシアティブをとり、それが専門の外交官に反対された。ナチ党外国組織部はひきつづき経済面に関わった。ちょうどゲーリングが四カ年計画の長および空軍最高司令官として、カナリスが国防軍諜報部長官として関わり、リッベントロープが不介入委員会関係を引き受けたのと同様である。スターリンはコミンテルン、NKVDおよび赤軍を道具として使うことにし、リトヴィノフとマイスキーを主として不介入委員会と国際連盟の対応にあたらせた。

フランコの勝利について述べたヒトラーの言葉には、先見の明があった。利益はすべて戦争が長びいたことから得られた。勝ってしまうと、フランコは同盟者のなかで最も腹立たしく、言い逃ればかりする存在だということがわかった。しかし、ヒトラーにとって最大の利益――そしてスターリンの場合にはそれに相当するものがなかった――は、イタリアとのあいだに実際に有効な関係が生まれたことで、これが将来の同盟の基礎になった。ヒトラーが予見したように、ムッソリーニはアフリカと地中海に野心をもっていたために、イギリスおよびフランスと反目し、やむなくドイツに近づくことになったのである。

ムッソリーニは、女婿ガレアッツォ・チアノをイタリア外務省に送りこんだが、これによってドイツと協調するという構想に前任者よりも柔軟な考えをもつ外相を得たことになる。一九三六年夏のイタリアとドイツの話しあいは、二国間で利益が共通する——そして意見が異なる——すべての分野にわたった。これは、十月にチアノがドイツを訪問するための準備だった。チアノが訪問すると、ヒトラーはその機嫌をとることにつとめ、両者はムッソリーニがローマ‐ベルリン枢軸と名づけた共同戦線を張ることに同意した。その基礎をなすのは、イギリスにたいする共通した敵意と反共キャンペーンの利用だった。その陰に隠れて、ドイツとイタリアは再軍備をつづけることができた。チアノの報告によると、ヒトラーはベルヒテスガーデンでこう語ったという。「三年もすればドイツの準備が整うだろう。四年かければ充分すぎるほどになるし、もし五年与えられればいっそう好都合だ[*19]」

イタリアの側では、不信と嫉妬という遺産を克服しなければならなかった。イタリアはとりわけオーストリアにたいするドイツの意図を疑っていたからである。それにもかかわらず、ムッソリーニが地中海に野心をもったこと、勝つ側について退廃した民主主義国をむしりとる仲間に入りたがったこと、経済制裁に関してイギリスとフランスに恨みを抱いたこと、はなはだしい劣等感をもつ独裁者の虚栄心が国際関係のなかで傷ついたことなどがすべて重なったために、ヒトラーがしつこく迫った協力関係の有利な面にばかり目が向くことになったのである。一九三七年九月、ムッソリーニがその日のために特別にデザインさせた新しい制服を着用してドイツを公式訪問したとき、同盟が公式に承認された。

ヒトラーはムッソリーニをミュンヘンに迎え、ナチが得意とするショーマンシップを発揮し、ここぞとばかりにドイツの力を誇示した。パレード、軍隊の大演習、クルップ工場訪問とつづき、ムッソリーニの訪独を記念するベルリンの大デモンストレーションで、歓迎ムードは最高潮に達した。ムッソリーニはすっかり魅了され、決して消えることのない印象を刻みつけられたので、死ぬまでその呪縛から逃れられなかった。これは彼にとって運命的な一歩であり、独立不羈《ふき》を放棄して自らの政権を破滅に導くとともに、最後にミラノのロレト広場でさらしものになる道への第一歩だった。しかし、ヒトラーのムッソリーニにたいする友情に偽りはなかった。ヒトラー自身のように――そして彼がやはり折りに触れて敬意を表したスターリンのように――ムッソリーニもただの平民だった。彼となら、ヒトラーは安心してうちとけることができた。これはイタリア王家の全員は言うにおよばず、伝統的な支配階級の一員と同席するときには、決して感じることのない安らいだ気持ちだった。ヒトラーはのちに、イタリアの戦争遂行能力に幻滅を感じたが、ムッソリーニが政権から追われたときでさえ、決して彼を裏切ったり、見捨てたりはしなかった。これは、スターリンや他の誰にもとうてい真似のできないことだった。

一九三七年十一月にムッソリーニが訪問してからまもなく、リッベントロープがローマを訪れ、自身が推進していた防共協定への調印を促した。リッベントロープはムッソリーニにたいし、ロンドンへ派遣されたが任務をはたせなかった、ドイツとイギリスの利益は一致しないと公言して相手を喜ばせ、安心させもした。ヒトラーも同じように、リッベントロープの帰国後の報告で、ムッソリーニのオーストリアについての発言を聞いて喜んだ。チアノの覚書によると、ムッソリーニは、オーストリアの独立を守るのに疲れた、オーストリアがもはや独立を望まないならばなおさらだと言い、さらに次のように述べたという。

オーストリアは言わば第二のドイツである。ドイツなしでは絶対に何もできないし、ましてやドイツに背くなどは論外である。今日、イタリアはもはや数年前ほど強い関心を抱いていない。一つには、イタリアが発展したからだが、そのためにイタリアの関心はいまや地中海と植民地にもっぱら注がれている……

最良の方法は、自然のなりゆきにまかせることだ。状況を悪化させてはならない……他方、フランスはたとえオーストリアで危機が生じるようなことになっても、イタリアが手出しをしないことを知っている。このことは、ヴェネツィアでシュシュニクにも伝えたことだ。われわれはオーストリアに独立を強要することはできない。[20]

ムッソリーニが求めたのは、何事も事前の情報交換なしには起こさないということだけだった。しかし、その時節が到来したとき、それさえもなかった。

ヒトラーが『わが闘争』のなかで望みをかけたもう一つの——イギリスとの——同盟は、相変わらずなかなか実現しそうになかった。しかし、それは決してイギリスの側にドイツと合意に達しようとする努力が欠けていたためではなかった。一九三七年五月末、ネヴィル・チェンバレンがボールドウィンのあとを継いで首相になった。「すべてに優先する彼の望みは」とのちにチャーチルは書いている。「偉大なる仲裁人として歴史に名を残すことだった。そのために、彼は難題であるにもかかわらず絶えず努力し、また彼自身とイギリス国家にとっての大きな賭けに出ることもいとわぬ覚悟でいた」。[21]チェンバレンが始めたドイツとの話しあいを、三七年十一月の外相ハリファクス卿のベルヒテスガーデン訪問も含めて、一つ一つたどっていく必要はない。チェンバレンが失敗した理由を突きとめるだけで充分である。

一九三七年には、第一次大戦後に連合国がドイツから奪った植民地の返還問題が前面に出てきた。二十世紀初頭に、ドイツではドイツ海軍協会による海軍増強へのプロパガンダとともに植民地熱が沸き上がっていた。たとえばシャハトは、植民地の拡大を提唱する一人であり、ドイツの経済問題を解決するとともに、ヒトラーの東方征服計画に代案を提供する方法としてこれを位置づけていた。ヒトラーはその熱を冷ますことなく、イギリスとフランスに圧力をかけつづけた。そしてヒトラーは、それがもし紐つきでなければ、植民地の返還を受け入れる用意があった。しかし、彼は植民地や経済の面で譲歩を申し出ることによって、大陸戦略を放棄することは望まなかった。

イギリスが目指したのは、ヒトラーも充分に承知していたように、包括的な解決の一端として植民地を返還することだった。ドイツがその解決に貢献するというのは、ドイツが東ヨーロッパにおけるヒトラーの目論見を放棄して、国際連盟に復帰し、あらゆる問題を平和的な交渉によって解決することなのである。しかし、イギリスの取り組みが招いた結果といえば、ヒトラーの次のような確信を強めただけだった。イギリスは大陸におけるドイツの膨張に反対しているが、戦争の危険を冒してまでそれを妨げることは絶対にないというものである。だが同時に、イギリスもドイツがヨーロッパで勝手気ままに行動することを絶対に認めたくはなかったし、それこそヒトラーを協定に引きこむ唯一の目的なのだった。

ヒトラーに宛てた覚書（一九三八年一月二日）で、リッベントロープは次のように書いている。ドイツはイギリスと協定を結ぶ望みをいっさい捨て、そのかわりに日本およびイタリアとすでに結んでいる協定を手がかりとして、イギリスに反対する同盟のネットワークづくりに専念すべきである、と。一九三五年夏、日本との協定は日本の駐独大使大島浩と会談した結果、リッベントロープの個人的なイニシアティブで提案されたもので、当時はソ連にたいする反コミンテルン協定と考えられた。この提案は、ドイツ外務省とドイツ軍部の強い反対を招いた。彼らは、貿易を通してばかりでなく、蔣介石に協力するドイツの軍事顧問を通して中国と長期にわたる関係を結んでいたのである。それにもかかわらず、リッベントロープは一年後にヒトラーの承認を得ることに成功する。

他の列強も自由に参加できるその協定は、一九三六年十一月二十五日に調印された。リッベントロープは、それを自分がつくったものだと考え、とくに誇りをもっていた。その協定は、コミンテルンに反対する日独の協調を規定しており、コミンテルンをソ連のスペイン介入の隠れ蓑として利用したスターリンの立場を巧妙に逆用していた。それが公表されると、センセーションを巻き起こした。否定されてはいたが、誰もが秘密条項の存在を確信していた。事実、そのとおりで、どちらか一方の当事国にたいしてソ連が、挑発もなしに攻撃をしかけ、あるいは攻撃すると威嚇した場合、他方はソ連に有利になる行動をしないことを取り決めていた。しかし、この約束には、同じように秘密の留保条項によって修正が加えられていた。ゲラード・ワインバーグはこう要約している。「この協定にもとづいて、〔パートナーは〕共同の行動を取ることができる。また留保条項にもとづいて、それぞれ独自の道を行くこともできる」*22

この協定を進めるうえでつねに障害になったのは、ベルリン内部の意見の対立である。二〇年にわたって築き上げられた中国との良い関係を保つのがドイツの利益にかなうと考える人びとと、新興国日本との同盟のためにそれらを犠牲にするつもりでいる人びととのあいだに意見の衝突があったのだ。たとえば、日本にこだわっていたゲーリングは、国民党中国との通商にあたるドイツの機関「ハプロ」が国防省から四カ年計画に移管されたとき、もう一度考え直した。そして、軍需品と工業製品を供給する見返りとして、中国から提供される原材料（たとえばタングステン）と外貨が貴重であることに気づいた。しかし、リッベントロープは自説を曲げず、一九三七年十一月にムッソリーニを説得してイタリアにも協定に調印させ、「満足している国々に対抗する積極果敢な国々の同盟である」と説明した。イタリアがそれを高く評価したのは、日本とのつながりが極東におけるイギリスとフランスの権益に圧力をかけうるからだった。以後、リッベントロープは自身の「世界の三角」政策について語り、ヒトラーへの年末の報告のなかでこう書いている。「イギリスは、極東の財産が日本によって、地中海を通ってインドにいたる航路がイタリアによって、そして母国イギリス諸島がドイツによって脅かされていると見ている」*23

歴史的現実は、日独伊防共協定から生まれた希望や不安に即したものには決してならなかった。一九三九年の独ソ不可侵条約の調印と日本の真珠湾攻撃にはっきりと見られる――どちらも前もって同盟国に明かされなかった――ように、実行に際しては、共同行動をとる機会よりも各自がわが道を行く自由のほうが大きくものを言った。このことを知れば、三〇年代末と四〇年代初めにおけるその協定の重要性を軽視することも容易だが、そのときは、調印した三国が世界的な規模で協力する可能性、ソ連のみならずイギリスとフランスにも恐怖を抱かせる可能性を相手方の強国が考慮せざるをえなかったのである。

この協定は、ドイツが五年も経たないうちにヨーロッパで最強の国となり、ヒトラーが指導者として最も成功しているという印象を強める働きをした。再軍備の進みぐあいが誇張されていたかもしれないが、これは自信と力強さを印象づけるためだった。このどちらも、人びとがドイツの真意を懸念する世界では効果があった。ドイツの航空機がゲルニカを爆撃したとき、またドイツの戦艦がアルメリア港を砲撃したとき（原注：一九三七年五月、スペイン共和国軍がドイツの戦艦『ドイッチュラント』を攻撃し、乗組員三一名を殺したあと、すぐに行なわれた報復である）、全世界の人びとはショックを受けたが、またそれに強い印象を受けもしたのである。

それにひきかえ、ソ連は孤立し、指導部は裏切りの告発と粛清の実施によってずたずたになっているように見えた。一九三七年五月、リトヴィノフはパリを訪れ、熱心にフランスを説いて、赤軍とのあいだにもっと密接な関係を結び、かつ相互援助条約締結後二年経ってもまだ行なわれていない必要な技術交流に着手するように促した。彼が去るか去らないかのうちに、フランスは赤軍の全司令組織がスターリンの命令にもとづいてほとんど破壊されていたことを知った。三八年三月、モスクワ駐在アメリカ大使は「フランスはソ連をまったく信用せず、ソ連はフランスをまったく信用していない」[*24]というリトヴィノフの見解を報告している。

三国防共協定は、ヒトラーの成功にくらべてスターリンが地歩を失ったことをきわだたせたように見えた。しかし、蓋を開けてみると、日本とドイツの政策は見込みどおりの緊密な協調を生み出せず、逆に協定の生みの親のリッベントロープにとってはその後の数多くの失望の最初のものとなった。そして、スターリンにとっては、これが外交政策におけるまれな成功をもたらしたのである。

蔣介石が一九二八年に中国共産党を弾圧したために、以来一〇年近く――その間に日本の満州征服があった――にわたってソ連と蔣介石の関係は悪化したままだった。三六年、ソ連は中国と日本が休戦交渉に入るという知らせに困惑した。そんなことになれば、日本はほかに気を取られることなくソ連の極東領土の防衛の弱点を探ることに注意を集中できるし、一方蔣介石は「長征[*]」によってつくられた中国共産党の拠点を叩くことに専念するだろう。ソ連は、蔣介石を説得して対日共同戦線を張ろうとしたが、はねつけられた。そして蔣総統は、すでに国内の敵を討つ攻撃にあたる軍隊を特定していた。

しかし、以前に満州の軍閥の一人だった彼らの司令官、張学良はその計画に参加するのを拒み、一九三七年七月に張学良を説得するべくその基地へ飛んだ蔣介石を監禁してしまった——いわゆる西安事件である。そのあとの交渉では、中国共産党の指導者、毛沢東の右腕である周恩来が蔣介石を説得するうえで重要な役割をはたし、政策を転換させて、中国共産党と共同戦線を張り、日本に対抗させたのである。

新しい同盟が発効するのを待たずに、日本は一九三七年七月七日に攻撃を開始し、ドイツが南京と東京のあいだで調停の労をとったにもかかわらず、三七年から三八年にかけての冬にますます深入りして、蔣介石を打倒しようとした。ドイツが防共協定のパートナーである日本に指摘したように、中国でまた新たに始まった戦争は共産主

＊　原注：一九三〇年代の初めに、蔣介石と中国国民党は中国南東部の江西と福建の州境にあった共産党の拠点を破壊した。生き残った共産党員一〇万人は脱出し、中国北西部の陝西省に向かって九六〇〇キロの長征（一九三四〜三五年）を始め、その地で革命の新しい基地をつくった。長征は、中国共産党の歴史においてその運命を決する事件であり、これによって毛沢東は指導者としての地位を確立した。

義の拡大を阻止するどころか、逆に助長した。八月、ソ連は蔣介石と不可侵条約を締結し、決して大規模にはならなかったが、ソ連の兵器、借款、軍事教官などを利用できるようにした。スターリンにとっての利点は、ソ連がこれを機に二八年の共産党弾圧以後あらためて中国に足がかりを得たばかりでなく、日本の勢力をソ連の極東領土から逸らしえたことである。日本との戦争の脅威が最終的に取り除かれるのは真珠湾以後となるが、三〇年代に国境紛争が拡大して、ときに現実のものとなるかに見えた戦争の危険は、はるかに小さくなった。

5

一九三六年と三七年におけるヒトラーの外交政策の最優先課題は、いぜんとしてドイツが再武装する時間と自由を確保することだった。しかし、三七年の終わり近くに、彼は順序を逆にし、増大するドイツの軍事力と明白な威嚇行為によって、国際関係でより攻撃的な姿勢をとることを考えはじめた。今度はこれがきっかけとなり、他の強国のあいだで、ドイツが戦争に向けて、軍隊の動員ばかりでなく経済力を活用する点でも他のどの国よりも進んでいると広く信じられるようになった。この神話はドイツが降伏するまでほとんど崩れることはなかった。

実際には、ドイツが経済を完全な戦時体制に編成して、これまでおおむね未開発だった工業資源を兵器の生産に投入したのは、やっと一九四二年の初めになってからだった。そして、四三年から四四年にかけて──英米両国による爆撃が頂点に達した時期に──生産性が最も向上したのである。四二年の一月から二月の数字を基準にした四二年から四四年までの兵器全体の生産指標は驚くべき結果を示している。

一九四二年一─二月	一〇〇
一九四二年七月	一五三
一九四三年七月	二二九
一九四四年七月	三二二

戦後、これらの数字が明らかにされたとき、アメリカとイギリスは非常に驚いた。世界がドイツのプロパガンダを真に受けていたことがその理由の一つである。一九三〇年代末に、ドイツはプロパガンダによって軍事力が強大であるという印象を強めることに成功し、そのためにヒトラーは外交を有利に展開できた。同様に、戦争が始まると、プロパガンダが同じように有効に利用されて電撃作戦の効果をさらに高め、パニックと敗北主義を蔓延させた。

しかし、それだけでは説明があまりにも単純すぎる。ナチのプロパガンダがドイツの国力について過大に言い立てたことを最大限に斟酌《しんしゃく》するとしても、そのもととなる業績はまさに本物だったからである。六年半のあいだに、ドイツ軍はヴェルサイユ条約で認められた一〇万人（七個師団）――空軍は不可――から、一九三九年秋に動員された二七五万人（一〇三個師団）に増強されていた。そこには六個機甲師団、そして完全に機械化された四個師団が含まれていた。同じ時期に、ゼロからスタートした空軍は最新鋭機四〇〇〇機をもち、その九〇パーセントはすぐに使用できた。

他の強国が犯した誤りは、一九三九年のドイツの即戦力を誇張したことよりも、その特質を誤解したことにあった。軍を動員するには、それにふさわしい経済の動員があるはずだと考えたのである。彼らは「広がりのある再軍備」（ドイツがすでに実行していた）と「深さをもつ再軍備」（ドイツがこれをやり終えたと誤信して、一九三八年にイギリスもしぶしぶこれに着手した）の区別ができなかった。ドイツは即時の必要を満たす比較的高いレベルの軍備を維持すること――しばしば兵器、弾薬、燃料の予備ストックが危険なほど乏しい――に専念し、長期戦ともなれば必要になる新しい工場への基本的な投資や大量生産を維持するための工業再編成に着手していなかった（イギリスはすでにとりかかっていた）。

その説明として考えられるのは、戦後に支持された説だが、これが意図的なものだったということである。ヒトラーは第一次世界大戦で、ドイツが何としても長期戦を避けなければならないという教訓を学んでいたとされている。そして、彼は「電撃戦」という考えにとびついた。敵に不意打ちをかけ、力を集中してすみやかな勝利に導くというものだ。電撃戦という概念を補完するものとして、「電撃的な経済」という考えがあった。民間人にかかる戦争の負担を軽減し、国内戦線に問題が生じる恐れをなくすのである。そういう事態こそ（ヒトラーの考えでは）、「背後からの一刺し」によってドイツを敗北に導いたのであった。

だがこの説明の難点は、それが事実と合致しないところにある。リチャード・オウヴァリーの調査によって明らかになったことだが、四カ年計画の狙いは、電撃戦ではなく、大規模な総合戦を準備することにあった（原注：オウヴァリー『第三帝国の戦争と経済』オクスフォード、一九九四）。ヒトラーは一九三六年の覚書にこう書いている。「わが国の資源に関する軍事面での準備状況は、さして大がかりでもないし、そのペースはすみやかでもない」。この言葉を裏づけているのがドイツの軍事支出で、一九三八～三九年の一七二〇万マルクから一九四三～四四年の九九四〇マルクへと直線的に上昇しているのである。一九三九年一月に、ヒトラーはドイツ海軍を拡充する「Z計画」は他のどの兵科の計画よりも優先すべきだと主張した。四三～四四年までに大艦隊を編成しようということだ。ドイツ空軍についてのヒトラーのプランはこれと同じ規模のもので、一九三八年十月に、ゲーリングは部下にこう語っている。総統は大筋において「軍備のレベルを一〇〇から三〇〇に……」上げることを決定し、こう言われた。「これとくらべると、これまでの成果は意味を失ってしまうほど巨大な計画だ」と。

ヒトラーが準備しつつあった戦争は、ソ連を含む他の主要大国を向こうに回す一九四〇年代における「最後の対決」だった（一九三六年に、ゲーリングは閣僚たちにこう語った。「覚書は、そのための提議に始まってロシアとの決定的な対決は不可避だとしている」。英連邦との対決もそうだし、アメリカ合衆国と対決する公算も高かった）。その間に、一九四〇年代への準備の一環として、必要な基盤の整備が急がれ、中欧に軍事・経済ブロックが形成された。そこにはドイツ自体のほかに、オーストリアとチェコスロヴァキアが組み入れられた。どちらもかなりの工業資源を保有していた。一九三七年十一月、ヒトラーはこのことを軍の首脳にくわしく説明している（原注：本章6節参照）。ドイツの再軍備とドイツ陸軍の増強および空軍の育成はこのころまでに、自分が計画していた政治および外交上の動きの支えとして使えるという自信が、ヒトラーにはあった。しかし、彼には別の自信もあった。イギリスとフランスは抗議こそするだろうが、ドイツが戦争に巻きこまれる危険はないということである。だとしたら、一九三九年にポーランドを席巻するには、わずか四週間の電撃作戦を展開するだけですむし、そのあいだ西の大国はどう対処したらいいかを討議しているだけだろう。

しかし、もしドイツが意に反して、準備が整わないうちに長期戦に巻きこまれるとしたらどうなるか？　その問いを発した一人の男がゲオルク・トーマス大佐（のち将軍）である。彼は、再軍備の計画立案に指導的な役割をはたして三九年に国防省の経済局長となり、のちにドイツ国防軍最高司令部に移って、三九年に設置された経済・軍備局（通称ヴィリュアムト）の長になった。

一九三六年に初めて「広がりのある軍備」と「深さをもつ軍備」の区別をし、次のように主張したのも、トーマスだった。戦場では模範的な軍の動員が行なわれ、すばらしい業績をあげたにもかかわらず、第一次世界大戦におけるドイツ軍の勝利を無にしたのは、充分な経済的準備に裏づけられた後者の必要性を明確に理解できなかったことである、と。つづいてトーマスは、ヒトラーが同じ過ちを犯していると論じて、それが正しかったことが明らかになったため、四三年に職を追われた。彼は、ドイツが敗北した直後に次のように書いている。

私はただ、次のことを繰り返し述べるばかりである。ヒトラーのいわゆる総統国家においては、経済問題に指導性がまったくなく、たがいに矛盾する目的をもつ努力と作業が同時に行なわれている例がはなはだ多かった。ヒトラーは長期にわたる確固とした計画の必要性に目を閉ざし、ゲーリングは経済について何も知らず、責任ある専門家は行政上の権限をもたなかったからだ。[*25]

ヒトラーだけでなく戦後に多くの歴史家が犯した誤りは、軍事支出（一九三八年にはすでに他のどの大国をも上回り、政府支出の五二パーセント、国民総生産の一七パーセントに達していた）あるいは軍需産業に動員される産業労働力の比率（一九四一年には六〇パーセント）の数字により、それに応じて完成した兵器の生産高も高い数字になると予想したことにある。しかし、実態はそうではなかった。ヒトラーが何を要求し、そのためにどんな資源を供給したかに目を向け、そして実際の成果――つまり支出した金によってヒトラーが何を手に入れたか――を見れば、そこに大きなギャップがあることがわかる。そのギャップはやっと一九四二～四三年に埋め合わされたのである。

その理由の一部は、一九三九年に戦争が始まったことを考えると、ドイツの再軍備が出遅れたことである。再軍備がかなりのレベルに達したのは、やっと一九三七～三八年だったのだ。それまでに多くの時間と多くの金が、必要なインフラ（空港や兵舎など）――破壊され、あるいはヴェルサイユ条約によって禁止されていた――を支える他の不可欠な主要プロジェクトに投入されていたのである。

統一のとれた全国計画がなかったために、異なった兵科からのさまざまな要求のあいだでどれを優先するかを決めるために、三軍がいずれもそれぞれの目標に固執し、他の二つの兵科を顧慮することなくごり押しして、必要な資本投下の割当を確保し、ドイツにいちじるしく不足している原材料を手に入れようとした。ゲーリングは経済の最高責任者として全体を調整することが期待されたが、その当人が最も強硬に――新設のドイツ空軍の最高司令官という肩書を振りかざして――それを妨げたのである。

三軍間の協調は独裁国のほうが民主主義国よりも克服しやすい問題だというのが、一九三〇年代と四〇年代においては、単純すぎるとはいえ一般的な見解だった。だが、定説に反して、独裁者として管理の責任をはたすにあたり、これほどヒトラーが無能ぶりを露呈した問題はなかった。ヒトラーが煩わされたくないとした政府の日常業務とは異なり、再武装の成功は彼の計画の核心だった。彼は軍事技術に熱烈な関心をもっていた。彼はグデーリアン将軍がもちこんだ独立して行動する機甲師団の構想を即座に理解し、全面的に支援した。そして、八八ミリ対空砲の用途の転換を提案し、その戦争で最も成功した兵器の一つをドイツの戦車隊と対戦車隊に備えさせたと報じられている。どちらかと言えば、ヒトラーが決定的な指導力を発揮すると期待できた――彼だけが三軍間の争いをやめさせて、資源の割当と生産のための首尾一貫した包括的な計画を主張する権限をもっていた――のは、この領域である。ところが、経済に関しては軍と民間のあらゆる部門が原材料と熟練労働力および資金をめぐって競争し、責任の明確な区分も、優先事項を守らせる強制力も存在せず、「独裁主義の無政府状態」と「管理の混乱状態」——実際にはこれらが非常に賞賛された独裁制の特色となっていた——を露呈した最もきわだった例となった。

決定を下す回数をできるだけ減らして、それに煩わされないようにしたいと言いながら、ヒトラーは戦時経済の責任をゲーリングに押しつけた。しかし、ゲーリングはヒトラーの欠点を補うには最も不向きな人間だった。ゲーリングもヒトラーも、ともにゲーリングが経済に無知で工業分野での経験がないことこそ、代替経済をつくりだす仕事をするうえでプラスになると考えていた。ヒトラーが飽きもせずに繰り返したように、経済の難問を克服するために必要とされるのは意志だった。野心が意志を計る尺度だとすれば、ゲーリングはまさしく野心のかたまりだった。ヒトラーに次ぐナンバー・ツーの政治的地位を得ようと躍起になって、おのれの能力をはるかに超えた責任を一手に引き受けたのである。そして、自分の地位を守るため、判断を下す技術的な知識もないのに、意思決定の独占を主張した。また、ヒトラーの信用をつなぐために、彼は情報を伏せて、ドイツと敵の生産のレベルの比較を偽って伝えた。まもなく、彼自身の部下がそれを見ならうようになった。

ゲーリングが空軍最高司令官という地位にあって、空軍のための資源の要求が他とバランスを失したことは、すでに協調の大きな障害だと言われてきた。しかし、少なくとも空軍に関しては、ドイツの再軍備計画が成功するのは間違いないだろうと見られていた。ところが、反対に、その後の失敗はゲーリングの無能ぶりを示す最も顕著な実例となった。自分にない知識と経験をもつ人びとを妬んで、ゲーリングは自分が支配でき、かつ自分の無知を目立たせない人物を好んで補佐官にしたのである。

ヒトラーが希望をかけた四カ年計画と、それにつづく計画が達成できなかったことには、ゲーリングの個人的な欠点よりももっと深刻な原因があった。本当の問題は、構造的なものだった。三軍の官僚はそれぞれ原材料や労働力などの経済資源にたいする他の兵科からの要求に抵抗し、自分たちの要求を通そうとしてかなりの時間を費やした。一九四一年になると、軍による全支出の約六〇パーセントを管理部門が占めていて、兵器の調達に使用されたのは四〇年の軍事予算のわずか八パーセントにすぎなかった。[*26] 民政を分裂させた僭主気どりの縄張り争いの場合と同じく、ヒトラーにはこれに介入してやめさせるつもりがなかった。ほかのことはともかく、軍事と非軍事の両部門で絶えず増えつづける官僚の大群は、党員から大量に補充された。

陸軍と空軍はともに、大量生産と工場労働の交替制および部品の規格化に反対し、それを軽蔑した。そして、設計の変更に応じて融通のきく、高度の熟練技術をもつ職人のいる小さな作業場を好んだ。戦時中に多くの航空機が生産されたときでさえ、一機ずつつくるという習慣がつづいていた。一事が万事で、部品の規格化も、戦争が終わるまで達成されなかった。中距離爆撃機のユンカース88は、四〇〇〇〇もの異なったタイプのねじを使う設計になっていて、自動工作機械ではなく人の手で留められた。機械は利用できるのに使われなかった。このように保守的なやりかたは、熟練労働と原料の浪費でしかなかったし、これに輪をかけたのが、契約の利益加算方式、つまり正当な生産費に一定の利益を上乗せするシステムで、そのために費用を節約しようとするインセンティブはなくなってしまうのである。

リチャード・オウヴァリーはこの状況が戦争に突入してからもつづいたと指摘している。

一九四〇年に、ドイツは兵器に六〇億ドル、イギリスは三五億ドルを費やしたと推定されている。しかし一九四〇年に、イギリスは五〇パーセントも多くの航空機、一〇〇パーセントも多い軍用車両、そしてドイツとほぼ同数の戦車を製造した。もしドイツの兵器がもっと入念につくられず、より効率的に生産され、費用も節約されていたら、一九四〇年に使えた兵器の数はかなり多くなっていただろう。

軍部ばかりでなく、ナチ党自体も、合理化をもっと早くに始めるべきだったのに、そのために必要な処置に抵抗した点で同罪だった。大管区指導者たちは、自らを管区の経済生活の守護者と見なし、どんなことであれ戦時生産への集中を強めるような措置にはすぐさま抵抗した。自分たちの大管区が貧乏くじを抽《ひ》きかねないからである。ヒトラー自身の例にならう党のボスたちは、その壮大な建設計画――トーマスは資源の浪費だと非難した――を削減しようとする試みにはことごとく頑強に抵抗した。

　ヒトラーは、四カ年計画と国営ヘルマン・ゲーリング製作所を、ドイツの再武装は自分たちの協力がなければ遂行できないと信じる企業経営者や工業家にたいするナチの答だと考えた。事実、それは一九三三年から三五年までにドイツ経済の復興をもたらした実業界との同盟およびシャハトの新計画の終焉を意味したのである。

　I《イー》・G《ゲー》・ファルベンのカール・クラウホのような二、三の有名な例を除けば、ドイツの一流の工業家と企業経営者はドイツの再軍備を立案したり実行したりする役割から締め出されていた。計画を実行し国営企業をつくるためにゲーリングが召集したナチ党員の多くは、党の反資本主義派から選ばれた。彼らは小企業に肩入れし、大規模な法人企業に敵意をもっていた。もちろん、大企業も契約はもらった。彼らはそれをきちんと実行したが、世界で有数の工業部門を支える人びとの経営手腕と専門的な知識は、おおむね無視された。彼らの大半は、ゲーリングや成り上がりのエリートが示す無知と傲慢の入りまじった態度に動じることなく、自分たちの工場やオフィスに引っ込んだ。彼らは、してほしいと言われたことをしたが、新機軸や合理化を試みる気はさらさらなく、もっぱら自社の利益を求め、政府のやりかたでは効率が悪く、無駄が多いことにつけこんで大きな利潤を得たのである。

経済の仕組みをよく理解していなかったこととは別に、ヒトラーに本当の事態を認識させなかった要因がほかに二つあった。一つは、戦時生産の進捗状況について正確な情報が伝わらなかったことである。部下たちがヒトラーの聞きたいと思うことをおもんぱかって情報を歪めたことが非常に多かったのである。ヒトラーはまたゲーリングに欺かれもした。ゲーリングは再軍備がヒトラーの期待よりどれほど遅れているかについて故意に実態を隠し、自分の地位を守ろうとしていた。ゲーリングの描いた楽観的な展望図は、他の要因によっていっそうもっともらしくなった。すなわち、ドイツ軍の破天荒な成功の記録に目がくらんで、ヒトラーは時機を待つのをやめて「最後の対決」に乗り出す気になったのだ。一九四一年六月のソ連攻撃と、十二月のアメリカ合衆国への宣戦布告である。

軍需産業の合理化を強行できなかったためにドイツの戦争遂行能力がいかに損なわれているかを、ヒトラーが知りはじめたのはやっと一九四一年に入ってからだった。つまり、東方へ戦局を拡大したあとのことだった。転換点は四一年十二月三日に発せられた、「軍需生産の簡素化と効率の向上」に関する総統命令だった。ソ連の反攻によってドイツ軍がモスクワから駆逐される三日前、ヒトラー自身がソ連とイギリスだけでなく、アメリカ合衆国をも相手にすることに決める一〇日前のことである。

このためにドイツの戦争努力がどれほど無駄になったかが明らかになるのは、一九四一年から四二年にかけての冬に、ヒトラーがついにゲーリングを無視して自ら腰を上げ、まずトート、つづいてシュペーアに兵器開発と生産の責任を引き受けさせたときである。彼らは役所の姿勢を逆転させて、トートのいわゆる「軍需産業の自己責任」の確立にとりかかり、工業の各部門で生産を再編成し、質を向上させるために設立された委員会の仕事に、産業資本家を――しばしば議長として――登用した。このような政策の転換が行なわれ、かつドイツ国民が自分たちを脅かす変化に気づいたときになってようやく、戦争のための経済の完全動員が達成され、生産の数字が劇的な上昇を示しはじめたのである。しかし、それはソ連にたいする電撃戦が失敗したあとのことであり、戦争の結果に影響をおよぼすには遅すぎた。もっと早く、最初にソ連に侵攻した四一年の半ばに必要な措置が講じられていたら、「ヒトラーはドイツ軍にあのときの二倍の装備を与えることも容易にできただろう」[*27]と、シュペーアはのちに述懐している。

しかし、ドイツの再軍備計画の弱点ばかりでなく、そのまぎれもない実績も忘れてはならない。どの再軍備計画においても、本当の試金石となるのは、いかに実戦に耐えうる軍備をもつかである。このことを、一九三九年秋から四一年秋にかけてのドイツ軍よりも実地にはっきりと示した軍隊はないと言ってよい。第16章の図11は、ヨーロッパと北アフリカの大部分――フランス、ポーランド、バルカンばかりでなく、ウクライナと西ロシアの大部分を含む――が、一九四二年までに何らかのかたちでドイツとその同盟国たるイタリアの支配下に置かれたことを示している。しかも、ドイツ人の犠牲者の数は第一次世界大戦の数分の一でしかなかった。

一九三〇年代におけるヨーロッパの他の大国の軍備と比較するなら、長い目で見た欠陥がどうであろうと、ドイツが再軍備によって初期の段階で優位に立っていたことには間違いがない。その優位も、ヒトラーが認めていたように、いずれ他国に追いつかれて失われる。しかし、それまでは決定的な優位に立てるのではないかと考えて、彼はあえてそれに賭ける覚悟をしたのである。

最も興味深いのはソ連との比較である。ソ連は一九三〇年代の終わりにその四、五年前よりも軍事的にひどく弱体化していた。三〇年代の初めにソ連は他のどの大国よりも多くの航空機と戦車を生産していた。防衛支出は、第一次五カ年計画では減少したが、第二次五カ年計画では急増し、一九三三年の一四億二〇〇〇万ルーブルから、三八年の二三二億ルーブルにはね上がった。第二次五カ年計画の工業プログラムがとくに力を入れたのは、自給できる軍需産業を育成すること、そしてドイツと日本のどちらからも届かないウラル山脈の彼方に新しい兵器工場をつくることだった。

一九三四年と三五年は、赤軍にとって平穏無事な時期だった。満州事変とヒトラーの政権獲得に促されて、スターリンは三四年に赤軍の兵力を六〇万から九四万に増員し、三五年には一三〇万まで増員することに同意した。これが可能だったのは、能率の点では疑問があるが、正規軍の二倍の民兵の予備軍が控えていたからである。トゥハチェフスキー周辺のグループに率いられた将校たちは、将来の戦争に関する西欧の理論家の新しい考えを学び、活発に議論し、独立した爆撃部隊の創設のみならず、機械化部隊、化学戦、空対地作戦および空挺部隊の使用など、独自の考えを打ち出した。

一九三〇年代半ばには、ソ連自体の軍需産業、原材料の自給のほぼ達成、および世界最大の人的資源に支えられて、優にドイツ国防軍に匹敵しうる軍隊が存在していた。ヒトラーがどれほどそれを深刻に受けとめていたかは、四カ年計画についての三六年七月の覚書のなかで、ソ連をとくに重視していることによっても明らかである。

> マルクス主義は、ロシアで勝利したことにより、将来の作戦のために前進基地として最大の推進力を確保した……

この攻撃的な思想が手に入れた軍事資源は、年を追うごとに急増している。今日、現に存在する赤軍と、一〇年ないし一五年前にあったと想定される軍とを比較するだけで、この脅威的な進歩の速さが実感できるというものだ。この先一〇年か一五年、もしくは二〇年にわたって進歩をつづけたあとの結果を考慮し、そのときにはどのような状態になるかを想像してみるがよい……

この危険をかわす必要に直面したなら、重要だとされる他のあらゆる問題はまったく意味のないものとして背景に引き下がらなければならない……

われわれのもつ資源をどの程度まで軍事開発に向けるかについては、いくら大きくても大きすぎることがないし、その速度にしても速すぎることがない。それに匹敵しうるほどに緊急の必要性をもつものが、ほかに存在すると考えるのは大きな誤りである。*28　〔傍点ママ〕

覚書のなかで、ヒトラーはドイツの再軍備と経済動員の問題のすべてを、ソ連の軍事力を基準に論じた。彼はそれを、ヨーロッパ文明にたいする脅威というかたちで示し、それに抵抗するうえで頼りにできるのはドイツだけだとした。しかし、東方に生活圏を確保するという彼自身の計画、そしてその実現を脅かす強大なソ連を論ずるときにも、この理論は同じように使われた。一九三六年にヒトラーが赤軍を高く評価していたことを考えると、最高司令部と将校団の半数を三七年と三八年に消すというスターリンの決定がいかに尋常でなかったかがわかる。それは明らかに、国際的にどんな結果をもたらすかを考慮しないで下された決定だった。これらを評価するにあたっては、消されてしまった経験豊かな将校の数が何千人にも達するばかりでなく、ソ連軍指導部の質に壊滅的な打撃を与えたことも考慮しなければならない。最初に粛清の犠牲になったのは、新しい考えを最も積極的に取り入れた――それによってスターリンの疑惑を招いた――人びとだった。彼らを排除したために、歴史家のポール・ケネディが言うように、軍は「政治的には無害だが、知的に進んでいない」指導者たちの手にゆだねられることになった。

スターリンは軍の拡大を図り、かつ新型兵器を装備することに資源を投入しつづけ、防衛支出の全予算に占める割合は、一九三七年の一六・五パーセントから、四〇年の三二・六パーセントにはね上がった。しかし、粛清前に赤軍司令官が奨励した進取の精神はなくなり、盲目的な服従がそれに取って代わった。三七年に参謀長に任命されたシャポシニコフを除いて、新しい司令官は「凡庸と経験不足がその特徴だった」。こうした欠点は、スペイン内戦で学んだ教訓を正しく評価できなかったことからあらわになったものであり、その結果、機械化七個軍団を解体し、また最強の戦略爆撃機をつくりだす開発競争でソ連が優位を保っていたのに、それも同じように放棄されることになった。

ソ連軍の力をスターリンが低下させたことは、二人の独裁者の政策に影響をおよぼした。軍が力を回復するには、そして増やした投資が成果を生んで軍の能率を高めるまでには、いかに努力しても長い時間がかかるというスターリンの認識――もちろん決して公に認めはしなかったが――は、一九三八年と三九年に彼が外交政策を処理し、それを確実にする最上の方法として、独ソ不可侵条約を選んだときの主な要因だった。ヒトラーにたいする影響は反対だった。三七年十一月にドイツ軍の指導者たちと話をしたとき、三六年七月の覚書のなかで彼がソ連の軍事力の進展状況を強調していたことなど、きれいさっぱりと忘れていた。ソ連という国名は、ドイツがチェコスロヴァキアを攻撃する場合を想定したときに言及されただけだった。「ソ連の軍事介入は迅速な作戦によって迎え撃たなければならない。だが、そういう介入が実際に起こるかどうかは、日本の態度を考えると、非常に疑わしい[29]」と。

ソ連の力にたいするヒトラーの評価の変化は、スターリンによる赤軍指導部の粛清から受けた印象がそのまま反映された結果である。その評価は、一九三九年から四〇年にかけての「冬戦争」においてフィンランド軍にたいするソ連軍の戦いぶりがお粗末だったことで確かめられ、ヒトラーを誤算させるうえで大きな役割をはたした。その誤算というのは、彼が一九四一年の侵略計画を立てるにあたって、たった一回の戦いで赤軍を敗北させられると決めてかかり、戦いが長びいて冬にずれこんだ場合の用意を怠ったこと、およびウクライナや他の占領地域のスターリン政権にたいする不満を利用する機会を無にしてしまったことである。これは、ヒトラーとドイツ軍にとってまったく取り返しのつかない過ちとなった。

6

ドイツ軍の一九三六年八月の計画は、防衛のための再武装から明らかに攻撃のためのものへと決定的な転換を見せている。しかしその計画は、いつ、どんな状況で兵力が使われることを想定しているのか、軍の指導者もわからないままに立案され、承認された。最終的な命令にしても、「総統によれば、強力な軍をできるだけ短い期間内につくることになっている[*30]」という冒頭の文章に見られるように、漠然としたものであった。

一九三七年十一月になると、ヒトラーは自分の考えを、少なくとも一部は知らせてもよいという気になっていた。その月の五日、彼は総統府で秘密会議を召集した。呼ばれたのは三軍の最高司令官、陸軍（フォン・フリッチュ）、海軍（レーダー）、空軍（ゲーリング）、および国防相（フォン・ブロンベルク）と外相（フォン・ノイラート）である。彼自身のほかに居あわせたのは、討論の議事録をとった副官のフリードリヒ・ホスバッハ大佐だけだった[*31]。

会議を召集した表向きの理由は、建造計画を完成させるためには鉄鋼がもっと必要になるという海軍の要求により、その割当を決めなければならないということだった。しかし、ヒトラーがそれ以上のことを考えている事実はすぐ明らかになった。彼はわざわざこの会議の重要性を強調したうえで、次のように言った。

彼の説明は、政権についてからの四年半に徹底的に熟慮を重ね、経験を積んだ結果であった。彼は、外交問題において自分たちの立場を向上させる機会と、その必要条件に関して、自分の基本的な考えを説明したいと望んだ。そして、もし自分が死ぬようなことになれば、それを自分の遺言と考えてほしいと言った。

ヒトラーは、世界貿易に加わって通商をさかんにしてもドイツの問題を解決できないというおなじみの見解をここでも語りだした。また、同じように自給自足と植民地についても——一八カ月前の四カ年計画についての覚書よりもずっとはっきりと——懐疑的になっていた。そして、ドイツの抱える問題を、現在の領土に他のどの国民よりもずっと窮屈に詰めこまれて苦しんでいる八五〇〇万ドイツ人の民族共同体の問題であると定義し（それはもっと大きな生活圏をもつ権利があることをほのめかしている）、「何世紀にもわたる歴史の発展のなりゆきとして、領土の点から言えば、このドイツという人種の核に対応する政治的な成果がまったくなかった」と述べた。ドイツ人を統一した大ドイツ帝国をつくりあげなければならないと言いたいばかりに、まことに彼らしいまわりくどい言い方をしたのである。「ただ一つの救済策は、夢のように思えるかもしれないが、より大きな生活圏を獲得することである。いつの時代においても、これを追求することが起源となって、国家が形成され、国民の移住が行なわれてきた」

そして、ただちにその問題に取り組まなければならない、生活圏の拡大を海外にではなく、ヨーロッパで求めなければならないとした。

かつて支配者のいない土地は存在しなかったし、現在も存在しない……ドイツの問題は、力に訴えることによってのみ解決できるものであり、これにはかならず危険がともなう。

もし生命がつづけば、遅くとも一九四三年から四五年までにドイツの生活圏の問題を解決するのが、ヒトラーの不退転の決意である。

このようにして問題が解決されれば、一世代ないし二世代のあいだは充分にもつだろう。のちにほかの何が必要になろうと、それはあとの世代にまかせて処理させればよい。

決行日は、ドイツと他の国々の再軍備の進み方をくらべて決められた。一九四三〜四五年以降は、ドイツの再軍備による相対的優位が低下に向かう。ドイツの装備は時代遅れになりはじめ、遅れて再軍備にとりかかった他の国が追いつくだろう。

ヒトラーは最初の目標を定義して、「チェコスロヴァキアとオーストリアを同時に倒し、西方への作戦について想定される脇腹への脅威を除くこと」とした。中央ヨーロッパの二国をドイツに併合すれば、一二個師団を新設する人的資源を得るばかりか、国境が短く、守りやすくなるうえ、「チェコスロヴァキアから二〇〇万人、オーストリアから一〇〇万人を強制移住させると仮定して、五〇〇〇万〜六〇〇〇万人のための食糧が獲得できると思われる」。「ズデーテン地方のドイツ人をチェコスロヴァキアの耐えがたい迫害から解放する」というのは、一九三八年のチェコスロヴァキア危機に際して自分の行動を正当化した言葉だが、ヒトラーはそのことについては何も言及しなかった。彼は国家としてのチェコスロヴァキアを「転覆」し、「チェコ人を撲滅」することとしか話さなかった。

しかしヒトラーは、このように将来にちらっと目をやっただけで、それ以上は追求しなかった。彼は生活圏の征服が行なわれるはずの東ヨーロッパ、つまりポーランドとソ連のことにはほとんど触れず、もっぱら準備段階――「一九四三〜四五年に起こす行動のための必要」と「憎悪に燃える二敵国、ヨーロッパや海外でドイツの立場が強まるのに反対する……イギリスとフランス」――に言及するにとどまった。彼は、行動に移る機会が生じる二つの場合を考えた。フランスの内部闘争が内乱の程度にまで高まって、戦争どころでなくなった場合と、他の国との戦争に巻きこまれてドイツにたいする行動を起こせなくなった場合である。どちらかの事態が起これば、その機会をとらえてオーストリアとチェコスロヴァキアを転覆させなければならない。ヒトラーは第二の事態のほうが「はるかに近い将来に起こりうる」とした。おそらく「早ければ一九三八年にも」地中海の緊張から、とりわけムッソリーニがバレアレス諸島に居座ることに決めて、フランスおよびイギリスとの戦争に巻きこまれた場合にそうなるだろう、と。これは、ドイツが「電光石火の早業で……チェコスロヴァキア襲撃」を始める絶好の機会になるだろう。したがって、ドイツに必要な政策は、スペインの内戦を長びかせ、イタリアをそそのかしてバレアレス諸島を永続的に占領させることである。

ヒトラーの話を聞く者にとって、それはどれ一つとして驚くようなことではなかった。ドイツの政策の目標としてのオーストリアの併合やチェコスロヴァキアの取りつぶしに、異議を唱える者はいなかった。また、もしドイツの作戦が成功してすみやかに終わるならば、ソ連またはポーランドが軍事介入する危険はまともに考える必要はないとヒトラーが踏んでいることにも、疑いが挟まれなかった。しかしヒトラーは、

「イギリスも、そしておそらくはフランスも、すでに暗黙のうちにチェコスロヴァキアを見捨てているのはほぼ間違いない」との見解を述べ、さらに次のようにつづけた。

国内の難問、そして長期にわたるヨーロッパの戦争にもう一度巻きこまれるのではないかという不安が決定的な理由となって、イギリスは対ドイツ戦争に加わるのに反対している……イギリスの支援がなく、わがほうの西部要塞線への攻撃が早晩行きづまると予想されるとき、フランスが攻撃をかけてくることはほとんど考えられない。

会議に先だって、ヒトラーはゲーリングに、自分は陸軍の再軍備の進捗状況に不満なのでフォン・ブロンベルクとフォン・フリッチュに「火をつける」つもりだと語っていた。そして、それはうまくいった。両将軍は強い反応を示し、ドイツが中央ヨーロッパで引き起こす紛争にイギリスとフランスが干渉しないと仮定するのは間違っている、ドイツはまだ戦う準備が整っていないのに全面戦争に直面することになると主張した。彼らは自分たちの疑いを裏づけるために、ドイツの西部要塞線が不備なこと、フランスの軍事力、チェコスロヴァキアの防衛の固さなどについて指摘した。フォン・ノイラートは、こう言い添えた。ヒトラーは地中海で西欧の強国とイタリアとのあいだに戦争が起こることをあてにしているようだが、それははなはだ疑わしいと思う、と。レーダーは何も言わなかった。彼の関心は海軍に鉄鋼を割り当ててもらうことにあり、その議題は会議の第二部で取り上げられ、彼の望みはかなえられた。

ヒトラーはリスクについての議論を主としてゲーリングにまかせた。議論は白熱し、結論に達しないまま終わった。四日後、フォン・フリッチュはさらに会議を開くよう求め、あらためて反対の意向を表明した。フォン・ノイラートも、ヒトラーが提案した方針を何とか思いとどまらせようとしてヒトラーに面会を求めた。しかし、このころにはヒトラーはすっかり苛立っていて、突然ベルリンを離れ、ベルヒテスガーデンへ行ってしまった。外相がやっと会えたときには一月もすでに半ばになっていて、それまでにヒトラーの心は決まっていた。

十一月五日の会議は、後戻りがきかない転換点というわけではなかった。何の決定もなされなかったのだ。ヒトラーは融通性を残しておいたのである。五カ月後のオーストリアにたいする作戦はあわてて立案したものだったし、チェコ危機はヒトラーが予測したコースをたどらなかった。この会議で重要なのは、そこで何が決まったかではなく、ヒトラーがそのときにそれを召集したという事実、そこで何が話され、彼がそれからどんな結論を引き出したかであった。

一九三三年、政権について一週間後、ヒトラーは内閣にこれからの四、五年間は再軍備と軍の増強を優先しなければならないと語った。これはもちろん、ヴェルサイユ条約の決定をひっくり返す国家社会主義の計画の一端として提示されたものだった。一度だけ、将軍たちと初めて会ったとき、彼はさりげなく——いろいろあるなかでもとくに——その可能性を口にした。ドイツの軍事力が再建されれば、それが「東方に生活圏を獲得し、情け容赦なくドイツ化するために」使用されるという可能性である。目標をはっきり決めないまま、ヒトラーは再軍備への最大限の支持を軍と文官と大企業からとりつけたのである。

しかし、いまその時期が到来し、大国としてのドイツの軍事上の地位を回復するという漠然とした目標を超えて進み、もっと攻撃的で過激な政策を採用する用意が整ったのである。ヒトラーが十一月五日の会議に重きをおいたことは、軍の指導者たちと外相がどこまで自分についてくる覚悟でいるかを判断する尺度と見なしていた事実を示唆している。

ヒトラーは説明の最初の部分で、「ドイツの生活圏の問題を解決する」という長期計画は、一九四三年から四五年にかけての時期までに始めなければならないと主張した。これには必然的に武力の行使がともなうことを明確にしたが、それが意味するもの——東ヨーロッパとソ連に生活圏を獲得すること——についてはくわしく語らず、オーストリアとチェコスロヴァキアの併合によって、ドイツの軍事的・経済的状況を改善するという準備段階について話すにとどまった。

そうした可能性は、何年にもわたって外務省や軍でしばしば話しあわれていて、彼が両国を大ドイツ帝国に併合する意図について語りはじめたとき、二人の将軍もフォン・ノイラートも不意を突かれたわけではなく、また原則において異議を唱えもしなかった。彼らが反対したのは、ヒトラーがそれにともなう危険をいとも簡単に無視していることだった。しかし、ヒトラーにはこれで充分だった。この自明の第一段階ですら彼らがためらうのなら、それ以上の証拠は何もいらない。そんな男たちと一緒では、これとはくらべものにならないほど大きな賭け、自分がドイツの将来を保障するために必要だと信じる賭けに打って出ることなど、とても望めないのは明らかである。どんなものであれ、筋の通った批判は彼を立腹させた。数日のうちに、ヒトラーはこう確信した。彼らと袂を分かたなければならない。そして、彼らを排除することもいとうまい。

一九三七年から三八年にかけての冬は、こうして始まりと終わりの両方を画した時期でもあった。始まりとなった変化は、ヒトラーの目標に起こったのではなく、どこまでリスクを引き受けられるかという判断に起こった。目標はこれまでと変わらなかった。政権についた最初の五年のあいだ、彼は用心深かった。そして、ラインラントの再武装以外は武力をひけらかすことさえしないで、一連の外交上の成功を勝ちとる政治家としての手腕に頼った。三七年の秋になると、ドイツの再軍備はいまや公然の事実となり、成功に自信を深めたヒトラーにとって、第二段階に移る準備が整った。ヴェルサイユ条約によって課された制限を除去し終えて、大帝国を建設し、最終的に東方への道を開くことになったのである。彼は、より大きなリスクを引き受ける覚悟を決めていた。威嚇と、場合によっては武力行使に訴える必要が生じるかもしれない。他方で、現実に戦争に訴えることなく、外交から最大の利益を引き出す希望もまだ捨てていなかった。

その冬はまた、終わり——一九三四年の「第二革命」の放棄とともに更新された条件にもとづく伝統的なエリートとの同盟の終わり——をも画することになった。同盟は、経済の分野でその目的を達成してしまった。そして、同盟の根底にあった暗黙の了解は、ゲーリングの四カ年計画が開始され、シャハトの影が薄くなったときには、すでに放棄されていた。ヒトラーはシャハトと完全に手を切ってしまうのは気が進まなかった。しかし、十二月八日には経済相としてのシャハトの辞任をついに認めた。あからさまな仲違《なかたが》いではなかった。シャハトは解任されたのではなかった。ヒトラーは体裁をとりつくろうために、シャハトにはドイツ国立銀行の総裁としてのみならず、帝国の無任所相としてとどまってもらわなければならないと主張した。これがソ連だったら、逮捕されて銃殺されていたことだろう。だが、シャハトはそうならず、国立銀行の総裁を辞任してからは引退生活に入った。

後任の経済相は、かつてヒトラーと経済界とのあいだをとりもった「仲介役」で、経済ジャーナリストのワルター・フンクだった。任命されたときの気まぐれなやりかたから見ても、フンクが握ることのできる権限など、たかが知れていた。ある晩、歌劇場でフンクに会ったヒトラーは、幕間《まくあい》に呼びだして、シャハトの後任を引き受けるよう命じ、ゲーリングに会って指示を求めろと言った。フンクは一九三八年二月になって経済相に就任したが、そのときまでにその地位はすっかり権力を剝奪されて、四カ年計画の全権を掌握するゲーリングに完全に従属させられていた。

ほかに二つ、まだ同質化《グライヒゲシャルテット》しなければならない主要な国家機関があった。外務省と軍である。どちらもヒトラーが非常に嫌う上流階級に属する保守主義者の牙城だった。ヒトラーは、初めのうちは彼らの協力が必要不可決だという考えを認めていた。しかし、まもなく、彼らのもつ政治的かつ社会的伝統はあまりにも制約が多く、後ろ向きであり、自分が進めようとする外交政策の革命的かつ暴力的な戦術にはそぐわないと思うようになった。フォン・ノイラートはフォン・ブロンベルクと同じく、フォン・ヒンデンブルクに任命された人物で、ナチの暴走を抑えるブレーキ役として外務省に送りこまれていた。そして十一月五日には、まだヒトラーと議論できるだけの、いくらか独立した立場を保っていた。

ヒトラーは、外務省をすぐにもナチ化するには、リッベントロープを外相につけるのがよいと考えていた。一九三八年二月二日、六十五歳の誕生日を迎えたフォン・ノイラートにたいして、ヒトラーはひきつづきその地位にとどまってもらうとあらためて保証していた。しかし、二日後の二月四日に、彼を転任させた。同時に行なわれた外務省の人事異動で、フォン・パーペンがオーストリア大使を辞任した。シャハトと同じく、フォン・ノイラートは解任されたのではなく、三八年の早い時期のことだが、新設されただけで一度も会議を開いていない内閣諮問機関の長官に任命された。三九年、彼はボヘミアとモラヴィアの総督に任じられ、最後はニュルンベルク裁判にかけられた。

しかし、軍との関係は危機的だった。軍には、国家のなかで独立した地位を占めるという独自の伝統があった。ヒトラーは政権をしっかり維持していくうえで、軍の暗黙の支持が決定的な要因となっていた一九三三～三四年には、それを受け入れていた。しかし、内情に通じた結果、かつて彼が年配の将軍たちに抱いた大きな尊敬の念はかなり前から薄れていた。彼はいつまでも一九一八年の敗北とそのあとにつづいた屈辱にとらわれていたからである。当然、保守的な考え方をする彼らは、電撃作戦によって生活圏を獲得しようとする考えにたいして用心深く、疑いの目を向けた。そうした考えを実行に移して非常に大きな効果をあげることをやがて証明する有能で覇気のある将校たち――グデーリアン、マンシュタイン、ロンメル、リヒトホーフェン、シュトゥーデント――もいたが、ドイツ再軍備の期間には彼らはまだ中堅でしかなかった。

スターリンとは違って、ヒトラーは最高司令部の完全な粛清を企てなかった。のちに、彼はそのことを後悔するのだが、スターリンのように軍が反対派の中核になるかもしれないという偏執的な猜疑心はもちあわせていなかった。そして、力によって領土を征服するという自分の目的に、軍部はいまなお必要不可欠だと考えていた。しかし、彼はフォン・フリッチュとフォン・ブロンベルクがやったように、独自の見解を述べるというかたちで突きつけてくる最高司令部の要求をきっぱりと断つ決心をした。一見なんの脈絡もない一連の事件が起こり、彼はそれを実行する機会を得た。

罠は、ゲーリングとヒムラーによってしかけられた。フォン・ブロンベルクは妻を亡くしており、素性のはっきりしない、「過去」をもつ女性と再婚したがっていた。しかし、フォン・ブロンベルクはそのことが、陸軍元帥でありかつ国防相の地位にある男の妻にはそれ相応の社会的地位のある女性が望ましいと考える将校団にショックを与えることは承知していた。あさはかにも、彼はゲーリングに相談した。ゲーリングは彼を励ましたばかりか、のちにこの目ざわりなライバルを南アメリカに追い払うことにまで手を貸した。一九三八年一月十二日、ごく内輪に結婚式が挙行され、ヒトラーとゲーリングが主な立会人となった。

しばらくして、元帥の妻について、もと売春婦だったという記録が警察に残っており、いかがわしい写真のモデルをして有罪の判決を受けていたことが暴露された。フォン・ブロンベルクは仲間の将校たちに人気がなかった。ヒトラーに従順な態度をとる彼を嫌ったのである。ゲーリングの支持を得たフォン・フリッチュは、仲介の労をとってもらってヒトラーに面会を求め、フォン・ブロンベルクの退任を要求する軍の抗議文書を提出した。そして、誰が国防相兼軍最高司令官としてフォン・ブロンベルクのあとを継ぐかという問題が起こった。

誰の目にもフォン・フリッチュが候補者と映ったが、反対する有力者がいた。一人はゲーリングである。彼はその地位を自分のものにしたがっていて、それを手に入れるためならばまたしても一人二役を演じたことだろう。ヒムラーはフォン・フリッチュを、親衛隊の権力を軍にまで延ばそうとした自分の企てをしりぞけた男と見なしていた。最後はヒトラー自身だが、彼にとってフォン・フリッチュは将校団の気に食わない部分を凝縮したような男であり、十一月五日の秘密会議（ホスバッハ会議）で自分に反対したことも許していなかった。問題を解決するために、ヒムラーとゲーリングはレームを片づけたときのように協力して、軍の最高司令官が同性愛行為にふけっていたとする警察の一件書類をでっちあげ、その告発を裏づける証人を見つけだした。のちに、問題の人物はフォン・フリッチュではなくて、フリッシュという騎兵隊の退役将校だったこと——初めからゲシュタポがつかんでいた事実——が明らかにされたが、そのときまでに策略は所期の目的を達していた。

　ヒトラーの役割が——ヒトラーもそれに一枚嚙んでいたとしたらだが——何であったにせよ、彼はたくみにこの事件を自分に有利になるように利用した。フォン・ブロンベルクの後任は任命しないことにしたのである。彼自身の見解に反対する軍の代弁者をつくらないためだった。すでに最高司令官としてフォン・ヒンデンブルクの後継者になっていたヒトラーは、フォン・ブロンベルクから国防軍の直接の指揮官としての地位（すなわち、陸海空軍を統括する最高司令官）を取り上げ、同時に国防相という役職を廃止した。国防省のなかにあった国防軍局は国防軍最高司令部《オーバーコマンド・デア・ヴェーアマハト》（ＯＫＷ）となり、ヒトラーの軍事参謀の役割をはたすのだが、それは伝統的にプロイセンとドイツの支配者たちに助言してきた陸軍最高司令部《オーバーコマンド・デス・ヘーレス》（ＯＫＨ）とはまったく別の組織で、そのライバルとなる存在だった。

　これは陸軍の最高司令部と参謀本部がかつて享受した独立の地位と威信をＯＫＷが引き継ぐのを、ヒトラーが許すということではなかった。彼がＯＫＷの長官としてウィルヘルム・カイテル将軍を選んだことで、そのことは充分明らかになっている。カイテルがおよそヒトラーに抵抗できるような人物でないことは、やがて判明する。カイテルがこの地位にふさわしいかと聞かれて、フォン・ブロンベルクは答えた。「カイテルですか。彼には問題がありません。彼は、私の部署を切りまわすだけしか取柄のない男です」。これに答えて、ヒトラーはこう言った。「それこそまさに私が探していた男だ」[*32]。一九三九年九月から四四年九月までOKWの参謀部につとめたワルター・ワルリモント将軍は、回想録のなかにこう記している。「ヒトラーは生来、乱雑なやりかたで仕事をする人で、きちんと制度化されたものは何であろうと嫌った」[*33]。イギリスにおける参謀長委員会やアメリカの統合参謀本部のようなものは、ヒトラーのドイツでは許されないことだった。三軍の長は、総統会議に呼び出されたときだけ顔を合わせ、総統の命令を受け取った。三軍のあいだで調整が行なわれるとしたら、それはヒトラーの手中においてだった。ヒトラーは自分の新しい地位を利用し、OKWを軍事上の事務局にして、彼がすでに政治と経済の分野でなしとげた、彼自身よりも下のあらゆるレベルにおける権力の分割と活動の分散を軍事の分野にまで広げたのである。

ヒトラーは、フォン・ブラウヒッチュが陸軍最高司令官として、またフォン・フリッチュの後継者として将校団に受け入れられる人物であると考えた。またここでも、彼はすぐれた勘を働かせ、独自性を主張して自分に面倒をかけることのない人物を選んだ。彼はその機会を利用して上級の将軍一六人を引退させ、他の四四人を別の司令部に移した。ゲーリングの失望を慰めるジェスチュアとして、ヒトラーは彼を陸軍元帥に昇進させた。これはゲーリングの虚栄心に訴えるための処置であり、陸軍と海軍の最高司令官たちにたいする彼の優位を認め、すでにいくつも保持している官職名にとくに新たなものをつけ加えずに最高位の軍人にしてやったのである。

ヒトラーは、一九三八年二月四日、これらの変更を閣議で発表したが、それは結果として第三帝国の最後の閣議となった。たった一撃で、フォン・ブロンベルクとフォン・フリッチュ、フォン・ノイラートとシャハトを、自分の意のままになる人物、カイテルとフォン・ブラウヒッチュ、リッベントロープとゲーリングに置き換えることにより、彼はわずかに残っていた自分の行動の自由を阻むブレーキを取り除いてしまう一方で、三軍の直接の支配権を握ることによって自身にさらに多くの権力を集中させた。将校団を宥和するために、ヒトラーはフォン・フリッチュ事件を憲兵に調べさせることに同意した。これによってフォン・フリッチュの嫌疑は晴れたが、元の地位には戻されなかった。

裁判所が判決を下したときには、オーストリアがすでに併合されていて、政権はびくともしなくなっていた。フォン・フリッチュ自身は、不本意ながらその結果に従った。同じときにローマにおける大使のポストを失ったウルリヒ・フォン・ハッセルは、前陸軍最高司令官の言葉を日記に書きとめている。「このヒトラーという男は、良かれ悪しかれドイツの運命である。彼がいま地獄の川を渡るとすれば（フリッチュは彼が渡ると信じている）、われわれ全員をその道連れにするだろう。われわれにできることは何もない」[*34]。フォン・フリッチュ事件は、オーストリア併合の勝利に隠れてすぐに忘れられたが、ヒトラー革命の第一部の締めくくりであり、彼を抑えられるという保守派の希望が消滅したことを示すとともに、ヒトラーの戦争におけるナチ革命の第二部に向かう新しい局面の始まりともなった。

第14章 独ソ不可侵条約

ヒトラー　一九三八―一九三九（四八―五〇歳）
スターリン　一九三八―一九三九（五八―五九歳）

1

一九三七年末には、国際問題の専門家たちはドイツがオーストリアの独立に終止符を打つ日が近いとほぼ確信していた。問題は、それがいつ、どのようにして行なわれるかだった。

ナチは、一九三六年七月の協定で勝ちとった譲歩を生かそうとしたが、それも失敗に終わっていた。一方、オーストリア首相のクルト・フォン・シュシュニクは、自国の国際的な立場が弱く、ドイツとの関係を正常化できなければ将来が危ういと考えていた。三七年に、彼は政治的には何のつながりもない右翼のオーストリア人弁護士アルトゥール・ザイス－インクヴァルトと親交を結んでいた。その弁護士の助けを借りて、シュシュニクはひそかに一連の譲歩案を考え出し、ドイツからの圧力を封じようとした。それは、オーストリア政府内の国家社会主義者にもっと大きな役割を与え、ザイス－インクヴァルトを内相に任命するというものである。そして、フォン・パーペンが取り決めたヒトラーとの一対一の会談で、これらを既成事実として提案する計画だった。しかし、シュシュニクは知らなかったのだが、ザイス－インクヴァルトは前もって譲歩案の詳細をヒトラーに教えていた。だから、ベルヒテスガーデンに着いたときには、もはや策をめぐらす余地がなくなっていた。

一九三八年二月十二日に、オーバーザルツベルクにあるヒトラーの別荘で行なわれた会談では、これが明暗を分ける鍵となった。ヒトラーはシュシュニクが切り出そうとしていた譲歩案の内容をすでに知っていたので、そのかわりに最後通牒をもって応じ、武力をちらつかせて、ただちにそれを受け入れるよう迫ることができた。シュシュニクを書斎に連れこむと、相手が有名なドイツ－オーストリア国境の美しい風景を褒めるのも無視して、ヒトラーはオーストリアの政策を非難する長広舌をふるいはじめた。オーストリアは孤立している、とヒトラーは言い放った。フランスもイギリスもイタリアも、オーストリアを救うつもりなどさらさらない。それに、もう我慢の限界だ。「よく考えてみることですね、ヘル・シュシュニク。じっくり考えることです。今日の午後までなら待ちましょう。私が言うことは、言葉どおりに解釈しておいたほうがよろしい。私ははったりなど言う男ではありません。私がやってきたことを考えれば、おわかりでしょうが」

昼食会の席でヒトラーはせいぜい客をもてなしたが、対オーストリア作戦の責任者となる三人の将軍が同席していたので、その場には相変わらず威圧的な雰囲気がただよっていた。夕方になって、ようやくリッベントロープとフォン・パーペンがシュシュニクのところにやってきてヒトラーの要求を伝えた。それが、前もってザイス－インクヴァルトと取り決めてあった提案をより進めたものであることに気づいて、シュシュニクは内心穏やかではなかった。その内容は、オーストリア・ナチの活動を全面的に支援し、警察力をザイス－インクヴァルトの支配下に置くことによってそれをより確実にしようというものであり、投獄されているナチ党員全員に大赦を与えることも含まれていた。野心家のザイス－インクヴァルトが一人二役を演じていることは明らかだった。シュシュニクの親友になりすまし、それを足がかりにして後継者の地位をベルリンに受け入れてもらおうと画策していたのである。そのうえ、親ナチ派の二人目の人物エドムント・グライゼ－ホルステナウが国防相になり、二国の軍隊のあいだで将校の入れ替えをして、両軍の緊密な協力関係を築く構想になっていた。また、ドイツが指名した三番目の人物が蔵相となり、二国の経済システムを一つにまとめる案も盛り込まれていた。オーストリアは三日間の猶予を与えられ、この全構想をそっくり受け入れるよう求められた。

ヒトラーは、一語たりとも変更を認めようとしなかった。「何ら手を加えず、三日以内に署名して私の要求に応えるように。さもなければ、オーストリアへの進撃を命じるだろう」。しかしシュシュニクが、自分が署名することに問題はないが、それが批准されるとはかぎらないと言うと、ヒトラーは部屋から出るように命じ、カイテル将軍を呼びにやった。その場に居あわせたフォン・パーペンによれば、カイテルが急いで部屋に来ると、ヒトラーは笑いながらこう言ったという。「別に用はないんだが、ここにいてくれないか」。シュシュニクは三〇分ほど放置されていたが、そのとき同伴していたオーストリア外相グイド・シュミットは、自分たちがその場で逮捕されてもおかしくはないと思った。ヒトラーはようやく二人を呼び戻すと、こう言った。「こんなことは生まれて初めてだが、私は考えを変えることにした。しかし、よろしいかな。これが本当に最後のチャンスですぞ。協定の発効を三日延ばしましょう」[*1]

シュシュニクが署名をすませると、ヒトラーの気持ちの高ぶりもおさまった。しかし、首相が共同声明に一九三六年の協定にもとづいてオーストリアの独立を保証する文言を入れてほしいと要請すると、ヒトラーはこれをはねつけた。「それはできません。まずは新しい協定の要件を満たしてもらうことが先です」

ヒトラーが二月二十六日にオーストリア・ナチの指導者グループに語った内容から、彼が武力による威嚇はもう充分だと考えていたのは確かなようだ。軍事的な準備を進めているところを誇示してなおも圧力をかけつづけたが、シュシュニクは結局、すべてのナチ党員（ドルフス殺害で有罪となった者も含めて）の大赦、および約束されていた内閣改造とザイス－インクヴァルトの内相就任を正式に発表した。

しかし、ザイス－インクヴァルトがベルリンからの命令に応じてますます勝手に行動し、ナチは数週間のうちに権力を掌握するだろうなどと公言するようになると、シュシュニクは方針を変えた。手をこまねいてオーストリアの独立が失われるのを見ているよりも、断固とした態度でのぞむべきだと考えたのである。彼は国民投票を実施すると発表し、国民に「自由な、独立した、ゲルマン的でキリスト教徒の」オーストリアを望むかどうかを決めてもらいたいと呼びかけた。

オーストリア大使館付き武官からシュシュニクのこの計画について聞いたとき、ムッソリーニは「この大砲は手のなかで爆発するだろう」と述べた。ヒトラーは、シュシュニクが勝手に国民投票のようなやりかたに訴えようとしたことに激怒した。何をおいても、それを阻止しなければならなかった。

オーストリア占領作戦の詳細な軍事計画はまだなかったが、すぐに即席の計画が立案された。三月十日、ヒトラーは二つの命令を下した。オーストリア・ナチには街頭に繰り出すよう指示し、ザイス－インクヴァルトには最後通牒を突きつけるよう指示した。シュシュニクが流血の惨事を招く危険は冒せないとして国民投票の中止に同意するとと、シュシュニクの辞任とザイス－インクヴァルトの首相就任を求める声が上がった。シュシュニクは辞任したが、大統領ウィルヘルム・ミクラスは、ヒトラーがはったりをかませているのだろうと高をくくって、ザイス－インクヴァルトの首相任命を拒んだ。

ヒトラーはなおも直接的な武力行使を避け、自分のいかなる行為も表向きは合法的なものに見せようと進軍の命令を遅らせていた。特別使節としてヘッセン公フィリップを派遣してムッソリーニに急ぎの伝言を託していたが、そうこうしているうちに返事がくるのではないかと思ったのである。ゲーリングは困難を回避する方法を見つけた。シュシュニクは辞任したがザイス－インクヴァルトはまだもとの地位にあるので、その彼がオーストリア政府の名のもとに行動する権限をもっているというのである。そこで、ザイス－インクヴァルトに、秩序を回復するためにドイツの軍事介入を求める電報を打たせることにしてその電文を口述したが、すぐにこうつけ加えた。「そうだ、実際に電報を打たせなくてもいいんだ。ザイス－インクヴァルトが『同意します』と言えばそれでいい」[*2]。ザイス－インクヴァルトが異議を唱えると、ウィーンでヒトラーの代理をつとめていたウィルヘルム・ケプラーが自分でベルリンに電話して、しかるべく返事をした。「元帥閣下にザイス－インクヴァルトは同意したと伝えてくれ」

電話が故障していたため、ウィーンへの通話には総統府の交換台が使われた。居あわせたグロルマン将軍は次のように述べている。

ヒトラーが電話室に招き入れられたときには、すっかり暗くなっていた。ゲーリングが一緒に入るのも見えた。二人が再び出てきたとき、ゲーリングは興奮した様子でヒトラーに話しかけていた。ヒトラーはそれまでゲーリングの話にじっと聞き入っていたが、居間に戻ろうとして歩いていたとき、不意に自分の太腿を叩き、背筋をしゃんと伸ばしてこう言った。「さあいよいよだ」。すぐにゲーリングは走り去り、それから矢継ぎ早に命令が下された。[*3]

三月十一日午後八時四十五分、ヒトラーはドイツ軍に、翌朝の夜明けとともにオーストリアに侵攻せよと命令した。夜半を少しまわったころ、通りには騒々しい群衆があふれ、ミクラスはナチの暴動が迫っているのを感じると、抵抗をやめてザイス－インクヴァルトを首相に任命した。ザイス－インクヴァルトが最初にやったのは、ドイツ軍の侵入を阻止することだったが、この試みは失敗した。ヒトラーは自軍が抵抗にあうことはないだろうと確信していた。そして、待ち望んでいたムッソリーニからの返事がきた。十時半に、ヘッセン公フィリップがローマから電話をかけてきて、ムッソリーニは快くヒトラーの行動を承認したと伝えると、ヒトラーは感謝の気持ちでいっぱいになり、われを忘れんばかりだった。

ヒトラー　ムッソリーニに伝えてくれたまえ。私はこのことを決して忘れない……決して決して、何があろうとも忘れない……そして、オーストリアが片づいたら、すぐに支援に駆けつける。何があろうと、どんなことが起ころうと。

ヘッセン公　かしこまりました、総統閣下。

ヒトラー　いいか、私はいかなる条約でも結ぶつもりだ。イタリアと戦火をまじえることにでもなっていたら、苦しい立場に追いこまれたかもしれないが、そのようなことはもう恐れなくてもいいのだ。深く感謝していると伝えてくれたまえ。私は決して忘れないとな。*4

ゲーリングはヒトラーのもう一つの懸案に対処することもまかされていた。チェコスロヴァキア公使に会って、オーストリアのことはドイツとチェコスロヴァキアとの関係に何ら影響するものではないから心配しないように、と次のように告げたのである。「誓って、貴国がわが帝国を恐れるような事態にはなりません」。そのかわり、ゲーリングはチェコスロヴァキアがドイツにたいして軍隊を動員しないとの保証を求めた。公使は、本国政府と検討したあと、喜んで保証すると返答した。それからゲーリングは、自分が確約した内容を今度はドイツ政府の名において復唱した。

第八軍がオーストリアに進軍すると同時に、ドイツはオーストリアのラジオ放送を通じてこう宣言した――わが国では国民が抑圧的な悪政に苦しんでいたが、ヒトラー総統閣下は、わが国民を解放したばかりでなく、苦境におちいっている同胞を救うためにオーストリアにおもむいたのである。かつて学校に通っていたことのあるリンツで、ヒトラーは群衆の歓呼の声に迎えられたあと、両親の墓参をし、花輪を手向けた。熱烈な歓迎に心を動かされ、ヒトラーはザイス－インクヴァルトの下に傀儡政府を樹立するのではなく、オーストリアをドイツ帝国に直接併合しようと考えた。それは、一四年前に『わが闘争』の一ページ目に記した目標だったのだ。ヒトラーの決定には異論をはさむ余地などなかった。緊急閣議が開かれたあと、ザイス－インクヴァルトはすでに公表されていた法案の原文をもってリンツに戻った。その第一条には「オーストリアはドイツ帝国の一州である」と記されていた。

その夜、逮捕が始まった。ウィーンだけでも七万六〇〇〇人が捕らえられた。ドイツ軍のすぐあとには、四万人からなる警察の大部隊と親衛隊の髑髏部隊がつづき、オーストリアにいた二〇万のユダヤ人にたいして組織的な迫害を始めた。アドルフ・アイヒマン――のちにホロコーストに関与したかどでイスラエルで裁判にかけられ、死刑になった――は、古いロートシルト宮殿に作戦本部を設け、その年の秋までにユダヤ人四万五〇〇〇人を追放したと発表した。そのユダヤ人たちは、移住する権利を得るために多額の金を支払わなければならなかった。オーストリア義勇軍に属する地元のナチ党員は、市街で勝手に行動する自由を与えられ、それまでに鬱積していた妬みや恨み、復讐欲を思うさま充足させることができた。

ウィーンの大きなユダヤ人地区にたいする仕打ちは、その後のとどまるところを知らぬ残虐行為の第一歩にすぎなかった。その年は、ベルリンの水晶の夜《クリスタルナハト》やドイツの他の都市でそのような残虐行為が繰りかえされた。群衆が集まって、いわゆる「こすり落としゲーム」に興じた。ユダヤ人――それも年老いたユダヤ人が多かった――に命じて、実現しなかったシュシュニクの国民投票の、まだ消されていなかったスローガンを素手で、あるいは歯ブラシでこすり落とすように強要するのである。

一人のイギリス人ジャーナリストが、この「こすり落としゲーム」の一つについて書いている。

突撃隊の男たちが、拍手する群衆をかきわけて年配のユダヤ人労働者とその妻を引っぱってきた。年老いた妻の頰を涙が伝った……男は自分の腕をつかんでいた妻の手を撫でようとしていた。「ユダヤ人の仕事だ。ついにユダヤ人にも仕事ができた」と群衆がわめきたてた。「総統閣下に感謝いたします。ユダヤ人に仕事を与えてくださってありがとうございます！」[*5]

当時ウィーンにいたドイツの劇作家カール・ツックマイアーはこう記している。

> 悪の世界が門を開き、最も低劣で忌わしく、最も穢《けが》れた魂が解き放たれた。市街はヒエロニムス・ボスの描く悪夢の絵に姿を変え、あたりには男と女の喉から絶えずしぼりだされる野蛮でヒステリックな叫び声があふれた……荒々しく憎悪に満ちた勝利の雄《お》叫《たけ》びである。[*6]

結局、オーストリアでは国民投票が実施されることになった。ヒトラーは議会を解散し、次の選挙を四月十日に実施すると決めた。それとともに、ドイツ全土で――つまりオーストリアも含まれる――国民投票が行なわれることになった。併合《アンシュルス》というのは、ドイツ人にとって大ドイツ《グロスドイッチュラント》という夢がかなうことである。それは、オーストリア併合を禁じたヴェルサイユ条約よりも、そしてビスマルクが故意にオーストリアを除外してなしとげたドイツ統一よりも前からあった長年の夢だった。第一次世界大戦の終結とともにハプスブルク王朝が消滅して、オーストリア人の多くは、非ドイツ的な部分を失って宙ぶらりんになった自国にとっては、このような併合以外に将来生き残る道はないのだと考えた。たとえのちに幻滅する――ウィーンは片田舎の遅れた都市になりさがり、オーストリアのナチ自身でさえ自国を略奪したその破廉恥なやりかたに不満を漏らすことになるのだが――ことになっても、両国民とも当初は諸手をあげて併合を喜んだし、その純粋な情熱に嘘偽りはなかった。ヒトラーの人気は頂点に達していたが、その理由は、「とりわけわが総統閣下が、流血の惨事を起こさずにそれをやってのけたから」[*7]であった。

ヒトラー自身にとって、ウィーンはかつて自分が挫折感と屈辱を味わった都市だったためか、ハプスブルク家の後継者として戻ってきたことは、「生涯で最も誇らしいとき」となった。選挙運動中、ヒトラーはドイツをくまなく遊説してまわった。各地で大集会が開かれ、群衆は国民的勝利として熱狂的にそれを迎えた。最後の一〇日間は、もっぱらオーストリアを遊説してまわり、締めくくりにはウィーンで示威行動が行なわれた。歓呼の声をあげる群衆の前に立つとき、ヒトラーは自分が運命を司る者としての使命を担っているのだという信念にとりつかれていた。「これは神の意志であると思う。神が、一人の若者をこの地からドイツ帝国に遣わし、成長させ、国家の指導者として再びこの生まれ故郷をドイツ帝国へ導くよう、計らってくださったのだ」[*8]

2

三月十三日、ヒトラーがリンツに凱旋してオーストリア併合を祝っていたとき、スターリンは別の勝利を祝っていた。三月十三日、最後のモスクワ裁判が終わり、レーニンの政治局で残っていたメンバーの一人を除く全員――ブハーリン、ルイコフ、クレスチンスキー――の略式執行があった（原注：このときトロツキーだけが刑の執行を免れたが、一九四〇年には暗殺というかたちで非公式に刑が執行された）。この二人の男がそれぞれ何を優先させようとしていたかを見なおしてみると、その違いに驚かざるをえない。しかし、粛清のさなかにあってさえ、スターリンは一つの国が地図から抹消され、もう一つの国も明らかに脅威にさらされている事実を無視できなかった。もしチェコスロヴァキアも併合されることになれば、ヨーロッパの勢力の均衡が急激に破れ、ドイツ軍がソ連国境のすぐ近くにやってくることになるだろう。

リトヴィノフは中央委員会にこう警告した。「オーストリア併合は世界大戦以来最大の事件であり、最大の危険をはらんでいる。わが国にとっても他人事ではない」[*9]。しかし、リトヴィノフにできることは、他の強国に働きかけて、これ以上の侵略行為が行なわれないように防止策を講じるのがせいぜいだった。「明日では手遅れになるかもしれないが、今日ならまだ時機を失してはいない。すべての国が、とりわけ強国が断固として明確な態度を取るべきだ」[*10]

リトヴィノフがとくに憂慮していたのはチェコスロヴァキアだった。チェコスロヴァキアが攻撃された場合、ソ連は条約によってフランスと同様、支援する義務が生じる。しかし、ソ連はチェコスロヴァキアともドイツとも国境を接していないので、どのようにして支援するのかとたずねられたとき、リトヴィノフは回廊のようなものをつくれば何とかなるだろうと答えた。かつてアメリカ大使に非公式に語ったように、実際にはフランスもソ連もたがいに相手をまったく信用していなかったので、リトヴィノフはチェコスロヴァキアが屈服するだろうと考えていた。[*11] イギリスやその他の国に会談の申し入れを断わられたときも、リトヴィノフは驚きもせず、ハンガリー公使に、いい返事など期待していなかったし、具体的な計画があったわけでもないと語っている。

ソ連は、英仏ソの三国がチェコスロヴァキアに確実な保証を与えれば、ヒトラーを阻止できると考えていたのかもしれない。もちろん、ソ連は相応の役割をはたす覚悟はしていた。英仏の指導者たちがなかなか認めようとしなかった次のようなことも、スターリンには難なく理解できた。ヒトラーを阻止しなければそのまま戦争への道を突っ走ることになるし、戦争を回避することが三国にとって共通の利益であり、強国が一致協力すればヒトラーを撤退させられるということである。英仏の反応からわかることは、スターリンがはっきりと問題を認識していたのにくらべて、この二国はまるで無頓着だったということである。フランスはまったく返事をしなかったし、イギリスもリトヴィノフの提案するような会談は適当ではないと考えていた。ヨーロッパを二つの陣営に分断し、ドイツに侵略者の汚名を着せることになるというのがその理由だった。そのために、ソ連は英仏が集団安全保障について真剣に考えていないのではないかとの疑念をますます強めることになった。しかし、リトヴィノフのほうから提案したわけだから、集団安全保障がうまく機能しなかったとしても、ソ連政府はその責任を免れられるのだ。

チェコスロヴァキア駐在ソ連大使は、ベネシュ大統領に本国政府の意向を伝え、フランスに行動を起こす用意があるなら、ソ連もチェコスロヴァキアの安全保障のために必要な措置を講ずるつもりがあると告げた。皮肉なことに、これはかつてベネシュ自身が提案したことでもあった。ベネシュは、一九三五年にソ連とチェコスロヴァキアとのあいだで条約が締結されるとき、相互援助のための条件として、攻撃を受けた当事国にたいしてフランスが支援義務を履行することを謳っていた。戦争に巻きこまれた場合、フランスも一緒でなければならない、チェコスロヴァキアのみが単独でソ連側につくことが絶対にないよう強く求めたのである。チェコ危機の六カ月にわたって、この条件がソ連にとってチェコスロヴァキア側に味方して軍事介入するかどうかの試金石となっていた。

ヒトラーはウィーン時代からチェコ人に嫌悪感を抱いていたが、その当時すでに、彼は——ちょうどユダヤ人にたいして偏見をもっていたように——チェコ人にたいしても偏見をもっていた。それは、ハプスブルク帝国においてドイツ人の覇権を脅かすスラヴの亜人間《ウンターメンシエン》というものだった。第一次大戦後のチェコスロヴァキアは、ヒトラーが軽蔑の念をもって「〔和平交渉から〕人工的につくられた国」と呼んだように、ヴェルサイユ体制の象徴だった。それは、チェコスロヴァキアが民主的な国であり、国際連盟を強く支持し、またフランスおよびソ連の同盟国だったからである。ボヘミアの四辺形（原注：ボヘミア－モラヴィアがドイツおよびオーストリアと接する国境は、山岳地帯を通ってほぼ四辺形をなしている。ドイツ語を話す多数派民族が国境に隣接する地域をズデーテンラントと呼ぶのは、ボヘミア－モラヴィア北部のズデーテン山脈に由来している）は、天然の要害——ビスマルクはこの地を支配することが中央ヨーロッパを支配するための鍵だと述べた——であり、ベルリンその他の工業地域から飛行機で一時間とかからない距離にあった。第一級の戦力を誇るチェコ陸軍は、有名なシュコダ社の兵器を装備し、フランスのマジノ線に匹敵する国境の守備力をもっていた。したがって、ドイツがヒトラーの計画どおりに東進するためには、どうしてもチェコ陸軍を排除しておく必要があった。これは戦略的な利点であるばかりでなく、その装備とシュコダ工場を獲得すれば、ドイツが再軍備を進めるための貴重な資産になるのである。

　チェコスロヴァキアは多民族国家であり、ヒトラーはこの弱点をうまく利用できると考えた。国を牛耳るチェコ人でさえ、国民の半数をわずかに超えるにすぎず、その他の民族――とくにズデーテン・ドイツ人（人口の二二パーセント強を占める）とスロヴァキア人（一八パーセント弱）――は、自分たちの境遇に不満を抱いていた。一九三五年に、ドイツ政府はコンラート・ヘンラインのズデーテン・ドイツ党に資金を援助しはじめた。ドイツ語圏の地域社会で同党に支配的な地位を獲得させておけば、いざというときに利用できると考えたのである。

チェコ危機のさなか、一九三八年三月から三九年三月にわたってヒトラーが優位を保ちつづけたのは、つねに主導権を握っていたからである。ただし、三八年五月の数日間と九月末の二回、主導権を奪われたが、いずれもすみやかに奪回している。ヒトラーが優位を保ちつづけた理由は、次の四つであろう。

第一に、多くの指導者たちのなかで、ひとりヒトラーのみが明確な目的をもっていたこと。その目的とは、チェコ人の国家を破壊することである。

第二に、宣伝活動によってこの目的を隠蔽するのに成功したことである。ズデーテン地方のドイツ人が不当な扱いを受けていること――それが事実であろうと誇張であろうと、あるいはでっちあげであろうと――に人びとの注意を向けさせ、ヒトラーは自らをチェコ人国家への侵略者ではなくて、少数派ドイツ人の権利の擁護者に仕立てあげたのである。ズデーテンの要求が満たされると、今度は、チェコ人の圧政から守ってほしいという「要請」がスロヴァキア人の国家主義者たちから出され、それに答えるかたちで、ヒトラーはまた第五列の戦略を展開できた。

第三に、ヒトラーは他国の政府がどのような意図や懸念を抱いているかを把握していたことである。他国もヒトラーの意図を探ってはいたが、それはヒトラーのレベルにはとてもおよばなかった。これはヒトラーの直観の働きによることではあったが、それに加えてゲーリングの調査部（電話盗聴組織）が強力な武器になっていた。その調査能力によって、イギリス、フランス、チェコスロヴァキア政府間の外交交渉、ベルリンとプラハに駐在する各国の外交官とその本国政府とのあいだの通信の多くを傍受し、また暗号の解読もできたのである。

第四に、ヒトラーが、英仏両国はズデーテンのドイツ人、さらにはスロヴァキア人の要求をめぐって戦争まで起こすつもりはないと確信していたことである。せいぜい軍事介入をちらつかせて威嚇する程度だろう、とヒトラーは考えていた。そして、英仏の不意をついて迅速にことを運べば、両国が威嚇を実行に移す前に、既成事実をつくりあげる自信があった。

基本的な戦略構想は、三月二十八日と二十九日にベルリンで開かれた一連の会議で練り上げられた。オーストリア併合のわずか二週間後のことである。この会議には、ズデーテンの指導者ヘンラインが加わっていたが、彼の役割はチェコスロヴァキア政府にたいして絶対に承服できないような要求を出すことだった。この作戦の要諦は、ヘンラインがヒトラーに語った言葉によれば「決して満たされない過大な要求を出しつづける」ことだった。四月二十四日、ヘンラインはカルロヴィ・ヴァリ（カールスバート）で演説し、ズデーテン自治のための八カ条からなる綱領を発表した。ズデーテンの内部ではすでに組織的な暴力行為が目立つようになっており、またナチによる外部からの宣伝活動が功を奏していたこともあって、この綱領の発表はドイツが介入する格好の口実になった。

チェコスロヴァキアにたいする攻撃は、一九三八年以前にもドイツ軍の緊急時対策として考えられていた。しかし、ヒトラーが実際に国防軍最高司令官のカイテルに奇襲攻撃の作戦命令書を準備するよう指示したのは、三八年四月二十一日のことである。チェコスロヴァキアの国境守備隊を打破し、他の列強に介入の余地を与えず、四日以内に決定的な勝利を収めるという計画である。しかし、このような攻撃をいつ実行するかという具体的な日時は設定されていなかったし、五月二十日にヒトラーに送られた最終的な草案の冒頭には、カイテルがまとめたヒトラー自身の次のような言葉が記されていた。

何らの挑発も受けずに、即刻軍事行動を起こしてチェコスロヴァキアを壊滅させるのは、われわれの意図するところではない。ただし、チェコスロヴァキア国内の政治状況がのっぴきならない進展を示して局面が変わった場合、またヨーロッパの政治的な事件によってまたとない好機が訪れた場合は、このかぎりではない。

次のいずれかの場合に作戦が開始される。

(a) 外交上の論争が紛糾して、軍備競争による緊張が高まった状態がしばらくつづき、開戦の責任を敵国に転嫁することが可能になった場合。

(b) 重大な事件によってドイツが忍びがたい挑発を受け、しかも世界の論調が、少なくとも部分的にでも、ドイツが軍事的手段に訴えることを道徳的にやむなしと容認した場合。この場合は即座に作戦を開始する。

軍事的および政治的観点からして(b)がより望ましい。[*12]

この命令書からはっきりとわかるのは、ヒトラーがポーランドとハンガリーの行動をあてにしていたことである。つまり、チェコスロヴァキアが解体された場合、この二国がそれに乗じて自分たちの領土的な要求を強く打ち出してくるだろうと読んでいたわけだ。カイテルに指示を与えた翌日、ヒトラーはベルリンにいたハンガリー特命全権公使デーメ・ストーヤイを呼び、こう告げた。チェコスロヴァキアが解体された場合、ドイツはスロヴァキア側の領土には関心がないので、貴国が第一次世界大戦後に失った領土を回復したければ、戴冠式が行なわれる古都ブラティスラヴァ（プレスブルク）を含め、その処遇は貴国に一任する、と。ポーランドの立場はもっと微妙だった。チェコスロヴァキアとの関係は冷えきっていたが、フランスとはいぜんとして同盟関係にあり、ヒトラーは圧力をかけようとしなかった。時機がくれば、ポーランドはチェコスロヴァキアと紛争中のチェシン（テッシェン）およびその他の国境地域を奪いにかかるので、せかす必要はないと確信していたのである。

残りはイタリアだった。ムッソリーニはドイツのオーストリア占領を黙認したが、イタリアはローマ－ベルリン枢軸では格が下なので、ドイツを支持するのは当然だというような指摘には神経を尖らせていた。そして、一九三八年四月、イタリアはイギリスと英伊協定を結ぶのだが、これには実質的な意味がほとんどなく、イタリアの独自性を誇示するジェスチュアにすぎなかった。ヒトラーは、いまはまだ独伊間の正式な軍事同盟締結を迫る時機ではないし、ドイツのチェコスロヴァキア侵攻について、ムッソリーニには好意的な中立以上の関与を求めるべきでもないと考えた。

ムッソリーニが自信を回復する機会が訪れたのは、一九三七年にムッソリーニをドイツに迎えた返礼としてヒトラーがローマを訪問したときだった。四本の特別列車が仕立てられたが、すべての地区の大管区指導者、党の幹部、ナチの取り巻きたち――費用はイタリアもちで、祭典、歓迎式典、晩餐会に同席してご馳走にありつけるのではないかと期待していた――を全員乗せるにはとうてい足りなかった。成り上がりのナチ・ドイツのエリートたちにとって、アルプス山脈の南側をただで旅行できるというのは、このうえなく魅力的なことだったのだ。そして、何両もの貨車には、彼らのための特別な制服が積まれていた。このような光景は、ローマに異教徒が侵入してきたとき以来のことだ、というのがイタリア人の反応だった。

このとき、一人の人間としてのヒトラーの興味深い横顔がうかがえた。四十九歳の誕生日を祝う式典で、ヒトラーは自分もいずれは死すべき運命にあることを実感し、あと何年生きられるだろうかと考えた。その残された人生でさえいつ暗殺者の銃弾によって――ことによるとイタリアで――幕が引かれるかわからない。ベルリンからローマに向かうあいだ、彼は身辺の整理をするために時間をかけて遺言書を作成した。親族への遺贈は別にして、個人財産のすべて、ベルクホーフ、家具、絵画は党に寄贈することにした。

騎馬の行列がローマ駅を出発すると、一〇〇万人のイタリア国民が沿道に並んでヒトラーを歓迎した。そのなかに、エヴァ・ブラウンがいた。エヴァはお忍びでイタリアを訪れていたが、彼女の旅費はヒトラーが私費でまかなっていた。しかし、親切なイタリア人に肩車をしてもらって、イタリア国王の馬車に乗った自分の「友人」が通り過ぎるのを見ただけで、彼女はそれ以上近づくこともできなかった。ヒトラーは国王の賓客待遇で王宮に寝泊まりしても嬉しがるどころか、激怒した。王宮の儀式や祝典は時代遅れのナンセンスだと言い、ほとんど苛立ちを隠そうともしなかった。そして、聞こえよがしに、ムッソリーニが出迎えて歓待するべきではないかと文句を言った。しかし、この芸術家になりそこねた男はローマとフィレンツェを一目見るなりすっかり魅了されてしまい、ヴェネツィア宮殿で開かれたイタリア国家主催による晩餐会の席では、主催者たちに向かって、南チロルを奪回する意図はないと重ねて断言した。「両国のあいだに自然がつくりたもうたアルプス山脈は、永遠に侵すべからざる国境だと考える。これこそ、まさに私の変わらざる意志であり、ドイツ国民への遺志なのである*13」

四月の末に、英仏両国の諸大臣がロンドンで会議を開いた。両国は、わざわざ個別に、ヒトラーにたいして、チェコスロヴァキア政府にはヘンラインの自治の要求に同意するよう圧力をかけているとあらためて保証した。ヒトラーは、チェコスロヴァキアの友人たちが自分のために骨を折ってくれていることを喜んだ。しかし、状況は突然反転した。チェコスロヴァキア政府は、ドイツ軍部隊が国境に集結しているという報告に警戒心を強め、軍の一部に動員命令を発したのである。英仏両国はただちにベルリンへメッセージを送り、もしドイツがチェコスロヴァキアにたいして侵略的な行動に出れば、全面戦争になると警告した。

このことがヒトラーにおよぼした影響は、シュシュニクが国民投票の実施を求める提案をしたときに相当するくらい大きかった。ヒトラーは自分のしかけたゲームで形勢を逆転されたと感じ、神経戦の先制攻撃を食らわされたと思った。チェコスロヴァキア政府がとった行動は純粋に警戒心から出たもので、計算したものでなかった可能性が高いが、ヒトラーの不意をついたことは確かである。ヒトラーはチェコスロヴァキアを抹消する計画を練ってはいたが、まだその決行日は未定であり、すべてが準備段階にあった。したがって、ヒトラーにはほかに選択の余地がなかった。つまり、ドイツが軍隊を動員しているという報道を否定し、チェコスロヴァキアに攻め入る意志がないことを外務省が発表するべきだという意見に同意せざるをえなかったのだ。それがいかに自分の性に合わなくても、また西ヨーロッパの新聞にヒトラーは撤退を余儀なくされているなどと書きたてられていかに腹が立とうとも。

実際には、戦争になりそうだとの恐怖感が消えてしまうと、五月危機の状況は相変わらずだった。英仏両国は一度ヒトラーに警告を発したあとは何もしようとせず、あらためてチェコスロヴァキアに圧力をかけはじめた。そのおかげで、ヒトラーは主導権を奪回できた。五月二十八日、彼は怒りを抑えて総統府に軍部と政界の指導者を召集して会議を開き、十一月五日のホスバッハ会議で述べた内容を修正して発表した。手書きのメモに目をやり、テーブルに広げた地図を指さして、おなじみの論旨を繰り返したのだ。東方の生活圏を獲得して、ドイツの将来に備えなければならない。イギリスとフランスはドイツに異議を唱えるだろう。そして、戦争になったときには——その際の目標は、北海沿岸低地帯の三国を占領して、ドイツの海岸線を延長することだが——背後に控えているチェコスロヴァキアがドイツにとって脅威になるだろう。これは最初に排除しておかなければならないし、行動を起こすのにこれほど都合のよい時機はありえない。イギリスとフランスは戦争を望んでいないし、その準備もできていない。ソ連は参戦しないだろう。ハンガリーはドイツ側につくと思われる。ポーランドはソ連に脅威を感じているので、異議を唱えることはない。イタリアは無関心だ。

　ヒトラーはチェコスロヴァキアの「挑発」に応じない理由を二つあげた。チェコスロヴァキア軍の要塞を突破するだけの準備が整っていないことと、西方のドイツ軍の要塞がまだ完全ではないので、フランス軍を抑えきれないことである。この二つは、ドイツ国民に戦争への心理的な準備をさせることと並行して、向こう二、三カ月のうちに完了させておくべき仕事だった。それがすむまでは「どんなに挑発されても、私はこの態度を変えるつもりはない」。ヒトラーは、次の言葉を繰り返した。「近い将来、軍事行動によってチェコスロヴァキアを壊滅させるのが、私の変わらざる決意である。そして、それにふさわしい時機を待つか、もしくはそのような機会をつくりだすのが政治指導者の仕事である」。これはカイテルがまとめた作戦命令書の草稿——五月三十日に承認された——につける新しい序文に使われることになった。また、カイテルが命令書を最高司令部内で回覧したときにつけた添え状には、こう書かれていた。「遅くとも、一九三八年十月一日までには決行すべし」[*14]

五月危機につづく三カ月のあいだ、ヒトラーは外交交渉から距離を置くようにしていた。その間、熱心なやりとりはあったが、結論は出なかった。ドイツの公式発表では、この件はいまだにズデーテン・ドイツ党とチェコスロヴァキア政府とのあいだの問題であり、ドイツ政府は何ら関知しないことになっていた。ヒトラーは傍受したメッセージを読み、英仏両国がドイツの見解をそのまま受け入れているようだと知って満足した。両国はチェコスロヴァキアにいっそう圧力をかけ、調停者としてランシマン卿を派遣することも含めて、ヘンラインの自治の要求に同意するよう迫った。ドイツの外交活動は次の二点に絞られた。イタリアおよびポーランドとの関係——両国にはヒトラーの意図を知らせない——に注意を怠らないことと、ハンガリーにたいしてチェコスロヴァキアの解体に加担するよう圧力をかけることである。これによってハンガリーは、講和条約で失ったスロヴァキアの領土を回復し、またポーランドと国境を接することが可能になる。これは、ハンガリーとポーランドの両国に歓迎されるはずだった。

ハンガリーもそれを強く望んでいたが、全面戦争になってドイツが再び敗退するようなことがあれば、ハンガリーの国土は蹂躙《じゅうりん》され、再起不能になるのではないかと恐れて、二の足を踏んでいた。八月に、ハンガリーの摂政ホルティ提督と首相のベーラ・イムレディがドイツに招かれたが、結局は解決不能のジレンマを露呈したにすぎなかった。チェコスロヴァキア解体のプランについて説明しながら、ヒトラーは次のような提案をした。もし共同攻撃作戦に最初から加わる意志があるのなら、講和条約で失ったスロヴァキアおよびチェコスロヴァキア最東部のルテニア（原注：ルテニアはカルパト-ウクライナとも呼ばれるが、何世紀にもわたってハンガリー王国に属していた。多数派住民であるルテニア人は、ウクライナ人と近い関係にある）をハンガリーに併合させてもよい、と。もしハンガリーがこの機会を逸すれば、スロヴァキア全土はポーランドに併合される公算が大きかった。「食事の分け前にあずかろうとする者は、料理を手伝わなければならない」。二人のハンガリー人は食指を動かさなかった。あるいはヒトラーの言葉を借りるならば、「意志の試験に落第した」のである。

ヒトラーがかかえる真の問題は、最も問題がなさそうなところにあった。それは、ヒトラーがドイツの軍事力を再建する機会を与えていた軍部の指導者との関係だった。フォン・ブロンベルクとフォン・フリッチュを更迭したことは、何の解決にもなっていなかったし、国防軍最高司令部を創設したことは、問題をさらに悪化させたにすぎなかった。カイテルはヒトラーからも同僚の将校からもまともに相手にされなかった。軍人としての身のこなしは堂々たるものだったが、それ以外にはまったく取柄がなかったのだ。国防軍最高司令部作戦部長のアルフレート・ヨードルは優秀な軍人であり、ヒトラーは自分の着想を詳細な計画に練り上げるときにはこの男を頼りにするようになった。しかし、ヨードルはもともと控え目な性格であり、ヒトラーにあからさまに反論したり、ヒトラーが下した戦略上の決定について疑義をただすようなこともしなかった。彼はヒトラーを尊敬しており、ヒトラー批判に耳を貸そうとせず、将校団のなかでも孤立していた。それまで国家の機関で最も誉れ高いとされてきた陸軍最高司令部のメンバーは、国防軍最高司令部に軽蔑の目を向けていた。しかし、彼らは自分たちが陸軍最高司令部の伝統的な役割――つまり為政者にたいして戦略や政策の軍事的な意味について助言すること――から外されていることに気づいた。陸軍参謀総長ルートウィヒ・ベックは五年の在任期間中に、公務の問題でヒトラーとじきじきに会見する機会を二度しか与えられなかった。

ベックは生まれつき慎重な性格で、歴代の陸軍参謀総長のなかでも最も有名なヘルムート・フォン・モルトケ元帥が残した「まず熟慮し、それから断行せよ」という金言をかたくなに守っていた。一九三五年に、ベックはすでにチェコスロヴァキアに先制攻撃をしかける準備をせよとのフォン・ライヘナウの提案に反対していた。ライヘナウは当時、将軍のなかで最もナチ寄りだった。ベックは、そんなことをすれば英仏両国の反発を招き、一九一四年にベルギーを攻撃したときと同じ状況になるとの根拠にもとづいて反対したのである。ベックはまた、オーストリアにたいする軍事作戦の際にもこれを中止させようとしており、三八年の夏にはヒトラーのチェコスロヴァキア侵攻計画に数度にわたって反対意見を唱え、全面戦争になってドイツは大敗するだろうと主張していた。五月から七月にかけて、彼は陸軍最高司令官フォン・ブラウヒッチュに四通の覚書を提出したが、それでもあきたらず、七月にはブラウヒッチュに三度会い、将軍たちが結束して抵抗運動をするように、またドイツは戦争の準備が整っていないので軍の指導者たちはそのような冒険について責任がとれないことをヒトラーに進言するよう強く勧告した。

フォン・ブラウヒッチュは、ベックの勧告を受け入れなかったが、八月に上級指揮官たちの会議を召集することには同意した。会議の席上、フォン・ブラウヒッチュはベックの覚書を読み上げ、国家の存亡を賭してまでズデーテン地方を獲得する価値はないと結論した。最後に、ブラウヒッチュはいま述べたような考えに従ってヒトラーに反対し、総統に影響をおよぼしてくれるよう将軍たちに頼んだ。討論の結果、出席者の大多数が次のように考えていることがわかった。国民も兵士も戦争に反対するムードが支配的であり、軍はおそらくチェコスロヴァキアを負かせるだろうが、全面戦争に耐えうる戦力はない。将軍の一人であるエルンスト・ブッシュが、軍人は政治的な決定に口を出すべきでないと言ったとき、ベックは語気を荒らげて、陸軍最高司令部の職分についての伝統的な見解を擁護した。およそ訓練された参謀将校であれば誰でも、政治および軍事の分野で正しい判断が下せなければならないのだ、と。

このように独自に判断を下す権利を要求されることこそ、まさにヒトラーにとって容認できないことだった。しかし、自分の将来を賭した軍事作戦をわずか二、三週間後に控えたときでさえ、ヒトラーはスターリンの例にならって陸軍最高司令部を一掃することができなかった。彼は、フォン・ブラウヒッチュが勇気をふりしぼって進言したことはすべて無視したが、事態をそのまま放置してはおかなかった。

最初にやったのは、上級の将軍たちではなく、参謀長たちをベルクホーフの夕食会に招くことだった。食事のあと、ヒトラーは自分の計画の基礎になっている政治的・軍事的前提について説明した。しかし、今度ばかりはその魔法も効かず、自分の見解についてあとで討論してみてはどうかというめったにない提案をしたものの、その結果は無惨だった。西部の軍集団の参謀長が立ち上がり、ぶっきらぼうにこう言ったのだ。これは自分の意見であるばかりでなく、司令官ヴィルヘルム・アーダム将軍の意見でもあるが、フランスにたいする要塞は三週間しかもちこたえられない。今度はヒトラーが激怒する番だった。彼は、そのような敗北主義的な考えを罵り、こう叫んだ。「将軍、私が保証する。あの場所は三週間どころか三年間はもちこたえる。あの要塞を守れないような奴は、腰抜け野郎だ」。その場に居あわせたヨードルは、ヒトラーの言い分を聞いても出席者の疑念が晴れないままであることに気づいた。彼は日記にこう記している。「精神の活力のようなものがなくなっている。つまるところ、総統の天賦の才を信じられなくなっていたのだ[*15]」

五日後、ヒトラーは上級の将軍たちをユーターボーク砲兵学校に召集して、作戦のデモンストレーションを行なった。そこには、チェコスロヴァキアの要塞が正確に再現されていた。また、大砲の弾幕にたいする歩兵隊による攻撃も実演された。実際に与えた損害は期待外れだったが、ヒトラーはコンクリートの要塞によじのぼって、そのダメージの大きさに驚いたと高らかに宣言した。そのあとの会食の席で、ヒトラーは一時間半もしゃべりまくり、自分の計画はナチ党の創設をもって始まった聖戦の総仕上げなのだと訴えた。

いかなる状況になっても、チェコスロヴァキアは真っ先に消してしまわなければならない……私が恐れているのは、必要な決定を下す前に、わが身に何かが降りかかりはしないか、ということだ……政治の世界にも幸運の女神がいると信じるべきだ。彼女はたった一度だけ目の前を通りすぎるから、そのときこそ捕まえるチャンスなのだ。二度とはやってこない。[*16]

八月十七日、ヒトラーはデーベリッツで再び将軍たちを相手に一席ぶった。翌日、ベックは辞表を提出し、フォン・ブラウヒッチュにも辞表を出すよう促したが、陸軍最高司令官はそれを断わった。前ローマ大使でのちに陰謀に加わるフォン・ハッセルは、日記にこう書いている。「フォン・ブラウヒッチュは襟を一段と高く引っぱりあげてこう言った。『私は軍人である。服従することが私の本分である』[*17]」。ベックがあくまでも辞意を撤回しなかったので、ヒトラーはそれを受理したが、「外交政策上」の理由からそのことを軍にも世間にも口外しないよう命じた。危機的な状況でもあったし、国家への忠誠心から、ベックはこれに同意した。

六月に西部要塞線を視察したゲーリングとトートから報告を受け、ヒトラーは自分が定めた秋までという最終期限に、要塞の完成が間にあわないことを悟った。一九三六年のラインラント再武装以来、陸軍はわずか六四〇個のトーチカしか完成しておらず、三八年にはそれを一三六〇個に増やす計画だった。ヒトラーは一万二〇〇〇個をつくるよう要求し、一九一四年から一八年までの自分の経験をもとに要塞の設計と歩兵隊の心理についての覚書を作成した。そのなかでヒトラーは、軍の技術者たちを、最新の技術について無知であり、何が必要であるかも理解していないと嘲罵した。そして、西部戦線の防備を完成させるために人員と装備を送りこむ必要があれば、建設中の他の計画はすべて中止せよと命じ、さらにトーチカの細部の設計を変更しただけでは満足せず、個々の位置まで決めて、一日に七〇カ所のペースで建設するようせきたてた。また、大口径砲も設置することに決めた。ヒトラーが口を出したことがどれほどの効果をあげたかはわからないが、とにかく迅速な作業が重要だとして、それを徹底させようとしていたことは確かである。陸軍の要塞査察官のフェルスター将軍――ヒトラーに罵られた当の人物である――は、のちに次のような鋭い批判をしている。

総統は最大級の問題とごく瑣末な問題には関心があったが、中間のことはまったく念頭になかった。そして、重大な決定事項のほとんどは、この中間の範疇に属しているということを、総統は見過ごしていたのである。*18

八月の最後の週に、ヒトラーは二日間にわたって西部要塞線を視察した。西部戦線の指揮官アーダム将軍は、次のような意見を述べた。要塞は霜の季節までには完成しないだろうし、もし東部で戦闘が始まれば西欧諸国が攻め入ってくるだろう。ヒトラーは、ドイツは西部戦線に二〇〇〇台の戦車を配備し、すぐれた対戦車地雷も敷設すると言ったが、アーダムは心を動かさず、こう指摘した。各師団は二〇キロ強の戦線を守らなければならないし、最初の段階で陸軍がチェコスロヴァキア侵攻に全力をあげているあいだは、動員を要請しても予備がないことになる。

これにたいするヒトラーの返答は、「チェコスロヴァキア侵攻は中止しない」だった。査察旅行を終えるにあたって、ヒトラーは工事の進行に寄与した全員の労をねぎらい、ドイツ軍は決して西部要塞線から撤退しないと宣言した。そして、アーダムのいる前でこう繰り返した。「この戦線を守りぬけないのは、腰抜け野郎だけだ」。アーダムはのちにその任を解かれて退役した。

3

その夏のヒトラーの自信と決意には、彼に会った誰もが強い印象を受けた。しかし、彼が力ずくでチェコスロヴァキアを解体すると言ったときには、どこまでが本気でどこまでがはったりなのかわからなかったし、ヒトラー自身も相手にわからせようと思っていなかった。フランツ・ハルダー将軍がベックの後任として陸軍参謀総長に任命されたとき、ヒトラーはハルダーにこう言った。「きみには私の真意が決してわからないだろう。わかっていると確信している私の同僚でさえわからないだろう」[*19]。ヒトラーは自分でもわからないのだからと言いたかったのかもしれない。彼は、自分がチェコスロヴァキアを消滅させようとしていることだけはわかっていた。しかし、いつ、どうやってやるか、一気にやってしまうか、それとも二段階に分けて実行するか、実際に武力を使うのか、それとも武力行使をちらつかせて威嚇するのかといった問題については、最後の最後まで決めないでおくことにした。こうすることによって、計画に柔軟性をもたせようとしたのである。そして、つねに退路を確保しておくことによって、より大きな賭けに出られるようにした。人びとはヒトラーの真意を推測するしかなかったので、イギリス、フランス、チェコスロヴァキアは言うにおよばず、ゲーリングや将軍たちといったまわりのスタッフでさえ疑心暗鬼になり、どうやってヒトラーの行動を押さえつけ、阻止したらいいのか、ますますわからなくなっていた。

過去の方法論にとらわれないこのようなやりかたは、行政や経済政策の面では大きな問題になったが、ヒトラーが得意とする心理戦争には必要なことだった。ヒトラーは何を言うにも、その効果を計算していた。癇癪を起こしたように見えるときでも、その場に居あわせた人間や、自分が話しかけている相手におよぼす効果を考えてそうしたのである。

新聞やラジオを使ってのプロパガンダと脅迫のキャンペーンは、チェコスロヴァキア、イギリス、フランスの反応をにらみながら、強化されたり変更が加えられたりした。それはヒトラーが入手した情報（電話盗聴を含む）にもとづいて行なわれた。専門家のほとんどは次のように信じていたし、またヒトラーも否定しなかった。九月の第二週に開かれるニュルンベルクの党大会の会期中にズデーテン問題とドイツ－チェコスロヴァキア関係が危機を迎える、と。夏のあいだ、ズデーテンでは何のいざこざも起こらなかった。そして、ズデーテンのドイツ人とプラハ政府とのあいだの交渉が行なわれ、調停役のランシマン卿の率いるイギリス使節団が到着したので、ズデーテン住民のあいだで「民族自決」への期待が高まった。戦争に訴えることなくチェコスロヴァキアをドイツの支配下に入れるとしたら、「民族自決」を保証すること以外には考えられないというわけだ。ヒトラーはこのような交渉に厳しい眼差しを向け、八月二十六日にヘンラインの代理のカール・ヘルマン・フランクにたいして、軍事介入の口実になるような事件を起こす準備をするよう命じた。ヘンラインはようやく、ズデーテンのドイツ人が、もっと大きな計略のためにお先棒を担がされていることに気づいた。そして、ズデーテンのドイツ人の民族自決は政治的解決によって達成できる、とヘンラインが同じ議論を繰り返し主張すると、ヒトラーは断固として軍事作戦は計画どおりに進めると言い切った。そして、九月二日に、ベルクホーフを去るヘンラインを上機嫌で見送った。ヒトラーの別れの言葉はこうだった。「戦いがいつまでもつづくように――たとえ八年でも！」。それがズデーテンのドイツ人を励ますものだったのか、あるいはチェコの人びとに聞かせるものだったのかは、ヒトラー自身にもわからなかっただろう。

九月五日、ベネシュは長いあいだ英仏から要請されていたある措置を講じた。ズデーテンのドイツ人の指導者にたいし、自分のところにきてすべての要求を書き出してもらえば、どんなことでも認めると約束したのである。これによって、問題はそもそもズデーテンの不満が原因だという議論が根底から覆された。ズデーテンのドイツ人の狼狽を鎮めるために、モラフスカ・オストラヴァで新しい事件がでっちあげられ、これがプラハとの交渉を断つ口実となった。ヒトラーはすでに軍部にたいして、九月二十七日の正午までにチェコスロヴァキア侵攻の日時を決めると告げていた。

しかし、ヒトラーと最高司令部のあいだで、攻撃方法について意見が対立した。参謀幕僚は、南北から同時に攻撃することによって、チェコスロヴァキアを分断し、ボヘミア－モラヴィアをスロヴァキアから分離させてはどうかと主張した。ヒトラーに言わせれば、これは教科書どおりの変わりばえしない作戦であり、まさにチェコスロヴァキア軍の予期するところだった。彼の望みは、首都制圧という政治的な目標だった。つまり、戦車の大群で奇襲攻撃をしかけ、チェコスロヴァキアの要塞を突破したら、まっすぐに首都プラハに攻め入って、これを占領するというのである。ヒトラーは、フォン・ブラウヒッチュとハルダー陸軍参謀総長が自分の要求を無視し、彼ら自身の計画案にもとづいて命令を出していたことを知り、この二人とカイテルをニュルンベルクに呼びつけた。

四人の議論は延々とつづき、深夜におよんだ。ヒトラーはこう主張した。軍部の計画にどのような戦略上のメリットがあろうとも、徹底的な打撃を与えてすみやかに結果を出すという政治的な要求が考慮されていない。それでも将軍たちが譲歩しようとしないので、最後には自分の言うとおりにしろと命じた。そのとき、陸軍最高司令官のフォン・ブラウヒッチュが態度を一変させ、感情のこもった言葉で忠誠を誓ったので、居あわせた人びとは呆気にとられた。このときの様子について、ヨードルは日記にこう記している。

一九一四年のときと同じ問題である。軍部には、一つだけ規律が保たれていないところがあった。それは将軍たちだ。つまるところ、それは彼らが傲慢なためである。将軍たちは総統の天賦の才能を認められないから、信頼も服従もしないのだ。これは疑いもなく、彼らが総統を第一次世界大戦のときの伍長としてしか見ておらず、ビスマルクの再来ともいうべき偉大な政治家だということを認めていないからなのだ。[20]

一方、ヒトラーはカイテルに向かってこう言った。「大管区指導者たちにそれぞれ軍をもたせてやれないのは残念だ――彼らには度胸があるし、私に忠誠を尽くしてくれる[21]」

ベックはヒトラーの計画に反対し、他の将軍たちにも支持を求めたが、その根拠を政治的な理由に求めず、あくまでも軍人としての職業的な立場を貫くよう気を配っていた。しかし、もっと大胆なことを考えている将校もいた。ヒトラーがあくまでもチェコスロヴァキア侵攻の命令を下すつもりなら、クーデタも辞さないというのである。陰謀の中核となったのは、国防軍最高司令部の諜報部《アプヴェーア》（正式名アプヴェーアアプタイルング）であり、その中心人物はハンス・オスター大佐だった。また、ひそかに陰謀に通じ、成功した場合には政治的な役割を引き受けようという人たちには、シャハトのほかに、前ライプツィヒ市長で帝国物価統制官を三年つとめたカール・ゲルデラーがいた。ハルダーは八月末から九月初めにかけて積極的に関わっていた。しかし、首謀者グループも勘づきつつあったように、ハルダーは第一段階の行動を起こしたあとは、第二段階に進む決心がつかなかった。結局、彼はフォン・ブラウヒッチュと同様、あまり当てにならない人物だということがわかった。

陰謀を企てた者がまずやらなければならなかったのは、自分の指揮下にある軍をもち、しかも行動を起こす勇気のある将軍を見つけることだった。彼らは、ベルリンを本拠とする第三軍を指揮するエルウィン・フォン・ウィッツレーベン将軍に白羽の矢を立てた。ウィッツレーベンの任務は、ポツダム守備隊の指揮官エーリヒ・フォン・ブロックドルフ－アーレフェルト、ベルリン警察長官ウォルフ・ヘルドルフおよびその副官フリッツ・フォン・デア・シューレンブルクとともにベルリンの政府所在地を占拠し、ヒトラーとなるべく多くのナチ指導者を逮捕することだった。また、チューリンゲンの機甲師団を指揮するエーリヒ・ヘップナーは、救助部隊を配備しようとする親衛隊の動きを封じる役目を引き受けた。逮捕されたヒトラーは狂人のレッテルを貼られるか、あるいは裁判にかけられる。そして、しばらく軍政を布いたあとで、新しい民政憲法が制定される。しかし、軍部の若手グループは、総統府襲撃の際にヒトラーを射殺する計画を立てた。彼らはフリードリヒ・ハインツ少佐の指揮下にあり、少佐は二〇～三〇人の襲撃隊を率いて、総統府に突入するフォン・ウィッツレーベンを援護する予定になっていた。*

クーデタを決行する時刻は、チェコスロヴァキア侵攻の最終命令が出されてから最初の銃撃が始まるまでのあいだと決められた。陰謀者たちは、ハルダーに頼って、最終命令が出される確実な兆候がうかがえたら教えてもらうことにした。これは、クーデタを成功させて軍部の支持を確実なものとするためにも、チェコスロヴァキアが攻撃されたら戦争に突入するという確約を英仏両国政府から得るためにも不可欠だと考えられた。こうした事情をイギリスに説明するため、エーワルト・フォン・クライスト－シュメンツィン――豪農であり、また有名な詩人クライストの末裔でもあった――が自らその役目を買って出て、八月半ばにロンドンにおもむいた。彼は、外務事務次官ロバート・ヴァンシッタート卿、チェンバレンと近い位置にいたロイド卿、そして当時は野党にいたチャーチルと会見し、彼らに強い印象を与えた。クライスト－シュメンツィンの話をまとめた報告書は、チェンバレンと外相ハリファクス卿の手に渡り、この二人によって検討された。しかし、チェンバレンはこれをかつてスチュアート王朝の復活を望んだジャコバイトの行動と同じようなものだと考えた。ジャコバイトたちはルイ十四世に、充分に威嚇してくれればウィリアム三世を倒せると訴えた

＊　原注：ハインツのみならず、反ヒトラー・グループにとどまったメンバー――オスター、ゲルデラー、フォン・ウィッツレーベン、フォン・デア・シューレンブルク、ヘップナー、およびヘルドルフ――は、一九四四年七月のヒトラー暗殺未遂事件のあと、死刑に処せられた。第4巻17章8節を参照。

のである。そしてチェンバレンは、五月にヒトラーにたいして行なったような警告を再び繰り返せば、戦争を回避できるチャンスが大きくなるどころか、かえって危うくなってしまうと判断した。チェンバレンのこの見解は、ベルリン駐在イギリス大使ネヴィル・ヘンダースン卿から、ヒトラーを挑発するようなことはいっさいすべきでないと強く勧告されたことで、確固たるものとなった。クライスト－シュメンツィンは陰謀グループのために九月に再びチェンバレンのところへ嘆願に行ったが、首相を翻意させることはできなかった。

ニュルンベルク党大会の最終日である九月十二日の夜が近づくにつれて、緊張が高まった。数十万の党員が、ヒトラーの演説を聞こうと巨大な講堂を埋めつくした。ヒトラーは、たった一人でサーチライトの下に立ち、「万歳《ジーク・ハイル》」の喚声が静まるのを待った。そして、まず党の初期の闘争について語りだしたが、急にベネシュ大統領とチェコスロヴァキアを厳しく非難しはじめた。ヒトラーがチェコスロヴァキアを嘲罵するたびに聴衆は声をあげて賛同した。しかし、その威嚇的な調子とは裏腹に、ヒトラーは自分の本当の要求をはっきりと述べなかった――終始、ズデーテンのドイツ人にたいする「公平な扱い」を訴えたにすぎない――し、ドイツの要求が容れられなかった場合の行動の指針についても触れなかった。

演説はズデーテン蜂起の合図と受け取られ、数人が殺害された。しかし、チェコスロヴァキアは怯《ひる》むことなく、戒厳令を宣言して暴動を鎮圧した。ナチの新聞は「殺人テロでチェコスロヴァキアは無政府状態」と書きたて、ヘンラインは数千人の追随者とともに国境を越えて逃亡した。ヒトラーはズデーテンのドイツ人に義勇軍を編成せよと命じたが、同時にズデーテンの指導者たちには、まだ機が熟していないので自重するよう求めた。

チェンバレンは、ドイツに飛んでヒトラーと戦争回避の話しあいをする考えを固めていた。これは現在われわれが考える以上に、一九三八年当時としては驚くべき提案だった。そして、これはヒトラーの虚栄心にも強く訴えた。「私は天から落ちた《イッヒ・ビン・フォム・ヒンメル・ゲファレン》」と言って、彼はイギリスの首相との会談に同意したが、出迎えるためにベルクホーフを離れようとはしなかった。九月十五日、チェンバレンは数時間の空の旅――六十九歳になった首相の最後の空の旅――を終えて、同じ年にシュシュニクが迎えられた書斎でヒトラーと顔を合わせた。

チェンバレンは、ズデーテン問題を解決する方法として、国境線を引き直すだけではなく、住民を移住させる可能性についても協議しようとしたが、ヒトラーは頑固にこう言い張った。「どれも机上の空論としか思えません。ことはただちに解決されなければならないのです……問題を長びかせるくらいなら、私はむしろ世界戦争も辞さない覚悟でのぞみます」[*22]。それにたいして、チェンバレンはすでに戦争を決意しているのであれば、なぜ自分にドイツまで足を運ばせたのかと詰めよった。ヒトラーは、民族自決の原則が認められれば戦争は回避できると答えた。チェンバレンは、ここぞとばかりに切り出した。個人的には同意できる。もし事態を収拾するための措置を講じてくれるなら、領土を割譲するというかたちで協定を結ぶ用意がある、と。いずれにしても決行日までまだ二週間あるので、チェンバレンが望むままにさせておいても、ヒトラーはいっこうに困らなかった。一方、チェンバレンはこれに気づかず、ヒトラーがただちに攻撃を開始するつもりではないとの印象を受け、協定にこぎつけられれば戦争は回避できると信じて帰国した。

首相が帰ったあとで、ヒトラーは会談の記録をリッベントロープとフォン・ワイツゼッカーに手渡した。ワイツゼッカーの覚書によれば、チェンバレンを突ついてズデーテン地方をドイツに割譲させるよう骨を折らせることになって、ヒトラーはたいそうご満悦だったという。

「チェコスロヴァキアがこれを拒めば、ドイツによる侵攻に道が開けることになる。チェコスロヴァキアが譲歩すれば、今度は彼らの番が、たとえば来春にでもめぐってくることになろう。最初の段階――ズデーテンのドイツ人の問題――を友好的に処理することには、利点が多い」。総統はつづけて……ちょっとしたはったりや脅しの手管について説明し、それによって交渉相手を窮地に追いつめたのだと言った。[*23]

長びいたチェコ危機のあいだ、ソ連による介入は制限されていたが、それはソ連がポーランドとルーマニアの二国によって、チェコスロヴァキアと隔てられていたという事実による。どちらの国も、ソ連が自国の領土を横切ることを承知しなかったのだ。しかし、たとえ経路が確保されたとしても、スターリンはあからさまな行動に出る前に、フランスが条約による支援義務を守り、チェコスロヴァキアにたいしてジェスチュア以上のことをするつもりがあるのかどうかを確認しておく必要があった。言うまでもなく、英仏両国がヒトラーに譲歩してドイツが東方に拡張するのを許すよりは、二国がチェコスロヴァキアを支援してヒトラーの侵略を阻止してくれるほうがソ連にとってはずっと有利だった。しかし、秋が近づくにつれて疑念が深まった。六月末、リトヴィノフはレニングラードで重要な演説を行ない、英仏の態度を非難するソ連の立場をあらためて表明した――ドイツ大使館はこれをソ連の政策方針を示すものだとして本国政府に報告した。ドイツは一発の銃弾も発射せずに、西欧列強が第一次大戦で勝ちとった成果をほとんど白紙に戻してしまった。

過去五年間の西欧列強の外交政策は、ドイツが少しでも不満な態度を示すのを恐れ、その攻撃的な行動に抵抗しようともせず、彼らの要求や気まぐれにも従うことに終始していた。

しかし、それではソ連はどうするのかという問題になると、リトヴィノフは何も言えなかった。

われわれは頼まれもしないのにチェコスロヴァキア政府に助言するのを、今後いっさい控えることにする……少なくとも、ソ連政府は今後の事態の進展について責任を負わないことにした。ソ連は自国のためには何も求めないし、いかなる国にたいしても敵国あるいは同盟国として振る舞わない。ただ、集団的な協力行動については、これに同意する。[*24]

ソ連の態度を決定する要因になったのは軍部にたいして行なった粛清の影響だったと、当時は、そしてそれ以後も考えられてきた。一九三八年の夏、張鼓峰での何万という兵員、飛行機、重火器を駆使した日本との激しい戦闘が、ソ連の勝利に終わったのは事実である。しかし、その同じ夏に、極東で二度目の、そしてもっと厳しい粛清が行なわれていた。これによって、ブリュッヘル元帥をはじめ、うちつづく日本との戦闘でソ連の優位を確実なものにした将校たちの中心的なグループが抹殺されたのである。ブリュッヘルによってその名を轟かせた極東軍は解体され、元帥自身も職を解かれてモスクワに連行された。その結果、極東で勝利したものの、粛清後のソ連軍にはさほど戦闘能力がないという英仏独の見方を変えられなかった。

チェコスロヴァキアのベネシュ大統領によれば、フランスとのあいだにも、ソ連とのあいだにも、軍事上の真剣な意見交換は行なわれなかったという。しかし、モスクワの世界史研究所のルジェシェフスキー教授が一九八九年に出版した本——教授によると、内容は公的な記録にもとづくものだという——は、それまで一般的に受け入れられていた見解に疑いを投げかけた。[*25] それによれば、ソ連はチェコスロヴァキア空軍司令官のファイフル将軍の来訪を望んでいたが、チェコスロヴァキア政府は乗り気でなかった。しかし、一九三八年八月、ついにそれを承認したという。ファイフル自身ののちの証言が引用され、次のような合意に達したと記されている。「われわれがしかるべき飛行場を用意し、対空遮蔽施設を設置するという条件で、ソ連は戦闘機七〇〇機を派遣してわれわれを援護する」

一九三八年当時、ソ連空軍がなおも世界最大であり、チェコスロヴァキアへ行くにはルーマニアあるいはポーランドの領空を飛べばすぐだった。ブカレストのフランス使節団団長はルーマニア政府から、高度三〇〇〇メートルを維持しているかぎりは——いずれにしてもルーマニアの高射砲の射程外だった——ルーマニア上空を飛ぶソ連機には目をつぶるつもりだと言われたという。一方、ポーランドはソ連から、武力によってチェコスロヴァキア領土を占領しないよう、占領した場合にはポーランドとの不戦条約を破棄すると警告された。つづいて、モスクワ駐在フランス大使が次のように報告している。外務人民委員代理ウラジーミル・ポチョムキンは、チェコスロヴァキアがポーランドの要求を受け入れ、ソ連介入の絶好の機会が失われたとき、すっかりうろたえていた、と。

これはすでに公式の記録に残っているのだが、九月初め、ロンドン駐在ソ連大使マイスキーがチャーチルに、ドイツがチェコスロヴァキアを攻撃したら、ソ連は武力を行使すると語った（チャーチルはこれを外相に伝えた）。九月二十一日、リトヴィノフはジュネーヴで次のように語った。三日前、チェコスロヴァキアから初めて、フランスが支援してくれるならソ連も支援してほしいとの要請があったので、「はっきりと肯定的な返事」をした、と。

ソ連とチェコスロヴァキアの外相が共同で発表した一九七九年の公文書（九月二十日付けのポチョムキンのベネシュ宛電文、フランスへも写しを送付）は、これを確証している。

ソ連はチェコスロヴァキアにたいしてすみやかに積極的な支援をする旨の協定に同意するかとのベネシュの質問について、ソ連政府は、フランスが忠誠を貫いて援助を提供するのであれば、肯定的な返事をする。

肯定的な返事はベネシュの他の質問にたいしても与えることができる。すなわち、ドイツから攻撃され、ベネシュが国際連盟規約第一六条および一七条にもとづいて国際連盟に訴えて上の条文を適用するよう求めるならば、ソ連が援助するかどうかとの問いについて、ソ連は国際連盟の加盟国としてチェコスロヴァキアのために助力する、と答える。

もう一つの公文書は国防人民委員ヴォロシーロフの命令書の写しである。彼はキエフ軍管区にたいして、配備する部隊を指定しながら、九月二十一日に始まる大規模な軍事演習を命じている。白ロシア軍管区にたいしても二〇日間の演習のために四万人を召集するよう、命令が出された。同時に、全軍管区にたいして、除隊させる予定の兵士および下士官を足留めし、このことを秘密にしておくようにとの命令が出された。一九三八年九月二十八日、ヴォロシーロフは政治局に、チェコスロヴァキアに航空機を送る必要が生じれば、二四六機の高速爆撃機、三〇二機の戦闘機を三十日に発進さ

せる用意があると報告した。（原注：ソ連外務省「ミュンヘン協定の歴史」一九七九年、モスクワ）

4

九月十六日、ベルヒテスガーデンから戻ったチェンバレンは、ヒトラーの要求を満足させる計画案をつくることに忙殺された。それは、ドイツ系住民が五〇パーセント以上を占めるすべての地域と要塞地域をチェコスロヴァキアから分離するというものである。これらの提案は、九月十九日にチェコスロヴァキア政府に示され、同時に、承認してもらえるなら、そのかわりに残りの地域を国際的な保障の対象にするという申し出もなされた。ベネシュがモスクワにその意向を打診したのは、この直後だった。二十日にベネシュがロンドンで提示された英仏の条件を正式に拒否する回答を送ったのは、モスクワから肯定的な返答があったためだと推測するのが妥当である。しかし、あらためて英仏から圧力がかかり、使者が夜半にベネシュをたたき起こす事態になると、チェコスロヴァキア政府は、九月二十一日午後五時、「遺憾ながら英仏の提案を受け入れる」と回答した。

その結果、チェンバレンは、二十二日にライン川のほとりのバート・ゴーデスベルクにおけるヒトラーとの二回目の会談で、チェコスロヴァキアがズデーテン地方をドイツに割譲するという英仏の提案を全面的に受け入れたと伝えることができ、すっかり満足した。しかし、ヒトラーがそのような解決策はもはや実行不可能だと答えたので、チェンバレンは驚き、かつ怒った。ヒトラーはこう主張した。ズデーテンはただちにドイツ軍が占領すべきである。国境線はあとから住民投票で決めればよい。ズデーテンの義勇軍の活動（これはヒトラーの指示によるものだ）を見てもわかるように、チェコスロヴァキア国内の情勢はきわめて悪化しており、ただちにドイツ軍をチェコに入れるよう主張するのは当然である。さらに、いきりたって逆上したヒトラーは、コミッションだのパーセントだの、財産権だの難民だの、そんなことを話しあう時間はないと言い放った。まず、ただちにズデーテン地方を占領すること。それから、他のいくつかの地域については住民投票にゆだねる――オーストリアがまたとない見本になるだろう。そして、ポーランドとハンガリーの要求を満たすことだ、と。

もう一日を費やしてヒトラーと覚書を交換し、激論を戦わせたあげくにチェンバレンが得たものは、ヒトラーの新しい要求を盛りこんだ一枚の地図と一通の覚書にすぎなかった。チェンバレンはこれを、そのままプラハに届ける仕事を引き受けた。その内容はこうである。割譲の対象となる領土からのチェコ軍の撤退は、九月二十六日に開始され、二十八日、つまり今日から四日以内に完了すること。しかし、最後の最後になって、間《ま》をとることのうまい役者のように、ヒトラーはこう切り出してゲームをつづけようとした。「チェンバレン閣下、あなたのお気に召すように譲歩いたしましょう。私がこんなことをした相手はあなたくらいのものです。あなたの仕事がやりやすくなるのであれば、撤退の期限を十月一日まで延期しましょう」[*26]。チェンバレンは「私と総統とのあいだに信頼関係が生まれたと感じた」と語っている。帰国して、彼は内閣に「ヒトラー氏は、自分が尊敬し、ずっと交渉をつづけてきた相手を故意に欺くことはないだろう」と告げた。

しかし、イギリスの内閣は、もはやヒトラーの言いなりになるつもりはなかった。フランスと申しあわせて、チェコスロヴァキアがドイツの要求を拒んでも、彼らに圧力をかけないことにしたのだ。そのかわりに、イギリス政府は声明を出し、もしチェコスロヴァキアが攻撃された場合には、フランスに援助の義務が生じ、英ソ両国はフランスを支援すると宣言した。チェンバレンはヒトラーにメッセージを送り、このことを伝えるとともに、問題はまだ交渉によって解決できると主張した。ヒトラーは激怒し、そのまま部屋にとどまってメッセージを最後まで聞くように説得するのに手こずるほどだった。ヒトラーは何度もそれをさえぎっては、ドイツ人はニグロのような扱いを受けている、トルコ人以下だ、と叫んだ。「フランスとイギリスが攻撃するというなら、やらせておけ。チェンバレンは何も考えていないようだ[*27]」

ヒトラーを失脚させようと計画していた陰謀グループは、チェンバレンが意外にもベルヒテスガーデンを訪れたと聞いて絶望した。しかし、チェンバレンがバート・ゴーデスベルクに二度目の訪問をしたあとで緊張が高まり、彼らは再び期待をふくらませた。総統府に突入してヒトラーを逮捕する計画が再確認され、襲撃隊は待機した。ニュルンベルクで演説してから二週間後の二十六日に、ヒトラーは再びベルリンのシュポルトパラストで演説した。この日の午前に、ヒトラーはチェンバレンからメッセージを受け取っていたのだが、まだそのときの険悪な気分を引きずっていた。彼は、「何千人もの」ドイツ人がチェコ人に「虐殺」されようとしており、「何十万人ものドイツ人が追い出されようとしている」と話を誇張し、ベネシュはバート・ゴーデスベルクで示した条件を受け入れるべきであると主張した。

私の忍耐も、もはやこれまでだ……戦争か平和か、それを決めるのはベネシュ氏である。この提案を受け入れて、ドイツ人に自由を与えるか、それともわれわれが出向いて自ら自由を奪回するか。さあ、ベネシュ氏に選んでもらおうではないか。[*28]

アメリカのジャーナリスト、ウィリアム・シャイラーはヒトラーを間近に見下ろせるバルコニーに座り、日記にこう書き記した。長年ヒトラーを見てきたが、彼が完全に自制心を失ったように見えるのはこれが初めてだ。ゲッベルスが「一つだけ確かなのは、一九一八年の二の舞いにはならないということだ！」と叫ぶと、ヒトラーははじかれたように立ち上がり、大きく振り上げた手でテーブルを強く叩き、精一杯声を張り上げて「そうだ《ヤー》！」と叫ぶなり、疲れきったようにそのまま椅子に座りこんだ。[*29]

しかし、ヒトラーは扉を完全に閉ざしてしまったわけではなかった。シュポルトパラストで狂気の絶頂と見えたときでさえ、バート・ゴーデスベルクで提唱した戦争にかわる代替案の可能性を残していた。さらには、調停者たちを勇気づけるために、ズデーテンはヨーロッパにおける自分の最後の領土的な要求だと宣言したのである。

ヒトラーは、チェコスロヴァキアが自分の出した条件を受諾する期限を二十八日の午後二時としていた。そして二十七日にはカイテルにたいして、三十日までに攻撃を開始できるよう突撃部隊を前線に配備しておくよう指示した。総統と緊密に連絡をとっていたフォン・ワイツゼッカーらは、ヒトラーがはったりを口にしているとは考えなかった。これは、ヒトラーのその後の行動からも裏づけられる。しかし、このことからヒトラーが「戦争」を望んでいたと言ってしまうと、別の意味と混同される。ヒトラーが望んでいたのは、チェコスロヴァキアという国家を軍事作戦によって解体することであり、その目的は、将来、戦争で武力を行使する場合に備えて、新しいドイツ軍に「戦争の手ほどき」をし、国民にも心理的な準備をさせることだった。

孤立して劣勢にあるチェコスロヴァキアと局地的な戦争をするのと、一九一四〜一八年のような大戦を再現するのはまったく別のことだった。ヒトラーの推測はこうである。英仏両国は、チェコスロヴァキアがズデーテンのドイツ人に民族自決を認めるのを拒否したからといって、全面戦争に突入することはまずないだろう。つまりヒトラーは、英仏と戦争になってもかまわないと自信たっぷりに言っていたが、攻撃命令を下す瞬間までは、交渉を進めること――しかも自分に有利な条件で――を、チェコスロヴァキアを二段階で解体するための一つの選択肢として残しておいたのである。

ヒトラーは、チェンバレンの決意を鈍らせるとともに、こちらの選択肢も生かしておくために、チェコスロヴァキアへの最後通牒の期限切れまで二四時間を切った二十七日の夕刻、机に向かって二十六日に受け取ったメッセージへの返事を書いた。あれほど苛立たせられたにもかかわらず、そうしたのだ。「貴殿に一任します」とヒトラーは書いた。「貴殿が、最後の最後までチェコスロヴァキア政府に理性を取り戻させるための……努力をつづけるべきかどうかの判断はおまかせします」[*30]

ソ連はフランスの軍部に軍隊を動員する準備にかかっていると知らせたが、それは九月二十五日、フランスが部分的に軍隊を動員すると発表してからのことだった。このことから、スターリンが行動を起こしたのは自分だけという孤立した状態に置かれることを望んでいなかったことがわかる。フランスとイギリスがヒトラーに抵抗するよりも妥協するほうを選んだことが明らかになると、スターリンのほうをとしても、軍の準備行動が注目されればヒトラーとの交渉の可能性がなくなってしまうので、沈黙しているほうがいいと考えたというのも充分に根拠のあることだ。

おのずと次のような疑問が生まれる。もしスターリンが準備を進めていることをイギリスとフランスだけでなく、ヒトラー、そしてドイツ軍内部の反ヒトラー勢力も知っていたら、どのような違いが生じただろうか。歴史の流れを変える機会がどれほど失われたのだろうか。

この問題は、歴史をめぐるその他の多くの「もしも」と同様、ほとんど推測の域を出ない。しかし、それは措くとしても、二十八日に決定的な瞬間が訪れたとき、ヒトラーがあえて全面戦争の危険を冒さずに交渉の道を選んだというのが、動かしえない事実である。ヒトラーは、戦争の恐怖を利用して自分に有利な条件で交渉に決着をつけるよう迫ったときには、初めからこうしようと考えていたのかもしれない。しかし、ヒトラーは最後の土壇場までとるべき道を決めないでおいて、交渉も一つの可能性として残していたと考えるほうが妥当だろう。

いくつもの要因が重なって、ヒトラーはそう決心するにいたったと思われる。一つは、陸軍の指導者たちが、ドイツは二つの戦線で——三つ目を考慮しなくても——戦えるだけの戦力がないと見ていたことである。ヒトラーはこれを敗北主義として一蹴したかもしれないが、フランスとイギリスの警告によってこの問題に直面せざるをえなくなり、その懸念が増幅されると、それなりの効果を生んだ。他の二人の最高司令官、ゲーリングとレーダーも陸軍の主張を支持した。第二は、ベルリンでドイツ軍のデモンストレーションを行なったとき、ヒトラーが群衆の反応を自分の目で確かめたことである。ヒトラーはシュポルトパラストで扇動的な演説をした翌日、このデモンストレーションの指示を出していた。戦争熱をあおる新聞やラジオの努力にもかかわらず、人びとは轟音を響かせて首都の街路を通る装甲師団を完全に無視し、背を向けたまま帰宅するために電車やバスへと急いだ。第三は、ヒトラー自身ゲーリングにバランスが崩れたと言っていたように、フランス陸軍のみならずイギリス海軍も動員を開始したということである。

最後に、そしておそらく決定的だったのは、ムッソリーニの介入だった。イタリアの提案でチアノとリッベントロープが二十九日に会談し、戦争にたいする両国の政治戦略の足並みをそろえることになった。しかし、チェンバレンとローズヴェルトがムッソリーニにたいし、ヒトラーを説得して動員を延期させ、会談に同意させるよう訴えたとき、ムッソリーニはイタリアも準備が整っていないし、自分としても誰に劣らず戦争が回避されることを切望していると言明した。ムッソリーニのこの突然の変心は、二十八日の正午、ヒトラーの心をとらえた。このときヒトラーは外交および軍事筋から、ヨーロッパを再び戦争に巻きこまないようにとの大きな圧力をかけられていた。ムッソリーニは、チェンバレンが新しい提案をしようとしているが、それによって「大きな勝利」がもたらされるだろうから、それ以上を望んで戦争をすることはないと言った。チェンバレンは、三度目のドイツ訪問を申し入れて、四カ国会談を提唱した。ヒトラーが同意すれば、四カ国で合意した内容がどうであろうと、チェコスロヴァキアはそれを受け入れなければならないだろう。ソ連を仲間に入れる試みはまったくなされなかった。ソ連は無視されたのである。

二十九日、二人の独裁者は事前の協議をした。ヒトラーは同意してしまった自分にもどかしさを感じていたが、自分たち二人が生きながらえて国家を指揮しているあいだに、いずれにせよ英仏との全面戦争は避けられないと考えて、気持ちを鎮めた。ムッソリーニは、会談が決裂したらイタリアはドイツを支持すると保証して、ヒトラーをなだめた。

チェンバレンとダラディエが加わると、ヒトラーはその会談で求められているものは疑問の余地がないという雰囲気をつくりあげた。

ヒトラーはすでにシュポルトパラストでの演説で、いずれにせよ十月一日に進軍すると宣言していた。しかし、それにたいして、そのような行動は暴力行為と見なされるだろうとの反応があったので、そうしたイメージを払拭するという課題が生じた。それでも、ただちに行動を起こさなければならないのである。[*31]

会談ではムッソリーニが中心になって話を進めたが、これは彼が他国の言語を理解できる唯一の人物だったという理由からだったのかもしれない。ムッソリーニは覚書の作成もし、結局はこれがミュンヘン協定の基礎となった。この覚書の草案は、会談の前日にフォン・ノイラート、ゲーリング、フォン・ワイツゼッカーの手によって書き上げられた。ゲーリングは、ドイツを戦争に駆りたてようとしているとしてリッベントロープを非難していたが、この覚書によってリッベントロープの機先を制するつもりだったのである。チェンバレンとダラディエが何とかチェコスロヴァキアの言い分も盛りこもうとしたが、ヒトラーにきっぱりと拒絶された。はたしてこれは、ドイツとチェコスロヴァキアとのあいだの問題なのか、それとも列強同士の問題なのか。もし前者であれば、武力によって二週間以内で解決できるが、後者であれば自分たちが決めた解決策をチェコスロヴァキアに責任をもって承諾させなければならない。

会談は大急ぎで準備されたため、まったく組織立っていなかった。議事録はとられず、しじゅう中断された。しかし、三十日の早暁、ついに合意に達し、二人の独裁者は分割の条件をチェコスロヴァキアに伝える役目を英仏にゆだねた。十月一日、ヒトラーが約束し、かつ要求していたように、ドイツ軍はズデーテンを占領した。

ミュンヘン協定によって、ヒトラーはバート・ゴーデスベルクで要求したものをほぼ手に入れた。西欧の列強が修正を加えようとしたが、それは協定の実施を委任された国際委員会の会議で却下された。ドイツの委員が一貫して強気な態度をとりつづけたのである。住民投票はまったく行なわれず、新しい国境線も、民族的な分布状況とは関係なく戦略的に引かれ、ドイツに割譲された地域には八〇万人のチェコ人が住んでいた。チェコスロヴァキアは二万八〇〇〇平方キロの領土とともに国境要塞の防衛網を失ったのだが、それは視察したドイツの将軍たちに強い印象を与えるものだった。ベネシュは亡命し、新しいチェコスロヴァキア政府はひたすら意を用いてドイツを宥和しようとし、それもまったく徒労でしかなかった。ドイツは次々と新しい要求を突きつけ、ヒトラーは領土を奪われたこの国家に、ミュンヘン協定で約束された保障を与えるのを拒んだ。チェコスロヴァキアは、チェシンをポーランドに、またスロヴァキアのかなり多くの部分をハンガリーに割譲させられた。リッベントロープとチアノは、スロヴァキア－ハンガリー関係の調停のためにウィーンで会談し、一九三八年十一月に二つのウィーン裁定のうち最初のものをつくりあげた。

戦争に訴えることなく六カ月のうちに二度も勝利を得たので、その安堵感から、ドイツではヒトラーの威信がこれまで以上に高まった。これは、ヒトラーが政治戦争というこれまでにない方法で勝ちとったもう一つの勝利であり、彼が政権の座につこうとして用いた合法的な戦術にも匹敵しうる成果だった。一般に、ヒトラーはドイツ国内でも国外でも終始はったりをきかせ、つねに「ミュンヘン」を念頭に置いていたと考えられていた。このような見方は、ヒトラーのすぐれた判断力を立証するものであり、総統は戦争のリスクを考慮していないと批判していた人びと、とくに陸軍内部の人間は黙るしかなかった。また、これはヒトラーの逮捕あるいは殺害の陰謀を企てていた人たちにとっても大きな痛手であり、彼らがよりどころとしていた前提を突きくずすものだった。したがって、英仏が一九三八年に敢然としてヒトラーに立ち向かっていたら、陸軍がヒトラーを失脚させ、戦争も回避されていたという議論は成り立たなくなる。ドイツ人以外の歴史家の多くは、証拠資料にあたって、陰謀を企てた人びとが本気だったことを認めているが、たとえヒトラーが進軍を命令していたとしても、クーデタが成功したかどうか、政権転覆にいたる充分な支持が得られたかどうかについては懐疑的である。たとえ成功の可能性があったとしても、それを潰したのがチェンバレンとダラディエの提案だったことは間違いない。

ヒトラーは、一九一八年の勝利者たちがヨーロッパを横切り、かつて自分が無名の扇動者として政界に入った都市へと急ぐのを眺めて楽しんだ。彼らは、チェコスロヴアキアがヒトラーに屈伏したときの条件を確かめにやってきたのである。しかし、ヒトラーの高揚した気分はたちまち怒りに変わった。これはミュンヘン協定を結んでわかったことだが、将軍や外交官の言い分に耳を貸さずに最初の意図を貫いていたら、英仏に介入されることなく思うままに戦いを進め、チェコスロヴァキアを地図から抹殺できたはずだと確信したからである。一九四五年二月、いよいよ最後のときが迫ったとき、ヒトラーはベルリンの官邸の地下壕で、一九三八年に犯した自分の誤りについて指摘している。

一九三八年に戦争をしかけるべきだったのだ。われわれの準備が不充分だったとはいえ、敵よりはましだった。いまにして思えば、一九三八年九月は絶好の時機だった。戦争を局地的なものにとどめるチャンスだった。[*32]

5

ミュンヘン会談のあと、ヒトラーはしばらくのあいだ、秋にはチェコスロヴァキア問題に最終的な決着をつけられると考えていたようだ。しかし、考えなおして、一九三九年の春まで延期して様子を見ることにした。一方、西欧の人びとは、ヒトラーの「ヨーロッパにおける最後の領土上の要求」が満たされたからには、ドイツの国家社会主義政権は落ち着くだろうとの幻想を抱いていた。ところが、十一月になると、ヒトラー政権はその本性を現わし、ソ連の粛清が左翼の幻想を打ち砕いたときのように、人びとをあわてさせた。

ヒトラーとナチ政権が、たがいに結びつきを断ち切れない共通の利害をもっているとしたら、それはユダヤ人の迫害であり、その究極の姿が「最終的解決」というヨーロッパの全ユダヤ人根絶計画である。

第三帝国の歴史のなかでこれほど詳細に調査され、またこれほど激しい議論を巻き起こした問題はほかにない。ナチによって五〇〇万人から六〇〇〇万人のユダヤ人が殺害されたというのはまぎれもない事実である（原注：第4巻所収の付表Ⅲ参照）。数多くの記録が湮滅《いんめつ》されたため、その人数を正確に把握することは不可能である。たとえば、一九九〇年代にソ連の公文書が公開されたが、その結果、ナチがソ連で殺害したユダヤ人の数が九〇万人から一二五万人に増えた。したがって、総計は最終的に六〇〇〇万人を超えるかもしれない。しかし、総数がはっきりしないことと問題自体を混同してはいけない。反ユダヤ・グループやいわゆる「修正主義の歴史家」たちがいかにこの事実に疑問を投げかけようとも、二十世紀の歴史には、これほど動かしがたい証拠によって裏づけられている事件はほかにないのである。

論争の的になっているのはホロコーストの事実そのものではない。その事実にまつわる解釈――なぜ、そしていかにしてそれが起こったのか、さらにその責任は誰に帰せられるべきか――である。この問題についてはさまざまな歴史的解釈があり、それはナチ時代の他の問題についても言えることだが、そこにははっきりと分けられる二つの立場がある。「意図主義者」と呼ばれている人びととの見解と、「機能主義」あるいは「構造主義」と呼ばれるような立場を支持する人びとの解釈である。前者はヒトラー個人の役割とその人種的イデオロギーを核心に据え、一九二〇年代におけるヒトラーの思想と四〇年代に彼が追求しようとした政策のあいだの連続性を重視している。彼らの主張によると、ヒトラーは青写真あるいは全体的な構想をもたなかったとはいえ、自分が何を望んでいるかを承知しており、その一つにユダヤ人根絶があったという。そして、カール・ディートリヒ・ブラッハーに言わせると、最終的解決は「いつその機会がめぐってくるかという問題にすぎなかった」という。

一方、後者寄りの解釈では、第三帝国の混乱した意思決定のプロセスが重視されてきた。そして、最終的解決は、イデオロギー上のプログラムが実行された結果ではなく、戦争の圧力のもとで多くの人びとが相互に影響しあい、さまざまな偶発的な要素がからみあった結果として生じた「加速度的急進化」のプロセスの最終生成物であると見なす。「この解釈に立てば、ヒトラーの役割は意思決定者ではなく、せいぜい進行を助ける触媒にすぎない」[*33]のである。

本書は、この両方の理論を支える要素を組み合わせることによってのみ、不完全な証拠を納得のいくように綴り合わせて、一つの枠組みを構築することができると考えている。

出発点は、第一次大戦後の混乱期にあった。しかし、それはあくまでも出発点でしかなく、決定されたプランではなかった。ウィーン時代以来、ヒトラーの世界観のなかでは、「ユダヤ人」が人種間闘争の破壊的な要素として、中心的な位置を占めていた。第一次大戦後、ヒトラーは党が創設された当初から、ユダヤ人のもつ力を粉砕し、彼らをドイツから追放する方向にナチを向けさせ、後戻りできない深みに引きずりこんだ。

しかし、それを実行する具体的なプランについては、まだ漠としたままだった。『わが闘争』に次のような記述を見出すこともさほど困難ではない。ヒトラーが一人でひそかに夢想にふけるときも、自分自身と対話するときにも、あるいは親しい友人と語らうときでさえ、彼が抱いていた幻想の一つに、必要な純化の行為として子供を含むすべてのユダヤ人を消し去る最終的解決という邪悪な夢が存在したことである。しかし、それはまだ幻想にすぎなかった。いつ、どのようにしてそれが実現するのか、あるいはそもそもそれが実現しうるかどうかさえ、はっきりしなかった。

それはヒトラーが夢想家であると同時に政治家であり、自分のイメージとそれにたいする内外の、とりわけ国内の世論の反応に敏感だったからである。ヒトラーの初期の演説や論文の内容を見ると、それがはっきりする。一九二〇年から二二年にかけて、ユダヤ人にたいする悪意のこもっていない、あるいは敵愾心《てきがいしん》をあらわにしていない発言は、一つとしてなかったと言ってもよい。しかし、二二年の終わりごろからは、反ユダヤ主義に代わって「マルクス主義」批判と「ワイマル体制」批判が、ヒトラーの公にする見解の中心的なテーマになっている。このことは、三〇年代初めの選挙運動における演説についてもいえる。「権力の座が近づくにつれて、イメージ戦略のために、いくつかのヒトラー像のうちでも反ユダヤ主義者の顔は、ますます他のイメージの下に隠すか、溶けこませてしまう必要があった[*34]」

ヒトラーは権力の座についてからも、同じように自分のイメージについては気を配っていた。最初はユダヤ人にたいする暴力行為は広範なものだった。しかし、のちには距離をおくほうが政治的に有利だと考え、一九三四年に突撃隊を粛清したときには、それを最終的に否認しているように見えた。ただし、ユダヤ人をドイツ社会から排斥する運動や、ユダヤ人は「国内の敵」であるという執拗なプロパガンダは、相変わらずつづいていた。ナチの見解は党の上席判事ワルター・ブーフの次の発言に要約されている。「ユダヤ人は人間ではない。彼らは堕落の象徴である」。しかし、三五年のニユルンベルク法では、そのために「行動」するわけにいかないとして、苛立つ党員をなだめるべくヒトラーは最大限の譲歩をした――それはまだきわめて野蛮な内容だったが、目指すところは、ユダヤ人にドイツで生活する意欲を失わせ、いかなる代償を払っても彼らを移住させることであり、決して殺戮をあおるものではなかった。

それまで、ユダヤ人にたいする暴力は、オーストリアのナチには許されていたが、一九三八年になると、それを横目で見ていたドイツのナチの平党員も同じことをしたいと望むようになっていた。憎悪の捌け口としてばかりでなく、オーストリアのナチがユダヤ人の財産を没収して私腹を肥やしているのを見て、自分たちも分け前にあずかりたいと思ったのである。ドイツのユダヤ人たちは、すでにさまざまな制約に苦しんでいたが、まだ経済の分野から全面的に締め出されてはいなかった。しかし、党はいまやドイツでもこれを実行しようとしていた。

しかし、どのようにやれば最もうまくいくかについては、意見の相違があった。「経済のアーリア化」（ユダヤ人略奪の婉曲な言い方）は、国家によって組織的に行ない――ゲーリングが望むように――国家がその利益を独占すべきか、それともオーストリアのように、国家ではなく党の「自発的な」やりかたにまかせ、その大きな利益は長きにわたって奉仕してきた党員への報奨とするか。

一九三八年、四カ年計画の責任者であるゲーリングによって、ユダヤ人に財産登録を義務づける三つの法令が出された。「ユダヤ人の財産をドイツ経済の必要性にかんがみて活用するため」である。チェコスロヴァキア危機が終わると、そのプロセスは一気に加速した。四カ年計画の会議（十月十四日）の席上、ゲーリングはユダヤ人問題に「ただちに精力的に」取り組むよう要請した。「ユダヤ人を経済から締め出さなければならない」

このようにしてふくらんだ期待感は、一つの事件が起こればたちまち爆発するまでになった。そのきっかけとなった事件は、十一月七日に起こった、パリ駐在のドイツ外交官フォム・ラート暗殺事件である。銃撃したのは、十七歳になるユダヤ人のハーシェル・グリュンシュパンである。彼は、何の通告もなしにポーランドへ強制送還された両親および約五万人のユダヤ人の扱いにたいして、捨身の抗議行動に出たのである。ゲッベルスはこのグリュンシュパンの事件を見逃さず、緊張に満ちた危機的な雰囲気を醸し出した。ゲッベルスは、襲撃のニュースをかならず「第一面に大きく載せるよう」ドイツのすべての新聞の編集者に求めた。この襲撃事件はユダヤ系住民にとってきわめて重大な結果をもたらすとの明確なコメントをつけるようにせよ。

十一月九日は、一九二三年のミュンヘン一揆の記念日だった。この日、ドイツの新聞は「ただちに反ユダヤ人運動を繰りひろげるべしとの上部からの指令」で紙面を埋め、ミュンヘンでは引退したナチ党員と突撃隊員の再会の集いが催された。この会合にはヒトラーも顔を出していた。ホロコーストにたいするヒトラーの個人的な責任を論じるという観点からすると、この早い時期での彼の行動は注目に値する。市庁舎に着くと、ヒトラーはフォム・ラートが死んだことを知らされた。その晩、ヒトラーの近くにいた人間によれば、[*35]ヒトラーは強く心を動かされたが、それまで恒例になっていた演説はとりやめた。しかし、彼がゲッベルスと真剣に話をしていたことが目撃されている。それから少ししてヒトラーが帰り、ゲッベルスが代わりに演説をした。ナチ党の報道部長オットー・ディートリヒによると、ヒトラーは演説の内容についてはゲッベルスと打ち合わせていたが、国家元首としてその後の展開については責任を問われまいとしてその場を立ち去ったのだという。しかし、彼が帰りぎわに「突撃隊にもひと暴れさせてやらなければ」と言ったのを人が聞いている。

ゲッベルスの演説を聞いて、聴衆はそれを行動への扇動的な呼びかけと受けとったが、話の展開はきわめて巧妙だった。まず、すでに起こっている反ユダヤ・デモから説き起こし、それからユダヤ人商店やユダヤ寺院への破壊行動に話をつないだ。総統は、とゲッベルスはつづけた。党がそのようなデモを準備したり組織したりすることを禁じている。だが、「自発的に」行なわれるかぎり、党はそれに反対するものではない。この演説のあとで起こった暴動で行きすぎた行為があったとして、その調査のために党の法廷が召集された。議長は法廷の見解を述べた。

口頭で伝えられた帝国宣伝相の指示は、おそらく党のすべての指導者に次のように解釈されたのであろう。党は表向きはデモを指揮した当事者ではないように振舞いながら、実際にはデモを組織し、実行している。[*36]

ゲッベルスが演説を終えるとすぐに散会となり、集まった大管区指導者などの指導者たちは、それぞれ自分の大管区に急ぎ、この指示を伝えた。突撃隊に扇動は不要だった。彼らは、「第二革命」が否定され、彼ら自身が凋落する以前の、「街頭での自由」を与えられた一九三三〜三四年の激しい興奮を再び味わえるこの機会に飛びついたのである。荒々しい恐怖の一夜のあいだ、突撃隊はまたその本領を発揮した。警察が傍観しているあいだに、二〇〇のユダヤ寺院が焼き討ちにあい、七五〇〇のユダヤ人商店と企業が略奪されて破壊され、九一名のユダヤ人が殺害された。最初は手出しをしなかった親衛隊も、二万六〇〇〇人の裕福なユダヤ人を逮捕して強制収容所に送りこんだが、これによってユダヤ人はさらに差別的な扱いを受けることになった。

ユダヤ人虐殺のニュースに、たちまち西ヨーロッパの各地から、また繰り返された野蛮な行為にたいする抗議の声が上がった。それによって、ドイツにまだ残っていた善意の人の多くが犠牲になった。より驚くべきことは、ドイツ国内で上がった非難の激しさだった（この点ではすべての資料が一致している）。しかし、これはユダヤ人の処遇にたいする非難というよりも、無秩序と暴力および財産の破壊にたいする抗議だったように思われる。ナチの指導者のあいだでも激しい非難の応酬があり、ゲッベルスはゲーリングから、破壊行為を野放しにして経済に悪影響をおよぼしたとして責められ、ヒトラーからはユダヤ人を強制移住によって追い払う親衛隊の政策がやりにくくなったと非難された。

　ヒトラーは裏にひっこんだままだった。彼は、二度と破壊行為を繰り返してはならないと要求したゲーリングに同調したが、ゲッベルスと袂を分かちもしなければ、起こったことにたいする関与を否定しもしなかった。またヒトラーは、「経済的な解決を図らねばならない」と主張したが、これを自分に代わって四カ年計画を実施するゲーリングの手にゆだね、ユダヤ人が所有する百貨店を「アーリア化」の最初の候補として選んだ。

　ユダヤ人にたいするヒトラーの感情は変わっていなかった。しかし、党の活動家とより広範なドイツ国民との違いを決して見失いはしなかった。前者の中心は古参の闘士《アルテ・ケンプファー》であり、一九二〇年代からともに活動してきた仲間たちだった。後者は、三〇年代に入ってから、自分のそれまでの成功によって支持を勝ちえた層であり、成功しつづけるかぎりはその支持をあてにできる人びとであり、過激な、もしくは暴力的な反ユダヤ主義者はほとんどいなかったが、彼らは概してユダヤ人を差別したり、ドイツに敵対する異分子として排除したりすることは容認した。しかし、証拠資料から読み取れるのは、戦前も戦中も、実際的な「ユダヤ人問題の解決策」を見出すことなどは一般の多くのドイツ人の念頭にはなく、むしろあえて意識から排除しようとしていたことである。したがって、ヒトラーにとっては、自分がユダヤ人にたいしてどのような行動をとるにしても、国民のこの消極的な態度を刺激しないことがいぜんとして重要だったのである。

水晶の夜《クリスタルナハト》（原注‥これは、十一月九日から十日の夜に起こった事件についての婉曲な表現であり、通りにちらばったガラスの破片に由来する）のあと、「ユダヤ人問題の解決」は、党による街頭でのいきあたりばったりなやりかたから、ゲーリングやヒムラーが好んだ組織的かつ官僚的な方法へと変化し、ますます目立たなくなった。十一月十二日、ゲーリングはとくに関係の深い大臣および官僚を集め、自分の考えた計画的な略奪政策について説明した。「デモ行為」は中止する。ユダヤ人は全財産を国家に差し出すかわりに、補償――ただし「できるだけ低くおさえる」――を得る。政府の任命する管財人が、没収した財産を「アーリア人」に本来の価格で売り渡し、利益は政府に留保される。ゲーリングは、オーストリア・ナチのやりかたをきっぱりと否定した。「ユダヤ人問題の解決」は、党の引退者のための福祉計画を目指すものではない。彼は、「大管区指導者の運転手たちが五〇万マルクも荒かせぎした」のを知っていると言った。
十一月九日の事件でユダヤ人の企業に損害が出たが、それによる国家の損失を補塡するために、ゲーリングは、フォム・ラートの死への償いとして、ユダヤ人社会に罰金を課してはどうかと提案した。ゲーリングは、ドイツの保険会社がユダヤ人オーナーに補償金を支払う義務が生じたことにひどく腹を立てていた。保険会社の人間は、ドイツの保険業界は良心的であるという国際的な信頼を傷つけないためには、会社の義務を完全にはたさなければならないと主張した。しかし、ハイドリヒが抜け道を考え出した。保険金を支払わせたうえ、それをただちに没収すればよい。これが一〇億マルクに決定された莫大な罰金に上乗せされるということで、ゲーリングは納得した。「これは効き目があるだろう。これで、しばらくは豚どもが再び人殺しをすることもあるまい。ついでにもう一度言っておくが、私ならドイツのユダヤ人になるのはごめんだな」[*37]
ゲッベルスは、ユダヤ人のすべての企業を解体して所有権をドイツ人に移したうえ、さらにユダヤ人を劇場や映画館などの娯楽施設や公共の集会所から締め出す一連の法案を提出した。運転免許証は取り上げられ、ユダヤ人の子供たちはドイツの学校から追い出された。あらゆる専門職がユダヤ人にたいして門戸を閉ざし、彼らは、もっていた貴金属や宝石類を供出させられ、また賃貸関係を保護する法律の対象外とされた。これらすべての法律は、ユダヤ人をドイツに住めなくすることを狙ったもので、親衛隊－ゲシュタポがその受け皿を用意した。すでにオーストリアで実施されていたユダヤ人移住促進計画を、ドイツまで広げることである。一九三九年一月一日に公布された法令によって、ユダヤ人移住中央本部がウィーンだけでなくベルリン、そしてのちにはプラハにも設置されることになった。

国外追放とともに略奪が行なわれた。裕福なユダヤ人は、他国に移住するために必要な最低額の費用に相当する外貨を、自分たちの分だけではなく、貧しいユダヤ人の分も寄付しなければならなくなった。これが、強制収容所から出るための条件だった。残った資産も没収された。

在外のすべてのドイツ大使館と公使館および領事館に宛てられた告知にも、「帝国に居住する全ユダヤ人の国外移住は、ドイツのユダヤ人政策の究極の目標である」と記されていた。しかし、ドイツ政府は資産や外貨の国外持ち出しをいっさい許さなかった。移住するユダヤ人は、無一文で出ていけということである。諸外国はユダヤ人の受け入れを歓迎しなかったが、これはユダヤ人のみならず反ユダヤ主義をも輸出したという意味で、ナチ政策の成功だと考えられた。外国からの融資によって資金をまかない、整然と移住を実施しようという試みは徒労に終わった。整然とはほど遠いやりかたで、一九三九年には七万八〇〇〇人のユダヤ人がドイツとオーストリアから、三万八〇〇〇人がチェコスロヴァキアから移住、つまり国外退去させられた。戦争の勃発とともにその数は激減したが、ハイドリヒは、四二年一月のヴァンゼー会議（原注：第16章6節参照）で次のように発表した。三三年から移住の流れが止まるまでに、親衛隊は三三年当時に帝国内に在住していたユダヤ人（五〇万三〇〇〇人）の三分の二強（約三六万人）を、またオーストリアとボヘミア－モラヴィアからは一七万七〇〇〇人のユダヤ人を首尾よく追い出した、と。ハイドリヒの機関とシオニストたちが交渉した結果、そのうち七万人をパレスチナが受け入れることにした。

最終的解決の場合と同じように、ヒトラーはその政策の実施をスタッフにまかせた。しかし、ユダヤ人の扱いに関しては、十一月九日の夜のゲッベルスにしても、十二日の会議におけるゲーリングにしても、一九三八年ないしそれ以降のヒムラーやハイドリヒ以上に、それがヒトラーの知るところでなければ、そしてヒトラーの権威の後ろ盾がなければ、思い切って決断することはできなかったはずである。

したがって、ユダヤ人をドイツから根絶させる政策はできるだけ目立たぬようになされ、一九三九年九月に戦争が始まるまでは国外退去という一線を越えなかったのである。しかし、ヒトラーは自分が「ユダヤ人問題」を『わが闘争』の中核に据えたことが、強硬派のナチ党員を自分にひきつける重要な要素の一つだったことにも気づいていた。彼らはヒトラーの演説のなかにユダヤ人問題に触れる発言があれば、それを総統の「きっぱりと」かたをつける――その本来の意味がどうであれ――決意が揺らいでいない確かな証であると考え、「戦略」的な延期には苛立ちをつのらせた。水晶の夜のあとで抑制が強まったことにたいして古参の闘士たちは失望し困惑したが、これに気づいて、ヒトラーはそれから三カ月足らずのちの一九三九年一月三十日、首相就任六周年記念日に国会で行なった放送演説のなかで、自分のユダヤ人にたいする態度が変わっていないことを明らかにした。

私はこれまでしばしば予言してきたが、世人に嘲笑された。権力の座を目指して戦っていたころ、私はいつの日にかドイツの指導者になると予言すると、ユダヤ人はいつも大きな声で笑ったものである。今日、私はここでもう一度予言してみたいと思う。もしユダヤの国際的な金融資本家たちが、再び諸国を戦争に巻きこむことに成功しても、その結果として世界が共産主義化することはなく、したがってユダヤ主義が勝利することもない。そのために、かえってヨーロッパのユダヤ人が絶滅《フェアニヒトウング》することになるだろう[*38]……

絶滅という言葉で何を言おうとしたのかを、ヒトラーは明らかにしなかった。しかし、一九四五年に地下壕のなかで最後に自らの過去を振り返ったとき、三九年の演説のなかでユダヤ人に与えた警告について触れ、満足そうにこう語っている。

私は彼らにこう警告したのだ。またしても軽はずみに戦争など起こしたら、生かしてはおかない。ヨーロッパ中の害毒を根絶してやる。それこそ徹底的に……われわれは、ユダヤという腫れ物を切開して膿《うみ》を出したのだ。後世の人びとは永遠に感謝しつづけるだろう。[*39]

ヒトラーのユダヤ人対策は、ミュンヘン会談以後の再軍備拡張計画に直結した。ミュンヘン会談の失敗をくよくよ考えているうちに、彼は、非はすべて干渉する権利のない問題に嘴を突っこむイギリスにあると思うようになった。これにはきっぱりとかたをつけなければならない。先述した十月十四日の四カ年計画の会議の目的は、ヒトラーが決めた新しい目標についてゲーリングの発表を聞くことだった。その目標とは、空軍の即戦力の倍増、陸軍への大口径砲と戦車の供給増、代替製品の開発、通信の改善、ズデーテン地方の開発、そして工場を三交代制にすると同時に、不要な物資の生産を中止することなどである。「必要ならば」[*40]とゲーリングはつけ加えた。「目標達成のために経済を混乱させることもいとわない」。これには、利用可能なあらゆる手段によってユダヤ人問題と取り組み、経済からユダヤ人を締め出すことも含まれていた。すでにオーストリアで始まっていたアーリア化政策をドイツにまでも広げることである。

ユダヤ人から金を集める話が再び出てくるのは、水晶の夜のあとの十一月十八日、ゲーリングが新たに設けられた帝国防衛委員会で演説したときだった。ヒトラーは「軍備のレベルを一〇〇から三〇〇に上げる」よう要請した。ヒトラーによれば「これにくらべると、それまでの成果も意味を失ってしまうほど巨大な計画」だった。ゲーリングは追加の財源が必要だとして、国庫の危機的な状況について説明した。「とりあえず、ユダヤ人社会に課した一〇億マルクの罰金と、ユダヤ人企業のアーリア化政策で得た利益を頼りにして危機を乗り越えるとしよう」[*41]。財政問題はきわめて切実だった。シャハトは、ヒトラーが再軍備のためにひきつづき資金を供給するよう提案したことに抗議して、一九三九年一月に国立銀行総裁を罷免された。邪魔者がいなくなり、ヒトラーは海軍のZ計画を承認した。イギリスの歴史家ドナルド・ワットは「ヒトラーのイギリスにたいする意図を推し量るには、つねに彼のドイツ海軍政策を判断の基準にすればよかった」[*42]と指摘している。一九三八年の五月危機のあと、ヒトラーはレーダー提督にたいして海軍の建艦計画の全面的な見直しを指示した。英独海軍協定に沿った政策は放棄された。「総統はイギリスを永遠に敵国と見なさなければ気がすまなかった」[*43]。ヒトラーが望んだのは、戦艦を中心とする本格的な艦隊だった。十一月、進水を間近に控えた三万五〇〇〇トンの二隻の戦艦『ビスマルク』と『ティルピッツ』の仕様を見て、彼は子供だましだと嘲笑した。艦砲、速力、装甲のどれをとっても不充分だったのである。ヒトラーは海軍首脳の反対を却下して、新しい計画（Z計画）を進めて、一九四三年までに足の速い小型戦艦四隻と四四年までに大型戦艦六隻（どれも六万トンのH級）を配備しなければならないと主張した。「私は第三帝国を六年で築いたのだから、海軍もかならずこれら六隻の戦艦を六年で建造できるはずだ」[*44]。ヒトラーは、主要な海軍国のイギリスとフランスおよびアメリカに負けない艦隊をつくりあげる決意を固めており、陸空軍をさしおいて、原材料、鋼鉄、装甲板の割当てを含めて、あらゆる再軍備計画のなかでZ計画を最優先した。

ヒトラーの空軍と陸軍の再軍備計画も壮大だった。年に二万〜三万機の航空機生産能力、そしてイギリスないしソ連はおろか、アメリカまで飛行できる戦略爆撃機部隊をつくることが要求され、一九四四年までに重爆撃機を二〇〇〇機に増やさなければならなかった。また陸軍は、現有する六個の装甲師団と機械化師団を、四〇年代半ばまでに二〇個師団まで拡張することとされ、さらに同時期までに、ドイツの鉄道を近代化する総合計画によって、それ以外の機動力も高めることとされた。

ヒトラーの計画には明らかに誇大妄想的なところがあった。海軍のZ計画も戦略爆撃機部隊も実現しなかった。できるはずがなかったのだ。ヒトラーの要求は、原材料の点でも労働力の点でも、ドイツの資源をはるかに超えていた。一九三九年一月、陸軍兵站部は一〇〇万人の労働力が不足していると報告し、ヒトラーが承認したさまざまな計画のすべてを実行するには、労働者の数を八・七倍も増やさなければならないと見積もった。

また、一度に多くのことをやろうとする傾向も顕著だった。意志の力を信じるあまり、ヒトラーは明確な優先順位を決められず、何があっても自分の行動が制限されることを承知しなかった。軍備を三倍ないし四倍に増やすよう命令しても、その他の計画と調整し、そのような要求を満足させるためには経済をどう運営したらよいかということも考慮しなければ意味がないが、ヒトラーは戦争が中盤にさしかかるまで、そのことをまったく理解しようとしなかった。さらには、一貫した予定表を作成しても、それを守りとおすことができず、段階を入れ替えたり、期間を短くしたりしたために、まずは陸軍が東方の大陸帝国を征服するための計画を進めるべきなのに、海軍の大規模な拡張――もとは世界制覇の最終段階をにらんだ構想であり、一九四四年以前に完成するはずがなかった――を優先させるという愚かな誤りを犯した。

ヒトラーが最も首尾一貫しているように見えるところが、実は最も誤りにつながる原因になったことも判明している。それは彼が、一九四三年から四五年までの時期以前に全面戦争は起こらない、したがって三軍ともに準備を完了するだけの時間が充分にあると考えていたことである。戦争は一九三九年が終わらないうちに始まり、四〇～四一年にはイギリスとソ連を、その年の暮にはアメリカをも巻きこんだ全面戦争になった。開戦の時期と見られていた四三～四四年には、ドイツはすでに敗色濃厚だったのである。

ドイツの資源を増やす手段の一つに、征服と合併があった。ここでもオーストリアが好例であり、逼迫した労働力不足を補い、原材料、外貨、生産能力を提供した。また、一九三九年三月のボヘミア－モラヴィア占領によって、さらに経済的な利益を得ることができた。六月には、チェコスロヴァキアから徴用された熟練労働者四万人がドイツで働いていた。四〇年に対仏戦線の先陣を切ったドイツの三個装甲師団は、チェコスロヴァキアの工場で製造された戦車、大砲、トラックを装備していた。

オーストリアとボヘミア－モラヴィアの併合によって、ナチの指導者は戦略面ばかりでなく経済的な意味でも、バルカン内部に伸びてソ連国境に迫るドイツ支配下のミッテルオイローパ（中央ヨーロッパ）を構築することができた。一九三九年三月のボヘミア－モラヴィア併合以前にも、チェコスロヴァキアの重工業が武器と原材料の供給源になっていた。そして、各国の経済をドイツ経済に統合する手段になったのは、四カ年計画と国営ヘルマン・ゲーリング製作所であり、ドイツの大企業ではなかった（「I・G・ファルベン」のみを例外とする）。

　オーストリアでは、最大の私企業「アルピン＝モンタンゲゼルシャフト」がルールの鉄鋼コングロマリット「フェアアイニクテ・シュタールヴェルケ」に吸収合併された。このあと、ゲーリングが一年にわたって嫌がらせをつづけ、かつてヒトラーと同盟していたこともあるフリッツ・テュッセンは国外に移住し、ゲーリングがその工場資産を没収するにいたった。ドレスナー銀行と国家の持株会社VIAGを隠れ蓑にして、そのほかに三三の主要なオーストリア企業の支配権が獲得された。強制的に買収するかわりに、オーストリアとチェコスロヴァキアの銀行および株主は、その持株を不利な条件で売却するよう「求められ」たが、そのような要請を拒めると思った者はほとんどいなかった。アーリア化は、オーストリアの産業ばかりでなく、チェコスロヴァキアの産業にも入りこむ道を開いた。ズデーテンのペチェク家の多額な工場資産が没収されて、国営ヘルマン・ゲーリング製作所の子会社になった。ナチはウィーンでルートウィヒ・ロートシルトを逮捕して人質とし、家族にたいしては身柄を引き渡す条件として、オーストリアにある財産を譲渡するように要求した。ドイツがチェコスロヴァキアに侵攻する三月十五日の前夜、ヒトラーは、大統領のエミール・ハーハを脅して屈伏を迫っていた。そのとき、カイテルが途中で入ってきて、ヴィトコフィツェにあるチェコスロヴァキア最大の石炭・製鉄・製鋼コンビナートが無事ドイツの手に落ちたとヒトラーに告げた。その主要株主は、ロートシルト一族だった。ドイツ陸軍はチェコスロヴァキア製の兵器を非常に高く評価していた。その最も重要な二つの会社はプラハにあるかの有名なシュコダ社と元国営企業だったチェコ兵器廠だが、どちらも国営ヘルマン・ゲーリング製作所に接収されてドイツのために兵器を製造するようになった。

オーストリアとチェコスロヴァキアを併合したことにより、ドイツと南東ヨーロッパの国々――ハンガリー、ユーゴスラヴィア、ルーマニア――との経済関係も緊密になった。一九三九年には、ハンガリーとユーゴスラヴィアは政治的のみならず経済的にもドイツに依存するようになっていた。東ヨーロッパにおけるフランスの勢力が衰えたことによって、チェコスロヴァキア以外にも、ルーマニアが――他のどの国よりも――大きな影響を受けた。ミュンヘン協定が調印されるとすぐに、ブカレスト駐在のドイツ公使は、ルーマニア産の小麦と石油にたいするドイツの注文を大幅に増やすことで、ルーマニアに巨額の負債をつくるよう強く勧めた。これによって、ルーマニアは永続的にドイツに拘束されるようになる。カロル王は一九三八年十一月にドイツを訪問して関係の改善につとめたうえで、帰国直後にコルネリウス・コドレアーヌのほか親ナチの鉄衛団指導者一三人を射殺して、自国の独立性を示そうとした。しかしルーマニアは、それでもドイツに余剰小麦を売りたいと考えており、ドイツもルーマニアの石油を買いたいと思っていた。そこで、ゲーリングの特別通商補佐官ヘルムート・ウォールタットが交渉にのぞみ、通商条約を結んだが、これはプラハの政変とチェコスロヴァキア解体が伝えられたあとの三月二十三日に調印された。その狙いは、イギリス、フランス、オランダがルーマニアの石油産業に利害関係をもっていたにもかかわらず、ルーマニア経済をドイツにとって都合のいいように再編成することだった。

ドイツ経済のバルカンへの浸透について説明する場合、その結論としてかならず、ドイツの経済問題がそれによって解決できなかったことが強調されるのがつねである。一九三八年、ドイツの対南東ヨーロッパ貿易は全体のわずか一一パーセントを占めるにすぎなかった。この数字は、その地域の経済がドイツへの依存を強めるにつれて大きくなっているが、一九四〇年の統計（戦時中で包括的な統計が残っているのはこの年だけである）によれば、西ヨーロッパと、とくにソ連からの輸入のほうが増加の度合は大きかった。[*45] それでも、戦争が勃発する前の三八〜三九年の情勢のもとで、ドイツが膨張のために利用できる食糧と原材料および外国人労働者の巨大な供給源という、この地域の役割がはっきりと定まった。そして、ドイツの膨張が武力による征服に変わるにおよんで、役割の分化がますます進み、ドイツはイギリス海峡からカフカースにいたる広い占領地で略奪と搾取をほしいままにできた。このプロセスを最もうまく要約しているのは、アメリカの経済史家デヴィッド・カイザーである。

征服のために再武装を主張したヒトラーは、やがて征服こそが再武装をつづけるための唯一の手段となる状況におちいった。そして、ドイツは世界貿易に依存することなく、武力によって自給自足経済の帝国を戦いとらなければならないという彼の信念は、いつしか予定通りに実現する予言となっていた。[*46]

6

ヒトラーは、一九四〇年代の半ばという期限を設定し、それまでにドイツの再軍備をピークにもっていかなければならないと言っていたが、侵略的な外交政策を再開するのをそのときまで待つつもりはなかった。立ち止まって一定期間を地固めに費やすという発想は、もともとヒトラー自身もナチ政権ももちあわせていなかった。どちらも休みなしに動きつづけることに生き残りを賭けていたからだ。

チェコスロヴァキアの危機によってヒトラーはさらに自信を深め、同時に欲求不満も高まった。その両方に駆られて、彼は賭金の額を引き上げ、この次の機会には決して弱気になるまいと心に決めた。十一月に、ドイツの新聞編集者四〇〇人を前にした演説で、また新年には将校団の前で行なった三回の演説のなかで、彼はその決意を表明している。

編集者たちに向かって、ヒトラーは自分は長年平和を説いてきたが、いまこそ「ドイツ国民を心理的に再教育し、武力で達成しなければならないこともあると、はっきりわかってもらう」[*47]必要があると語った。また、将校たちの前では、訪れる機会を一つも逃さずにつかみとることが必須だと断言した。「私はドイツの生活圏の問題を解決する責任を引き受けた……私は大儲けできると確信のもてる瞬間がきたら、ただちに攻撃し、ためらうことなく最後までやり抜くつもりである」[*48]

問題は、次にどこを攻撃するかであった。ヒトラーの頭のなかでは、この春のうちにボヘミア－モラヴィアを完全に征服し、チェコ人国家を抹消することにいささかもためらいを感じなかった。だが、それだけだろうか？　年が明けるとヨーロッパではさまざまな噂が飛びかった。イギリスの内閣は、オランダ侵略の噂については真剣に検討すべきだと感じていた。また、チェコスロヴァキア東端のルテニアにウクライナ人の独立国家を建設するための基地をつくるという噂もあった。

ドイツ指導部内のさまざまなグループが勝手にそれぞれ異なる臆測をしていたが、ヒトラーはイギリスに対抗することと対ポーランド関係に決着をつけることを第一に考えているように見えた。ミュンヘン会談とその勝利——ただしヒトラーははめられたと感じていた――について思いめぐらしていたとき、ヒトラーがもっぱら憤りを感じていたのは、イギリスが大陸の問題に介入する権利の歴史的な正当性を主張していることだった。このような言いぐさは今後いっさい許すわけにはいかない。そこで彼は、十月の終わりにリッベントロープをローマに派遣し、独伊日の三国間で軍事同盟を結ぶという新しい提案を託した。リッベントロープは、ソ連は長いあいだ低迷しているので「われわれは全エネルギーを西欧民主主義国家に向けることができる」[*49]と主張した。

この同盟には、一つ、明らかな目的があった。それは、地中海の連絡ルートと英仏両国――ともに一九三〇年代にはまだ非常に強大な帝国主義国だった――の領土を脅かして戦争に突入した場合、フランスにたいして第二戦線を開くことができるというものだ。ヒトラーが三国同盟を提唱したとき、頭のなかにそれ以外の具体的な目的があったようには思えない。将来、ヒトラーが中央もしくは東ヨーロッパで行動を起こした場合、英仏に介入を思いとどまらせるにはこれで充分だからである。しかも、ヒトラーに言わせれば、英仏両大国はすでに衰退しており、もはや帝国として君臨したころの活力をもたないのであった。

これにたいして、ドイツ－ポーランド問題を提起することには、きわめて特殊な狙いがあった。一つは、第一次大戦後の平和条約で定められた条件を改訂する――そしてもちろん最終的にはそれを覆す——こと。第二は、ポーランドとドイツをもっとじかに結びつけることである。ドイツが西方で戦争に巻きこまれた場合、東方からの脅威にたいして自国を守るため、かつ「ドイツの生活圏の問題を解決」すべき時期が到来したときには、ロシア攻撃の際の伝統的な戦線を開くためである。ヒトラーの観点からすれば、ポーランドにたいしては次のどちらかを選択するように迫ったことになる。ドイツの衛星国家となって、ヒトラーがもくろんでいる新しいヨーロッパにおける位置を確保し、同時に——おそらくはソ連の犠牲によって——ドイツに返却する領土の補償を得るか、もしくはポーランド人国家が破壊され、国民が奴隷になるかである。ポーランドの観点からすれば、ポーランドが強いられることになる犠牲とは、国家の独立を捨てることだった。それは対等の同盟国としてではなく、ドイツの意のままに操られる従属国になることであり、フランスとの同盟関係にも終止符が打たれ、ソ連の敵意にもさらされることを意味する。このような狙いについて最初はつまびらかにされていなかったが、ドイツやポーランド、そしてソ連にとっても、何が賭けの対象になっているかを把握するのは難しいことではなかった。

一九三八年十月二十四日、リッベントロープがポーランド大使ユーゼフ・リプスキに示した提案はごく控え目なものであり、そこにはポーランドの同意を得ようとする狙いがあった。そこに謳われていたのは、ダンツィヒの返還と、ポーランド回廊を通過する治外法権の道路と鉄道の敷設、およびポーランドの防共協定支持の三点だけであり、旧ドイツ領土の返還要求は含まれていなかった。その見返りとしてポーランドが獲得するのは、ダンツィヒにおける特別な利権、ドイツと接するポーランド西部国境の保証、および一九三四年の独ポ不可侵条約の期限延長だった。最後通牒の問題は含まれていなかった。ヒトラーの側には、交渉のための時間を与える用意があった。また、チェコスロヴァキアが解体された場合、ポーランドとハンガリーの両国が国境で接することをドイツが承認することもにおわせていた。そして、ポーランドに警戒心を起こさせないために、メーメル地方——一九一九年に連合国の管理下に置かれたが、二三年にリトアニアが占領した——のドイツへの返還要求は先送りされていた。

交渉は、一九三九年一月にポーランド外相ベックがベルリンを訪れ、またリッベントロープがワルシャワを訪れて友好的に進められ、その間にダンツィヒとポーランド回廊に関して妥協点を見出す試みがなされた。ベックが最後まで断固として譲らなかったのは、ポーランド——きわめて反共的で、ソ連とも友好的な関係にあるとは決して言えないのに——の防共協定への加盟拒否だった。加盟を承認すれば、独立を捨ててドイツへの従属を受け入れる意思表示と解釈される可能性があった。リッベントロープがワルシャワから帰国すると、ヒトラーは、直接的な圧力がかからないかぎり、ポーランドが新しい条約の交渉に入るつもりはない事実を受け入れたようだった。しかし、戦争に訴えることなくポーランドをドイツの軌道内に引きこもうとするときには、そのことが結局はプラスになるとの希望はもちつづけていたようである。

一九三九年二月の初めに、ヒトラーはチェコスロヴァキアを抹消する決心をした。強力な軍隊——七個軍団——を編成して、チェコスロヴァキアに進軍させたが、ヒトラーは抵抗も他国の介入もないだろうと確信していた。三八年にズデーテンのドイツ人が担った役割は、今回はスロヴァキア人に割りふられた。彼らは、チェコスロヴァキアが再編成されてできた三州（ボヘミア－モラヴィア、スロヴァキア、ルテニア）の連邦国家内で自治を与えられていた。しかし、スロヴァキアは自ら独立を求めるほうを選び、チェコ人に対抗するのにドイツに保護を求めることを激しく嫌った。ティソ師——チェコ人に追放されるまでスロヴァキア人グループの指導者だった雄牛のように屈強な聖職者——がベルリンに呼ばれ、ヒトラーに長々と説教された。しかし、ティソ師はドイツ側ですでに草稿が準備されているスロヴァキア独立声明を放送することも、スロヴァキアを「保護」するために総統の助けを求める電報に署名することも拒否した。ティソがブラティスラヴァに戻ると、スロヴァキア議会は独立を宣言した。しかし、ドイツが介入する口実になるはずのヒトラーへの保護の要請はなされなかった。それでもドイツは、ティソに働きかけて要請を出させようとしたが、不満足な結果に終わった。それにたいして、ヒトラーは――ティソの実際の発言と無関係に――スロヴァキアからの「要請」を受け入れて、同国が新たに勝ちとった独立を保証するためにドイツ軍が到着したと発表した。

ドイツ側は急いで、チェコスロヴァキア政府がドイツ人とスロヴァキア人にたいして恐怖政治を行なっているというマスコミによるキャンペーンを始めたが、これはまったく事実無根だった。しかし、それによって効果があがったことは確かであり、チェコスロヴァキア当局はハーハ大統領にベルリンへ行ってヒトラーと会見してくれるよう頼んだ。しかし、ハーハはもともと政治とは無縁な人間だった。チェコ最高裁判所長官だったハーハが国家元首になったのは、もっぱら義務感からである。老齢で病身でもあったハーハは飛行機に乗ることもできず、列車で五時間を費やしてベルリンまで行ったのだが、ヒトラーになお四時間も待たされて、実際に会ったときには夜半過ぎの一時十五分になっていた。

ハーハにはすでに、ドイツ軍が国境を越えたことも、何をもってしても自国で展開されている作戦を止めることができないこともわかっていた。そして、自分はスロヴァキアで起こっていることに不満を述べる根拠をもたないが、何とかチェコスロヴァキアが国家として主体性を保てるようにしてほしいと、熱意をこめて最後の懇願をした。ヒトラーは、抵抗さえしなければ、チェコ人に自治を与え、個人の生活を保証するのは容易なことだと答えた。さもなければ戦争になり、チェコスロヴァキア陸軍は滅ぼされる。

ハーハに足を運ばせた理由はここにあった。招待は、チェコスロヴァキア国民に彼が与えられる、最後のお情けなのだ……ことによると、ハーハの訪問によって最悪の事態が避けられるかもしれない……時間は刻々と過ぎていった。午前六時に、軍隊がチェコスロヴァキア国内に進軍する。自分から言うのも恥ずかしいくらいだが、チェコスロヴァキアの各大隊にドイツの一個師団があたるだろう。[*50]

ハーハが、自分にできることは何かと聞くと、ヒトラーはプラハに電話をかけたらいいのではないかと言った。それから別室で、ゲーリングおよびリッベントロープとその後のことについての話しあいが行なわれた。そのとき、ゲーリングが爆撃によってプラハが破壊されるのは残念だと言い、ハーハは気を失った。ヒトラーの侍医テオ・モレルの注射で気がついた大統領は、やがてプラハに電話をかけ、抵抗しないようにと説得することになった。さらに議論がつづいたあと、ハーハは威嚇されて、すでに用意されていたコミュニケの内容に同意させられた。それには、総統が大統領を迎えたのはハーハの要請によることであり、大統領は「確信をもってチェコスロヴァキア国民の運命を総統の手にゆだねた」[*51]とあった。

　ヒトラーは喜びを抑えきれなかった。秘書たちのいる部屋に駆けこみ、彼らを自分のまわりに集め、キスしてくれと言った。「きみたち」とヒトラーは大声で言った。「生涯で最良の日だ。私は最も偉大なドイツ人として歴史に名を残すだろう」[*52]。ヒトラーはドイツ軍とともにプラハ入りするため、八時にベルリンを発った。イギリスとフランスの大使がドイツ外務省に出向いて当然の抗議をしたとき、彼らに返されたのは、総統の行動はチェコスロヴァキア大統領の要請にもとづくものだとの主張だった。またしても「合法」の戦術が――結局はこれが最後になるが――功を奏したのである。

　三月十五日の夜を、ヒトラーはかつてボヘミア王の居城だったフラッチャニ城で過ごした。胸壁から鉤十字の旗をひるがえらせて、彼はハプスブルク王朝にたいする歴史的な恨みをもう一つ晴らしたのである。それは、成り上がり者のチェコ人が平等を要求したことにたいしてドイツ人が抱いた恨みだった。ウィーンの労働者階級の住む地域で初めて反感をおぼえたときから三〇年も抱いてきた恨みである。宣言文のなかで、彼は「一千年にわたってボヘミアとモラヴィアの領土はドイツ国民の生活圏に属していた」が、それがいまや「昔の歴史的な環境」に戻ったのだと断言した。付属条項には、ボヘミア-モラヴィアを保護領として、フォン・ノイラートを初代総督にするとあった。

十六日に、ドイツ軍はスロヴァキアに到着した。そのあとに調印された保護条約によって、スロヴァキア人はドイツ人に守備隊を駐留させる権利を与え、外交政策はドイツと合意のうえで策定すると約束し、またドイツ人にたいして（秘密議定書で）自国で経済開発をする権利を全面的に認めた。スロヴァキアの例にならって独立を宣言し、ドイツの保証を確保しようとしたルテニア人の企ては、流血をもって幕を閉じた。ヒトラーはルテニアの独立には関心がなく、ハンガリーに進軍させて以前の領土を奪回させた。ポーランドと違って、ハンガリーは防共協定への加盟と国際連盟の脱退に同意した。ルテニアは、枢軸陣営に加わったことへの褒美だった。一方、加わることを拒否したポーランドは、チェコスロヴァキアの第二次分割以降、何の分け前ももらえなくなった。

すべての作戦にわずか三日しかかからなかった。十八日に、ヒトラーはウィーンに戻った。その次の処置は迅速に行なわれた。三月二十日、今度はリトアニアの外相ユオザス・ウルブシスがベルリンに呼ばれる番だった。ウルブシスはベルリンでティソやハーハと同じ扱いを受けた。首都を爆撃すると脅されて、リトアニアは三月二十三日の朝、メーメルをドイツに返還する協定に調印した。ヒトラーは、荒れる海の旅で船酔いに苦しみながら、再び勝利の入国をはたした。一九二三年にリトアニアで起こったクーデタ以来、メーメルは国際法で保証された自治を享受してきた。自由都市のダンツィヒと同じように国際連盟の保護下にあるメーメルは、ポーランドに奪われたわけではないが、スロヴァキアにドイツの守備隊が到着したいま、メーメルがドイツ領になることはポーランドにとっても次のような意味をもっていた。つまり、ちょうどドイツがオーストリアを併合したあとのチェコスロヴァキアと同じように、ポーランドも北と南の両側をふさがれてしまったのである。

しかし、リッベントロープがドイツの要求を繰り返し、貴国の態度には「ますます呆れている」とポーランド大使に告げたとき、ポーランド外相ベック大佐はベルリンからの招待を断わった。ポーランドは予備役を召集して国境の防備を固め、ベックはダンツィヒにクーデタが起これば宣戦を布告すると断言した。ポーランドの新聞は世論の怒りの声を反映して、ポーランドをチェコスロヴァキアと同じだとは考えるなと、ドイツに向かって警告を発した。

7

ミュンヘン会談以後、ソ連政府は孤立主義に傾くきざしを見せていた。彼らが支持していた集団安全保障は失敗したが、スターリンもリトヴィノフも代案をもたなかった。独自の情報源から、ソ連はヒトラーがポーランドに出した要求――ベックはそれを秘密にしていた――を知っていた。そして、ポーランドから出された、両国の関係を修復して一九三二年の不可侵条約を更新しようとの提案も受け入れるつもりになっていた。スターリンは、西隣の国がドイツに降伏してその衛星国になることを最も恐れていたのである。他方、ソ連は新しい通商条約を望むドイツの提案を受け入れたいとも思っていた。条約は、一九三八年十二月に調印されたが、ドイツの大砲を購入するための多額の新規信用供与を受け入れるとの付随条項をドイツが守らなかったとき、ソ連はひどく困惑させられた。

ミュンヘン会談ののち（一九三九年初め）、イギリスは対ソ関係を改善しようと努力したが、これはソ連にはねつけられた。そしてスターリンは、三月十日——ドイツ軍がプラハを占領する五日前——に第一八回党大会で演説したが、そのとき彼が非難の的にしたのはドイツではなく、イギリスとフランスだった。スターリンは、新しい帝国主義戦争、つまり「世界の、勢力圏の、そして植民地の再分割」が始まったと言い切った。帝国主義勢力は二つのブロックに分かれた。防共協定で結ばれた侵略的な三国と、イギリスとフランスを中心とする非侵略的な国家群である。後者のグループが侵略者に立ち向かえなかったのは、国力の弱さが原因であるとはいえない。彼らのほうが経済的にも軍事的にも間違いなく強力だからである。スターリンはつづけて言った。

しかし、イギリスとフランスは、集団安全保障および集団抵抗政策を拒否し、不介入、中立の政策をとった……不介入の政策とは、とりもなおさず侵略を黙認し、戦争が起こるのを黙って見ているということである。

この危険なゲームの行きつくところは、

すべての交戦国を戦争の苦難に追いやり……たがいに相手を弱め、消耗させる……ドイツをそそのかして東に進ませ、労せずして利益が得られると思いこませて、さらにけしかける。「さっさとボリシェヴィキに戦争をしかけろ。そうすれば万事はうまくいく」と。

ミュンヘン会談で、英仏両国はチェコスロヴァキアの一部を「ソ連に戦争をしかける報酬としてドイツに与え、ドイツはいま、その約束の実行を拒んだのである」。スターリンは同じゲームのもう一つの例として、西欧の新聞の報道ぶりをあげた。西欧のマスコミは、粛清によってソ連軍の士気が落ちた、ルテニアで騒動が起こっていて、ドイツはウクライナを侵略もしくは滅ぼそうと計画しているなどと書きたてることにより、「ソ連を焚きつけてドイツに対抗させ、険悪なムードをあおり、明らかな根拠がないのにドイツと紛争を起こさせ」ようとしていると指摘した。スターリンはそのような策略を嘲笑し、ソ連は自らの力に裏づけられた独自の平和政策を誠実に実行していくと大会で約束した。その指標となる原則は、「つねに用心を怠らず、他人に火中の栗を拾わせて漁夫の利を得ようとする戦争屋によってわが国が戦争に巻きこまれないようにする」[*53]ことだった。

このスターリンの演説を、会談を開けとの合図だとしてモロトフとリッベントロープは歓迎し、これがのちに独ソ不可侵条約に発展するのである。[*54]しかし、この演説をもって、スターリンが三月初めにそのような政策を承認することをすでに心に決めていた証拠だとするのは当たっていない。たしかに、スターリンはつねにドイツとの友好関係を回復させたほうが有利だと考えていたが、ソ連側からの歩み寄りが失敗していた――最も新しい例は、先述した一九三八年から三九年にかけての冬の通商と信用供与の話しあいである――ため、疑い深くなり、慎重になってもいた。だから、ドイツとの会談はあくまでも、スターリンが実行する可能性を追求していた選択肢の一つであり、ドイツ側がスターリンの、二国間には争う理由がないという発言を、会談の再開をほのめかす合図だと解釈したのなら、スターリンにとってはいっそう好都合だった。ドイツはつねにボリシェヴィキの地平線上でどの国よりも大きく見えていたし、いぜんとしてソ連の同盟国候補になりうる存在だと思われていた。しかし、いまのところ、スターリンは将来の災いとなりかねない申し出をしておらず、集団安全保障の失敗に失望していることを表明してはいたが、じっくりと腰を据えて国際情勢を見きわめてから、ソ連がはたすべき役割を明確にしていこうとしていた。

スターリンの発言で驚くべきことは、イギリスとフランスがドイツとソ連のあいだに紛争を起こさせようとしているというソ連の根深い疑念を、彼自身が裏書きしていることである。それは、ソ連の真の敵はいぜんとして資本主義の大国たるイギリスとフランスだとする共産主義者の信念の表われでもあった。たとえば、一九三八年十一月、パリ駐在ソ連大使ヤーコフ・スリッツのそのような報告に答えて、リトヴィノフは次のように書いている。

イギリスとフランスがドイツをけしかけて東方とことを構えさせたがっている事実は理解できるし、またよく知られている……彼らが侵略の矛先をわれわれに向けたがっているのもまた真実である。したがって、ポーランドはそれに影響されてはいけないのだ。[*55]

この疑惑は、一九三九年のソ連外交において重要な役割をはたすことになっただけでなく、のちにソ連の歴史学者が独ソ不可侵条約の正当性を信じる一因ともなり、スターリンが一九四一年のドイツの奇襲に備えようとしなかったことにも影響している。

スターリンが長いあいだ待つまでもなく、じきに国際情勢は進展した。第一八回党大会が解散しないうちに、ヒトラーがボヘミア－モラヴィアを占領したという知らせが入った。この事件が、現代のヨーロッパにおける最も劇的な外交革命につながるのである。

それに拍車をかけたのがイギリスだった。ヒトラーが初めて、挑発することも交渉を経ることもなく、ドイツ系住民ではなく圧倒的にチェコ人が多い地域を占領したという事実は、民族自決を訴えていたヒトラーの要求そのものの基盤を突きくずし、また宥和政策がよりどころにしていた原則をも覆すことであり、イギリスは深刻にそれを受けとめた。ミュンヘン会談による問題の解決を提唱した当のイギリスは、中立政策を飛び越えて、一気にドイツの侵略行為は今後はいっさい許さないと、率先して抵抗運動を組織するにいたった。ほかの国の専門家は、イギリスのこの変わり身の速さにとまどった。しかし、オランダかスイスが攻撃されるかもしれないことから、話しあいはすでに二月から秘密裏に進められており、その結果、こういう結論に達したのである。問題は、イギリスが二月十六日にベルギーに語ったように、次に脅かされるのはどの国かではなく、「ドイツがヨーロッパを武力によって制覇しようとしている」

ことだった。したがって、こうした変化も、見た目ほど唐突ではなかった。また、その変化を促したムードの変化は、フランスの多くの人びとに共通していただけでなく、あらゆる層の意見に共通することだった。チェンバレンはそうした変化への反応が鈍かったが、自らの政治生命が脅かされていることに気づいて、三月十七日にバーミンガムで行なった演説ではにわかに方針を変えている。チェンバレンが内閣に語ったところによれば、それはドイツが「ヨーロッパの武力制覇を目指すかどうかの問題をめぐるヒトラーへの挑戦状」であった。

これは、イギリスが一カ月前にベルギーにたいし、オランダが脅威にさらされているとひそかに告げたときに使った表現と同じだった。チェンバレンによれば、今度は脅威の矛先がルーマニアに向けられるという(彼の情報源はのちに信頼できないことがわかった)。イギリスはこれまで非常に長いあいだ、同国が安全保障の対象として考える地域は西ヨーロッパだけだとしてきたが、今回、チェンバレンはこの原則を放棄した。ドイツの侵略によってどの地域が脅威にさらされようと、西ヨーロッパであろうと東ヨーロッパであろうと、オランダであろうとルーマニアであろうと、それはたったいまチェコスロヴァキアで起こったことと同じ問題なのだった。そして、イギリスにとっては、挑戦を受けて立つことを事前に表明する以外に選択肢がなかった。チェンバレンは内閣にこう語った。「われわれの次の行動は、侵略行為に抵抗するわれわれの味方に誰がなってくれるかを確かめることである」[*56]

イギリスとフランスが直面した問題は、まずヒトラーへの抵抗をどのようにして組織するかであり、第二に一九三五年以来つづけてきた宥和政策によって他の大国に植えつけられた不信感をどのようにして払拭するかだった。それから数日のあいだに、英仏両国政府は、六カ国――ソ連、ポーランド、ユーゴスラヴィア、トルコ、ギリシア、ルーマニア――に接触して、それぞれの意向を打診した。イギリスとフランスは、南ヨーロッパにおけるドイツの侵略行為にたいして抵抗する意図を公式に表明する。それは警告だが、ドイツの行動を抑止する効果もあると考えられるので、これを支持してくれないだろうか。それと同時に、イギリスもフランスもドイツとの通商交渉をただちに打ち切った。

ミュンヘン協定のお膳立てをした二国が、突如として集団安全保障に方針を切り換えたことは、話をもちかけられたどの政府にとっても不意打ちであり、どの国もイギリスとフランスの真意を知りたがった。ルーマニアのカロル王とポーランドのベック大佐はそれぞれ独自に判断して、ドイツを挑発し、あるいはソ連から支援を受けざるをえなくなるような提案を拒否した。ソ連は最も疑い深く、リトヴィノフはイギリスにたいし、貴国は自分の手を汚すことなくソ連を巻き添えにする計画なのかとたずねた。そのかわりに、リトヴィノフは――ロンドン駐在ソ連大使マイスキーの説明によれば――イギリスの真意を確かめるために、英仏ソばかりでなく、ポーランドとルーマニアの代表も呼んでブカレストでただちに会議を開き、足並みをそろえて行動することについて討議してはどうかと提案した。

リトヴィノフにとって残念なことに、チェンバレンはこの提案を「時期尚早」としてしりぞけ、自分自身の考えに固執した。それは、イギリス、フランス、ソ連、ポーランドが宣言に調印し、ヨーロッパのいかなる国でも、その独立が脅威にさらされた場合、一致して抵抗するために必要な手段について協議するというものだった。一日考えて、ソ連はフランスとポーランドが調印するのであれば、それに調印してもよいと答えた。ポーランドはソ連と結びつけられるような提案はすべて拒否しており、それがドイツを挑発することが明らかな場合はとくに激しい拒否反応を示した。マイスキーはイギリスの答を待っていたが、その三日間に、意見の分かれたイギリスの内閣は、ポーランドとソ連とどちらの支援を得るほうが有利かをめぐって議論した。チェンバレンはソ連にたいする深い不信感をあらわにして、重要なのはドイツと国境を接していないソ連ではなく、ドイツおよびルーマニアの両国と国境を接しているポーランドだと主張した。

結論は、ポーランドを中心として連合体を組織する方向に傾いた。ソ連を中心にするのは不可能だと思えた。だが、そうこうしているうちに、これも結局は不正確な情報だったことがわかるのだが、ドイツのポーランド攻撃が迫っているという知らせが入った。チェンバレンとハリファクスは、ぐずぐずして行動を先のばしにしてはいられないと考えた。三月三十一日に、チェンバレンは満員の下院の演壇に立ち、次のように宣言した。他国と協議をつづけているあいだに、ポーランドの独立を脅かし、ポーランドがぜひとも抵抗しなければならないと考えるような何らかの行動が取られた場合、イギリスとフランスはその援助におもむくであろう、と。この宣言は、戦争か平和かの選択をポーランドにゆだねるという意味にもとれるが、下院は拍手してこれを歓迎した。この発表のあとすぐにベック大佐がロンドンを訪問し、イギリス－ポーランド同盟条約の準備がなされるとともに、イギリスによるルーマニアとギリシアおよびトルコへの保障問題も検討された。

イギリスが保障を与えるという発表にヒトラーは驚き、かつ憤った。それはまったく抑止としての用をなさなかった。この発表の翌日、ヒトラーはウィルヘルムスハーフェンへ行き、新しい戦艦『ティルピッツ』の進水式で演説した。

他国の人びとがわれわれにたいして、ドイツは軍備を進め、さらにそれを増強しつづけているなどと言うのであれば、それにたいする答は一つしかない。「私をたじろがせようとしても無駄である」。私はこの方向で進むことに決めた……かりに誰かがわれわれと武力で対抗したいというのなら、ドイツ国民はいつでも挑戦を受けて立とう。備えは万全だし、覚悟もできている。[*57]

ポーランドが政策を変更して「威嚇する態度」をとり、ヒトラーが九月一日以前に攻撃開始の準備をするよう命令すれば、ポーランドの軍事力は壊滅されるだろう。政治的な目標はポーランドを孤立させることであり、できればポーランドとの局地戦争にとどめたい。戦争になるかならぬか、局地戦にとどめられるか否かは、西欧の列強の出方いかんである。しかし、ヒトラーは次のような要因を選びだした。これは九月一日が訪れたときに決定的になることが判明する。「ポーランドにたいして開戦時に強烈な不意打ちを食らわせて迅速に戦果をあげておくなら、その後もポーランドを孤立させておくことが容易になるだろう[*58]」

ヒトラーは、敵を孤立させるだけでなく、事前に敵の士気を鈍らせることの重要性も絶えず強調していた。その方法の一つに、ドイツの軍事力が与える印象を強烈にすることがあった。ヒトラーの五十歳の誕生日を祝う式典には、各国の大使館付き武官が全員出席し、その模様はニュース映画になって世界中の映画館で上映されるのだが、これは軍事力を誇示する絶好の機会だった。四月二十日、ヒトラーの目の前で、六個師団――四万人の兵と六〇〇両の戦車――が東西の軸をなす大通りを延々何時間にもわたって行進した。その大通りは、前夜、ヒトラーが開通式をしたばかりだった。もう一つの方法は、緊張を高めることであり、ヒトラーは五月末に西部要塞視察の旅に出たが、この模様がナチのプロパガンダ機関によって大きく報じられた。

夏を通じて、ドイツは「神経戦」をつづけた。国境を越えて密輸された兵器によってダンツィヒが再武装される様子や、一連の事件を報道して――そのどれもが軍事クーデタの始まりを思わせた――ポーランド国民の緊張をあおり、挑発しようとしたのである。六月半ば、ゲッベルスがダンツィヒを訪れ、三度にわたって過激な演説をし、ダンツィヒをドイツに返還するよう、あらためて要求を繰り返した。ドイツのプロパガンダはポーランド国民にたいし、新しい友人のイギリスを信頼してはいけない、ミュンヘン会談でチェコスロヴァキアを見捨てたように、ポーランドも見捨てられるだろうと警告した。同時に、新聞はイギリスとフランスへの効果を狙って「ダンツィヒは、そのために戦争をするだけの価値があるのか」と再三にわたって強調した。

一九三八年の経験からヒトラーが学んだのは、うまく乗せられてうわべだけの要求で手を打たされてはならないというものだった。これを避ける手段として、ポーランドに出していた提案を撤回し、ドイツの外交官にはいかなる形式であろうと交渉にはいっさい応じないように指示した。こうした予防措置を講じたうえで、ヒトラーはなるべく公の場に出る機会を減らし、ベルクホーフに引っこんでしまった。イギリス大使は「ヒトラーについては、チェスの名人のようだとの印象が強い。じっと盤をにらんで待ち、相手が打ち損なえば、すかさずその機をとらえて戦いを有利に運ぶのだ」と記している。*59

リッベントロープは、自信をもって練り上げた独日伊間の防共協定を、ソ連ばかりでなく西欧列強にも対抗しうるものに仕上げたいとの望みを捨てなかった。しかし、いくら努力しても日本軍部内の意見の対立を克服できず、結局はうまくいかなかった。日本では、三国軍事同盟に賛成する陸軍とイギリスやアメリカと対決する状況におちいりたくない海軍が対立していた。イタリアの場合は、幸運に恵まれた。ムッソリーニは、ドイツがボヘミア－モラヴィアを占領したことに激怒した。そのことを一日前まで知らされていなかったのだ。ヘッセン公フィリップが、今度もまたイタリアが揺るぎない支持を寄せてくれたことを感謝するという伝言をもってムッソリーニを訪れたが、怒りは容易に鎮まらなかった。「イタリア国民は私を笑いものにするだろう」と彼は言った。「ヒトラーは国を一つ占領するたびに、私にメッセージをよこす」。しかし、ヒトラーから個人的に次のように言われて、勝っている側につくのがいいというムッソリーニの打算が息を吹き返した。地中海とアドリア海はイタリアの勢力拡大圏であり、ドイツはそこに容喙《ようかい》するつもりはないし、親衛隊には南チロルからドイツ語系住民を退去させるよう指示した、と。ムッソリーニはチアノにこう言った。「いま政策を変えるわけにはいかない。とにかく、われわれは政治的にそれほど無節操にはなれないのだ[*60]」

ムッソリーニは、すでにアルバニア侵攻を決めていたが、自分も運命を左右する人間であることを示そうとして、今回はことを起こす（四月七日）までヒトラーには知らせないことにした。しかしヒトラーは、すばやく次のことを見てとった。ムッソリーニの行動は、イタリアの自主性を示すどころか、イタリアをいっそう枢軸に結びつけることになる。そして、イタリアが以前エチオピアを攻撃したときやスペインに干渉したときのように、二つの「侵略国家」と現状維持を望む英仏二国が、それぞれ共通の利害をもっていることをきわだたせる結果になる、と。

ドイツは、これまでムッソリーニが避けてきた軍事同盟の調印を迫りだした。ドイツのポーランドにたいする意図を懸念したムッソリーニは、チアノがミラノでリッベントロープと会談することに同意したが、チアノにはイタリアが少なくともこの先三年以上の平和を望んでいることを強調するよう指示した。リッベントロープは、これ以上は考えられないほど自信たっぷりだった。チアノは会議録のなかでこう断言している。「ドイツも一定期間は平和が必要だとわかっている。それはおそらく四年ないし五年以上のはずだ[*61]」

チアノから電話で会談はうまくいっていると報告されたとき、感激しやすいムッソリーニは、イタリアとドイツは軍事同盟の締結に同意したと発表するようチアノに命じた。リッベントロープは日本の参加を待ったほうがいいと考えていたが、ヒトラーがムッソリーニの突然の心変わりによって生まれたチャンスをものにしようと躍起になっているので、相手の言葉に従うことにした。同盟の条文を作成するにあたり、ヒトラーは次のような条件をつけた。いずれかが戦争に巻きこまれたとき、他方はただちに総力をあげて救援におもむくこととする。また、休戦の取り決めは、他方の完全な同意がある場合にかぎる。[*62] ヒトラーは、この条約（五月二十二日にベルリンで調印された「鋼鉄条約」）には、英仏両国のポーランド支援をためらわせる効果があると確信していた。

ポーランドにたいするイギリスの保障は、ドイツだけではなく、ソ連をもひどく怒らせた。イギリスは、東ヨーロッパにおける侵略を防止する措置についてソ連と協議していたが、計画の突然の変更と一方的な宣言をすることを、ほとんど秘密にしていた。リトヴィノフはこのニュースによって自分の立場がより不安定になったと感じたのかもしれない。彼はイギリス大使が弁明しようとするのを無視して、次のように宣言した。英ソ協調のために努力してきたが、それもすべて「一瞬にして水泡に帰してしまった」、ソ連政府は「うんざりしており、今後はいかなる同盟関係からも距離を置き、中立を守る」[*63]と。しかし、政治局におけるリトヴィノフの立場を危うくしたことは別として、イギリスがポーランド支援を約束したことによって、ソ連は外交の表舞台に戻った――ソ連は除けものにされたと考え、憤慨していたのだ――ばかりでなく、初めて両陣営にたいして有利な立場を保つことになった。一九三九年の夏、ヨーロッパの外交活動の焦点は、ベルリンでもロンドンでもパリでもなく、英仏がスターリンの好意を得ようとしてドイツと張りあうモスクワだった。

四月から八月までの五カ月にわたって、イギリスとフランスはソ連と協定を結ぼうと努力していた。二国は多くの疑問があったにもかかわらずそのために努力しつづけていたが、それには三つの理由があった。第一に――これはまもなく明らかになったことだが――ポーランドが攻撃された場合、イギリスにしてもフランスにしても、ポーランドに与えた保障に効力をもたせ、ポーランド支援を口先だけで終わらせないためには、ソ連の協力が不可欠だということ。第二に世論、とりわけイギリスの世論が、ソ連との協定をヒトラー阻止の鍵であり、また宥和政策を放棄したチェンバレン政権の今後の試金石だと考えていること。第三は、それが独ソの協定を阻止する最善の手段だったことである。ヒトラーも同じ筋道で考えており、スターリンと条約を結ぶことがポーランドを孤立させ、かつ自分の行動を妨害しようとして画策する英仏をくじく最上の方法だと見抜いていた。一九三三年以来、ソ連は他のヨーロッパ列強の思惑のなかでは、おおむね無視してもかまわない存在だったが、ここにきてそれが一変し、スターリンは自分がそれら諸国間の調停者に昇格したことを悟ったのである。

スターリンは的確に配備されたスパイの働きに助けられて、交渉にのぞむ他の列強の手の内を読むことができた。そのなかには『フランクフルター・ツァイトゥング』の東京特派員リヒャルト・ゾルゲがいた。ゾルゲはドイツ大使オイゲン・オット将軍や日本の首相の側近と親交があった。また、イギリス外務省情報部のジョン・ハーバート・キングもいた。キングはイギリスの手の内をソ連に明かしただけでなく、NKVDがイギリスの秘密資料から選んだ情報を、ロンドンのドイツ大使館に渡してドイツの恐怖心をあおる手助けをした（原注：キングの行動を調べたイギリスの歴史家ドナルド・ワットによると、イギリス外務省が電報を受けとってから、その内容を要約した別の電報が、ドイツ大使館からベルリンに発信されるまでにわずか五時間しかかからなかったこともあるという）。

三月に始まったイギリスとソ連の交渉は、五月に強硬路線のモロトフがリトヴィノフに取って代わってから風向きが変わり、英仏両国はまもなく、同盟は政治的・軍事的に完全なものでなければならないというソ連の主張に直面することになった。そこに含まれる保障の内容は、事前に想定していたものよりも進んでいたためにイギリスは警戒心を抱き、自分たちが保護の対象として考えていたバルト海から黒海にかけての東ヨーロッパ諸国からも拒絶されるだろうと考えた。イギリスは乗り気でなく、ソ連も同じくらい疑念をつのらせたまま交渉は三カ月つづき、同盟の本文に改訂を加えて充分な合意に達した。モロトフは満足の意を表明し、イギリス外務省のウィリアム・ストラングはのちに「いままでに、これほど包括的な交渉がソ連となされたことはなかった」[*64]と記している。モロトフはただちにモスクワで軍事協議に入ることを要求した。しかし、その協議が始まるころには、ソ連とドイツの協定という別の可能性が浮かび上がっていた。

ヒトラーの待ちのゲームは、これまでのところ結果がまちまちだった。鋼鉄条約は勝利だと考えられたが、リッベントロープが日本を入れた三国同盟にできなかったので、それも相殺された。経済外交によって、必要不可欠な物資の供給が確保され、鉄がスウェーデンから、石油と小麦がルーマニアから、クロームがトルコから、銅がユーゴスラヴィアから入ってきた。政治的には、ブルガリアを除いて東ヨーロッパのどの国も、ヒトラーが思っていたほどには枢軸国側と同盟を結びたいと考えていないことがわかった——伝統的にポーランドの盟友であるハンガリーには、この点でも失望させられた——が、おそらくトルコだけを除いて、反対陣営に加わることはなさそうだった。バルト海地域では、リトアニアがドイツからの圧力に屈してメーメルを割譲していたが、リトアニアの旧首都ヴィリニュスを奪還するという条件でポーランド攻撃に加担するよう要請されたときには、これを拒否した。ソ連からの保障の提案を断わったラトヴィアとエストニアは（フィンランドとともに）ドイツの不可侵条約を受け入れた。この条約が締結されると、すぐにハルダー将軍がバルト諸国とフィンランドを訪れて、ソ連に接するフィンランド国境地方の要塞を視察した。そのために、スターリンはレニングラードが攻撃されるのではないかと、ますます不安をつのらせた。西方では、再保障と脅しが入りまじるなかで、ベルギーが中立を保っていた。しかし、しきりに飛びかう噂に反して、イギリスとフランスの決意は弱まっていなかった。今回は、ベルクホーフに飛ぶというチェンバレンの申し出もなかった。ポーランドもいぜんとして強気であり、モスクワでは英仏ソ会談がつづいていた。

しかし、ヒトラーがまだためらっていて動き出せない方向が一つあった。チェスの盤上でナイトの動きが決定的な結果を生む局面があるとすれば、スターリンとの何らかの取引がそれである。ヒトラーは誰に教えられるまでもなく、このことを見抜いていた。地理的に東ヨーロッパで行動を起こせる唯一の大国であるソ連の支援がなければ、英仏の保障は価値を失うはずだ。フランスとイギリスは、まだ西部でドイツを攻撃できるのである。しかし、この事実をもってしても、ドイツ軍がポーランドを侵略するのを阻止できないだろうし、戦争を継続することは無駄だと思わせる既成事実を西欧列強に突きつけることも止められないだろう。モスクワ会談の進展を妨げるためにドイツは何ができるだろうか。もっと欲張れば、英仏ソ三国の協定のかわりに、独ソ間で協定を結ぶ可能性もあるのではないか。このような協定があれば、戦争になった場合、ソ連の中立が保証されるし、ポーランドを孤立させるにも、西欧列強の決意を揺るがすにも、これ以上役に立つものはありえないのではないか。

取引の根拠ははっきりしていた。ヒトラーが東方に生活圏を求めることに固執するかぎり、ソ連との戦争は避けられなかった。しかしヒトラーは、短期的には、ポーランドを片づけ、介入をちらつかせる英仏の脅威を除いてしまう前に、ソ連とことを構えるのは何としても避けたかった。

スターリンの側では、日本が間違いなく二面作戦をしかけてくるので、その脅威にさらされるあいだは、ドイツとの衝突を避けるか、少なくともそれを先送りにすることが最優先課題だった。代案がないので、スターリンは集団安全保障のさまざまな計画に同意したが、西欧列強にたいしては、ソ連とドイツを弱体化させる一つの方法として両政権を反目させようとしているのではないかと疑い、根強い不信感を抱いていた。最近の交渉で、とくにイギリスがためらいを見せたことも、彼の疑いをますますつのらせる原因となった。一九三八年にチェンバレンが三度も自らドイツを訪問したのにたいして、ソ連がとくに外相ハリファクス卿の訪ソを求めたのにもかかわらず、イギリスの大臣は一人としてモスクワ会談に参加を申し出なかった。

クレムリンがイギリスの態度に苛立ちと不信感をつのらせていたことは、六月末、左記のような見出しで『プラウダ』に掲載されたジダーノフの論説に表われている。

英仏両政府はソ連との対等の協定を望まない

彼らが望む協定は、ソ連に雇用労働者の役割を演じさせ、その両肩に大きな義務を担わせるものである。いやしくも自尊心をもつ国ならば、自分たちのために他人に火中の栗を拾わせることに慣れている人たちの手にはまり、おもちゃにされるのを望まないかぎりは、そのような協定を受け入れるはずがない。[*65]

ジダーノフの論説は、イギリスとフランスへの圧力、もしくはドイツに宛てた招状のいずれかの意味に解釈された（そういう意図があったことは疑いない）。それからまもなく英仏ソ会談が再開されたが、これはほかに選択肢がなかったからであろう。戦争を回避して、しかもドイツと西欧列強がたがいに力を弱めあうのを傍観していられるような選択肢があるなら、戦争になって戦闘の主要な部分を引き受けさせられる同盟に加わるよりも、こちらのほうに強くひかれるのは当然であろう。東京のゾルゲからの報告によって、スターリンには次のような事情がはっきりとわかっていた。日本がドイツとの軍事同盟を拒んだ理由は、ヒトラーとリッベントロープはソ連との戦争に関心があるのではなく、英仏との戦争のために日本の支援を確保することを狙いとしていると気づいたからである。もしソ連が、ドイツと西欧列強のあいだのそのような戦争で中立を保てば、少なくともスターリンは時間かせぎができるし、そればかりか、おそらくはその報奨として東ヨーロッパで領土上、戦略上の優位を確保できるだろう。これによってまた、ヒトラーが対ソ計画を実行してもよいと考えるようになった場合に備えて、ソ連の軍事力の強化も図れる。このようにして、スターリンは独ソ不可侵条約を正当化したのだが、スターリンはドイツによる攻撃が始まったあとでも、一九四一年七月三日の放送のなかで、まだこの言いわけを使おうとしていた。

立ちはだかっている障害は、双方にとって同じだった。いずれも極端な不信感をもって相手を見てきたこと、そしていずれも相手に公然と敵対する主張をしてきたことである。ヒトラーは二〇年にわたって、反ボリシェヴィズムをプロパガンダの目玉にしてきた。それと結びついた反ユダヤ主義は別としても、ソ連に犠牲を払わせて東方で生活圏を確保するという目標とも関連して、それは彼の生涯で最も首尾一貫したテーマだった。スターリンの場合は、ファシズムにたいする聖戦と、ファシズムと戦うソ連とコミンテルンの役割であり、それは進歩的な考えをもつ世界中の人びとに訴えるための基盤だった。双方とも慎重に検討しなければならなかった。それがいかなるものであれ、条約を結ぶことによって、またこれまで守ってきた主義を公然と放棄することによって、自分たちの評判はどれほど傷つくだろうか。そして、このような条約は、今後得られるはずの実際的な利益にどれほど響くだろうか。ひとたび平静さを取り戻したら、たいていの人は二人の自己撞着に面食らうよりも、むしろ相手を調印までもっていかせた、二人の男の抜け目のなさに、より感銘を受けるのではないだろうか。ソ連国民は、戦争を回避してくれたと、かならずやスターリンに感謝するだろう。コミンテルンは労働者たちの祖国を防衛するためには戦術的な措置が必要だということを理解するだろう。筋金入りの共産主義者は、社会主義者を「社会ファシスト」として攻撃したこととくらべれば、それほど妥協的であるとは考えないだろう。ドイツ国民は、自分たちに敵対する同盟からの危険を排除して西欧列強の保障を骨抜きにし、ポーランドを孤立させたヒトラーの腕の冴えに感動するだろう。ヒトラーの場合も、戦術的な措置ではあった。しかし、ナチの古参闘士の目には決して妥協的なものとは映らないだろう。ヒトラーが一九三〇年代半ばに、懸念を抱くヨーロッパをだましたときに使った「ジュネーヴでの言いまわし」とさして変わらないはずなのである。

8

最初に接近したのがソ連だったかドイツだったかを論じてもほとんど意味がない。

一九三九年春に双方がそれとなくほのめかし、探りを入れあった。ヒトラーは、モロトフがリトヴィノフ――集団安全保障政策やジュネーヴといえばかならずひきあいにだされる人物――にとって代わったことを合図と受け取った（原注：モロトフは、一九三九年から四九年まで外相をつとめた。ソ連首相（人民委員会議議長）の職務と兼任した地位で、彼は、一九三〇年から、スターリンが首相になった四一年まで、ソ連首相の任にあった）。そして五月二十日、モスクワ駐在ドイツ大使に、一九三九年の初めにドイツ側が打ち切った経済協議の再開を提案するようにとの指示が出された。スターリンの反応――モロトフによって大使に伝えられた――は、懐疑的で慎重だった。ソ連はまず必要な「政治的基盤」が確立された場合にかぎって通商交渉に応じるつもりだとしたのである。はっきり説明してほしいと求められて、モロトフは「政治的基盤」というのは両国政府が考えなければならない事柄だとしか答えなかった。

しかしヒトラーも慎重で、前進する代わりに後退した。ヒトラーは、スターリンが英ソ会談を成功させる手段としてドイツが接近するのを利用しているのではないかと疑った。その結果、とんだ笑い者になるかもしれない。フォン・ワイツゼッカーの言葉を借りれば「タタール人の爆笑を買いさえするかもしれない」のである。六月に、会談を始める試みがいくつもなされたが、進展を見なかった。しかし、七月十八日のソ連側からの新たなアプローチは、手応えがあった。ソ連側は、いくつかの疑問点が解消されれば、すでに出されていた経済協定の素案は受け入れ可能であり、条約も調印できると知らせてきた。七月二十一日、モスクワで交渉の再開が声明され、その翌日、フォン・ワイツゼッカーはモスクワ駐在ドイツ大使に打電した。「ソ連側との交渉の純粋に政治的な部分に関しては、待機の期間〔ヒトラーが六月三十日に課した〕は終了したものと見なす」と。ヒトラーはいまやできるだけ早い合意を望んでいた。大使は「中断していた会談を再開する」[*66]ことになった。

ドイツにとっては、しだいに時間が切迫してきた。軍部は、九月半ばになると雨のために電撃作戦をしかけるのが困難になるので、ポーランド攻撃の決行日としては、八月二十五日が最終期限であるとした。それまでわずかに一カ月あまりしかなかった。ヒトラーはいまだに英仏は介入しないだろうと主張していたが、ソ連からの支援の有無に多くのことがかかっていた。スターリンにたいして、英仏よりも魅力的な選択肢を用意し、ソ連の中立を確かなものにしたければ、七月二十三日に三国間で合意された草案が正式な軍事条約になる前に、迅速に行動しなければならなかった。

七月二十六日、ドイツ側の経済交渉首席カール・シュヌーレは、ソ連の代理大使ゲオルギー・アスタホフとソ連通商使節団首席ユージーン・バルバリンをベルリンのレストランに連れだして一緒に食事をした。リッベントロープの述べる概要によれば、彼は単刀直入に二人の客にたずねたようだ。

イギリスはソ連に何が提案できるというのか？　せいぜいヨーロッパで戦争に参加させ、ドイツに敵対させるくらいが関の山だろう。しかるに、われわれはソ連に何を提案できるか？　中立の立場を保ち、ヨーロッパで戦争が起こっても局外にとどまることができるということだ。もしソ連が望むなら、共通の利害にもとづく独ソの協調関係は、両国に有利に機能するであろう。

この二国間には、バルト海から黒海、そして極東にいたるまで解決できない問題など一つもない……[*67]

友好関係の樹立が両国の利益にかなうとしても、そうなるまでには時間がかかるだろうとアスタホフが述べたとき、シュヌーレは即座に答えて、ソ連がイギリスとの協定に調印した瞬間に和解の可能性は失われるだろうと言った。さらに、ドイツの政策はイギリスとは対立するが、ソ連とは対立しないと主張して、イデオロギーが違うにもかかわらず、ドイツとソ連には共通するものが一つあり、それは資本主義の民主主義国家に反対することだとつけ加えた。

アスタホフは話の内容をモスクワに伝えると約束し、一つだけ踏みこんだ質問をした。「ソ連の高官がドイツの高官とこの問題を話しあう場合、ドイツは同じ見解を示すつもりか」と。シュヌーレは確信をもって答えた。「もちろん、それは確実です」[*68]

いまではそのための会談を開くお膳立てをすることがドイツ外交官の大きな目標になった。あれほど長いことためらっていたヒトラーは、いまや急いでいた。そしてリッベントロープに、スターリンとの条約調印にこぎつけたい、それも二週間以内にだ、と言った。ドイツ大使フォン・デア・シューレンブルクはできるだけ早くモロトフに会うよう指示された。そのあいだに、反ポーランド感情をあおるための報道キャンペーンが再開され、ダンツィヒの税関職員の活動をめぐってポーランド人とのあいだにいさかいが起こった。

しかし、ソ連は少しも急いでいなかった。スターリンは情報を集めるため、ポスクリョブイシェフの助手のドヴィンスキーに命じて、ヒトラーとナチ運動に関して入手できる資料を探させた。一九三五年にロシア語に翻訳されたコンラート・ハイデンの『国家社会主義の歴史』、ドロシー・ウッドマンの『ドイツの武器』、そしてドイツ軍の規模に関するソ連情報部の報告書に加えて、スターリンは『わが闘争』に目を通し、ヒトラーがソ連に犠牲を払わせて東方に生活圏を確保することによってドイツの将来の安泰を図るという長期の目標について語っている箇所に下線を引いた。[*69] 問題は、ヒトラーの長期の目標とはどれくらい先のことなのか、であった。

シューレンブルクがモロトフと会ったとき（八月十九日）、ロシア人は関心を示したが、会談するにしても徐々に段階を追って進めるしかないと主張した。シュヌーレとアスタホフらのベルリンでの会食から二週間以上経った八月十二日になって、モロトフはようやく交渉を開始することに同意している。リッベントロープはこう答えた。正規な外交チャンネルでは遅すぎるので、自らモスクワに足を運ぶつもりである。ただし、条件が一つある。それは、自分がスターリンに会って、ヒトラーの見解を自分の口から伝えることだ。

モロトフはそれでも急がず、シューレンブルクに、そうした訪問で「意見の交換をして成果をあげるためには、充分な準備が必要である」と言った。たとえば、ドイツは日本に圧力をかけて対ソ連政策を転換するよう説得する用意があるのか？　ドイツは不可侵条約を結びたがっているのか？　共同でバルト諸国を保障することに同意するか？　このような問題は、すべて具体的に話しあわなければならない。[*70]

ヒトラーは最初から――ポーランドなどを犠牲にして――取引しなければならないと承知していたので、モロトフの条件を一も二もなく受け入れた。そして、リッベントロープは条約締結の全権大使として、週末を待つことなくただちに飛ぶつもりだと言い添えた。シューレンブルクが――さらに延期されたあとで――やっとモロトフに会ったとき、モロトフはまず、スターリンが大いに関心をもって二国間のやりとりを見守っており、交渉には全面的に同意していることを強調した。それから、過去のドイツの敵意に満ちた言動、とくに防共協定を非難する声明文を読み上げた。ソ連がドイツによる侵略の脅威のために防衛線を敷かざるをえなくなったのは、もっぱらドイツの責任だった。

しかし、ドイツ政府が本当に政策を変更して友好を望むのであれば、ソ連政府もそれに応じる用意がある。両国は「真剣に、しかも実際的な段階を踏んで」進まなければならない。まず、何カ月も延期されてきた通商協定を締結する必要がある。そのうえで不可侵条約にとりかかればよい。しかし、不可侵条約のほうには「外交政策の諸問題における当事国の利害関係を明らかにする特別な議定書」を付さなければならない。シューレンブルクが、リッベントロープの訪ソについて相手の意向を聞くと、モロトフはこう答えた。ソ連政府はその申し入れに感謝している。これでドイツが本気であることがわかった。二流の官僚しか送ってよこさなかったイギリスとは大きな違いだ。しかしソ連は、そのような訪問に世界の注目が集まるのを好まない。「大騒ぎせず、実務に専念する」ほうがいい。もしドイツがすぐに開始したいのなら、ドイツ側で草案を準備してもらってもかまわない。それに、先述の議定書を付してもらえればいい。[*71]

モロトフの戦術を知って、リッベントロープは逆上した。彼は、シューレンブルクにこう命じた。すぐにもう一度会見して、ドイツの外交政策は歴史的な転換点を迎えているると告げて返事を催促せよ。リッベントロープとヒトラーの心のなかで緊張と猜疑心が高まりはじめた。ヒトラーの側近は、総統の健康への影響を心配しはじめた。彼は気晴らしに、二一隻のUボートと二隻のポケット戦艦『ドイッチュラント』と『グラーフ・シュペー』に、大西洋で戦闘配置につき、イギリスの船舶を攻撃する準備をせよと命令した（八月十九日土曜日）。しかし、それは自分の心をとらえている問題からちょっと気持ちをそらしただけのことだった。時間切れになる前に、ソ連との調印にもちこめるだろうか。

シューレンブルクが十九日に初めてモロトフと会ったとき、希望をもてる根拠はほとんどなかった。リッベントロープは大使に条約の草案をもたせていた。しかし、モロトフはまったく心を動かされなかった。これはソ連のやりかたではない。ドイツは、ソ連が他国――ポーランドあるいはバルト諸国――と結んだ条約の一つをお手本にするほうがよかろう。それから秘密議定書はどうするのか？　ソ連はドイツがそのなかに何を盛りこむべきかについて具体的なことを言ってくれるよう期待する。大使は一時間かけてリッベントロープ訪ソの日取りを決めてほしいと言ってねばったが、無駄だった。通商協定はまだ調印されていなかった。これがすんだところで条約と議定書に移れるというのだ。

シューレンブルクは大使館に戻ったとたん、また呼び出されてクレムリンに戻り、一時間のうちに二度もモロトフと会うことになった。ソ連外相は、先ほどは冷淡でよそよそしかったが、今回はうってかわって愛想がよかった。そして、「ソ連政府」に報告したところ、ソ連側の条約案を渡すように指示されたと言って、シューレンブルクにその草案を手渡した。さらに、もし明日（二十日日曜日）通商協定に調印できるなら、二十六日か二十七日にリッベントロープをモスクワに迎えられるとつけ加えた。[*72]

ドイツ外務省の条約の専門家フリードリヒ・ガウス博士は、ニュルンベルク裁判のときにこう証言した。自分がベルクホーフのヒトラーの書斎に呼ばれて出向くと、ヒトラーとリッベントロープがテレプリンターのうえに身をかがめ、断続的に打ちだされてくるシューレンブルクのメッセージを熱心に読んでいた。ヒトラーは勝ち誇ったように両手を高く上げて笑い出した、とガウスは回想した。ヒトラーはそのあと、夜もすがらベルクホーフを落ち着きなく歩きまわり、シューレンブルクからのくわしい報告を待った。そして未明に、モスクワから命令を受けたソ連通商使節団の首席が土曜日の夕刻にシュヌーレを訪問し、ただちに通商協定に調印するよう強く求めたことを知らされた――二十日の午前二時のことである。だが、リッベントロープのモスクワ訪問と条約調印の日取りは最も早くても二十七日で、ヒトラーの予定表からすると遅すぎた（スターリンはこれを知っていたにちがいない）。つまり、ドイツ軍がポーランドを攻撃する予定日よりあとだったのである。

疲労困憊したヒトラーが午前七時すぎに就寝したあと、ようやくシューレンブルクの報告が届いた。ソ連側が突然態度を変えた理由として、シューレンブルクが一つだけ思いあたるのは、スターリンが直接口を出すようになったことである。しかし、その背後の事情は説明できなかった。二十日の午後、ヒトラーはインスピレーションを得て、それをさっそく実行に移した。机に向かって、ソ連の条約案を受け入れるというスターリン宛の私信（「モスクワ、スターリン殿」で始まる）を書いたのである。

ソ連側がお望みの付属議定書の内容については、責任あるドイツの政治家が自らモスクワを訪れて交渉できれば解決可能だと確信いたします……したがいまして、わが国の外相を、八月二十二日か、遅くとも二十三日には迎え入れてくださるよう、重ねてお願いする次第です。外相には議定書だけでなく条約も起草して調印する全権を委任します……貴殿がすみやかにご返答くだされば幸いに存じます。／アドルフ・ヒトラー[*73]

ヒトラーの私信は目的を達し、ソ連政府の首席としてのモロトフと交渉することが必要だという表向きの口実を超えて、本当の権威の源泉にじかに到達した。ヒトラーが事前にスターリンが応じてくれるかどうかを確かめもせず、自分の威信をかける覚悟でいるという事実から、書記長はヒトラーが本気なのだと確信した。月曜日の朝、シューレンブルクは、スターリンの返事（「ドイツ帝国首相A・ヒトラー殿」で始まる）を打電した。

書簡を感謝します。独ソ不可侵条約が、われわれ二国間の政治的関係を改善するうえで、決定的な転換点になることを希望いたします……
私はフォン・リッベントロープ殿の八月二十三日のモスクワ来訪にソ連政府が同意する旨を、ソ連政府の承認を得て、貴殿にお知らせいたします。／J・スターリン[*74]

ヒトラーはすでにソ連の条約案を受けとっていた。しかし、ソ連は追伸で、特別議定書が同時に調印されたときにかぎって条約が発効するとし、議定書にはソ連側が関心をもつ事柄を網羅していた。リッベントロープがモスクワへ飛ぶのは、その抜け目のない駆け引きを締めくくるためだった。ヒトラーは全権をゆだねて、リッベントロープが書類に調印することに異議を唱えなかった。他の協定と同じように、それはのちに所期の目的が達せられればいつでも破棄できるのだ。ヒトラーにとって大切なのは、条約にスターリンが署名することだった。それは、ソ連が中立を保つこと、東ヨーロッパにおけるドイツの構想とポーランドの孤立化を妨害しようとする英仏ソ同盟のいかなる脅威にも終止符を打つことを意味した。
ヒトラーはすぐには側近に告げず、スターリンのメッセージの原文が届くのを待っていた。居あわせたシュペーアの回想によると、それを読み終えたとき、

ヒトラーは一瞬宙を見つめ、顔面を紅潮させてテーブルをどすんと叩いた。窓ガラスがふるえて音をたてた。「彼らが承知した！ 彼らが承知した！」ヒトラーは感激のあまり声をつまらせて叫んだ。数秒後、彼は自制心を取り戻した。あえて質問しようとする者もなく、食事はそのままつづけられた。*75

交渉に関するソ連側の文書は、ドイツ側のそれよりもはるかに少ない。しかし、知られているものだけでも、スターリンの戦術を確かめるには充分である。リッベントロープがモスクワ訪問を申し出たとき、スターリンは自らの望む立場に身をおいたのである。スターリンの目の前には二つの側から出された提案が並び、どちらをとるかを決めるのは自分だった。ミュンヘン協定で除けものにされたあとで、これは大きな逆転だといってよかった。リッベントロープの到着と最終的な条約の調印を、議定書の合意が達成されるまで遅らせることによって、予定通りにことが運ばないのではな

いかとヒトラーを不安がらせる。そして、その不安につけこんで最大限の譲歩を引き出し、かつ土壇場でミュンヘン会談の繰り返しとなってそれが画餅に帰することを防げるだろう。

ソ連と英仏の交渉は、三月以来つづいていた。その間を通じて、ソ連側がとくに外相を招待したにもかかわらず、イギリスの内閣は大臣をモスクワに送る価値があるとは考えなかった。政治的には合意に達していたので、交渉をつづけるためにモスクワに派遣した軍事使節団には、イギリスもフランスも参謀長など第一級の司令官を含めていなかった。しかも使節団を編成するのに二週間近くかかったうえ、飛行機や船足の速い軍艦ではなく、遅い旅客船を使わせたのである。八月十日、やっとレニングラードに着いたとき、時刻が遅すぎてモスクワ行きの夜行列車に間にあわなかった。

それでもどうにか始まったものの、軍事会談は双方のギャップを露呈したにすぎなかった。クリメント・ヴォロシーロフの率いるソ連側代表団が知りたがったのは、イギリスとフランスの兵力と彼らがドイツと戦うためにどのような作戦を立てているかだった。だが、イギリスとフランスは、まだ作戦というよりは戦争抑止の観点からしか考えていなかった。目的はいかにして戦争を避けるかであって、どのようにして勝つかではなかった。ヴォロシーロフは彼らが本気なのかどうかを試そうとして、こうたずねた。ポーランドは、ソ連軍がドイツと戦うためにポーランド領内に入ることを認めるだろうか。フランスがいくら圧力をかけても、まずポーランドを説得できまい。「それでは、われわれは共通の敵と戦うために頭を下げなければならないのだろうか」とヴォロシーロフがたずねた。八月二十二日に派遣団は最後の会談をしたが、何の成果もあがらなかった。その翌日、リッベントロープの到着が発表された。

イギリスとフランスが本腰を入れてソ連と同盟を結ぶ努力をしなかったことは、当時もそれ以後も、第二次大戦の起源について書いたすべての人に厳しく批判されているが、それはまさに正当だった。初めから終わりまで交渉に切迫感が欠けていたことは、スターリンの疑念をいっそう強めただけだった。つまり、英仏の本当の目的はドイツとの取引、つまりは第二のミュンヘン協定にある。そのときソ連との協定をちらつかせれば脅しになるというのだ。ヒトラーとの談合を舞台裏で画策していたことが混乱のもとになっていたのだが、それがイギリス政府の——もしくはヒトラーの——意図だったとする証拠はない。しかし、そうだとしたら、イギリスの世論がそれを拒否していたはずだという証拠は山ほどある。しかし、イギリス政府もフランス政府も戦争が避けられないことをまだ認めていなかった。彼らはこの期におよんでもヒトラーを抑止できるとの希望を捨てず、抑止が失敗したときに何をしたらいいのかという問題と真剣に取り組んでいなかった。西欧列強が明らかに熱意を欠くうえ、スターリン自身が疑念を抱いているにもかかわらず、もしソ連が交渉をつづけていれば、当面は得るところがなくても、ドイツから対案を引き出し、保証を用意させられたはずである。

スターリンがドイツの提案に心を動かす決め手となったのは、イギリスとフランスが誰をモスクワに派遣しようと、あるいはいかに早く到着しようと、決して太刀打ちのできない条件だった。それは、恩知らずの東欧諸国の独立を分担して守るのではなく、それを分割することによって得られる分け前だった。それこそ、ソ連が傍観者になること、いかなる戦争が起ころうとも決して参戦しないと同意することへの返礼だった。ヒトラーが差し出す用意をしているものがそれだとはっきりするなり、スターリン自身が表に出てきて交渉を引き継いだのである。

クレムリンでの会談は、リッベントロープが到着して一時間足らずのうちに始まった。条約のなかでただ一つスターリンが注目したところは、リッベントロープが序文としてつけ加えたソ連とドイツの友好を称える美辞麗句だった。スターリンにしてみれば、これは度を過ごしていた。彼の言によれば、六年にわたってバケツ何杯もの汚物をぶっかけあったあとで、そのすべてが忘れられ許されると両国民が信じることなど期待するほうが間違っている。ソ連でも、そしてもちろんドイツでも、変化にたいして少しずつ世論を慣らしていく必要があるだろう。

スターリンが最大の関心を示したのは、秘密議定書だった。ドイツはこう提案した。

東ヨーロッパに領土上の、そして政治上の変更があった場合、ポーランドをナレフ川、ヴィスワ川、サン川を結ぶ線で分断し、ソ連とドイツの「勢力圏」にする、と。両者の利害関係から考えると、ポーランドの独立は維持したほうがいいのか、もしそうならば国境をどこに引くかという問題は、決定を後まわしにされた。バルト諸国に関しては、ドイツはフィンランドとエストニアをソ連の勢力圏とし、ヴィリニュスを含めることで拡大されたリトアニアを自分の取り分にすること、そしてラトヴィアをドヴィナ川に沿って分割することを要求した。しかし、スターリンはラトヴィア全土を望んだ。リッベントロープはヒトラーに電報を打った。ヒトラーは地図で確認したあとで、それに同意した。東ヨーロッパでは、ソ連側はベッサラビア（訳注：現モルドバ共和国）に関心を示し、ドイツはその全地域にまったく関心がないと言明した。

このように、テーブルをはさんで、ポーランドの第四次分割――一発の銃弾も発射されぬまま――が合意に達した。スターリンの分け前は次のとおりである。一九二〇年にポーランドに併合されたがもとは白ロシアとウクライナの一部だった地域、ポーランド人居住地域のかなり大きな部分、一九一七年に失った四つのバルト諸国のうちの三カ国――これでスターリンが恐れていたレニングラードへの脅威が除かれる――そして一九一八年にルーマニアにとられたベッサラビアである[*76]（原注：押収したドイツの文書から、秘密議定書の存在は西側では早くから知られていたが、ソ連がそれを認めたのは五〇年後の一九八九年のことだった）。

調印のために条約本文が準備されているあいだ、スターリンはリッベントロープを促して、国際問題をめぐる話題に水を向けた。二人はイギリスを痛烈に批判し、リッベントロープは、防共協定がソ連にたいするものではなく、本当は西欧民主主義国家に向けられたものであると断言した。そして、ベルリンで流行っているジョークを紹介した。「スターリンはそのうちに防共協定に加盟するだろう」。シャンパンが運ばれてくると、スターリンはヒトラーのための乾杯を申し出た。「私は、ドイツ国民がどれほど総統を愛しているかを知っています。だから、彼の健康を祝って乾杯させていただきたい」

リッベントロープは意気揚々とベルリンに戻った。自分がもち帰った条約によって、ヒトラーがポーランドに二度と立ち直れないほどの打撃を加えられると思っていた。ヒトラーはそれを手に入れるため、日本とイタリアの両方を遠ざける危険を冒し、また東ヨーロッパでソ連に大幅な譲歩をする覚悟を決めたのである。しかし、これほど劇的な大成功に支払う代価としては、安すぎるともいえた。何しろ一撃のもとに、一九三五年の仏ソ相互援助条約、モスクワにおける英仏ソの交渉、そして——リッベントロープが確信したように——英仏のポーランド保障を無効にしてしまったのである。

ヒトラーは、帰国したリッベントロープを迎えて、「第二のビスマルク」と称えた。外相は、モスクワの歓待ぶりを手放しで礼賛した。「まるで党の古くからの同志といるような」くつろいだ気分にさせてもらった、と。ヒトラーはこの歴史的な機会に撮られた写真にことのほか関心を示した。彼はお抱えの写真家ホフマンをリッベントロープに同行させていた。ホフマンは出発する前に、スターリンの耳たぶのクローズアップ写真をかならず撮ってくるように指示されていた。ヒトラーはこれでスターリンがユダヤ人の血を引いているかどうか――「耳たぶが肉に食いこんでいてユダヤ人的であるか、肉と分離していてアーリア人的であるか」――がわかると信じていた。彼はスターリンが「テスト」に合格し、ユダヤ人でなかったことを知ってほっとした。

もっと控え目だったが、スターリンも同じく結果に満足していた。万事がうまくいけば、次のようなことが期待できた。すなわち、三月の演説で彼が「帝国主義陣営」と呼んだドイツとイタリア、および西欧民主主義国家の双方が戦争に巻きこまれる一方で、ソ連は高みの見物を決め、危険を冒さず代償を払うこともなしに大きな領土を獲得できるのである。

極東からの知らせに、スターリンの満足感はさらに大きくなった。日本ほど独ソ不可侵条約に激しく憤り、屈辱を味わった大国はなかった。日本人の行動規範によれば、日本は防共協定のパートナーに裏切られ、辱められたのであり、内閣は抗議の総辞職をした。ドイツから受けた外交上の屈辱と、ソ連から受けた軍事上の屈辱がたまたま時を同じくしたのである。一九三九年の夏、赤軍と日本の関東軍とのあいだで起こっていた一連の国境紛争がエスカレートし、一五〇機から二〇〇機の航空機、戦車および重火器が動員された。日本軍がシベリア横断鉄道を分断しようとしているのではないかと憂慮して、スターリンは新しい司令官ゲオルギー・ジューコフ将軍を派遣した。ジューコフはチモシェンコ元帥のおかげで粛清を免れ、新たに編成され強化された第一軍集団を指揮して、このときの成功をもとに輝かしいキャリアを築くことになる。彼は新型のT34戦車五〇〇両を含む強力な戦力を結集して八月二十日、ノモンハンの日本軍に大規模な奇襲攻撃をかけた。戦車と重火器、航空機と歩兵を組み合わせた統合作戦は近代戦における最初の例となった。そして、少なくとも一万五〇〇〇名の日本兵が殺された。軍事的のみならず外交的にも痛手を受けた二重の敗北のために、日本は一九三九年九月にソ連と協定を結ぶことを余儀なくされた。これは独ソ不可侵条約とあわせて考えると、西部だけでなく極東においても、攻撃にさらされているソ連の戦線で戦争の危険を払拭する意味があった。

9

リッベントロープとスターリンが条約に調印する前の八月二十三日、ヒトラーはすでに、計画に従ってポーランド攻撃を二十六日の早暁に開始する命令を下していた。

その前日の二十二日には、ベルクホーフに約五〇人の陸海空軍および親衛隊の主だった司令官を集め、自分の計画を説明した。まず西側を攻撃したいと思っていた、とヒトラーは切り出した。しかし、それを決行する場合、ポーランドが背後からドイツを攻撃するのははっきりしている。ポーランドとの衝突は遅かれ早かれ避けられない。だとすれば、いますぐにやるほうがよい。

まず問題になるのは、二人の性格的な要因、つまり私の性格とムッソリーニの性格である。私の政治的な才能ゆえに、すべてがこの私という存在にかかっている。おそらく今後、私ほどにドイツ国民に信頼される人物は二度と出ないだろう。おそらく、私以上に権威を手にする人物は二度と現われないであろう。それゆえ、私という存在は大きな価値をもつ要素なのである。

ほぼ同じことがムッソリーニにも当てはまる。もし彼がいなかったならば、同盟国としてのイタリアの忠誠はあてにできなかっただろう。

われわれにとって、決定を下すのはやさしい。われわれには失うものが何もなく、すべて得るものばかりである。われわれの経済状態からすると、二、三年をもちこたえるのがせいぜいである。ゲーリングはそのことを知っている。だが、われわれにはほかに選択する道がない。行動しなければならないのだ。われわれの敵対者は非常に多くを危険にさらし、ほとんど何も得られないだろう。イギリスはとても考えられないほど多くのものを戦争に賭けている。敵の指導者は二流にすぎない。支配者もいなければ、働く者もいない。私もいつまで生きられるかわからない。私はいま五十歳であり、力の絶頂期にいる。五年経つと、ムッソリーニも私も年をとってしまう。ならば、いま戦争を始めるほうがよい。

ヒトラーは、英仏が介入する可能性はわずかだから、それくらいのリスクは引き受けなくてはならないとの持論を繰り返した。

敵にはもう一つ希望があった。われわれがポーランドを征服したら、ソ連がドイツの敵になってくれる、と。敵は目標に突進する私の力を見くびっていた……今日、ソ連と不可侵条約を結ぶことを発表するわけだが、これはまったく突然の出来事だった……明後日、それはリッベントロープの手によって締結されるであろう。結果がどうなるかは予測がつかない……

われわれは封鎖を恐れる必要はない。東ヨーロッパが、穀物、畜牛、石炭、鉛、亜鉛を供給してくれる。大きな目標には大きな努力が必要なのだ。私が恐れるのは、最後の土壇場になって、どこかの卑劣な人間が私に仲裁計画をもちだしはしないかということだけだ。

政治的な目標はさらに広がる。まず手初めに、イギリスの覇権を崩すことから始まった。もはや政治的な準備は終えたので、あとのことは軍にまかせる[*77]。

昼食後、司令官たちはそれぞれ作戦計画を提出した。ヒトラーの閉会の言葉は、戦意の高揚を狙うものだった。何があっても後退してはならない。

不撓《ふとう》不屈の精神が、ことに上官には必要だ……平和が長くつづいても、われわれには何の役にも立たないだろう……

たとえ西部で戦争が勃発するとしても、ポーランドの撲滅が最優先課題である……私は戦争を開始するプロパガンダ用の口実を考える。それがもっともらしいかどうかはともかく……勝てば官軍で、あとでその真偽を問われることはない。戦争を始めて戦うとき、重要なのは正義ではなく、勝利である。

憐れみにたいして心を閉ざせ。残酷になれ。八〇〇〇万国民は、もともと彼らの権利であるものを手にしなければならない。彼らの生活を守らなければならない。

無慈悲に徹することだ……失敗したら、それはひとえに怖気づいた指導者の責任となろう。

ポーランドの徹底的な破壊が目的である。迅速に行動することが肝腎だ。完全に滅ぼし尽くすまで、手を緩めてはいけない。[*78]

ヒトラーが、聴衆の多くに英仏の介入はないと確信させえたかどうかは疑わしい。しかし、攻撃がプロイセンの宿敵たるポーランドに向けられるということ、ヒトラーが電撃戦を強調したこと、そしてなかでもソ連と条約を締結したことで、多くの者がヒトラーの側についた。年配の将軍たちは、ヒトラーがソ連との協調――これはワイマル共和国の陸軍最高司令官となったフォン・ゼークトの持論だった――に立ち返ったことを喜んだ。若い将軍たちは、絶対に勝てる自信がある敵にたいして自分たちに何ができるかを示す機会だとして喜んだ。

条約が調印されたと知ると、ヒトラーは「白作戦」を二十六日土曜日の午前四時三十分に開始する準備をするよう命令した。また、ダンツィヒ上院が大管区指導者フォルスターを自由市の長に任命したことを承認した。これは、ポーランドと国際連盟に真っ向から挑戦する措置だった。ヒトラーは、モスクワからのニュースの意味を理解すれば、イギリスとフランスが介入の意志をまったくなくすだろうと確信していた。イギリス政府が、独ソ不可侵条約の性質がいかなるものであれ、あくまでもポーランドにたいする義務をはたす決心であるという主旨の声明を出しても、その確信は揺るがなかった。イギリス大使ヘンダースンがチェンバレンの私信を携えてこれを伝えたとき、ヒトラーはわざと激怒してみせ、ヘンダースンが退出したあとで笑いだした。「チェンバレンはいまの問答に耐えられまい。彼の内閣は今夜瓦解するだろう」[*79]

ヒトラーはソ連と条約を結んだことによって日本の支援を犠牲にすることはやむなしとしたが、ムッソリーニの支援はどうしても失いたくなかった。リッベントロープが帰国した翌日、ヒトラーはムッソリーニに手紙を書いた。結局はまたしても大成功を収めたわけだが、なぜこのことを事前に同盟国に相談できなかったかを釈明し、ソ連との取引によって「枢軸側に最大の利益をもたらす」まったく新しい状況が生まれたことをムッソリーニにわからせようとしたのである。そして、戦争が迫っている事実は伏せたままで、こうつけ加えた。ポーランドによる「耐えがたい挑発」を考えると、「次の一時間に何が起こるかは誰にもわかりません……ここに断言いたしますが、イタリアが同じような状況におかれれば、私は貴国のために全面的な理解を示すでしょう。そして、いかなる場合でも、私を信用してもらって結構です」[*80]と。

遅ればせながら、このようにムッソリーニの支援を求めた日の朝（八月二十五日）、ヒトラーはイギリスの内閣が瓦解するどころか、チェンバレンが議会でポーランドにたいするイギリスの約束を繰り返したことを知った。ドイツ軍に翌朝の四時三十分の作戦開始を暗号によって発信するためのタイムリミットは午後二時だったが、ヒトラーはイギリスをさらに混乱させ、分裂させるために、それを一時間遅らせた。そして午後一時三十分にイギリス大使を招喚し、ヘンダースンが到着するとこう告げた。私はチェンバレンの演説に感銘を受けたが、同時にたいへん遺憾に思っている。イギリス政府の態度からすると、いまや全面戦争になることは間違いない。「さまざまなことをもう一度心のなかに思い描いたあとで、こう考えた。やはりイギリスにたいしても、ソ連のときと同様、決然とした処置を取るべきだった。ソ連との場合は、それが最近の条約締結につながったのだから」

ドイツは東部国境における「マケドニア的状況」を終わらせる決意を固めていた。しかし、戦争に突入すれば一九一四～一八年の戦争よりもさらに悲惨なものになるだろうから、ドイツとイギリスのどちらにとっても得策ではなかった。「ポーランド問題が片づきさえすれば」、とヒトラーはつづけた。

私はもう一度、包括的な提案を用意して、イギリスに打診するつもりである……私は決断力のある男だから、この場合も大胆に行動できる。私は大英帝国を認め、それが存続することをヒトラー個人としても支持し、そのためにドイツ帝国の力を注ぐ所存である。

ヒトラーは、ポーランド問題が解決したら、すみやかに具体的な提案をもってイギリスと交渉するつもりだった。もしイギリスがヒトラーの構想をしりぞければ、戦争になるだろう。[*81]ヒトラーは、自分のメッセージを携えてロンドンに戻るヘンダースンのために、それがソ連の中立をとりつけた取引に匹敵するものだということを強調するかのように、リッベントロープがモスクワ訪問に使った飛行機を提供した。

大使が出発したあと、ヒトラーはカイテルを呼んで、三時に、ポーランド国境沿いのドイツの五つの軍を翌朝出撃させるよう命じた。しかしその四時間後、ヒトラーはカイテルに電話し、攻撃命令を取り消せるかどうかたずねた。フォン・ブラウヒッチュが取り消せますと答えると、その旨を伝える緊急命令が発せられ、組織の緊密な連繋のおかげで、軍隊が進軍を中止するのにかろうじて間にあった。二つのメッセージがヒトラーの計算を狂わせた。一つはロンドンからのもので、イギリスとポーランドが相互援助条約に調印したことを告げるものだった。もう一つは、ムッソリーニからで、イタリアはまだイギリスおよびフランスとの戦争に加わる準備ができていないとの知らせだった。

その夏のあいだ、ムッソリーニはヒトラーという人間がますますわからなくなり、彼が何をするつもりなのかと不安をつのらせていた。それを確かめるために、チアノは八月十日から十二日にかけて、バイエルンにヒトラーとリッベントロープを訪ねた。そして、帰国したときにはこう心に決めていた。ドイツはたしかにポーランドを潰す決意を固めている。だから、どんな犠牲を払っても、イタリアが戦争に巻きこまれないようにしなければならない。ムッソリーニを納得させるのに二週間かかった。ムッソリーニの心は二つの懸念のあいだで痛ましいほどに揺れ動いていた。鋼鉄条約だなどといってさんざん自慢したあとで、その枢軸条約を守らなければ世間は何というだろうか、そしてまた条約の義務を守った場合にはどんな結果になるだろうか。

ソ連との条約は、ムッソリーニに大きな感銘を与えた――それはまさしくムッソリーニ自身が、できることなら自分でやりたかった壮挙だった――が、それでも彼のジレンマは解決しなかった。二十五日にヒトラーに宛てたメッセージには、これを歩み寄りだと読みとってもらいたいという気持ちがありありとうかがえた。戦争がドイツとポーランドに限定されるなら、イタリアは求められるすべての支援をするだろう。しかし、そうでないなら、イタリアは「積極的に戦争を推進するような行動に出たくない」。そしてムッソリーニは、次のような言葉で自分の決定を弁護した。ヒトラーとの話しあいではつねに、戦争は一九四二年以降になるという前提があった。そのときになれば、イタリアは準備が整うはずだったのだが。イタリアに何ができるかは、つまるところどれだけ多くの兵器と原材料の供給を受けられるかにかかっているのだ。[*82]

カイテルはのちに、ヒトラーがあれほど取り乱したのを見たことがないと語っている。二つのメッセージが重なったことによって、ヒトラーが計算に入れていた二つの前提条件があやしくなってきたのである。ヒトラーはイギリスには戦うつもりがないと考えていたが、どうも違うようだ。一方、ムッソリーニは戦うつもりだと考えていたが、いまはそのつもりがないのは明らかだ。ヒトラーにとってムッソリーニの離反はことのほか大きな打撃だった。そのわずか三日前、彼は将軍たちの前で、先送りするよりも一九三九年のいま戦争を始めることを主張する根拠として、ムッソリーニの決意の固さをあげ、それを称賛したばかりだったのである。ところがいま、ムッソリーニの回答を目にするやいなやヒトラーが口にしたように、「イタリアは一九一四年とまったく同じように振る舞っていた」。さらに、もしムッソリーニが最終的にイタリアは戦争に踏み切れないという結論に達したのなら、それは彼が、ヒトラーは間違っている、戦いは局地戦にとどめられない、イギリスとフランスはかならず介入すると確信しているからにちがいない。

ヒトラーがショックから立ち直るまでには時間がかかった。誰の証言によっても、ヒトラーが八月の終わりまで精神的な圧迫を感じているしるしがうかがえたという点で一致している。不眠症に苦しみ、激しい気分の変化を抑えられず、ときに半狂乱でしゃべりまくり、ヒステリー状態になることもあった。それは他の危機のときにも見られたのと同じ常軌を逸した振る舞いだった。彼は、他国の政府ばかりでなく、自分の同志——たとえばゲーリング、そして今度はムッソリーニ——からも、英仏との戦争の危険を冒さないで第二のミュンヘン会談を受け入れるよう圧力をかけられていたのだ。このような状況がつくりだす緊張のなかで、ヒトラーが予想もしていなかった障害——ヒトラーが受け取った二つのメッセージのような——が、彼の平衡感覚を乱していた。そして、長いあいだ黙りこくって自問していたかと思うと、突如として裏切りを非難し、威嚇的な激しい言葉をぶちまけるのであった。しかし、そのようなメッセージによって再び呼び起こされた疑念と戦っているうちに、彼はまた、意識的に、もしくは無意識のうちに、自分の気性をうまく利用し、意志の力の源泉を自らに引き寄せ、自己陶酔のプロセスを経ることによって自信を回復したのであった。これは、彼が大勢の聴衆の心をつかむ技術を会得するにいたったのと同じプロセスである。

いずれの場合にもいちじるしい特徴となっていたのは、「挑発」と残虐行為が数え上げられたことであり、それについて責任があったのは前年がチェコスロヴァキアであり、今回はポーランドだった。そのすべてが誇張かでっちあげであり、絶叫に近い調子で語られた。同じように特徴的なのは、個人に向かって話しかけるときは、にわかに普通の声の調子と態度に戻ることだった。

ポーランド攻撃を延期したからといって、ヒトラーはそれを断念したわけではなかった。もっと時間をかけて――当初想定した最終期限の九月一日までにまだ六日の猶予があった――ポーランドの孤立を確かめる必要があると判断したのである。そのために、西欧列強を説得し、ポーランド支援の約束を守らせないようにする必要があった。最初の措置として、イタリアの離脱によって生ずる危険を最小限に食い止めようとした。ヒトラーは、ムッソリーニにそのような決定をした理由は理解できるとあらためて言ったが、ムッソリーニが仲裁役を買って出て面目を保つのはどうかという考えにたいしては、ドイツは交渉による解決には関心がない、ときっぱりはねつけた。重要なことは、イタリアがどういう態度をとるつもりでいるかを世界に悟られないことだった。そうすれば、英仏の相当な兵力を地中海に縛りつけるのが容易になる。[*83] しかし実際には、イタリアはドイツがポーランドを攻撃しているあいだに、西欧列強が自分たちを攻撃するのではないかと恐れて、八月三十一日の夜遅く、チアノは軽率さからと見せかけて機密を漏らし、イタリアが中立を保つことを外部に知らせてしまった。

しかし、ヒトラーは確信していた。イギリスが鍵である。フランスはイギリスが先を行けばあとにつづく。しかし、そうでなければ、フランスは戦わない。これまでのところ、大英帝国の安全を保証するという彼の申し出に、ロンドンから何の返事もなかったが、ゲーリングが旧友のスウェーデン人実業家ビルガー・ダーレルスを通じてイギリスに非公式に接触することによって、思いがけなく新しい可能性が開けた。

すでにイギリスから、このドイツの国家元帥を、個人としてひそかにチェッカーズ（訳注：イギリス首相の地方官邸）に派遣してはどうかとの提案があったのだが、八月二十三日にヒトラーはそれを拒否していた。しかし、二十五日に、ゲーリングから自分の代わりにビルガー・ダーレルスを派遣してはどうかと言われて、ヒトラーはそれを認めた。ゲーリングの指示に従って、ダーレルスはドイツと直接交渉に入るようポーランドに助言してもらえないだろうかとイギリスの意向を打診した。二十六日の夜遅く、ダーレルスはハリファクス卿の私信をたずさえて帰国した。それには、ドイツとポーランドが紛争を平和的に解決することを望むというイギリス側の希望があたりさわりのない言葉で書かれていた。ハリファクスは「陳腐な」内容だと述べていたが、ゲーリングは充分な重要性があると主張して、ダーレルスをベルリンへ連れていった。そして、すでに明かりの消えていた総統府を開けさせ、ヒトラーを起こしてダーレルスの報告を聞かせた。

ヒトラーは、ダーレルスが持参した手紙を無視して長いこと本題に入ろうとせず、ダーレルスに、彼がイギリスで暮らしていたときのことをあれこれ聞いて三〇分も無駄に費やした。それからやっと現在の状況にたち返り、怒りをこめてイギリスには最後の申し出をしてやったのだと言い、自分がつくりあげたドイツ史上類のない軍事力を自慢した。

ダーレルスはやっとロンドン訪問について話せるようになり、静かに語りはじめた。「精神状態がひどく不安定だったので、むやみに苛立たせたくなかった」からである。

ヒトラーは遮ることなく耳を傾けていた……しかし、急に立ち上がると、ひどく興奮して落ち着きがなくなり、部屋のなかを行ったり来たりしながら、自分自身に言い聞かせるかのように、ドイツを抑えこもうとしても無駄だと言った……そして、不意に立ち止まり、部屋のまんなかに立って宙を見すえた。声はかすれ、その挙動はまったく常人のものとは思われなかった。そして、とぎれとぎれにしゃべった。「もしも戦争が始まったら、私は潜水艦をつくる、潜水艦をつくる、潜水艦だ、潜水艦だ」。彼の声はいっそう不明瞭になり、最後のほうは聞きとれなくなった。それから気を取り直し、まるで大勢の聴衆が目の前にいるかのように声を張り上げて叫んだ。「私は飛行機をつくる、飛行機をつくる、飛行機だ、飛行機だ。そして敵を全滅させるのだ」。彼は生身の人間というより、お伽話に出てくる幽霊のようだった。私は呆気にとられてヒトラーを凝視した。さらに、ふり返ってゲーリングの反応をうかがった。だが、彼はまったく平然としていた。[*84]

しかし、ヒトラーは政治的に計算する能力を失ってはいなかった。そして、ゲーリングとダーレルスの意見を聞きながら新たに六項目の提案をつくった。ダーレルスは書きとめることを許されなかったが、すぐにそれをもってロンドンへ行くことに同意した。そこに含まれていたのは、以下の事柄である。ポーランドはダンツィヒを自由港としてイツがダンツィヒを獲得する手助けをする。ポーランドはダンツィヒを自由港として使い、ドイツのダンツィヒ併合によって切り離されるポーランドの港グデニアへの回廊を確保する。ドイツはポーランド国境を侵さない。ドイツに旧植民地を返還する。ポーランドのドイツ系少数民族の安全を保障する。ドイツは大英帝国を保障する。

ダーレルスがこのメッセージを届けると（八月二十七日日曜日）、チェンバレンとハリファクスは疑わしそうにそれを受けとった。しかし、彼らはヘンダースンがもってきた先のメッセージの、ヒトラーはいまやイギリスを通じてポーランドと交渉し、平和的な解決を受け入れる用意があるという提案を無視できなかった。ダーレルスがもち帰った彼らの返答はこうである。イギリスは原則としてドイツと協定を結ぶつもりがあるが、ポーランドへの保障は守る。国境と少数民族については、ドイツとポーランドが直接交渉してもらいたい。しかし、その結果については、ヨーロッパの列強の保障が得られるものでなければならないという条件をつけた。彼らは、戦争の脅威をちらつかせても植民地の返還には同意しないとしたが、無期限にそうだというわけではなかった。そして、大英帝国を保障するという申し出ははっきりと断わった。

ダーレルスの驚いたことに――ゲーリングも驚いた――ヒトラーはイギリスの条件を受け入れた。ゲーリングはいかにも喜んでいる様子で、スウェーデン人にこう告げた。ヘンダースンがもってくることになっているイギリスの公式回答がダーレルスの報告と一致した場合、条約を結べないとする理由はない、と。ダーレルスは電話でロンドンに報告し（八月二十八日早朝）、ポーランドが交渉を避けようとするのではないかとヒトラーが疑っていることを告げた。ハリファクスはこれにもとづいて行動した。ポーランド政府からただちにドイツと交渉を始めるという同意をとりつけ、そのことを二十八日の夜にヘンダースンがヒトラーに渡すイギリスの公式回答に入れた。そして、次の段階はドイツとポーランドの両政府が話しあいを始めることだと結んだ。ポーランドは承諾した。ドイツはどうだろうか。ヒトラーは、翌二十九日に回答すると約束した。

イギリスが通達を出し、ドイツが受けとったということから、結局戦争は避けられるのではないかとの希望的観測が世界中の首都に広がった。それはヒトラーの意図にまったく反することだった。自信が回復したいま、彼はまた積極的な気持ちになっていた。ヒトラーが何をやろうとしていたかは、フォン・ブラウヒッチュ将軍が陸軍参謀総長ハルダーにかけた電話によって明らかである。それは、ヒトラーがヘンダーソンと会う前、二十八日の午後にハルダーが総統と話をしたあとだった。ハルダーのメモにはこう書かれている。

攻撃開始は九月一日。

もしさらに延期することが必要になれば、総統はわれわれにすぐ知らせることになっている。

それはポーランドを交渉不可能な立場に追いこみ、最大限の成果をあげるためである。

総統はたいへん穏やかで、明晰である……

イギリスが包括的な提案を考えようとしているという噂だ。

計画――われわれはダンツィヒと、「回廊」のなかの回廊と、住民投票を要求する。イギリスはことによると承認するかもしれない。ポーランドはおそらく受け入れまい。彼らのあいだに割りこめ！[*85]

ヘンダースンが運んできたメッセージは、このヒトラーの意によくかなうものだった。ヒトラーはポーランドが話しあいに応じるつもりでいるのに驚いたが、喜びもした。一年前と同じ状況だった。バート・ゴーデスベルクにチェンバレンが着いて、チェコスロヴァキアがヒトラーの要求を受け入れたと言ったとき、ヒトラーはもはやそれでは充分ではないと告げたのである。いま、ヒトラーが注意しなければならない危険は、その罠にはまって第二のミュンヘン協定を受け入れてしまうことだった。しかしヒトラーは、答はもうこれしかないと思っていた。

「今夜、ポーランド人にとっては悪魔的とも思えることを企てるつもりだ。彼らの息の根を止めるようなことを」。ヘンダースンが帰ったあと、ヒトラーは主だった副官たちに語った。国際的な保障という考えさえ、彼の心をとらえた。

それは面白い。私は今後、国際的な視野からでしかものごとを考えないことにする。国際的な軍隊が入ってくる――そこにはソ連も含まれているのだ！　ポーランドは決して承知しないだろう。

われわれはイギリスかポーランド向けに、外交に関する傑作とも言える文書を用意しなければならない。今夜は、それをじっくりと考えるのに費やそうと思う。いつも朝の五時から六時のあいだに最高のアイデアが浮かぶのだ。

ゲーリングが「一か八かの大勝負をするのはやめたほうがいい」と注意すると、ヒトラーはこう答えた。「私はこれまでいつも一か八かの大勝負をやってきたんだ」[*86]

ハルダーの日記の二十九日の記述を読めば、ヒトラーが一晩かけて考えた戦術がどういうものだったかがわかる。

総統は英仏とポーランドのあいだに楔を打ちこみたいと望んでいる。今日、ポーランドは、ドイツの要求どおりベルリンにおもむくようイギリスから指示された。総統は明日（八月三十日）来るようにと言った。

8／30　ポーランド使節団ベルリン来訪

8／31　交渉決裂

9／1　武力行使[*87]

二十九日の夕刻、ヘンダースンがドイツの返書を受けとりにきたとき、ヒトラーは前日とはうってかわって機嫌が悪く、ポーランドの「ドイツ系の少数住民の虐待というような野蛮な行為」は大国としてはとうてい耐えがたいと言って怒りをあらわにした。イギリスはこの重大な紛争が直接交渉によって解決できるとまだ信じているかもしれないが、ドイツ政府には残念ながらそんなことは信じられない。

それにもかかわらず、とヒトラーは言った。結果がうまくいくかどうかわからないが、ドイツは「大英帝国と恒久的な友好関係を結びたいと誠実に希求している証」として、イギリスの提案を受け入れて直接交渉をするつもりである。しかし、ヒトラーはまず二つの新しい条件をつけた。一つは、ポーランドの領土を整理しなおす場合、ソ連が関与しなければドイツ政府は単独では保障に加わらない。第二は、イギリスの提案どおりに「全権をゆだねられた」ポーランド使節をベルリンに迎え入れるとしても、それは翌八月三十日に到着することが条件である。

ヘンダースンは、それでは最後通牒と同じではないかと言った。ヒトラーは前年のバート・ゴーデスベルクのときと同じく憤然と否定し、会談は怒鳴りあいで終わった。今回、イギリスは罠にはまらなかった。そして、二四時間以内に全権使節をベルリンに派遣するようポーランドに圧力をかけるのを拒否した。

ヒトラーはまだ切札をもっていた。ドイツはポーランド問題を解決するための提案リストを作成してイギリスに提出すると約束していた。ドイツ外務省は三十日をそっくり費やして、それを一六の項目にまとめた。要求がきわめて穏当なものだったので、フォン・ワイツゼッカーは日記にこう書いた。「数カ月ぶりに見る建設的な構想だ」。

そして、こうつけ加えた。「だが、ただ見せるためだけなのか？」[*88]。のちに、ヒトラー自身が、通訳のパウル－オットー・シュミットの前でこれを裏づける発言をしている。「私にはアリバイが必要だ。とくにドイツ国民にたいして、私が平和を守るためにあらゆる努力をしたことを示すために。ダンツィヒと回廊の問題を解決するために私が出した寛大な要求を見ればそれがわかるはずだ[*89]」

このことは、リッベントロープの行動からも確かめられる。ヘンダースンは夜半にやってきて、イギリスの覚書をもう一通届け、こんなに短い時間の制限をつけてポーランドの全権が現われるのを期待するのは理不尽だと説明し、通常の手順に従って提案をベルリン駐在のポーランド大使に渡すことがなぜできないのかとたずねた。ヒトラーは事前に送られていたイギリスからの回答の原文を盗聴によってすでに読んでいたので、リッベントロープにイギリス大使を迎えさせたのである。これは、まれに見る激しいやりとりが交わされた会談として歴史に記録されている。二人の男が立ち上がって怒鳴りあい、殴りあいになるかと思われたほどだった。ヘンダースンがドイツ側の提案を示すように要求したとき、リッベントロープはそれを早口のドイツ語で読み上げたので、大使にはその内容が理解できなかった。ヘンダースンが一部もらえないかと言うと、リッベントロープは拒否した。そして、ポーランド側代表の到着期限は過ぎたが、ポーランド人は現われず、提案はいまや過去の遺物になったと言った。

総統はリッベントロープに提案の文書を渡さないようにと指示していたのである。

翌三十一日を通じて、あわただしい電話のやりとりがローマを含む各国の首都のあいだで交わされ、それはポーランドへの攻撃が始まったあともつづいたが、状況は少しも変わらなかった。ヒトラーはもはやそれに関心をもたなかった。限られた時間を精一杯使って、自分の望むアリバイをでっちあげたのである。それ以上の時間を費やせば、攻撃――それは一貫した彼の目標だった――を命じる正当性を失う危険が大きかった。ヒトラーはなお、イギリスとフランスは介入しない、あるいは介入しても名目ばかりの示威行為にすぎないだろうと虫のよい希望を抱いていたが、結局はそのとおりになった。ヒトラーは、たとえ二方面で戦争になっても自分は絶対にしりぞかないとフォン・ブラウヒッチュに語った。

午後零時四十分、ヒトラーは、次のような書きだしで始まる「戦争遂行に関する指令第一号」を発令した。


ドイツ東部国境の情勢には耐えがたいものがあり、これを平和的に収束させる政治的解決の可能性がすべて消滅したので、私は武力による解決を決意した。

西部では開戦の責任をはっきりと英仏に負わせることが肝要である。[*90]

もし彼らが攻撃してきたら、西部戦線はもちこたえなければならないが、国防軍は防衛作戦に徹しなければならない。

ドイツ軍はすでに二〇〇万人の動員を完了させていた。必要な「事件」は親衛隊が用意した。親衛隊が国境の町グライヴィッツにあるドイツのラジオ局に、ポーランド人の仕業と見せかけて攻撃をしかけた。そして、ポーランド軍の制服を着せた一二、三人の囚人を連れていって射殺し、死体を地面にころがして報道陣に写真を撮らせた。ドイツ軍の師団が夜を徹して次々とポーランド国境に移動し、ヒトラーが四月初めの指令で最初に設定していた決行日、九月一日の早暁に攻撃が始まった。

ベルリンでは、ヒトラーの記憶に残る二五年前の宣戦布告のときのような熱狂的な光景はまったく見られなかった。ドイツ国民に演説するために、ヒトラーは車で国会に向かっていたが、通りはふだんよりも人影がまばらだった。演説は最高の出来ではなかった。彼は平和的解決に到達できなかった全責任はポーランドにあるとした――「まる二日、私と内閣はポーランドに全権を派遣するのは適当かどうかを検討したのである」。攻撃をしかけて戦争を始めたのはポーランドであり、ドイツは反撃せざるをえなかった。彼はさらに英仏とのあいだには、いかなる諍いもないと言い、ドイツは両国とドイツの意見の相違を平和的に解決したいと願っていると主張した。ダーレルスはこのあとでヒトラーに会っているが、ヒトラーはすっかり落ち着きをなくして動転し、またしてもかっとなってヒステリーを起こしたという。

「イギリスが一年戦うつもりなら、私は一年戦う。イギリスが二年戦うつもりなら、私は二年戦う……」

そして最後に、「必要とあれば一〇年だって戦うつもりだ」と怒鳴ると、拳を振りまわしながら身をかがめたので、拳が床に届きそうになった。[*91]

実のところ、ヒトラーはまだイギリスとフランスが介入しないと確信していた。彼らの宣戦布告が二日遅れた——そのあいだにムッソリーニはもう一度ミュンヘン会談のお膳立てをしようと最後の努力を傾けた——こともその確信を強めた。

九月三日、ヘンダースンがイギリスの最後通牒を届けにきたとき、リッベントロープは「手があいておらず」、通訳のシュミットにそれを受けとらせた。シュミットがその覚書を総統府へもっていって翻訳したとき、部屋は静まりかえった。

ヒトラーは身じろぎもせず、前方を凝視した。途方に暮れていたのでも、怒っていたのでもなかった。彼は一言も発しないで、じっと座っていた。そして、かなり長い時間が経ったと思われたころ、リッベントロープのほうを向いた……そして

「さて、どうなるんだ」と厳しい顔をしてたずねた。まるで外相が、イギリスの反応にたいするヒトラーの予測を誤らせたとでも言いたげだった。[*92]

リッベントロープは答えた。こうなったら、フランスも最後通牒を出すと思っていいでしょう。意見を述べたのはゲーリングだけだった。「この戦争に負けたら、神よわれらを助けたまえ」

第15章　ヒトラーの戦争

ヒトラー　一九三九―一九四一（五〇―五二歳）
スターリン　一九三九―一九四一（五九―六二歳）

1

ヒトラーとスターリンのどちらにとっても、一九三四年から三九年にかけてはその生涯で特筆すべきことがきわめて多かった時期だった。この時期の初めに、二人はそれぞれ自分の地位を脅かそうとする動きを認めて、それを未然に防いだ。ヒトラーはレームを殺害し、早まってより過激な第二革命に突入する危険を免れた。この革命が起これば、おそらくは国防軍をはじめとする伝統的なエリートたちの支持を失っていただろう。ソ連ではキーロフが暗殺された。これにより、スターリンがある運動を陰であやつる指導者と見なしていた男が消えた。その運動は、急進化の動きに歯止めをかけ、ソ連の新興エリートにより大きな安全を保証して、彼らの支持を得ようとしていた。ヒトラーは声明を発して、レームを殺害し、突撃隊の弾圧に乗り出したのは国の裁定にもとづくことであり、自分は「ドイツ国民の最高の審判官」として振る舞ったのだと明言した。スターリンはいつものように自分がはたした役割は秘密にしたまま、キーロフの国葬を命じ、喪主の一人として葬儀に参列した。次いで彼は、自ら企てたのではないにせよ、見て見ぬふりをした暗殺事件の捜査を口実として魔女狩りを開始し、党と軍をはじめとするソ連のエリートたちで、キーロフと同じように独自の考えをもつと疑われる者を一人残らず追放した。

この時期の終わりには、二人ともほかに並ぶ者のいない地位を確立し、もはやいかなる敵も反対者もその相手ではなくなっていた。しかし、彼らがその地位にたどりつくまでの道筋は大きく異なっていた。

一九三九年三月に第一八回党大会が開催された。その席で、スターリンは自分が五十一歳を間近にしたころから六十歳にかけてソ連で推進してきた革命が成就したとの思いを噛みしめていた。その革命の大きな特徴は、「社会主義の建設」を比類ない権力をもつ国家の建設と同一視することにあった。これは、ロシアの歴史を昔にさかのぼって、アレクサンドル・ゲルツェンなど十九世紀の作家がさかんに論じた「二面性をもつロシア」に逆戻りすることだった。そこでは、一方の側に中央集権的で専制的な力をもつ帝政国家という公式のロシアがあり、もう一方の側には社会ないし国民という非公式のロシアがあって、その二つは対立していた。ロシアの歴史家V・O・クリュチェフスキーは、十六世紀から十九世紀にかけての帝政ロシアの政策を要約した文章で、その二つをみごとに対比してみせた。「ツァーリは国の資源を使いはたすことによって国家の権力を強化しただけであり、国民に自信をもたせようとはしなかった……国家は膨張したが、国民はやせほそった」[*1]

レーニンは一九一七年の革命を過去のロシアとの暴力的な断絶と見ていたが、スターリン（ついには「ボリシェヴィキ」という言葉を禁止することになる）は、レーニンの死後に自分が起こした革命を、帝政ロシアの歴史的伝統を継承するものと考えるようになった。それと同時に、集団指導体制のなかでの最高の地位という立場から、自らをかつてのロシア皇帝にも負けないほど専制的な力をもつ地位へと押し上げた。しかも彼は、専制君主の地位を継ぐことを求めただけでなく、革命の理念の継承者としての立場も手放しはしなかった。こうして、マルクス－レーニン主義的イデオロギーの伝統と、ロシアの歴史的伝統の二つが結びつけられることになったが、両者はともにスターリンという人間を媒介として屈折し、それがスターリン主義の国家を特徴づけることになった。

ゲルツェンはロシアが二つに分かれた歴史をたどり、その原因はピョートル大帝にあると結論づけた。大帝がロシア国民を被征服国の住民のように扱い、革命的な変革を押しつけたことが引き金となって、「二つのロシア」が生まれたというのである。スターリンはピョートル大帝に強い親近感を抱くようになり、プーシキンの有名な叙事詩『青銅の騎士』の「彼はその鉄の大轡《おおぐつわ》でロシアを断固として立たしめたり」という一節を、好んで口ずさんでいたと伝えられている。彼がピョートル大帝に関心をもつようになったのは、一九二〇年代後半のことだった。ピョートル大帝を題材にしたアレクセイ・トルストイの戯曲が「進歩的な」批評家の非難を浴びたとき、スターリンはあいだに入ってその作品を擁護し、「ピョートル大帝の時代を歴史的に正しく評価するための指針」を作家に与えて、戯曲を書きなおさせた。のちにA・トルストイはこう回想している。

イオシフ・ヴィサリオノヴィチ〔スターリン〕は、私たちの計画を子細に検討して承認したうえ、仕事の基礎となる指針も与えてくれた……ピョートル一世の時代は、ロシア国民の歴史を飾る輝かしい一ページである。ロシアをヨーロッパの文明国のレベルまで引き上げるには、革命を断行してこの国を根底から改革する必要があった。ピョートル大帝はこれをなしとげたのである。

ピョートル大帝の時代と私たちの時代との共通点は、いわば力の噴出、人間のエネルギーの爆発が起こったことであり、また外国に従属する地位からの解放を目指す力をもっていることである。

スターリンに励まされたA・トルストイは、次いで長大な歴史小説『ピョートル一世』を書いて同じテーマを展開した。「私が小説を書きはじめたのは、五カ年計画がまもなく達成されようというころだった。ピョートル大帝のことを小説にする仕事は、私にとって、何よりもマルクス主義的な意味での同時代への参加だった」[*2]。またA・トルストイは、思わず気が緩んだのか、こう書いたこともある。「〝人民の父〟はロシアの歴史を書きかえた。ピョートル大帝は、私の知らないうちに〝プロレタリアの皇帝〟、つまりわれらがイオシフの模範となっていた」[*3]

「われわれはみな、国家への奉仕者である」とマレンコフは一九四一年の党協議会で発言した。これもまた、ロシア史に前例のあることだった。スターリンが自分の歴史観にもとづいて、ロシアの英雄に祭り上げたもう一人の支配者がいる。それは、十六世紀に初めて皇帝の称号を自らに冠したイワン四世（雷帝）だった。スターリンは、イワンが政敵に加えた拷問の残忍さにはまったく触れず、彼の専制権力を「革新的」だとして非難し制限しようとした世襲の貴族や大貴族を一掃したことだけを書いている。イワンが断行した改革の結果、ロシアの貴族は支配階級から奉仕階級へと地位が下がり、その身分は強権をふるう国家への奉仕の程度に応じて決まるようになった。ピョートル大帝はこの制度をさらに強化し、軍人の階級を一四に分け、それに対応する文官の階級をつくって、階級に応じた役目や奉仕の仕事を与えた。一九三〇年代の後半から四〇年代にかけて、スターリンはその先例にならった同じような階級制度をつくり、それぞれの地位に応じた制服や記章もそろえた。

ロシアの歴史的伝統を体現しようとしたスターリンの試みは、また別の視点からとらえることもできる。その伝統にのっとって、スターリンがロシア民族主義に訴えたことに焦点を当てるのである。このような手法を、彼は自然に身につけた。スターリンは自発的にロシア人と同化しようとしたグルジア人であり、故郷にたいする彼の態度には熱狂的な「大ロシア主義」が表われていた。それに気づいて、レーニンはやっと彼が書記長にふさわしくない人物だと悟ったのである。スターリンが掲げた「一国社会主義」というスローガンは、ロシアの運命についての彼と新しい世代の党員の誇りを表わしていた。自分が指導力を発揮して、その運命を切り開いてきたのだと、スターリンは主張したのである。

心情と計算が一致していた。マルクス主義の理想像と、ロシア人の根深い民族主義的感情、愛国心とを結合することによって、スターリンの訴求力は、イデオロギーだけではとうてい不可能なほど幅広い層に深く浸透していった。早くも一九三四年六月には、『プラウダ』が「祖国のために」という新しい論調の記事を載せている。

祖国だけが、豊かで多彩なわれわれの生活のあらゆる分野、あらゆる領域で、英雄的な行為や創造的なイニシアティブの炎を燃え上がらせる……祖国の防衛が、何にもまして優先する……祖国のために、祖国の栄誉、栄光、力、そして繁栄のために[*4]！

一九三四年、スターリンはキーロフにその夏をソチで過ごすように命じた。二人のほかにジダーノフも加えた三人で、歴史の教科書を書きなおすためのガイドラインを作成するのが目的だった。三六年に刊行された『ソヴィエト連邦史の教科書の梗概に関する所見』では、ソ連政権は民族の利益と伝統の擁護者とされ、ソ連正史は突然昔に逆戻りしてしまった。この新しい歴史観は、ロシアの過去の偉大な帝政支持者——ピョートル大帝や、ナポレオンが台頭して大変革が起こった時代の二人の将軍（アレクサンドル・スヴォーロフとミハイル・クトゥーゾフ）——を評価し、彼らの国家建設、軍事的勝利、領土獲得によって近代ロシアがつくられたと称賛している。そこで強調されたのは、専制政治の伝統とそのためにとった専制的な手段であり、それは英雄的な業績——一八六〇年以降の自由主義的な改革ではなく、一八一二年のフランス軍撃退など、他国の侵入を阻止した事例——をあげることによって正当化された。こうして、新しい愛国主義とスターリン崇拝が自然に結合されたのである。

スターリン崇拝を歴然と示す証拠は、詩や新聞記事、祝電、彫像の写真、彫刻、絵画のかたちでおびただしく残っている。また、彼に宛てて無数の献辞が捧げられ、市街やコルホーズ、学校、工場、発電所には彼の名が冠せられ、カフカース山脈の最高峰もスターリン峰と名づけられた。そして、比類ない彼の非凡な才能、勇気、洞察力、献身、知恵などを称えるために、ロシア語をはじめとするあらゆる言語でその美点が書きたてられた。こうした証拠を見てはじめて、スターリン崇拝がどの程度のものだったか、そして彼への追従がどれほど極端で徹底したものだったかを理解できる。これに匹敵する例は、中国の毛沢東崇拝に見られるだけだが、これももとはといえばスターリン崇拝に範をとったものだった。それはちょうど、毛沢東の「大躍進」政策が、スターリンが緊急計画として打ち出した一九三〇年代の農業集団化と工業化政策をモデルにしていたのと同じことだった。

スターリン崇拝が、ローマ皇帝の神格化と同じく、人為的に仕組まれたものだということは明らかだが、だからといって彼がソ連国民の大多数から心底好かれ、崇敬されたという事実に変わりはない。スターリンが、自分の「賢明な指導」によってソ連は工業大国の仲間入りをはたし、これによってよりよき未来への道が開けたと宣言したとき、ソ連国民は、西側諸国の多くの人びとと同じように、彼の言葉をそのまま信じた。スターリン崇拝は、彼自身にとっても、またソ連の一般大衆にとっても、このクレムリンの慈悲深い人物と彼以前にそこで統治していた皇帝とを「人民の父」の名のもとに結びつけ、同一視させる働きをした。これによって、次のような昔の神話がよみがえった。「われらが父がお知りになりさえすれば……」、臣民を苦しめている害悪を取り払い、欠乏を補ってくれるだろう。スターリンがあのような暴挙に出たのは、結局、彼が悪いのではなく、エジョーフや嫌われもののNKVD（内務人民委員部）のせいなのだ。

スターリン主義にもとづいた統治制度は一九三〇年代の末に始まり、四五年以降にもそれが更新された。これは、スターリンが「上からの革命」をなしとげるのに用いた方法を統合したものだった。その最大の特徴は、イニシアティブと権力を国家に集中させたところにあった。こうして、官僚がますます力をもつようになり、階級性はいっそう強まっていった。秘密警察の強権とその管理下にある強制労働収容所は拡大の一途をたどり、反逆する恐れのある者はことごとく排除された。国民を他国の情報から隔離するために、のちの「鉄のカーテン」の萌芽が生まれ、政治運動と宣伝活動は国家にのみ許されることとなった。国民同士は恐怖と「制度化された相互疑惑のシステム」[*5]によって分断された。

このような統治制度のもとでは、共産党はもはや一九二〇年代からスターリン革命の初期のころにかけてのような指導力や推進力をもてなくなった。こうして党の権威は下落したが、それでもなおはたすべき役割はあり、ことにNKVDが担っていた管理と抑圧という役目と対をなす「アジプロ」（扇動と宣伝）活動ではまだその力が必要とされていた。しかし、かつての支配党も、いまでは独裁政治の「伝動ベルト」として機能する大規模な組織のなかの一つ――名目上、また慣習上は国家の中枢だったとしても――でしかなくなっていた。スターリン言うところの「躍進」を実現させるという役割をはたし終えると、「党としてのボリシェヴィキは、自由主義者、メンシェヴィキ、およびソ連の人民のあとについていって『トロツキーのいう歴史のごみ箱に導かれた』」（モシェ・ルーイン）のである。それとは逆に、モスクワの権力中枢から遠く離れた地方では、党のボスは、ある程度の実権をふるいえた。しかしそれも、地元のNKVDとうまく折りあっていればのことで、そのNKVD自体、スターリンが党の権限を実力相応に弱めるのに利用したのち、粛清の対象となるのである。

中央委員会と政治局も威信を保ってはいたが、もはや組織としてのまとまりはなく、現実的な問題を真剣に議論する気風は失われていた。レーニンが亡くなる前に、古参のボリシェヴィキ、T・V・サプローノフ（一九三七年に粛清された）が彼にこうたずねた。「誰が中央委員を任命するんだね。たぶんそんなことにはならないだろうが、万が一きみ以外の人間が任命権を握ったら、この革命は失敗に終わるよ」[*6]。中央委員会は支配者グループの形式的な集まりになっていたが、その一員に任命されることは、出世街道を歩む党官僚にとって重要なことだった。中央委員会よりもはるかに重要なのは書記局で、これはスターリンの命令の執行機関であり、一九二二年以来書記長の管理下におかれ、上からの任命によって選ばれる官僚のポストのリスト「ノーメンクラトゥーラ」にたいして責任を負っていた。この「ノーメンクラトゥーラ」のリストに載っている人びとが、一九九一年までソ連を支配していたのだ。書記局の「特務課」は、控え目なポスクリョブイシェフの指揮のもと、スターリンの私的な事務局として機能しつづけた。

　スターリンは、自分に少しでも反対する疑いのある者はすべて政治局から追放したので、残った者たちには手厚い身分保証を与えた。この政治局のメンバー一一人は、一九五〇年代の初めにはスターリンの緊密な協力者となり、うち七人（モロトフ、ヴォロシーロフ、カガノーヴィチ、アンドレーエフ、マレンコフ、ミコヤン、シュヴェルニク）は二五年ないし三〇年間にわたって、三人（ベリヤ、フルシチョフ、ブルガーニン）は三〇年代初期からスターリンに仕え、第二次大戦時からというのは一人だけ（コスイギン）だった。政治局はもはや誰もが平等に権限をもつ合議制の組織としては機能しておらず、スターリンの主要な副官で固められた集団となっていた。彼らはそれぞれ中央委員会に自分の権力基盤と部下をもっており、たとえばモロトフは人民委員会議議長で、連邦大臣と国家計画委員会《ゴスプラン》を従えていたし、ヴォロシーロフは国防人民委員で軍の責任者、ベリヤはNKVD長官だった。しかし、彼らはスターリンの許しを得なければ個別に会合をもってはならず、また自分の政治生命を保つには、スターリンに気に入られ、その命令に従わなければならないことを誰もがわきまえていた。フルシチョフの回想によれば、ブルガーニンからこう打ち明けられたという。「ときどき、誰かが友人としてスターリンに招かれる。スターリンと席に着くと、次はどこへ送られるのかわからない。自分の家かもしれないし、監獄かもしれない」[*7]

スターリンが彼らをその地位にとどめておくとすれば、それは感情的な理由からではなく、「マフィアのボスのように理性的かつ政治的な計算にもとづいて」であった。スターリンは、ギャングのボスのように、殺そうと思えばいつでも殺せることをわからせて、相手に恐怖心を植えつけた。その一方で、彼に情報を提供し、彼の命令を遂行している者たちが、ひきつづき目をかけてもらいたいという当然の期待を抱いており、その見通しがなければ、「彼を裏切るほうが忠誠を尽くしつづけるよりも危険が少ない」[*8]と判断することを充分に理解していた。だが、類推によって話を進めるのはこれくらいにしておこう。死の直前、スターリンはもう一度粛清を断行しようと考えていたが、そこにはすでに目をかけられなくなっていたモロトフとミコヤンとポスクリョブイシェフが含まれていたことはまず間違いないだろう。だが、驚いたことに、ほとんどの者が生きのびたのである。

社会を犠牲にして革命の基盤を強化し、国家の地位の上昇を図ったことにより、一九二〇年代の試行錯誤から三〇年代の保守主義への逆行が不変の流れとなった。このことは教育と法律にはっきりと表われている。かつては子供を中心とする進歩的な教育が実施されていた学校で、規律を回復し、教師の権威を強化することが求められるようになり、工業社会が必要とする基礎技術を教えることに重点が移った。これにともなって新たに強調されるようになったのは、秩序と服従であり、権威主義的な家族関係が奨励され、離婚は反対された。

一九二〇年代のソ連の法哲学の教えによると、法律は階級支配が存在する社会体制の産物であり、社会主義が実現すればなくなるとされていた。ソ連社会が共産主義に近づくにつれて、罪を犯す者はしだいに減り、法律に取って代わって、法的原則ではなく社会的原則にもとづいた行政システムが出現するというのである。だが三〇年代に入ると、このような見解は異端としてしりぞけられ、それに代わる新しい法律理論がヴィシンスキーによって体系化された。ヴィシンスキーの説明によれば、どんな法律にも支配階級の意志が表現されていなければならず、それを支えるのは力だという。社会主義国家で法律が表現しているのは、プロレタリアの意志であり、法律はなくなるどころか、国家権力を通じて全国民の意志を表現する手段になるとされた[*9]。

法体系と国家は永遠に存在するというヴィシンスキーの認識は、早くも一九三〇年にスターリンが主張していたことと一致している。スターリンは、マルクス主義的弁証法が求めるのは「政府の権力が最高度に発達することであり、そのことによって政府の権力が消滅する条件が準備される」と述べている。一九三九年の第一八回党大会で、スターリンは再びこの問題を取り上げた。「われわれは社会主義国家の消滅を促してはどうだろう」という、しばしば提起される問いがある。スターリンはそれに答えて、エンゲルスの本来の主張では、たがいに敵対しあう階級がもはや存在しなくなったときに国家もおのずと消滅するということだったが、この考えは修正する必要があると述べた。ソ連ではいま社会主義が実現し、階級間の対立も搾取もなくなっているが、この段階においても、資本主義諸国に包囲されているという条件下では――ソ連が社会主義から共産主義へ進んだとしても――国家は存在しつづけなければならないというのだ。この新しい条件をつけたことによって、どのようなかたちであれ国家権力を縮小するのは、世界中で革命が勝利するまで延期するのが正当だとされた。

こうしたイデオロギー上の問題――とあわせて歴史的・哲学的問題および社会問題――について、スターリンは生きているあいだに一度だけ、ソ連の国民と海外の忠実な共産主義者にたいし、回答したことがあった。一九三八年に出版された『ソ連邦共産党史小教程』がそれである。そのなかで、当時スターリン自身が書いたと考えられていたのは、第四章「弁証法的唯物論と史的唯物論」である。この本が出たときに通過した決議で中央委員会が強調していたのは、その出版によって、権威ある党史を提供するだけでなく、「近年見られるマルクス主義とレーニン主義との危険な分裂」――その結果として、レーニン主義はマルクス主義とはどこか違うものだと教えられていた――に終止符を打とうとすることだった。

一九三八年には、あえてそう言う者はいなくとも、レーニン主義はスターリン主義と同義になっていた。スターリンが『ソ連邦共産党史小教程』で目的としたのは、マルクス主義とスターリン版レーニン主義との違いをうまく隠して、この二つが同じイデオロギーだという解釈を示すことだった。その解釈とは、具体的には一国社会主義であり、社会主義に近づくにつれて階級闘争が激化するということであり、国家の消滅を無期限に延期することだった。

好評だったスターリンの著書『レーニン主義の諸問題』にならって、第四章はマルクス主義者による簡潔で単純な問答の形式をとっており、番号がふられていて理解しやすいようになっている。この章は、中等学校上級以上のあらゆる段階で、ソ連の教育と思想の権威ある基本原理となった。党が運営する全面的に新しい学校の体系ができ、『ソ連邦共産党史小教程』は次の世代の党員が学習する唯一ではないにせよ主要なテキストとなり、ソ連のイデオロギーや歴史に関するそれ以外の説明は消えていった。共産主義者のイデオロギーとは「マルクスとレーニンの発言だとスターリンが言ったこと」になった。レナード・シャピロは次のように記している。

プロパガンダの真の目的は、人を納得させることでも説得することでもなく、公的な発言の統一されたパターンをつくることであり、そのなかに異端思想が少しでも顔をのぞかせれば、すぐに耳ざわりな不協和音となって正体を現わす。このことを最もよく理解していたのはスターリンだった。[*10]

スターリンがイデオロギーをつくりかえたあとでも、ソ連はマルクス主義的社会主義を実現した国家だというスターリンの主張と、ソ連の国民が一九三八年から四一年にかけて実際に経験していた日常生活とのあいだには、大きなずれがあった。しかし、政府が関心をもっていたのは国民が何を信じているかではなく、何を言うかだった。かつて自身がマルクス主義哲学者だったレシェク・コワコフスキは、共産党の支配下における生活経験を次のように書いている。

最低限の生活必需品にもこと欠き、半飢餓状態にある人びとが会合に出席して、政府のいう国民が豊かだという嘘を繰り返していた。おかしなことに、彼らは自分たちの言っていることを半ば信じていた……彼らにはわかっていたのだ。真実は党が決定するのだから、たとえ経験的に明らかな事実と矛盾していることでも、党はその嘘を真実にしてしまえる、と。こうして、二つの別世界で同時に国民が生活するという状況をつくりだしたことは、ソ連体制の最も注目すべき業績である。[*11]

2

一九三四年から三九年にかけての同じ時期におけるヒトラーの政策は、スターリンとは反対で、国内問題ではなく外交と再軍備を最優先だとした。三八年から三九年にかけてスターリンが外交政策と国防により多くの注意を向けなければならなかったとしたら、それは彼自身の拡張主義的な野心や、革命を他国に広げようという欲望があったからではなく、ヒトラーのもくろみが成功すれば、ソ連国内でスターリンが推進してきた革命の成果に脅威をおよぼすからだった。日独伊防共協定の締結によって、その脅威の存在が明らかになっただけでなく、それがソ連の東部国境までおよぶことがわかった。

ヒトラーが『わが闘争』と『第二の書』で提示した外交政策のプログラムは、政策の指針としては真に受けられないと論じられてきた。これらの著書では、ソヴィエト・ロシアは破壊すべき力であり、イギリスとは同盟を結ぶべきだとされていたのに、結果としてソ連と条約を結び、イギリスとは戦争に突入したからである。しかし、このような見方は、人種主義の帝国を東方に建設するというヒトラーの究極の目的と、この目的を達成するための戦術との相違を無視している。究極の目的は決して変わらず、ヒトラーが独ソ不可侵条約に調印したときでさえ、それは戦術的に非凡な柔軟性の現われであって、それこそが彼に成功をもたらしたのである。一九三九年八月十一日、リッベントロープが飛行機でモスクワに向かう少し前に、ヒトラーは国際連盟のダンツィヒ高等弁務官カール・ブルクハルトにこう言った。

私はいつもロシア人と反対のことを考えている。もし西欧がこのことを理解できないほど目が節穴で愚かなら、ロシア人と手を結んで西欧を攻撃せざるをえなくなり、西欧を打倒したあとは一転し、総力をあげてソ連に立ち向かうことになるだろう。前回の大戦では、われわれは飢えに苦しんだが、それを繰り返さないためにウクライナが必要なのだ。[*12]

ヒトラーの最初の賭けは、ジュネーヴ軍縮会議と国際連盟からの脱退であり、以後、賭けを繰り返すことになった。両方とも抵抗を受けることなく成功したので、彼はさらに前進してより大きな危険を冒し、より短い間隔で次々と強硬な手段に訴えた。彼は上げ潮に乗って着々と前進し、ラインラント再武装の宣言から始めて、オーストリア併合、ミュンヘン協定、プラハ進撃を経て、ポーランド侵攻にいたったのである。

一九三九年二月、ヒトラーは国防軍の上級士官の前で演説し、三三年以来のあらゆる外交政策上の決定は「あらかじめ立案してあった計画を実行することである」と述べたが、これは誇張である。しかし、彼は正当な理由があって「一九三八年のわれわれの行動はすべて、三三年から実現しはじめた計画の論理的な延長線上にある」と主張したのだ。一九三九年という時点から振り返ってみてわかるのは、彼の外交政策の各段階は、実行されるタイミングと順序がそのときどきの状況に応じて変わったが、論理的な方針に従って展開していたということである。

ヒトラーが他の大国の弱点や誤りによって利益を得たことには疑問の余地がない。しかし、ヒトラーだからこそその弱点や誤りをつかみ、その利用の仕方に気がついたのであって、ラインラント進駐以来、外交政策の専門家はドイツ外務省の職員も軍の幹部も――一九三八年から三九年にかけてはゲーリングでさえも――ヒトラーの政策に警告を発しており、彼の予言を信じられなかった。その予言によれば、英仏は決して介入しないだろうし、介入しても、それを効果的に実施する意志や指導力に欠けているだろうということだった。ヒトラーが犯した唯一の過ちは、ミュンヘン協定を結ぶとき、妥協するようにと説得する人びとの意見を聞き入れたことであり、彼はそのことを強く後悔した。

ヒトラーが西欧列強の弱点を直観的に理解していたことは、次の事実に表われている。列強の国民は再び戦争に巻きこまれるのを嫌っていたし、またとくにイギリスでは一九一八年以降の対ドイツ政策に国民が不安を抱いており、ヒトラーはそれを利用したのである。ヴェルサイユ体制に反対するどの運動も、平和への願いを動機としており、ヴェルサイユ体制の原則自体——たとえばオーストリアのドイツ人およびチェコスロヴァキアとポーランドのドイツ系少数民族の自決権を認めていないし、ドイツの自衛権に制限を加える一方で他の列強は軍縮の姿勢をまったく見せていない——に抗議することによって、自分たちの正しさを示そうとしていた。

多少の前進——たとえば軍事的主権の回復やある程度の再軍備——は、誰が政権を握っても一九三〇年代には実現できたはずであり、事実、賠償はヒトラーが政権の座につく前にすんでいた。しかし、一九三八年の初めから賭けが始まると、指導者になる可能性のある他の誰か——ブリューニング、シュライヒャー、ゲーリング、シュトラッサー、シャハト、フーゲンベルク——が、勇気とすぐれた手腕をもって、オーストリア併合をやりとげ、ズデーテン地方とボヘミア＝モラヴィアを併合し、ポーランドに割譲した領土を回復し、ヒトラーと同じ規模で軍の再武装計画を遂行できるかどうかはしだいに疑わしくなってきた。

一九三七年末から、ヒトラーの焦りが高じてきた。自信が深まると同時に、敵対者にたいする軽蔑の念も強まった。機先を制して、ドイツは再軍備を勝ちえたが、他の列強がドイツのあとを追いはじめれば有利な状況に終止符が打たれることが、ヒトラーにはわかっていた。そして、彼が権力の頂点にいるあいだに突破口を開かなければ、それを実行するのに必要な意志と才能を彼ほどにもちあわせている者が後継者のなかにいないと確信するにいたった。

ここに、スターリンと対照をなす第二の点が表われている。一九三九年には、ヒトラーより十歳年長のロシアの指導者は、自らが指導する革命を終えていたが、ヒトラーの「第二革命」は一九三四年に延期されたまま、まだ始まっていなかった。ヒトラーにとって、三四年から三九年は基礎固めの時期で、三八年から三九年にかけてはそのペースを速めた。そして、三九年八月になって、彼は突破口を開く決意を固めたのである。

ヒトラーが決して疑わなかったのは、東方に人種主義の帝国を築くことによって自分の革命——スターリンにとっての集団化と工業化に相当する——が完成することになるが、その帝国は力で勝ちとらなければならないということだった。しかし同時に、彼はドイツ国民のあいだに広がっている厭戦気分を克服しなければならないことにも気づいていた。彼らは、再び戦争に巻きこまれれば、前回の一九一八年のときと同じく、敗北に終わる可能性があると考えていた。ヒトラーが武力を用いずに外交上の実績を重ねたこともこの厭戦気分を助長した。ドイツ国民は、彼がこの先もオーストリアやチェコスロヴァキアの場合と同じく無血の勝利を収めつづけることを期待するようになったのである。

こう見てくると、ポーランドとの紛争の解決手段として再びミュンヘン会談のような場を設けようという提案に、ヒトラーが抵抗した理由が理解できる。ポーランド人が彼の要求を受け入れようとしないなら、今度は戦争で決着をつけなければならないのだ。一九三八年十一月に、彼はナチ党のプロパガンダ担当者に次のような任務を課した。「ドイツ国民に外交上の出来事を説明するときには、民族自体の内なる声が力に訴えることを求めはじめていると感じさせるのだ……ドイツ国民の戦闘精神を再び燃え上がらせ、平和主義という害毒を取り除かなければならない」[*13]

最も効果的に戦意を高揚させるのは戦争の実体験である。ヒトラーは、一九一四年から一八年にかけて戦地で過ごした年月が自分の人生の最も貴重な体験であり、おかげで意志が強固になり、一人前の男になれたと倦むことなく繰り返した。彼が自分の経験にもとづいてドイツ国民を説得し、彼が指揮すれば戦争は勝利に終わるし、第一次大戦のような塹壕戦ではなく、「電撃戦」を敢行するよう陸空軍を訓練すれば、戦闘がいかに激しくても短期間で勝利を収められるという確信を与えられれば、ドイツを物質面で再武装すると同時に、内面的かつ精神的にも再武装できるのだ。それを証明するまたとない機会は、ドイツの勝算が高い対ポーランド戦をおいてほかにはありえなかった。このような機会を利用するためには、ヒトラーは英仏が宣戦布告する危険も覚悟していた。そして、英仏が宣戦布告以上の行動に踏み切らないだろうと思っていた。一九三九年九月は、戦争か平和かの決定的な分かれ目だった。彼は政権を握ってから一週間ほどしか経たない一九三三年二月八日、内閣に向かって次のように言ったときから——日付までは予言できなかったが——このときの到来を心待ちにしていたのだ。「これから五年間は、ドイツ国民の再武装を実現するために費やさなければならない。いつでもどこでも、このことをまず第一に考えるのだ」

二人の独裁者は行動のスタイルの点でも非常に異なっていた。これには気質の相違に起因している面もある。スターリンがどちらかといえば無口なのにたいして、ヒトラーはかなり派手で、気分屋だった。スターリンは陰で人を操り、ヒトラーは脚光を浴びているときに最高の仕事をした。スターリンは非常に計算高く、ヒトラーは賭博師だった。グルジア人のスターリンはまさしく「統治者」であり、行政の経験を積んでおり、自らを律して規則正しく業務を遂行した。オーストリア人のヒトラーは、いぜんとして芸術家気質の政治家で、日常業務を嫌い、最も重要な決定以外には関与したがらなかった。二人の相違は、おかれた状況によるところもある。ヒトラーはスターリンと同様、他の人間をあまり信用していなかったが、一九三九年にはスターリンにくらべると猜疑心も強くなかったし、(まだ最悪の犯罪に手を染めていなかったので)精神的にも安定していた。スターリンはすでに四万人――その多くは顔見知りだった――を粛清しており、またそのことから、さらに何十万人もの人びとを同様に銃殺したり強制収容所に送ったりすることを認める署名をしていたと充分な根拠をもって推測できる。スターリンは誰かが自分に復讐するのではないかと疑い、かつ恐れ、他の者はスターリンがこれからどんな犯罪的な行為に着手するのかと恐れおののいており、クレムリンの雰囲気は重苦しかった。

行動のスタイルは異なっていても、二人が行使した力の性質は同じだった。それは生まれつきもっている個人的な力であって、役職に備わるものではなかった。これを誤解して、ヒトラーとスターリンがすべてを決定していたという意味だと考え、それは現代の大国では不可能だと論じる人がしばしばいる。それはまったくそのとおりだ。しかし、個人による支配という表現で言おうとしているのは、二人があらゆることを決定できたというのではなく――それは明らかに不可能だった――自分が望むことは何でも決定できたということであり、他の誰にも相談や説明をしなくても、あるいは誰かの合意を求めなくても自分の思いどおりに決定を下せたし、また政敵となる権力者も有力な反対者もおらず、法も彼らを縛ることができず、良心や感情や情実に訴えても、彼らの心を動かせそうになかったということだ。

最後に、両者はそれぞれ、このように独断的な決定を実行するため、とくに設けられた機関――NKVDと、SS（親衛隊）および秘密国家警察《ゲシュタポ》――をもっており、それらの機関はスターリンとヒトラー個人にたいして責任を負うだけで、必要とあれば、法律や裁判所を無視して、拷問や処刑を含むどんな力の行使も許されていた。

このように、ヒトラーとスターリンの握っていた権力は空恐ろしいものである。しかし、彼らがこうした権力をもっていて、その権力の行使は恣意的で、あらかじめ予測できないということが広く一般に知られていれば、たいていはその権力を実際に行使する必要がなくなる。ほとんどの場合、命令を受けた者は、積極的にそれを遂行したがるからだ。

さらにもう一つ述べておく必要がある。独裁的な支配をじかに批判する者は少なく、それがときとして実情把握の妨げになるので、支配を広く行き渡らせるには、支配者に直属する諜報機関がどれほど手ぎわよく信頼できる情報をもたらすかが重要だということである。これもNKVDとSSの不可欠の機能であり、ゲーリングの調査部や軍の諜報機関など他の情報源からの情報がそれを補っていた。

一九三八年から三九年にかけて、ヒトラーは二つの点でスターリンよりも優位に立っていた。スターリンは大粛清の時期をくぐり抜けたばかりだったが、ヒトラーはもっと安全な立場にいた。それに、国民の承認を得た総統なので、自らの地位を偽る必要もなかった。スターリンは「個人崇拝」のおかげでしだいに並外れた能力をもつ指導者だと思われるようになったとはいえ、彼が皇帝《ツァーリ》の後継者であるだけではなく、マルクス＝レーニン主義を引き継ぐ者でもあると主張しつづけるつもりなら、その根拠を捏造しておく必要がある。その一つが、「個人崇拝」はロシアの人びとの自発的な称賛の念として現われたのであって、国民のなかから頭角を現わし、党書記長として党と大衆のために奉仕することだけを願っている男は当惑しているというものだった。スターリンの業績は伝説的なものであり、考えられるかぎりの形態のプロパガンダや芸術を用いて称えられているが、彼のもつ権力――「ソ連の最高権力者」――は秘密になっており、公言してはならなかった。しかし、あらゆる役所のあらゆる人間が知っていたので、この秘密はいっそう力を発揮した。

ヒトラーの力は、まだ試練をくぐり抜ける必要があり、それはスターリンの場合と同じ尺度で検証する必要があったのだが、それには戦争を待たなければならなかった。しかし、すでに一九三九年夏には独ソ不可侵条約が結ばれ、両者の独裁権力が同じパターンのものであることが明確になっていた。この条約締結の例では、両者が連帯行動をとるあいだだけ相手の力を利用していることが明らかだっただけに、なおさらその類似性は顕著だった。

二人はそれぞれ、この条約の利点を人びとに納得させるだけの言い分をもっていた。ヒトラーの場合、ソ連が介入する恐れさえなければ、ポーランドを、そして必要があれば西欧列強をも攻撃する能力がドイツにあるということだった。スターリンの場合は、ソ連はまだ準備ができていないのにドイツとの戦争に引きこまれる恐れをなくすことだった。さらに二人は密約を交わして、ポーランドの半分をドイツに割譲するかわりに、ドイツはバルト諸国とフィンランドがソ連の影響圏内にあることを認めると決めていたのである。

しかし、両国はイデオロギー的な原則に縛られており、たがいに相手があらゆる悪を具現しているとして公然と非難していたので、この条約が両政権にとって（とりわけ秘密議定書を公にできなかった時点では）難物だったことは、それを非常にあからさまに「国家的理由」によって正当化した事実に見てとれる。一方には、ヨーロッパを守るための反ボリシェヴィキ運動があり、他方にはファシズムに対抗する集団安全保障を支持する進歩的勢力の連合があって、ドイツとソ連がこのときそれを否認したこと――そしてさらに進んでたがいに攻撃しないという条約に署名し、事実上、ドイツがポーランドを思いのままに攻撃できるようになったこと――は、イデオロギーの対立を真剣に受けとめた多くの人びとにとって、間違いなくショックだった。

このような豹変は、この二人だからこそ可能だったのであり、彼らは自分以外の誰にたいしても説明の義務をもたず、討論するよう提案されてもそれに従う必要がないし、党内の反対を恐れる必要もなく、自分の行動を自国民および世界にたいしてどのように発表すべきかを命令できたのだ。確かに、二人は二、三の腹心をまじえて条約と協定について話しあったが、ヒトラーがスターリン宛の私信を出して初めて障害が取り除かれたのだし、スターリンから個人的に返答があって協定がまとまったのである。このことがもっとはっきりと表われているのは、ポーランド分割の決定の仕方である。スターリンが両国の占領地域の境界を変更したいと言いだすと、リッベントロープは話しあいを中断して、ヒトラーが同意するかどうかを電話で確認しなければならなかった。こうして、彼らはそれぞれの国の運命を決めたのだが、ナチ党も共産党もまだ自分の国とは平和な関係を保っていたのである。

3

一九三九年九月三日の夕刻、ヒトラーは八月に完成したばかりの専用列車でベルリンを発ち、ポンメルンへと向かった。驚くべきことに、その列車は「アメリカ」と名づけられていて、機関車と客車一五両からなり、移動司令部として使われ、ヒトラーは毎朝そこから車で出発して前線に向かうことができた。ヒトラーはどこへ行くにも側近たちを従えており、彼らは媚を売り、たがいに相手を押しのけて総統に近づき、一緒に写真に収まろうとした。もと伍長だったヒトラーは、帝国議会における演説で自分を「ドイツ帝国の筆頭の兵士」と呼び、灰緑色の昔の軍服を再び身につけ、今度彼が軍服を脱ぐのは「勝利が確実になったときであり、万一負けるようなことがあれば生きながらえるつもりはない」と宣言していた。

戦場の光景を目にし、戦闘の音を耳にすると、彼の気分は高揚した。彼はついに、権力を握って以来ずっと心に思い描いていた戦争を始めたのだ。目の前には、いまや彼の指揮下にある新しいドイツ軍があり、旧ドイツ領で、ヴェルサイユ条約で失ってまだ祖国に復帰していない最後の領土、西プロイセン、ポーランド回廊、ポーゼン（訳注：ポズナニ）と上シュレージエンを奪回しようとしていた。軍がポーランドの中心部に進撃するころには、ヒトラーはすでにヒムラーとともに東方帝国建設の第一段階について計画を練りはじめていた。

ヒトラーは賭けに出て、西部戦線には三日分の弾薬以外には戦車も航空機も配備せず、総力を結集してこの最初の電撃戦をポーランドにしかけた。ポーランド軍は、のちにポーランドのパイロットが英本土航空決戦《バトル・オブ・ブリテン》で示すのと同様の勇敢さで戦ったが、ドイツ軍の激しい攻撃に圧倒された。一週間足らずで勝負がつき、作戦全体も三週間以内に終了した。ヒトラーは九月十九日に勝利者としてダンツィヒ入りし、ワルシャワは爆撃に耐えられず、二十六日に降伏した。ポーランド政府はすでに国外に逃亡していた。

ポーランド人は英仏の保障をあてにしていたのに、ヒトラーが予言したとおり、両国は援助の動きをまったく見せなかった。ドイツ軍三三個師団（うち二五個師団は二流以下）を西部に残して、戦車三〇〇〇両と航空部隊を擁する七〇個師団のフランス軍を牽制させるというヒトラーの賭けは成功した。フランス軍はまったく交戦しようとしなかったし、イギリス空軍もドイツの町にビラをまくにとどまった。全世界が驚いたことに、ドイツ軍の新しい戦術は成功を収め、ポーランドの半分を侵略するのに払った犠牲はわずかに死者一万一〇〇〇人、負傷者三万人であり、一九一四年から一八年まで膠着状態がつづいた塹壕戦で多大な死傷者を出したのとは対照的だった。

このポーランド侵攻に最も衝撃を受けたのはほかならぬモスクワだった。これほどすぐに結果が出るとは思ってもいなかったのだ。早くも九月八日には、リッベントロープがソ連にメッセージを送り、秘密議定書で合意ずみのポーランドにおける取り分を占領するよう促した。ロシア人に戦争の準備をさせるために、スターリンは大急ぎで宣伝活動を始め、ドイツがもっと早くから行なっていたポーランド批判を――民族上のドイツ人《フォルクスドイッチェ》（訳注：ドイツ国籍をもたないドイツ系の人びと）と白ロシア人およびウクライナ人を入れ換えたうえで――繰り返し、ポーランドは少数民族を虐待しており、国境を侵犯し、挑発してきたと告発した。九月十七日、赤軍はポーランドとの国境を越え、一週間足らずでポーランドの東半分を占領したが、自軍の犠牲は死者七三七人、負傷者二〇〇〇人以下にとどまった。

この第四次ポーランド分割によって、ソ連は一九二〇年にポーランドが併合した旧ロシア領を取り戻した。敗戦国にたいする不当な攻撃だと思われる恐れがあったので、モスクワは自国の行為を正当化するため、次のような公式発表をした。「ソ連政府は、ポーランド領内に住む同胞、ウクライナ人と白ロシア人が無力なまま運命に翻弄されている事実に無関心ではいられない」。独ソ間の協定については秘密が厳守されていた――それに、ヒトラーは配下の将軍をほとんど信用していなかった――ので、直属の軍事スタッフである国防軍最高司令部の幹部でさえソ連のポーランド侵攻には驚いた。ヨードル将軍は赤軍侵攻のニュースを聞くと、驚いてこうたずねた。「誰と戦うつもりなんだ」。ドイツ陸軍の最高司令部はソ連との秘密議定書で決まった境界線についていて何も知らなかったので、軍がすでに二〇〇キロも越境していた場所があり、急いで退却しなければならなかった。

いまや急務となったのは、ポーランドを占領している二国がその分割方法に関して明確な合意を形成することだった。ヒトラーはまだ勝利を満喫していたので、この交渉はリッベントロープにまかせるつもりでいたが、スターリンはこの機会を利用して八月の分割案がソ連にいっそう有利になるよう再交渉する決心をしており、そのためにドイツ外相をモスクワに招いた。九月二十七日、モスクワに到着したリッベントロープは、モロトフではなくスターリン自身と交渉しなければならなかった。スターリンの要求はきわめて明瞭であり、ドイツが自らの勢力範囲内に収めたと考えていたリトアニアを望んでいた。リッベントロープはすでにリトアニア人に、一九一九年にポーランドに奪われた昔の首都ヴィリニュスを返す約束をしていたが、そこはすでにソ連軍が占領していた。スターリンが考えていたのは、リトアニアを支配すれば、彼が非常に重視しているレニングラードに通じるバルト回廊をソ連が封鎖できることだった。

スターリンは、八月にリトアニアを要求していたらヒトラーはまず間違いなく合意を拒んだろうと信じていたので、そのときは暫定的なポーランド分割案を決めて、ポーランド中央部の大部分と白ロシア、西ウクライナを確保した。いままでは、少数派だったポーランド人に占領されていたこの地域を、リトアニアと引き換えにドイツに割譲しようと考え、独ソ両国の占領地域の境界線をヴィスワ川からブーク川へと東に移すつもりだった。リッベントロープが産油地域ドロゴブイチとボリスラフも確保しようとすると、スターリンはそれにたいする答を用意していた。この地域はウクライナの一部で、ウクライナの人びとが自分たちの領土だと主張しており、自分は彼らを失望させるわけにいかないというのだ。そのかわりとして彼が申し出たのは、その油田から産出する年間三〇万トンの原油の全部（等価の鋼管および石炭と交換する）と、追加的な土地の譲歩であり、それは東プロイセンとリトアニアにはさまれた、スヴァウキ三角地帯と呼ばれる地域だった。

リッベントロープの反論はスターリンにたいして何の効果もなかったので、形勢不利な外相は、ヒトラーに相談しなければならないと答えるしかなかった。リッベントロープが返事を待っているあいだ、スターリンは相手の虚栄心をくすぐろうとして、リッベントロープに敬意を表する祝賀晩餐会をクレムリンで開き、帝政時代を思わせる豪華なもてなしをした。晩餐会のあと、ドイツからの一行がボリショイ・バレエ団による『白鳥の湖』を見物しに行っているあいだ、モロトフはエストニア外相のカルル・セルテルと会見した。彼はソ連からの軍事同盟の提案に答えるため、モスクワに呼びだされていたのだ。モロトフはこうつけ加えた。もしエストニアがおとなしく提案を受け入れなければ、「ソ連は別の方法で、エストニアの合意なしに、エストニアの安全を守ることになるだろう」と。セルテルは、自国内に配備されるソ連駐屯軍の兵力が三万五〇〇〇人になると知ると、それではエストニア軍の総数よりも多いではないかと抗議した。話しあいに決着がつかないでいると、スターリンが部屋に入ってきて、どうしたのかとたずねた。駐屯軍の規模が問題になっていると聞かされて、スターリンはソ連外相を叱った。「おいおいモロトフ、われわれの友人にたいして少々厳しすぎるぞ」[*14]。スターリンは兵員の数を二万五〇〇〇にしようと提案して、その場のエストニア人たちに理解があるところを強く印象づけたので、リッベントロープ一行が劇場から戻ってくる前に交渉はまとまった。

一行が戻ってきて、ソ連側との話しあいが再開されると、リトアニアの件に関して待望のヒトラーからの電話がモロトフの机にかかってきて、リッベントロープが受けた。ヒトラーが疑念を抱いていたことは明らかだが、「私はきわめて堅固かつ緊密な関係を築きたい」との理由で、最終的にはソ連側が提案した占領地域の交換に同意した、とリッベントロープは報告した。スターリンは簡潔にコメントして、「ヒトラーは万事心得ている」と言った。

ドイツがポーランドに勝ってから数週間のあいだに、一九四〇年代を動かす三つの局面が展開しはじめた。一つは局地戦から全面戦争への拡大、もう一つはヒトラーの構想する欧州新秩序の第一段階、そしてスターリンによる欧州新秩序の準備段階である。

ポーランドにたいする勝利が明らかになると、ヒトラーはすぐ次になすべきことを決定しなければならなかった。九月二十八日、独ソはポーランド分割に関する新たな条約に調印したあと、モスクワで共同コミュニケを発表した。そのなかで、リッベントロープとモロトフは次のように宣言している。

ポーランド崩壊によって生じた問題をきっぱりと解決したいま……ドイツ対英仏の戦争状態を終わらせることが、世界中の人びとの真の利益となるだろう。[*15]

これと同じ見解がドイツの新聞とラジオで繰り返され、ドイツ国民も軍の指導者たちもかねがね西欧列強との戦争は回避したいと考えていたので、すぐにそれを受け入れた。ムッソリーニもまた、自分の面子《めんつ》を保つ意味でも、強く平和を望んでいた。

ヒトラーは十月六日に国会で演説して平和への希望を表明した。手にした勝利を「歴史上、ほとんど並ぶもののない軍事的偉業だ」と喜び、ポーランド人およびその指導者に嘲笑を浴びせたあと、彼は東方の失地回復を称賛して、ヴェルサイユ条約によってはめられた足枷からドイツを解放するという自分の政策の頂点だと宣言した。この最後の国境変更も、他国に主戦論者がいなければ、平和的に実施できたはずだ。英仏との争いは決して望まなかったというのである。

ドイツはフランスにたいしてこれ以上のいかなる要求ももたないし、今後いかなる要求もしない……私は英独間の友好関係を築くためにも、同様の努力を傾けてきた……西欧で戦争をする理由がどこにあろう。ポーランドの復興のためか。ヴェルサイユ条約によってできたポーランドは、決して再興することはない。このことは世界で最も強大な二つの国が保証する。

ヒトラーは、ソ連との新しい関係――ドイツの外交政策の転換点――を大いに強調した。そして、ウクライナをはじめとする東方の地域にドイツの支配を確立しようとの提案を「ばかげている」としてしりぞけた。ドイツとソ連は両国の勢力範囲を明確に定めて――国際連盟はそれに失敗したが――ヨーロッパの衝突につながりかねなかった問題の少なくとも一部を取り除いた。中央ヨーロッパの再編成という問題では「国際関係についての勝手な思いこみから私の行動を批判したり、裁いたり、拒んだりしようとするいかなる試みも」許さない、と彼は明言した。しかし、将来の安全保障とヨーロッパの平和については、いつか国際会議で解決しなければならないだろうと考えていた。

遅かれ早かれこうした問題を解決しなければならないのであれば、何百万もの人間を不必要に死に追いやる前に、解決策を論じあうほうが賢明だろう……西欧において現状がつづくとは考えられない。まもなく、日ごとに犠牲者の数が増えるようになるだろう……いつか再び独仏間の国境が設定されるだろうが、そこにあるのは繁栄する市街ではなく、廃墟と、はてしない墓場だろう……しかし、チャーチル氏一派の見解が優勢になれば、これが私の最後の声明となるだろう。そうなれば、われわれは戦うつもりだし、ドイツの歴史で一九一八年十一月が繰り返されることは決してないだろう。*16

ドイツの新聞はすぐにこんな見出しを掲げた。——ヒトラーの和平提案。対英仏戦の意図なし。軍備制限。会議を提案。

ヒトラーの演説は、プロパガンダとしては傑作だったが、真剣な和平提案として考えると、疑問点にいっさい答えていなかった。そこには何一つ具体的な提案が含まれておらず、唯一の例外は、議論の前提としてドイツのポーランド征服を認めるよう暗に求めたことだった。英仏の答は明確で、チェンバレンが英国下院で述べたように侵略者を許すことが第一条件となるなら、平和への道を考えようとは思わないというものだった。その後、十月十三日に、ドイツは公式発表でチェンバレンが和平提案を拒否して戦争を決意したと告げた。またしても、ヒトラーは自分のアリバイを立てたのだ。

ヒトラーはすでに、西欧列強とのあいだで合意に達する見込みがないことが明らかになりしだい西方での攻撃を始めるつもりだと、カイテルおよび主だった指揮官たちに明言していた（九月二十七日）。チアノはムッソリーニの部下としてヒトラーの意図を探ろうと、十月一日に彼を訪問したが、前回、八月上旬に同じ任務でやってきたときとは様子が違うのに気づいた。そして日記にこう書いている。「ザルツブルクでは、この男は心の葛藤にもとづいて行動を決定しており、自分が用いる手段や自分の計算について、まだ確信をもっていないことは明白だった。いまでは、彼は自分自身に絶対の自信をもっているようだ。[*17] これまでにぶつかった試練のおかげで、今後も試練に耐えていく自信がついたのだ」。チアノは、「この偉大な勝利を収めたあとで揺るぎない平和を国民にもたらすこと」は、いまなお彼の気をそそるだろうと確信していた。「しかし、平和を築くために、自分の勝利の成果だと思っているものをほんのわずかでも犠牲にしなければならないとなれば、彼は一〇〇〇回でも戦争をしようとするだろう[*18]」

ヒトラーが自信を深めていたことは、戦争継続の決定の仕方に表われている。彼はＯＫＨ（陸軍最高司令部）やＯＫＷ（国防軍最高司令部）を含め、誰ともいっさい相談しなかったのだ。ヒトラーには、ＯＫＷをその名が示すとおりの、全軍を統轄する最高司令部にする気はなく、単に自分の手足となる軍事局としか見ていなかった。それよりはるかに大勢のスタッフを擁するOKHにも、行政組織としての役割しか与えなかった。最高司令官フォン・ブラウヒッチュも参謀総長ハルダーも、ヒトラーに胸のうちを明かされなかった。彼らは総統が何を考えているのかよくわからず、間接的な情報収集に追われることがよくあった。

OKWの幕僚ワルター・ワルリモントはこう結論している。ヒトラーの行動は、「権力を配分する誤またぬ本能」つまり独裁的に決定する自由をうまく維持する才能をもっていることを示す一例である、と。しかしヒトラーにしてみれば、陸軍の指導者たちが自分の指揮を信頼しておらず、ドイツが英仏との戦いに勝てると信じていない、あるいは（彼の言葉を借りれば）敗北主義に染まっていると認識していたこともあった。

自分の「和平提案」にたいする返答を待っているあいだ、ヒトラーは軍の指導者たちを説得しようとして、十月九日に長い覚書を口述した。内容はすべて彼自身によるもの（一九三六年に書いた四カ年計画に関する論文のように）で、そのなかでは西欧を即座に攻撃するという主張を展開していた。

彼はこう主張した。西欧列強はドイツがヨーロッパで立場を強化するのをまたも妨げようと企んでおり、ドイツ国民は遅かれ早かれ西欧列強との戦いに直面しなければなるまい。いまほど好都合な時機はない。対ポーランド戦に勝利し、ソ連と条約を結んだので、東部には若干の戦力を残しておけば、あとは西方での戦闘に力を注げる。二つの戦線で同時に戦う恐れはなくなった。しかし、いかなる条約を結んでも、ソ連がいつまでも中立を守りつづける保証はないのだ。

同じことはドイツの軍事的優位についても言えた。時間が経つにつれて、英仏との差が縮まっていくことを、いまや彼は認めていた。ドイツが待てば待つほど、英仏が攻勢に出る危険は増し、ベネルクス三国を占領してドイツの戦時経済の要《かなめ》たるルール地方を脅かしかねない。その前に、ドイツ国民は彼らを倒さなければならない。ポーランドに勝ったおかげで、われわれは心理的に優位に立った。この勢いを失ってはならない。「可能なかぎり」迅速に行動することが大切である。軍は必要とあれば真冬まで戦いつづける覚悟を固めておかなければならない。そして、装甲部隊と機械化部隊を使って戦闘を継続すれば、これは可能なのだ。「国防軍はベルギーの市街から市街へとはてしなくつづく家並のなかに埋没することなく」、オランダ、ベルギー、ルクセンブルクを次々に襲い、敵が統一防衛戦線を組む前に抵抗力を奪ってしまわなければならないのだ。攻撃のタイミングは「早ければ早いほどよい」[*19]。

ヒトラーのこのような議論に将軍たちは納得しなかったし、反対したのはOKHだけではなかった。西部戦線における軍集団司令官であり、したがって攻撃を指揮する責任を負うフォン・ルントシュテット、フォン・ボック、フォン・レープは三人とも反対して、ドイツ軍は力不足のために敗北する危険があると主張した。しかしその結果は、ヒトラーの決意を固めさせただけで、十月十九日に七五個師団で西方を攻撃するという「黄作戦」の最初の指令が発せられた。

軍の指導者たちとヒトラーとの意見の不一致は公然の事実だったので、ミュンヘン協定の締結前に結集した反対グループは、軍部を説得してクーデタを実行できるかもしれないとの希望をもった。ベック、ゲルデラー、フォン・ハッセルは、国防軍諜報部のオスターやハンス・フォン・ドーナニイとともに再び将軍たちを促し、彼らだけがもっている力と権威によって政府を転覆させようとした。首相官邸を襲ってナチ幹部を捕らえるという一九三八年の計画がよみがえったのだ。ベルリン市外の陸軍最高司令部があるツォッセンが陰謀の中心となり、それを知ったフォン・ブラウヒッチュとハルダーは西部戦線を視察したあと、十一月五日に最終的な決断を下すと約束した。しかし、フォン・ブラウヒッチュがその五日にヒトラーと会って陸軍の反対をもう一度告げると、ヒトラーは激怒し、それ以上は耳を貸さず、そのまま準備をつづけて一週間後の十一月十二日の夜明けとともに攻撃を開始するよう頭ごなしに命令した。フォン・ブラウヒッチュはヒトラーの剣幕にたじろぎ、またハルダーはヒトラーが「ツォッセンの精神」という言葉を口にしたのを聞いて、陰謀を疑っていると信じこんだ。

陸軍参謀総長は証拠をすべて湮滅《いんめつ》するよう命じ、陰謀を成功させる機会は失われた。

皮肉なことに、軍人たちが躊躇しているあいだに、ドイツ人の熟練工ゲオルク・エルザーはまったく独力で、一九四四年七月二十日以前の試みとしてはヒトラーの生命を最も大きな危険にさらした。毎年十一月、ヒトラーは一九二三年のミュンヘン一揆を記念する催しを現場となったビアホールで開いており、エルザーはそこに三〇日から三五日間にわたり、夜間に誰からも見とがめられることなくまんまと忍びこんでいたのだ。彼は石の柱の一部をくり抜いて強力な爆破装置を入れ、コルクで防音した時限装置に接続した。例年、ヒトラーは八時半に演説を始めて十時までつづける。その夜、爆弾は九時二十分に爆発し、屋根の一部が壊れ、八人の死者と六〇人あまりの負傷者が出た。ヒトラーが助かったのはひとえに、霧が深かったために通常よりも早く、九時十分にそこを発つことにしたためだった。

エルザーはその夜のうちに逮捕されたが、何らかの組織や外国の諜報機関との関係を解明しようとしても無駄だった。エルザーの考えでは、一九三八年秋以来、ヒトラーはドイツを戦争へと導いており、それを阻止するべきだとの結論を下したという。彼はその結論に促されて行動したのである。はてしなくつづくかと思えた尋問のあと、彼は処刑されることなく、終戦の日まで生きのびた。

ヒトラー本人が、危うく命拾いをしたという知らせを聞いたのは、列車がニュルンベルクで停まったときだった。ひどく興奮して、彼はこう断言した。「いま、私は満足している。私がいつもより早く会場を出たという事実こそ、私に目標を達成させようという神の意志の表われである」[20]

西方攻撃の予定日は、気象条件が芳しくないため、十一月中に一度ならず延期されたが、ヒトラーは軍が戦闘態勢を解除することを許そうとしなかった。十一月二十三日、彼は三軍の上級士官一〇〇人を首相官邸に召集して二時間におよぶ演説をし、前に覚書のなかで使ったことのある主張を繰り返した。そして、一九一九年以来の経歴を振り返り、自分が成功すると少しでも信じていた人間はごく少なかったが、「神はすべてお見通しだった」と語った。いまが一番よいときだと信じる根拠となる要因のうち、ヒトラーが指摘したのは、ビスマルクがドイツ帝国を築いて以来初めて、ドイツは二つの戦線における戦闘を気づかう必要がない状態にあるという事実だった。

最後の要因として、私は、控え目に言っても、自分をかけがえのない人間だと思わざるをえない。軍人にも文民にも、私に取って代われる人間はいない。暗殺を試みる者はたびたび現われるだろう。しかし、私は自分の知力と決断力に自信をもっている……いま、さまざまな力の関係は、またとないほど好都合なものとなっている……

できるだけ早く英仏を攻撃するという自分の決意は変わらないと宣言する一方で、ヒトラーはベネルクス三国が中立を保つかどうかを心配しても無意味だとし、その問題を無視することにした。「われわれが勝ってしまえば、そんなことは問題にならない」

ヒトラーはつねにある役を演じており、機会を設けて指揮官たちに自分の指導力が神の啓示にもとづくものだとの印象を与えようとしたこともあった。彼らの部下に伝えるよう命じたのは、「熱狂的な団結があって、たとえば狙撃手が備えているべき勇気を指導者がつねにもっていれば、負けはしない」ということであり、それが終わると勝ち誇ったような口調で締めくくった。

私は何にも怯まず、反対者は撲滅するつもりだ……運命と戦う者だけがすぐれた直観を得られる。この数年間、私は何度も直観を得るという経験をした。現在進展している事態のなかにも、私は神の御業を見る。

われわれがこの戦いで勝利を収めるなら――もちろん勝つつもりだが――われわれの時代はドイツ国民の歴史のなかに組み入れられるのだ。この戦いで、私は勝者となるか倒れるかのいずれかである。わが国民が敗北すれば、私は決して生きのびようとは思わない。外部の勢力にたいする降伏も、内部からの革命もあってはならない。[*21]

その後の年月は、ヒトラーのこの言葉が空虚なレトリックでなかった事実を明らかにする。しばしばあったことだが、ヒトラーが最大限に誇張した表現を文字通りの意味で用いていることには驚かされる。ところで、彼の心はいぜんとして西方攻撃に傾いていた。ヒトラーが二十三日に演説したあと、フォン・ブラウヒッチュは辞表を提出したが、ヒトラーは受理しようとせず、最高司令官は他の兵士と同様、自らの義務をはたさなければならないと言った。さらに加えて、彼は軍の内部に広まっている「ツォッセンの精神」が気になっており、それを根絶するつもりだとも言った。例年になく厳しい冬で、再三攻撃を延期したあと——記録に残っている最後の攻撃命令では、一月二十日が作戦計画を実施する日となっている——ヒトラーは「黄作戦」を五月に延期した。それまでのあいだに、彼はノルウェーにおいて、すべてを賭け、うまくいかない恐れがあればパニックを起こしもするが、それでもなお勝者として立ち現われる能力を備えていることをはっきりと示す証拠をまたしても見せた。

4

一九三九年から四一年にかけての占領地ポーランドの扱い方に表われているのは、たがいにイデオロギー上は対極にあると主張している二つの政権が、実際には似ていたことである。

ヒトラーの当初の考えは、ポーランド国家の一部を残しておけば、英仏を説得し、その状態をもって平和的な解決の一つのかたちであると認めさせ、戦争を終わらせられるかもしれないというものだった。しかし彼は、「和平提案」が拒否されると、この考えを放棄して、別の解決策を選んだ。

ソ連はポーランド東部の約二〇万平方キロの地域を支配下においた。そこは人口が一三〇〇万人で、およそ三分の一がウクライナ人、三分の一がポーランド人、残りの三分の一はさらに分かれて、ユダヤ人、白ロシア人、いくつもの少数民族という三つのグループがほぼ同数を占めていた。

ポーランド北西部では、ドイツが旧プロイセン領だったダンツィヒ、ポーゼン、西プロイセン、それにシュレージエンの大部分を回復した。しかし、旧領土の回復にとどまらず、ヒトラーが併合した土地は全部で九万三〇〇〇平方キロに達し、ヴェルサイユ条約でドイツが失った国土の二倍以上となり、一〇〇〇万人の住人がいて、そのほとんどがポーランド人だった。

ポーランド中央部には、第三の地域が一〇万一〇〇〇平方キロにわたって残り、そツ人に占領されたのだが、第三帝国には組み入れられず、かわりに「属領」となった。一一〇〇万の人口の大部分はポーランド人で、主な少数民族としてユダヤ人がいた。この地域は総督府領として知られるようになり、ヒトラーの法律顧問で国務相を兼ねていたハンス・フランクが総督に任命された。

スターリンとヒトラーの目標は大きく異なっていた。ドイツ人は敗北した民族を破滅させようとしており、奴隷労働者の一群だけを残しておけばよいと考えていた。ソ連人は(自ら主張するところによれば)抑圧されているポーランドの大衆を解放すること、つまりソ連の国民が置かれている状態に同化させることを目指していた。しかし、両者の計画は当面は同じ目的をもっており、それは一九三九年以前のポーランドに存在した社会秩序を破壊することだった。両者はSSとNKVD、ナチ党と共産党という類似した機関を外部からもちこんで利用し、また同じ方法を用いた。

戦争前のポーランドが不完全だったことは否定できないが、秩序ある社会ではあった。敗戦と占領によってポーランドの土台は大きく揺らいだ。ポーランドの秩序を回復させるどころか、二つの占領国の活動が目指していたのは、無秩序、不安定、混乱をもたらすことであり、それまで国民を包んでいた正常な世界を覆すことだった。意図的に真空状態がつくりだされ、そのなかではなじみあるすべてのものが崩壊し、何百万もの人びとが自分たちは危険にさらされていて無防備なのに、法や当局に守ってもらえないと感じていた。多くの者が家族と離れればなれになり、社会のなかで居場所を奪われ、もはや自分のアイデンティティに確信がもてなくなっていた。このような状況にあって地位を高めた者もいた。それはドイツ占領地域では、以前のドイツ系少数民族だった。ソ連占領地域では、野望を抱き、進んで新しい支配者に協力しようとする者たちであり、とりわけ少数派（ウクライナ人、ユダヤ人）であるため、あるいは階級や前科が原因で偏見の犠牲となってきたが、いまや逆にそれが利点となって、よい思いをしている者たちだった。しかし、どちらの地域でも、大多数が途方に暮れ、暴力、立ち退き要求、逮捕、国外追放がわが身に降りかかるのではないかとおびえながら暮らしていた。こうしたことは、両大国がつくりだそうとしている「新秩序」の準備段階として必要とされたのである。

ポーランドの東半分は、スターリンがスターリン主義のモデルにもとづく社会的・政治的革命を他国に押しつけた最初の例となった。のちには、そのような革命が中欧と東欧に輸出された。同様に、ポーランドの西半分は、ヒトラーが人種主義の原理を初めて適用してみた地域だった。彼の考えでは、その原理を土台とし、かねてから夢に描いていた、東はウラル地方におよぶ帝国をつくろうというのである。ヒトラーの考えを実行に移す権利を最も声高に主張できるのはヒムラーであり、彼はこの機会をすばやくとらえて一つの計画を提出し、ヒトラーはポーランドでの戦闘がまだ終わっていないうちにそれを承認した。

一九三九年十月七日に総統布告が出され、ヒムラーは「ドイツ民族強化委員」に任命された。それとあわせて、総統の長期指令も発表されたが、それには領土上の制限が設けられていなかった。指令は官僚的な言いまわしにくるまれており、結果として人びとの身に降りかかることになる災厄を、そこから読みとることはほとんど不可能だった。

私の指揮下にあるSS国家長官の任務とは以下のとおりである。

(1) 現在外国に居住しており、帝国に永住するのに適していると思われるドイツ民族およびドイツ国籍の者を帰還させること。

(2) 帝国およびドイツ人社会にとって危険な外国の血を引く住民がいる区域の悪影響を除去すること。

(3) 新しいドイツ人入植地をつくるために人びとを移住させること。とりわけ、外国在住のドイツ民族およびドイツ国籍の者に土地の権利を与えること。[*22]

簡単に言えば、東欧の「ドイツ化」とは、そこに住むスラヴ人を追い出し、新たにドイツ人およびドイツ系の人びとを定住させることだった。ヒトラーがその第一歩を踏みだしたいと思ったのは、一九三九年三月にドイツ軍がボヘミア－モラヴィアを占領したときだった。そのとき、彼は六〇〇万のチェコ人を追放しようと言い、ヒムラーは南チロルのドイツ人を最初の入植者にするよう提案した。しかし、チェコ産業の寄与はドイツの戦時経済にとって重要なので、ドイツ化計画は延期すべきだという説得を、ヒトラーは受け入れた。

いまやポーランドが新たな場所を提供していた。ヒムラーは新しい生活と寛大な給付金を与えるという条件で入植者を集めたいと考えたが、その範囲は広がって、「民族上のドイツ人」のすべて、すなわちバルト諸国とソ連が占領しているポーランド東部、ルーマニア、ユーゴスラヴィア、スロヴァキアのドイツ系少数民族までも含むようになった。これらの人たちは先祖代々、数世紀にわたってそれぞれの国に定住してきたのだが、彼らが好むと好まざるとにかかわらず、追い立てられ、移住させられて、ドイツ国民の「人種的に純粋な」力の増大に利用されたのである。この力こそ、ヒトラーがドイツの力の根源と考えていたものだった。

ハインリヒ・ヒムラーは、警察長官をつとめ、SSを創設した人物だった。ヒトラーは、自分の人種政策を系統化して実行する任務をヒムラーにまかせたのである。政治学者ハンナ・アーレントは戦後のアイヒマン裁判を通じて「悪人の平凡さ」という印象をもったが、いまなお色あせないその印象の最もよい例がヒムラーである。ヒムラーは人間の皮をかぶった怪物どころか、平凡さの縮図で、彼に会った者は一様に生彩に欠ける頼りない男だと言い、鼻眼鏡をかけて顎を引いた姿は、シュペーアの言う「半ば校長、半ば変人」がぴったりだった。

ヒムラーはもともと異端信仰にひかれており、その関心の対象は、自然治療や薬草学（強制収容所にはかならず薬草園をつくらなければならなかった）から、「純粋アーリア人」の典型を見つけだそうとして頭蓋骨を計測したことや魔術的な銘文にいたるまで多岐にわたった。それ以外に彼が熱中したもののなかには、狩猟廃止のキャンペーンがあった。「あらゆる動物に生きる権利がある」というのである。若いころ彼はヒトラーの魔力に魅了され、他の偉大な宗教上の師に匹敵する天才的予言者だと考えて、その疑似科学的な人種理論を偽りのない真実の啓示として受けとめた。ヒトラーに従属することによって、彼はあらゆる道徳的葛藤から解放されたが、人間的な感情に欠けるところがあって、そうした従属の意味するところは、行政官としての能力と野心を身につけ、任務にたいして過度に献身することでしかなかった。数百万の人間を組織的に国外に追放し、のちには計画的に殺戮するという大罪に悩んだ形跡はまったく見られないし、それが大罪だという意識さえもたなかったようだ。国際連盟のダンツィヒ高等弁務官カール・ブルクハルトは、ヒムラーをヒトラー以上の卑劣漢と見なし、「追従に明け暮れ、狭量で、小心翼々としており、自動機械を思わせる非人間的な几帳面さがあった」としている。

ヒムラーは長いこと心に描いてきた役割をSSがはたす機会をポーランドに見てとった。彼は疑似科学と同様、疑似神秘主義にもひかれており、SSは単なるドイツ版NKVDではなく、ドイツ人の純血という聖杯を守る誓いを立てた献身的な同志の組織だと考えていたからだ。加入式、厳しい試練、儀式を通じて植えつけられた名誉を重んじる組織の掟が要求したのは、疑いを抱くことなく掟に服従して理想に仕えることだった。その理想とは、無情さであり、「自分自身にたいしても他人にたいしても無情になり、死を与え死を受け入れること」である。SSが誇りとしていたのは、婦女子の虐殺から玉砕攻撃にいたるまで、どんなことを要求されようとも、あらゆる人間的感情を抑える能力である。

民族上のドイツ人の再定住を円滑に進めるために、ヒムラーはドイツ民族強化国家委員会を発足させた。SSの他の部署、たとえば人種・移住局もその組織に組みこまれ、非ドイツ人の国外追放業務はSSの国家保安本部（RSHA）の管轄となった。保安警察（SIPO）と保安諜報部（SD）はRSHAに組みこまれた。SIPOは秘密国家警察《ゲシュタポ》と刑事警察からなり、元来は国家の管理下におかれていた。SDは党の組織で、諜報機関を備えていた。十月一日から、二つの組織はSS指揮下のRSHA

のもとに置かれ、ラインハルト・ハイドリヒがＳＩＰＯとＳＤの長官を兼ね、ヒムラーを通じてヒトラーにのみ責任を負うことになった。

抜け目がなくて冷酷で野心的なハイドリヒは、あらゆることに懐疑的だったが、権力だけを憑かれたように追求した。ナチ党員のなかには彼をヒトラーの後継者になりうると思っていた者もいたし、ヒトラー自身「鉄の心臓をもつ男」と評しており、まさしく十五世紀のイタリアから抜け出したような人物で、ヒムラーのプチブル的ロマンチシズムに欠けているものを補っていた。

ハイドリヒは、ＳＳ特別行動隊《アインザッツグルッペン》を五隊編成し、軍のすぐあとを追って占領地域へ入らせ、国家の中央と地方とを問わずポーランドの指導者を探し出し、逮捕して、「排除する」よう命令した。非公式ながらヒトラーはこう言明している。

ポーランドの上層階級と認められる者はすべて「一掃」しなければならない。指導者になろうとする者には監視の目が光り、しかるべきときに抹殺されるだろう。[*23]

「上層階級」とは、具体的に言えば、将校や役人、判事、地主や実業家、教師、知識人、聖職者など、指導力を発揮する能力をもつすべての人間のことだった。ひとたび逮捕されれば、彼らは収容所に送りこまれ、そこで処刑される。こうして殺害された人間は数千人にのぼった。十月十七日にヒトラーは繰り返している。

人種闘争はますます激化しており、法による制約を受け入れる余地はない。現在用いている方法を継続すれば……ポーランドの知識階級が新たな指導者層を形成することはまずないだろう。[*24]

ポーランドの知識階級を一掃しようという計画と並行して、SSによる「ドイツ人の血を回復」するためのプログラムが推進された。ドイツ人の血は、劣等人種との結婚という、あまりにも簡単なプロセスにより薄まってしまう。しかしヒムラーは、たとえポーランド人の血管に流れていようとも「ドイツ人の血をドイツ民族のために回復する」何らかの方法があるはずだと信じていた。ヒムラーとSSは多くの時間を費やし、明らかな人種的特徴にもとづいて「人種的に一等」だとはっきり認められる子供を選びだそうとした。そのために、彼はSSの「生命の泉」を使うことにした。「生命の泉」は、「優良人種の」ドイツ人、ことにゲーリングの言う「SSの種馬」となるべくして生まれた子供たちを世話するため一九三六年に設立された施設だった。ヒムラーはこの施設を、今度は何千人ものポーランド人児童を受け入れるために使うことにしたのである。彼らは両親から引き離され、ドイツ人として育てて「ドイツ国家に復帰」させるために連れてこられたのだった。

ヒムラーが考えていた移住計画では、ドイツに併合された地域に住む多数のポーランド人――総計八〇〇万人――を東方に追放することになっており、その手始めとしてまず一〇〇万人（五五万のユダヤ人を含む）を、一九四〇年二月までに総督府領へ移すことが予定されていた。彼らが住んでいた土地には、総督府領のドイツ人のほか、バルト諸国とヴォリニア（ソ連に併合された）の民族上のドイツ人が移住することになる。一九三九年十二月までに、八万人以上のポーランド人が手荒い仕打ちを受けて追放されたが、ヒムラーの計画は規模の縮小を余儀なくされたうえ、期日も延長しなければならなくなった。それは、計画の実行にあたってかなりの困難に直面したからであり、またナチ党内で勢力を競いあう機関の断固とした反対にあったからでもあった。東西プロイセンの大管区指導者（フォルスターとコッホ）は、SSの侵入に抵抗して自分たちの領地を守る決意を固めていた。ゲーリングは四カ年計画を続行して、ポーランドの産業や都市が所有する資産を運用することに精力を注いでいた。ダレはポーランドから接収した土地を管理したいと熱望していた。ハンス・フランクは、ポーランド人とユダヤ人の難民がなだれのように総督府領へ押し寄せて食糧事情が逼迫してきたと抗議した。こうしたことによって、一九四一年半ばには、SSの人種・移

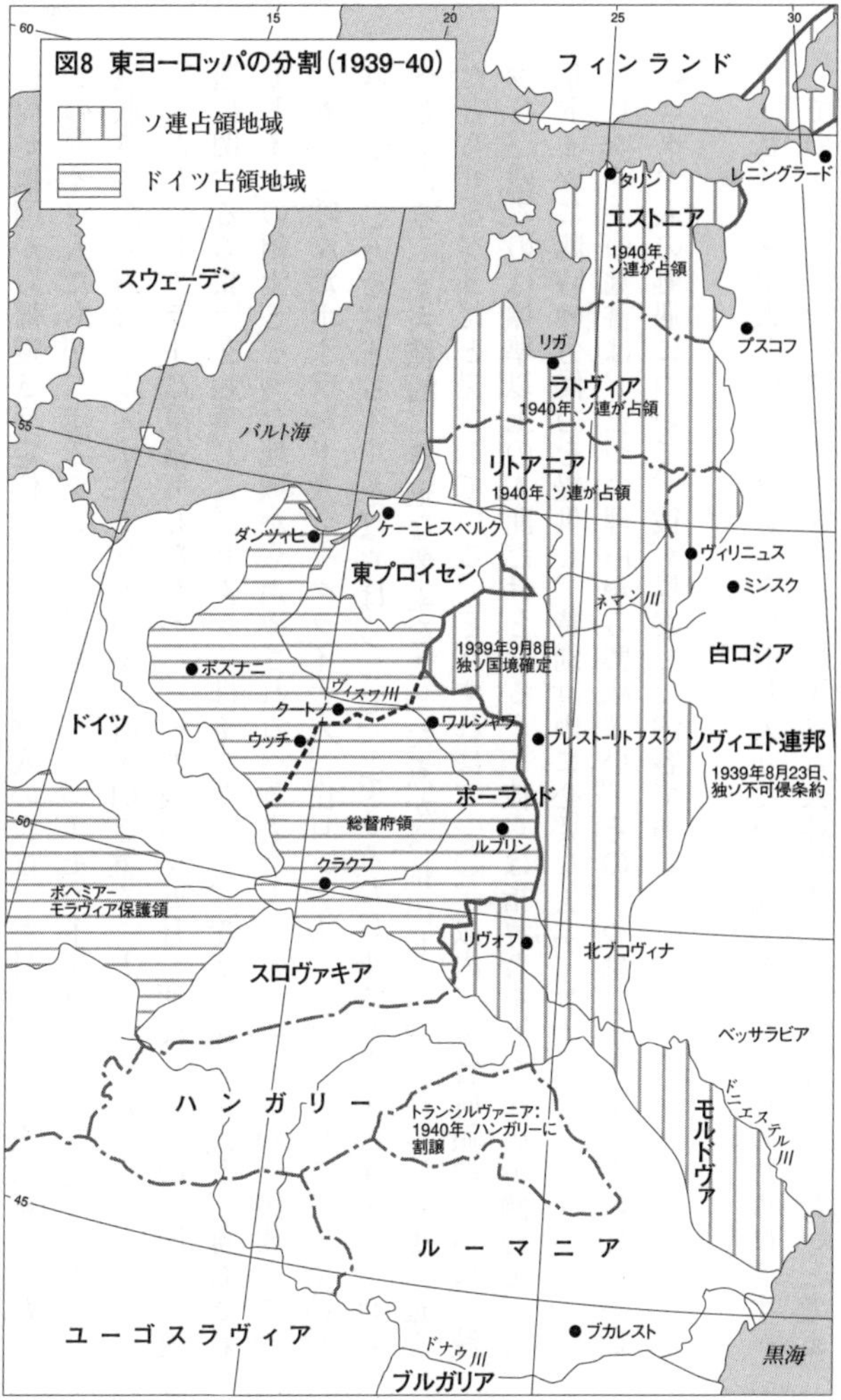
図8 東ヨーロッパの分割(1939-40)
ソ連占領地域
ドイツ占領地域
フィンランド
タリン
レニングラード
エストニア
1940年、ソ連が占領
スウェーデン
リガ
プスコフ
ラトヴィア
1940年、ソ連が占領
バルト海
リトアニア
1940年、ソ連が占領
ダンツィヒ
ケーニヒスベルク
東プロイセン
ヴィリニュス
ミンスク
ネマン川
1939年9月8日、独ソ国境確定
白ロシア
ポズナニ
ヴィスワ川
クートノ
ワルシャワ
ドイツ
ウッチ
ブレスト-リトフスク
ソヴィエト連邦
1939年8月23日、独ソ不可侵条約
ポーランド
総督府領
ルブリン
クラクフ
ボヘミア-モラヴィア保護領
リヴォフ
北ブコヴィナ
スロヴァキア
ベッサラビア
ハンガリー
トランシルヴァニア：1940年、ハンガリーに割譲
モルドヴァ
ドニエステル川
ルーマニア
ユーゴスラヴィア
ブカレスト
ドナウ川
ブルガリア
黒海
15
20
25
30
60
55
50
45

住局が他国から帰還させ定住を進めるドイツ人の数は、総計で二〇万人に制限された。このドイツ人たちが、ポーランドの農地の一〇パーセント（九三〇〇平方キロ）と、没収された六万におよぶポーランドの事業所を引き継ぐことになった。

しかし、ヒムラーは気落ちしなかった。一九四〇年五月、彼は「東方の外国人の処遇に関する考察」を起草した。ヒムラーはそのなかで、総督府領の住民と、併合されてドイツの領土となった地域から追放されるべき者たち――ヒムラーが「民族のごった煮」と呼んだポーランド人、ウクライナ人、白ロシア人、ユダヤ人たちで、その数は二〇〇〇万を超える――をばらばらにし、「できるだけ小さな多くの集団に分けるべきである……人種的に貴重な要素をごった煮から抽出し」、残り滓には衰退の道をたどらせるべきだと提言している。そうすれば、一〇年以内に総督府領の人口は「減少し、残るのは標準以上の人間だけとなる……彼らは指導者をもたない労働力で、毎年ドイツに臨時の労働力を提供し、特別計画に必要な人力《マンパワー》になるだろう」。

ヒムラーの覚書は、三つの理由から興味深い。その一つは、ポーランドに住む多数のユダヤ人の処遇について、彼が提案した内容である。

私はユダヤ人という概念を完全に消し去りたいと願っており、そのために、すべてのユダヤ人をアフリカかどこかの植民地に大移住させる可能性を探りたいと考えている。

ヒムラーが秘密の覚書のなかでこのように述べ、ヒトラーがそれに賛成していたことは、他の証拠とも符合する。その証拠は、彼らが一九四〇年五月に「ユダヤ人問題の解決」を、四一年に採用したものとは違う方針に沿って進めようとしていたことを示唆している。先につづく文はこの見解を裏づけている。東欧諸国の国民の権利を剝奪することについて述べながら、ヒムラーはこう結論した。

個人の場合で見ればどれほど残酷で悲惨に思えようとも、ドイツ人でないことが許せないという曖昧な罪科で一民族を絶滅させるというボリシェヴィキのような方法をとらないのであれば、これが最も穏健かつ最善の方法である。[*25]

第三の理由は、クリストファー・ブラウニングによって指摘されたものだが、それは、「最終的解決」に総統は命令を下さなかったのではないかということである。ヒトラーはヒムラーの覚書に目を通し、これには信頼に値する指針が含まれていると自分が「評価し、承認した」ことを、ゲーリングと東部の大管区指導者たちに話してもよいと言った。「ヒトラーがどのようにして決意を固め、この時期にナチが人種政策を具体的に策定する過程で、総統の命令がどのように伝えられたかを直接説明する記述はこれだけである」[*26]とブラウニングは述べている。ヒムラーがヒトラーに提出した計画は綿密なものではなかったが、彼にはヒトラーの考えがわかっており、総統が受け入れると確信のもてる内容を盛りこんだ計画書を書いたのである。ヒトラーは実行の詳細をヒムラーにまかせ、その計画を遂行することになるゲーリングやフランク、大管区指導者たちには特別な命令を出さず、自分が希望し承認することをヒムラーに知らせるだけにとどめた。

この証拠から明らかになるのは、一九三九年から四一年にかけて、「ユダヤ人問題」の実際的な解決策を見出すことは、それよりもはるかに人口の多いポーランド人を排除し、民族上のドイツ人を再入植させるための土地を確保する差し迫った必要性とくらべて、優先順位が低かったことである。ヒムラーが民族上のドイツ人のために用意したいと思っていた土地に住んでいたのはポーランド人で、ユダヤ人ではなかった。ユダヤ人への対応は間にあわせの解決策であり、ヒムラーの案のごとく強制的に「すべてのユダヤ人をアフリカかどこかの植民地に大移住させる」というような永久的な解決策がのちに発見される可能性もまだ残されていた。そうこうしているうちに、ポーランドに住む三三〇万人のユダヤ人が、ウッチやワルシャワといった都市の中心部に集められ、そこにドイツの地方当局がゲットーを創設した。これらの地区は遅かれ早かれ立入り禁止区域となり、外界と隔絶された。逃げ出そうとするところを見つかった者は射殺されたが、一九四二年にゲットーが閉鎖されるまでに五〇万人以上のポーランド系ユダヤ人が生命を落としたのは、のちに採用される計画的な絶滅政策のためではなく、そのおぞましい居住環境――狭いところに詰めこまれ、飢餓に苦しみ、食糧も薬も燃料も欠乏しているために、チフスや斑点熱が蔓延した――が原因だったと推定されている。[*27]

ポーランド東部では、ロシア人がソ連をモデルとして私有財産制度を廃止し、商工業を国有化して、農業を集団化しはじめ、単一政党を設立した。占領政府が指定した唯一の候補者リストにもとづいて選挙が行なわれたあと、傀儡議会は「大いなる喜びと政治的な熱意に促されて」ウクライナ・ソヴィエト社会主義共和国と白ロシア・ソヴィエト社会主義共和国にこの地域を併合するよう申請した。この申請は認められた。

赤軍をともなった行政官が、ウクライナ人と貧しい農民を駆りたててポーランドの地主、富農、警官を襲わせ、ポーランド人支配下の二〇年間、彼らを苦しめてきた不正にたいして報復するため、積年の恨みを晴らさせた。あるパンフレットにはこう書いてある。Poliakam, panam, sobakam――sobachaia smert（ポーランド人、主人、犬どもに惨めな死を）。pan とは「主人」「雇い主」にあたるポーランド語で、polskia pany すなわち「ポーランド人の主人」とは一九二〇年のソヴィエト－ポーランド戦争で使われた文句で、階級の消滅と民族の解放の二つを求める訴えを兼ねていた。[*28]

ウクライナ人と白ロシア人はすぐに反応し、グループをつくって、ポーランド人の地主と農民を——しばしば拷問にかけたうえで——殺した。これらのグループが、ロシア人によって地元の市民軍として認められることもたびたびあった。反ユダヤ計画を実行に移す者もいた。こうした行き過ぎを抑えるよう赤軍に訴えても、それは彼らが援助しにきた「革命」には避けがたいことだとして無視されるかしりぞけられた。

ポーランド東部は一般に東欧で最も遅れていて貧しい地域と見なされていたが、ロシア人にとっては豊穣な地だった。最初に赤軍が、それから数千人のソヴィエトの役人およびその家族がやってきて、農場を略奪し、商店を空っぽにした。都市でも農村でも、あらゆる家やアパートがかきまわされ、大規模な強奪の被害にあった。物質的には、ポーランド東部はたちまちソ連の低水準の経済に同化してしまった。

ユダヤ人を別にすれば、ＳＳとＮＫＶＤは「排除」目標の優先順位に関して、意見が一致していた。ポーランドの知識階級であるとか、ポーランドのエリート、旧支配者階級など、公文書ではさまざまに表現されているが、ＳＳとＮＫＶＤがとにかく排除しようとしていたのは、中央と地方とを問わず国民を指導する立場にある者たちだった。「共同体の首を切る」という言葉を、ポーランドのウワディスワフ・アンデルス将軍はよく使った。彼は、ドイツ軍がソ連を侵攻したあと、一九四一年にシベリアの捕虜収容所から連れ戻され、ポーランド人生存者を組織してポーランド軍をつくるよう命じられたのである。

NKVDはソ連における当時の粛清の手順をポーランドでも踏襲した。逮捕、尋問、拷問、投獄、処刑という順序である。告発は奨励されたばかりでなく、要求されてもいた。逮捕は夜半に行なわれ、その目的はしばしば、犯してもいない罪を白状させたり知りもしない情報を提供させたりすることだった。逮捕者が「協力を拒んだ」場合は、さんざん打ちすえられ、拷問にかけられた。逮捕者の数についての統計はないが、わかっているのは、七回にわたる大量検挙のため、刑務所が超満員の耐えがたい状態になったことである。ポーランドでも流布したソ連の警句は、「刑務所にいた者、刑務所にいる者、これから刑務所に入る者」と人間を三つの種類に分けている。

NKVDは囚人を一人として簡単には釈放しなかった。一九四一年六月にドイツ軍がソ連に侵攻すると、ウクライナ西部と白ロシア西部の囚人は、ごくわずかの例外を除いて全員が東方に移動させられるか殺され、あるいは移動させられたうえで殺された。二五の刑務所で、ドイツ軍が到着する前に急いで収容者を処刑したことが確認されている。

シベリアの強制収容所は遠く、追放された者の多くは生き残れなかった。多くの者が、暖房のない超満員の家畜運搬車に詰めこまれて、かつての富農清算の犠牲者のように、三週間ないし四週間、あるいはそれ以上もかかる旅をさせられたのである。ポーランド軍を編成するため、アンデルス将軍が一九四一年に生存者を集めたところ、追放されたポーランド人のうちの一五〇万人が生き残っており、これは全体のほぼ半数だった。

最も有名な事例は、一万五〇〇〇人のポーランド人将校に関するものである。彼らはほとんどが在郷軍人で何らかの職業をもっていた。一九三九年九月、ロシア西部にある三カ所の収容所に分散して送られ、四〇年五月までは家族と連絡がとれたが、それ以後、再び生存が確認された者は一人だけだった。四三年四月、ドイツ軍はドニエプル川沿いのスモレンスクの近くにあるカチン収容所で四〇〇〇人の遺体を掘り出した。大部分は後ろ手に縛られ、後頭部を撃たれていた。ナチはソ連人の仕業だと主張し、ソ連人はナチがやったのだと言い張った。八九年になってようやく、ソ連政府はその一万五〇〇〇人の処刑の責任が自国にあることを認めた。

ポーランド人は自分たちの国がソ連とドイツに分割されたために、これからどんなことが待ち構えているのかと恐れたが、その恐怖に充分すぎるほどの根拠があったことは、のちに明らかになった。第二次大戦でポーランドほどの悲惨と破壊と人命の損失をこうむった国はほかにない。死者の数についてはまぎらわしい面がある。ポーランド国籍をもつユダヤ人の死者は三〇〇万人にのぼると推定されるが、これは二つの異なるカテゴリーに入れることができるからだ。一つは戦争中に殺されたポーランド国民というカテゴリーで、その総計は六〇〇万人である。もう一つは、ヨーロッパ諸国でのユダヤ人大虐殺における犠牲者で、こちらも総計六〇〇万人。ユダヤ人をポーランド人として数えれば、ポーランドは第二次大戦中の総人口にたいする死亡率が一七・二パーセントと最も高い国だったことになる。そのうち約三分の一は、ナチとソ連の占領期間中の二一カ月間に死を迎えたのである。

5

スターリンがポーランド東部を要求して占領した目的は、そこをフィンランドから黒海まで広がる広大な防衛地帯の中心にして、西からの侵入に備えることだった。赤軍のポーランド侵攻と同時に、彼はバルト三国に条約の締結を強いて、ソ連が三国の領土内に基地を設けることを認めさせた。しかし、その後は抵抗にあった。モロトフはモスクワでトルコ外相と三週間話しあっても、他の列強の軍艦にたいして黒海を閉ざす条約に調印するよう説得できなかった。交渉相手は、モロトフに劣らず頑固だった。それどころかトルコは、ソ連とではなく、英仏との相互援助条約に調印したのである。

つづいて起こった出来事のなかでもとくに重大なのは、フィンランドとの交渉が決裂したことである。一八〇九年にフィンランド大公国として併合され、ロシア皇帝の支配を受けたフィンランド人は、一九一七年十二月に独立を宣言し、ボリシェヴィキ政権の代表だったスターリン自身の承認を得た。ロシアの内戦の際に、ボリシェヴィキの援助を受けたフィンランドの共産主義者がフィンランドの南部を侵略したが、ドイツに後押しされた白軍に追い出された。運に見放されたボリシェヴィキは、タルトゥ（ドイツ語名ドルパト）で合意がなった和平の条件を受け入れなければならなかった。フィンランドは有利な取引をした。北部では貴重なニッケルの鉱床があるペツァモと不凍港ペチェンガを獲得し、またフィンランド湾内の多数の島々も手に入れて、ペトログラードおよびロシア海軍基地のあるクロンシュタットへの入口を押さえた。ロシア－フィンランド国境は移動し、カレリア地峡の大半はフィンランドのものとなり、じきにレニングラードと改名されることになるロシア第二の都市まで三〇キロ足らずのところに近づいた。スターリンを含むソヴィエト代表団はカレリア地峡を手放すことに激しく抵抗したが、署名するほかなかった。

一九三八年四月、スターリンはフィンランドとのあいだの問題を再びもちだしたが、フィンランドは一九三九年十月まで交渉に応じようとしなかった。これに先立ち、フィンランドはヒトラーに訴えていたのだが、彼はフィンランドがソ連の勢力圏内にあるとの認識をもっていたので、関心を示さなかった。結局、フィンランドの代表として選ばれたのは、ストックホルム在住の六十九歳になる国務大臣ユホ・パーシキヴィで、一九二〇年のタルトゥにおける交渉で代表団の団長をつとめた人物である。

十月十二日にスターリンがフィンランド側に示した提案は、次のようなものだった。現在カレリア地峡に設定されているソ連‐フィンランド国境を、レニングラードから四〇キロ離れたところに移すこと。海からの攻撃にたいするレニングラードの守りをより堅固にするため、フィンランド湾内の島々をソ連に引き渡し、ハンコ港を海軍基地として使用するために貸与すること。北部では、ソ連西部で唯一の不凍港ムルマンスクへの進入路となるルイバチー半島の譲渡などである。それと引き換えにソ連が差し出したのは、その二倍の面積があるフィンランド中央部に隣接する土地だった。フィンランド中央部にはソ連国境とボスニア湾にはさまれた狭い「くびれ」があり、そこを侵略されればフィンランドが二つに分断される危険があった。

交渉は十一月八日までつづき、スターリンはそのなかで、要求を控え目にするのはいとわないが、それを撤回する気はないことを明らかにした。先のフィンランド‐ソヴィエト戦争の英雄、カール・グスタフ・マンネルヘイム元帥もパーシキヴィもソ連側の提案を受け入れようとしていた。[*29] ところが、フィンランド政府は世論の支持を後ろ楯として、それを拒否した。フィンランド人は、ロシア人がひとたび足場をつくればドアを蹴破ってしまうと信じて疑わなかったのだ。

スターリンはフィンランド人の非妥協的な態度に驚いた。そして、レニングラードの党書記ジダーノフが率いる強硬派の見解を受け入れるかどうか躊躇していたようだ。強硬派は、これ以上時間を無駄にせず、欲しいものは力ずくで手に入れるべきだと主張していたのだ。彼は最終的には同意したが、戦闘に加わるのはレニングラード軍管区の部隊だけとするという条件をつけた。

十一月三十日に、「冬戦争」が始まった。十二月一日には、フィンランドの古参の共産主義者で、モスクワに亡命していたクーシネンのもとにフィンランド人民政府がつくられ、すぐさまソ連によって承認された。国防人民委員ヴォロシーロフはスターリンに、ソ連の戦車は六日でヘルシンキに達すると保証した。

しかし、フィンランド軍の酷寒に対処する備えはソ連軍よりもずっとまさっていた。戦備を整え、マンネルヘイム防御線の背後に塹壕を掘ったフィンランド軍は、メレツコフの第七軍を撃退したばかりでなく、相手に大きな損害を与えた。大部隊がフィンランド中央部に送りこまれたが、かえってフィンランド人に包囲された。白装束でカモフラージュした彼らは、スキーがうまく、森から襲ってきてソ連の大部隊を分断した。ソ連のある将軍は失敗を一文にまとめている。「われわれが征服したフィンランドの領土は、自分たちの死体を埋められるだけの広さでしかない」

ヒトラーの命令で、ドイツはフィンランド人への武器の売却を禁じ、フィンランドの港を封鎖するソ連の潜水艦に物資を供給する約束をした。一方、英仏はポーランドには援助の手をさしのべなかったが、フィンランドのような小国が自国の防衛にこれほどの成功を収めているのを見て熱心に応援した。寄付金を集めて義勇兵を送り、両国政府はそれぞれ支援の計画を話しあった。同時に、イギリス政府はこの機会を利用し、スウェーデンからドイツへの鉄鉱石の供給を断ち切りたいと思っていた。ソ連は面目をつぶし、損害が知られるようになると、国民のあいだでも戦争はますます評判が悪くなったので、スターリンが介入せざるをえなくなった。彼はフィンランドにおけるソ連軍の司令官にチモシェンコを任命した。チモシェンコはヴォロシーロフとブジョンヌイを輩出したツァリーツィンの第一騎兵隊の出身だが、高等指揮訓練を受け、粛清前に将軍の地位についていた。いまや赤軍は総力を結集した。一九四〇年一月十五日、ソ連の砲兵は一六日間もちこたえてきたマンネルヘイム線を大規模に攻撃しはじめた。約一〇〇〇両の戦車と一四万の兵が投入され、狭い前線に攻めこんだ。それでも、フィンランド軍は二週間以上頑張った。ようやく二月十七日に、ソ連軍は前線を突破した。二十二日、フィンランド軍の兵士は疲れきっており、交替要員はもう残っていなかった。マンネルヘイムは兵を撤退させ、別の場所に移らなければならなかった。

英仏が介入しようとしているという報告を受けて、スターリンは地域的な紛争がこのあと全面戦争に発展するのではないかと不安をつのらせた。ソ連軍の敵陣突破は決定的だとはいえなかったが、スターリンはおかげでどうにか面子を保って交渉を再開することができた。フィンランド軍が撤退したその日に、スターリンは和解にあたっての要求の詳細をヘルシンキに送った。フィンランドはすぐには返答せず、スウェーデンとノルウェーが英仏軍の通過を許可することに望みをかけていた。そして三月六日にようやく、モスクワへ代表団を送ることに同意した。その三日後、英仏からメッセージが届き、フィンランドからの要請があれば、兵員と航空機を送ってソ連と戦う用意があると伝えてきた。しかし、そのときにはフィンランドは引き返せないところまで進んでいた。

フィンランドが十月に一度はねつけたソ連側の提案が繰り返されるはずはなかった。新しい条件では、フィンランド第二の都市ヴィープリ（訳注：現ロシア領ヴィボルグ）とラドガ湖を含めてカレリア地峡全体の引渡しが求められた。バルト海に面した港ハンコと北部のルイバチー半島、さらに国の中央部のくびれた部分も割譲することになり、全部で五万七〇〇〇平方キロの損失となった。交渉の余地はなかった。条件をそのまま呑むか、戦争をつづけるかだった。三月十一日の零時すぎ、フィンランド側が調印し、翌日、「冬戦争」は終わった。

フィンランドの損害は、全人口五〇〇万足らずのうち、死者二万五〇〇〇、負傷者五万五〇〇〇だった。ソ連側は死傷者数をいっさい公表しなかったが、間違いなくフィンランド側よりもずっと多かった。マンネルヘイムは死者二〇万人と推測している。このときもこれ以後も、スターリンは人的損害を気にかけなかった。ソ連は人的損害を苦にしたことなどなかった。スターリンにはわかっていたにちがいないが、真の損害は、軍事力としての赤軍の威信に傷がつくことだった。ドイツ軍の参謀部は「冬戦争」におけるソ連の作戦を注意深く研究し、その報告書を次のような判断で締めくくっている。「ソ連の『大軍』は、すぐれた指導者をもつ軍隊の相手ではない」。今回ばかりは、ヒトラーは喜んで参謀部の見解を受け入れた。スラヴ人は人種的にすぐれたドイツ人と互角に渡りあえる戦闘力をもちえないという自分の信条と一致していたからだ。ソ連のフィンランドにたいする戦いぶりは、他の何よりもヒトラーの自信につながり、彼は一九四一年にソ連を一度の作戦で倒すという賭けは正しいと考えるようになった。

スターリンは独ソ不可侵条約の有効期限について幻想を抱いていたかもしれないが、ヒトラーにいずれソ連を攻撃する意図があることについては認識を誤たなかった。しかし、短期間なら、協力の約束が守られることは大いに双方の利益にかなっていた。

この条約によってソ連の中立が保証されたおかげで、ヒトラーはポーランドを完膚なきまでに打ち破り、新秩序の建設に着手できたのだ。さらに、同時に二つの戦線で戦うという重大な脅威にさらされることなく、ノルウェーならびにデンマークの占領と西方における重大な攻撃を敢行できた。スターリンのほうは、ソ連を戦争から守り、ドイツの攻撃の脅威を少なくとも先送りして、ソ連の経済と防衛力を築き上げるための時間をかせげたのである。また、東欧にソ連の安全圏をつくることも可能になり、ポーランド東部に始まって、一年足らずでフィンランドから黒海にいたるベルト地帯まで拡大して、七四万平方キロの地域が安全圏となった。

両国が協力関係から利益を得た実例は、ソ連－フィンランド戦争のあいだドイツが中立を守ったこと以外にもあった。一九三九年十月、ソ連は、ドイツ海軍がムルマンスクの東にある不凍港テリベルカを利用して、北大西洋で活動している船舶とUボートの修理および物資補給の基地とすることを認めた。NKVDとゲシュタポとの協力関係を示すためのジェスチュアとして、前者は「社会的危険分子」としてソ連の強制労働収容所に服役中の約五〇〇人のドイツ人共産主義者あるいは元共産主義者を選び――数週間にわたって特別食を支給し、医療をほどこし、新しい服を与えたうえで――ゲシュタポに引き渡した。その全員がナチの刑務所か強制収容所に移された。そのなかには元共産主義者のマルガレーテ・ブーバー－ノイマンがいた。彼女の亡夫は、スターリンのかつての盟友ハインツ・ノイマンで、三七年の粛清で犠牲になっていた。マルガレーテは、ゲシュタポの刑務所で半年過ごしたあと、ラーフェンスブリュックにある女性強制収容所に移され、その後四五年に解放されたが、スターリンとヒトラーの両方の強制収容所を経験してこのときまで生き残ったのは、彼女を含めてわずか数人だった。[*30]

しかし、ナチとソ連との協力関係のなかできわめて重要だったのは、経済の分野であり、ヒトラーはソ連から――あるいはソ連経由で――食料や原材料を輸入することによって、イギリスの封鎖を無効にできたし、スターリンはそのかわりにドイツから機械、兵器、装備を入手できた。不可侵条約が締結されたあと、ベルリンで通商条約が調印され、貿易を拡大することに合意する文書が添えられた。こうした事柄を取りまとめようと言い出したのはドイツ側で、両条約の交渉をしたカール・シュヌーレはドイツ側の要求のリストを作成し、貿易の合計額を当時の七〇〇〇万マルクから一四億マルクまで拡大することを求めた。合意に達する前に、ソ連側は六〇人の専門家からなる調査団をドイツに派遣すると主張した。一行はすべてのものを見たがり、とくにドイツの最新の軍事開発状況を見学したいと要求し、十一月いっぱいかけて工場と実験施設と基地を見てまわった。

ドイツ人はこれを公認のスパイ活動と見なして憤慨したが、ソ連の要求を知ると、むしろ呆気にとられてしまった。両国の合意では、本来、ドイツは原材料を受け取り、見返りとして工業製品と装備を供給することになっていた。ソ連の要求のリストはほぼ軍需品で埋まっており、そのなかには実戦に使われる最新式の航空機、大砲、船舶だけでなく、まだ開発中のものまで含まれており、総計は一〇億マルク以上になった。最後に、ソ連は一九四〇年末までに全品目を引き渡すよう求めたが、その期限を守ろうと思えば、ドイツはその年の作戦計画を全面的にあらためなければならなかった。[*31]

ドイツは抗議し、「ソヴィエト政府」(両国がスターリンを指すために用いた暗号)が要求を変更する気がなければ、取引は全面的に頓挫するだろうと主張した。十二月十九日にミコヤンから届いた返答はこうだった。「ソヴィエト政府の考えでは、原材料の引渡しにたいする見返りとして満足できるのは、リストに載せた全品目だけである。現状においては、ドイツが原材料を世界市場で手に入れる方法はほかにないのだ」。[*32]ドイツは戦時中のことでもあり、スターリンも知っていたように、二者択一を迫られたわけだ。一つは、封鎖のなかで消耗戦に耐えるという道だが、その準備はできていなかった。もう一つは、一九四〇年中に西欧との戦いを始めて、それまでの再武装でたくわえていた軍事力の優位を失わないうちに早期の勝利を目指すものだった。どちらにしても、ヒトラーは、待つ余裕のあるスターリンにくらべれば、この取引で強い立場にはなかった。

一九三九年十二月から翌月にかけて、ドイツ側からの議論や要請は実を結ばず、二月三日にリッベントロープは必死の思いでスターリン宛の私信を書いた。そこでは経済から始めて政治的な問題へと話を進め――「つまり、約束によれば、ドイツが戦争に巻きこまれているあいだ、ソヴィエト政府は経済援助をいとわないことになっています」――同時に、スターリンの注意を促すべく、ドイツ国防軍のおかげでソ連がかつての領土だったポーランドとバルト地方を取り戻したのは、ドイツからの「少なからぬ前払い」だと記した。三日間の沈黙のあと、スターリンは七日の午前一時にドイツ側の交渉団をクレムリンに呼び、リッベントロープの手紙ですべてが変わり、新しい条約を結ぶ用意があると語った。

一九四〇年二月十一日にようやく調印された条約では、ドイツが引き渡すべき軍需品のリストはタイプで四二ページがぎっしり埋まっており、そのなかには、たとえばドイツのすべての最新式航空機および軍艦の模型、まだ公表されていない化学的処理や冶金のための設備一式、石炭が含まれていた。かわりに、ソ連が供給するのは、飼料用穀物一〇〇万トン、石油九〇万トン、リン酸塩五〇万トン、鉄鉱石五〇万トン、クロム鉄鉱一〇万トンなど多くの原材料である。これに劣らず重要だったのは、それ以外の原材料をルーマニア、イラン、アフガニスタン、極東から購入し、ソ連を経由して陸路でドイツまで運ぶ権利が保証されたことであり、これによって封鎖を破り、

（シュヌーレが言ったように）「われわれにとって東方への扉が大きく開かれた」のであった。[*33]

ところが、その後、ソ連の態度は軟化したときと同様、再び急に硬化した。三月にソ連は穀物と石油の引渡しを停止し、ドイツを非難して、石炭供給はなされないし約束の航空機もまったく届いていないと主張した。信頼を回復するために、ヒトラーは布告にサインし、たとえ国防軍が犠牲になってもソ連への兵器の引渡しを優先することを命じた。

四月九日、モロトフは意外に愛想がよく、それまでのミコヤンの頑固さとは対照的だった。彼の説明によると、穀物と石油の引渡し停止の原因は「下位機関の過度の熱心さ」によることだったという。フォン・デア・シューレンブルクの考えでは、スターリンはイギリスがノルウェー占領の準備をしていることを知っており、明らかに西欧の連合国にソ連攻撃の口実を与えまいとして、ドイツとの協力関係を最小限に押さえようとしたのである。しかし、モロトフがフォン・デア・シューレンブルクを呼び出したその四月九日の払暁に、ドイツ軍はノルウェーに上陸し、連合国の機先を制して、スターリンにとっての脅威を取り除いた。ヒトラーが英仏との戦争にますます深入りし、スカンジナヴィアと西欧のことで頭が一杯になって東部に目を向ける余裕がなくなれば、スターリンの喜びも増して、ドイツが戦争をつづけられるように経済援助をする気持ちも強くなったのである。

6

ソ連－フィンランド戦争が起こると、ウィンストン・チャーチル（イギリス海軍大臣）とレーダー提督（ドイツ海軍最高司令官）の二人が注目したのは、イギリスによるノルウェー占領の可能性だった。イギリスがノルウェーの港ナルヴィクとベルゲンを奪取できれば、イギリス海軍はドイツにとって不可欠なスウェーデン産鉄鉱石を輸送する唯一の不凍航路を押さえ、またノルウェーの一六〇〇キロにおよぶ沿岸に接する水域をドイツのUボートや戦艦が利用できなくなるし、さらにフィンランドに援助を送る道も開けるかもしれない。チャーチルがまだノルウェーに中立を放棄させるもっともらしい口実を探していて、レーダーも彼に先んじる手を思案していたとき、『アルトマルク』事件が起こり、それによってどういう展開が可能なのかが明らかになった。『アルトマルク』とはドイツの補給船で、南大西洋でドイツのポケット戦艦『グラーフ・シュペー』が沈めた九隻の船に乗っていた三〇〇人のイギリス人捕虜を乗せていた。一九四〇年二月、『アルトマルク』は捕虜が見つからないよう船倉に隠し、攻撃を受けないように中立国であるノルウェーの領海を通って祖国に向かった。イギリスは、ノルウェーが自らの中立の侵犯を阻止できなかったと主張し、駆逐艦

『コサック』を中心とする軽装備のイギリス海軍が『アルトマルク』を襲って、船中から捕虜を救出した。

その二カ月前、レーダーがヒトラーにノルウェーの重要性を充分に認識させていたので、ヒトラーはドイツの介入がどのようなかたちで可能かをOKWのスタッフに研究させていた。彼がそれまで抱いていたいかなる疑問も『アルトマルク』の一件で消え去り、彼はいまやノルウェー攻撃の司令官をすぐに任命するよう求めていた。

ヒトラーがどのように計画を立てて遠征を実施したかを見れば、彼のやりかたが行き当たりばったりだったことと、そこには計算と気質という要素が同時に表われていることが見てとれる。政治でも戦争でも、彼は決定権を手放すまいとしており、既存の手順に縛られることを拒み、故意にそれを無視し、自分の直観を働かせて思いがけない決定を下したが、それが政治では非常に役立った。ポーランド攻撃の決定をめぐって陸軍の幹部と争い、西方侵攻についてもひきつづき抵抗を受けた経験から、彼が確信したのは、官僚——今回は陸軍の一〇〇〇人の幕僚——にノルウェー作戦の遂行をまかせたら、細かいことにとらわれ、大きな被害を招くことを恐れて用心深く安全策をとりたいという無理からぬ気持ちに駆られて、意外性という要素が失われることだった。彼はその要素こそが成功をもたらすと考えていたのである。

ノルウェー作戦に関して三軍間の調整をするという困難な任務をはたすよう要求し

て、最も経験を積んだ司令官に負担をかけたのはヒトラーの策略だった。参謀部があらかじめ行なった研究もなかったし、地図さえ入手困難だった。躊躇することなく、ヒトラーは最初から陸軍最高司令部（ＯＫＨ）を無視した。カイテル、ヨードル、そして彼自身の指揮下にある小規模なＯＫＷのスタッフに命じて、必要な準備をさせ、陸軍最高司令官および参謀総長といった幹部（彼らは新たに別の地域で作戦を開始するという決定を人づてに聞いただけだった）の頭越しに、この任務に最も適した師団を選ばせたのである。

フォン・ファルケンホルスト将軍は、指揮をとるよう（またしてもＯＫＨに相談せずに）選ばれた将官だが、この時点では軍集団の司令官ではなく、軍団の司令官にすぎなかった。ところが、彼は八日足らずで大胆な計画を立て、ノルウェー侵攻と同時にデンマークを占領することが必要だとした。三月一日、ヒトラーはその両方を承認した。

すぐれた情報収集能力のおかげで、ドイツはイギリスもまたノルウェー占領の準備をしていることを知ったが、イギリスはドイツが機先を制してノルウェーに乗りこむための準備を進めていることに気づいていなかった。ましてやドイツが、陸路を通るという予想に反して、優位を誇るイギリス海軍に挑戦し、海からノルウェーの主要港を奪おうとしているとは思いもよらなかった。その港のなかにはナルヴィクも含まれていたのだが、イギリス側はそれがはるか北方なので最初に報告を受け取ったときは信じられず、オスロに近いラルヴィクの間違いだと思いこむありさまだった。実際、まる一週間をかけ、四月九日の攻撃を目指して、ドイツの軍艦と輸送船が兵士と重火器を含む装備や必需品を積んで、ノルウェー沿岸を数百キロ以上にわたって数珠つなぎに航行したのだが、イギリス海軍はそれに気づかなかった。かてて加えて、ドイツはさらに驚くべきことをやってのけた。吹雪をついて、ノルウェーの空港を空挺部隊が奪取したのである。そのような作戦はかつて誰も試みたことがなかった。

一九四〇年四月六日から七日にかけての夜、ドイツのほとんど全艦隊が、さらに数千人の兵士を乗せて出発した。それはどんなに図太い神経の持主でも胃が痛くなるような賭けだった。多くの船舶のうち一隻でも沈没してノルウェーとイギリスの注意をひくことになれば、計画そのものが失敗する可能性があった。実際、一隻が沈没してしまい、間違えようのない灰緑色の軍服を着た兵士たちが海から救出されたのである。しかし、ノルウェー人もイギリス人も——ノルウェー水域で機雷を敷設中だった——それがどういう意味をもつかを正しく解釈できなかった。ヒトラーは、大胆な企てにはいつも幸運がつきまとうと信じていたが、このときも幸運に見放されなかった。九日の明け方、ドイツ軍は予定通りにナルヴィク、トロンヘイム、ベルゲンの港を奪い、夕刻にはフォン・ファルケンホルストから報告が入って、首都オスロを含むノルウェーとデンマークを「指示通りに」占領したことが伝えられた。

ドイツ海軍がノルウェー作戦で払った犠牲は大きかった。ナルヴィク・フィヨルドの海戦では、レーダー指揮下の駆逐艦の半数にあたる九隻が撃沈され、巡洋艦も数隻が沈んだり損害をこうむったりした。そのためにヒトラーは神経衰弱におちいり、ギャンブラーとしての大胆さの裏面をかいま見せた。四月半ばに連合国軍がノルウェーに上陸すると、彼はさらにひどいショックを受けた。こうなっては、イギリス軍がナルヴィクも占領し、現地のエドゥアルト・ディートル将軍指揮下のドイツ軍は降伏せざるをえまい、と彼は確信した。

ヒトラーは神経疲労が頂点に達したようだった。興奮してわめいたかと思うと、部屋の隅で背を丸めて座り、前方を見つめながら黙って考えこんだりした。ヨードルは四月十四日の日記に、「すさまじいヒステリー」と書いている。そして十七日の記述にはこうある。「好ましくない知らせが入るたびに、総統は最悪の事態になるのではないかと恐れている」。あるとき、ヨードルは気持ちを抑えきれなくなってテーブルに拳を叩きつけ、ヒトラーをたしなめた。「総統、どんな戦争でも、最高総司令官が毅然としていなければならないときがあるのです」

四月の最後の週になって、ヒトラーはようやく落ち着きを取り戻し、ヨードルが正しかったことに——口には出さなかったが——気づき、ナルヴィクは維持できるし、イギリスはドイツよりもずっと困難な状況にあると考えるようになった。三十日、ヨードルはオスロ－トロンヘイム間で通信を再開できたと報告した。「総統は喜びにわれを忘れた。私は昼食のときには隣に座るよう命じられた」*34

ドイツが奇襲作戦で手にした優位を、イギリスは覆せなかった。イギリス軍に加えてフランス軍とポーランド軍が三つの地点で上陸したが、いずれも五月中に撤退しなければならなかった。最後に、イギリス軍が五月二十八日にナルヴィクを占領したが、六月九日には追い出され、ノルウェー国王をともなって撤退するとき、空母『グロリアス』を失った。六月にノルウェー作戦が終わってからドイツ降伏まで、ヒトラーは占領政府を通じてノルウェー全土を支配した。その政府では、ヴィドクン・クヴィスリングが傀儡政府の首班となり、それを操ったのは民政長官のヨーゼフ・テルボーフェンで、銀行員からナチのエッセン大管区指導者になった人物である。スウェーデン産鉄鉱石の将来にわたる輸入は保証され、ノルウェーの基地を利用できるようになったドイツ海軍は、ここを拠点として、北大西洋航路を往来する重要な船舶にたいして、そしてのちにはソ連の港ムルマンスクに向かうイギリスの護衛艦隊にたいして攻撃をしかけた。しかし、六月の時点でノルウェー作戦はすでに忘れられてしまい、かわって注目を浴びたのは、西方における英仏軍にたいする勝利という、はるかに重大な出来事だった。

秋に西方侵攻を開始するというヒトラーの当初のアイデアが実現できなかったのは、彼にとっては幸いだった。一九三九年十月、ヒトラーの要求に従ってOKHが作成した計画は次のようなものだった。フェードア・フォン・ボック将軍指揮下のB軍集団が主力となって右翼から攻撃し、リエージュとナミュールを通過してイギリス海峡に向かい、ゲルト・フォン・ルントシュテット将軍指揮下のA軍集団はアルデンヌ丘陵を越えて戦線の中央部を制し、ウィルヘルム・フォン・レープ将軍指揮下のC軍集団は左翼からマジノ線に向かう。だが、ヒトラーはこう指摘した。それは一九一四年のシュリーフェン計画と同じであり、「このような作戦は二度もうまくいくはずがない」。フランスの最高司令官はドイツ軍がまさにこの計画を踏襲すると予想して、一九四〇年五月には南からベルギーへと進んで正面から迎え討とうとしていた。そうすれば、たとえドイツ軍がうまくフランス軍をしりぞけても、彼らが要塞や補給基地とした場所に連合国軍が向かうだけのことだろう。

ヒトラーは若いころにフランドルで兵士として戦った経験から、フォン・ボックのB軍集団が進んでいく土地が数えきれないほど多くの運河と小川にさえぎられており、そのために戦線突破に不可欠な装甲部隊が遅れるだろうと主張した。彼が気持ちをそそられたのは、そのかわりにずっと南方から主力となる攻撃を加え、ソンム川に沿って北西に向かい、ベルギーに入る連合国軍に後方から襲いかかってイギリス海峡へ追いつめる作戦だった。しかし、彼はできるだけ早く攻撃をしかけたいと思っていたので、この考えをそれ以上押しつけようとはしなかった。

一九四〇年一月末、ヒトラーが攻撃を春まで延期したあと、彼の副官のルドルフ・シュムント大佐が西部戦線を巡回したときに耳にした情報を持ち帰り、フォン・ルントシュテットの率いるA軍集団の参謀長エーリヒ・フォン・マンシュタイン将軍がヒトラーと同じ考えをもっていると言った。戦車戦の卓越した専門家ハインツ・グデーリアン将軍と一緒に仕事をしていたフォン・マンシュタインは確信をもって、充分に強力な部隊を使えば、樹木におおわれたアルデンヌ丘陵が、一般に考えられているのとは違って、戦車で越えられると考えていた。フォン・マンシュタインの計画が採用されれば、すでに参謀部が立てていた計画は放棄されることになるので、それは案の定、敵意をもって受けとられ、立案者は後方の歩兵軍団の司令部に左遷された。

しかし、その計画の遂行にあたっては脇役にまわることになったとはいえ、フォン・マンシュタインは二月十七日のヒトラーとの会談で自分の提案を説明でき、まさにヒトラーが求めていたもの、つまりＯＫＨの計画に欠けていた意外性という要素を提供したのである。フランス軍でもドイツ軍でも最高司令官が信じていた一般的な見解によれば、アルデンヌ丘陵は戦車を使う作戦には適していないとされていたからだ。そのため、この地区は守りが手薄になっている可能性が高かった。ドイツの戦車がひとたびこの丘陵を越えられれば、北フランスの起伏のゆるやかな田園地帯に出ることになり、そこなら迅速な進撃に適していた。そうすれば、ドイツ軍はベルギーに入って連合国軍の命綱とも言える兵站線を断ち、彼らを罠におとしいれてベルギー海岸に追いつめられる。ヒトラーは充分に納得した。翌日、フォン・ブラウヒッチュとハルダーを呼び出し、彼らの計画にかえてフォン・マンシュタイン案を採用するよう命じた。こうして、フォン・マンシュタインの計画は二月二十四日に開始する西方侵攻の新しい作戦命令として発表された。[*35]

一九四〇年五月初旬、極北のナルヴィクを押さえている一万二〇〇〇人の部隊を除いて、全イギリス軍がノルウェーから撤退した。制海権を誇っていながら、イギリス軍が敗北したことにたいする国民の怒りは強く、チェンバレン内閣は退陣し、五月十日にウィンストン・チャーチルが首相となった。同日、ドイツの陸軍と空軍は、延期を重ねてきた西方侵攻を開始した。

本来なら五〇～六〇個師団を東部に残しておかなければならないのだが、スターリンとの条約のおかげでそれを八個師団に減らせたので、ドイツは一四一個師団を西部に配備できた。それにたいする連合国軍は一四四個師団であり、その内訳はフランス軍一〇四個、イギリス軍一〇個、残りはベルギー軍とオランダ軍だった。戦車の数では連合国軍が、航空機ではドイツ軍がまさっていた。したがって、数のうえでは両軍はほぼ対等だった。ドイツ軍がきわだってすぐれていたのは、まず統一的な指揮、第二に一〇個の機甲師団（うち三個師団はチェコスロヴァキアの戦車を備えていた）の操車技術、第三に制空権を握っていたことと、空挺隊の斬新な用法、そして最後に指導部の質とすべてのレベルに見られる士気の高さだった。

すべては新しい作戦計画に従って進行し、フォン・ボック指揮下のB軍集団は北部を攻め、五日足らずでオランダを降伏させた。オランダとベルギーの防衛体制を圧倒したのは高度な訓練を受けたパラシュート部隊とグライダー部隊で、ムーズ川とアルバート運河にかかるきわめて重要な橋を確保し、それらが爆破されるのを防いだ。ヒトラー自身が計画した作戦に従ってベルギーの名高いエバン・エマエル要塞を占領したときには、一〇〇人に満たないドイツの工兵隊が新しい強力な爆薬をもってパラシュートで屋根の上に降下した。ドイツはこの爆薬をヒトラーの秘密兵器の一例として宣伝に利用した。

しかし、攻撃の主力はアルデンヌ丘陵を越えて展開し、連合国軍を愕然とさせた。機甲部隊の大部分を擁する四四個師団からなる戦力がフォン・ルントシュテット指揮下のA軍集団のもとに結集した。五月十二日には、機甲縦隊は丘陵を越えてフランス国境を通過した。十三日にはムーズ川を渡り、十四日にはフランスの二つの主力軍のあいだを引き裂き、幅八〇キロにわたる傷跡を残して通過し、最初の一週間のうちに三二〇キロ進んだ。このA軍集団が成功した主たる要因は、非常に効果的な空からの支援だった。フランス空軍はまったくそれに太刀打ちできなかった。イギリス空軍はフランスで戦闘に加わっていた爆撃機二〇〇機の半分を失ったが、これはそれまでにこうむったことのない高い損失率だった。また、道路を埋める一〇〇万人の避難民は恐ろしい急降下爆撃機のまたとない攻撃目標となり、この爆撃機はとくに鋭い音をたてる装置を備えて人びとの恐怖をあおった。

五月二十日には、ドイツの前線はドイツ国境とイギリス海峡を結ぶかたちとなり、英仏軍をその北側に封じこめてフランスの基地から隔離した。

進撃のスピードにはドイツの将軍たちも驚き、このあとどう進むかについて意見が分かれた。偉大な軍事的伝統をもつ名高いフランス軍がこうもあっさり敗退してしまうとは、彼らにも信じがたく、前線の南側にまだフランス軍の大部隊が控えているのではないかと心配したほどだった。ヒトラーも同様で、すでに自身の成功にたじろいでいる様子すら見せ、最高司令部を非難して、進撃が速すぎて作戦全体を台なしにしてしまうとこぼした。[*36] 今回だけは、ヒトラーではなくフォン・ブラウヒッチュとハルダーが大胆さを好み、計画では戦車部隊は南進することになっているが、そのまま迅速に北進させて北部に連合国軍を追いつめるべきだと主張した。A軍集団の司令官フォン・ルントシュテットは、二十三日には戦車を停めて小休止し、編成を立て直していた。ヒトラーは彼を支持してフォン・ブラウヒッチュとハルダーの意見を却下し、ゲーリングの強い要望に応えて、空軍が陸軍の助けを借りなくても包囲した連合国軍を掃討できることを示す機会を与えた。

戦後、この決定について誰に責任があったかをめぐり、さかんに議論が戦わされ、将軍たちはすべての責任をヒトラーに負わせた。しかし、重要な事実と思われるのは、二十六日になってやっと、イギリス軍がまだ利用できる唯一の港のダンケルクを利用して海路、遠征軍を撤退させようとしているとわかったことである。ヒトラーはそれを知ると戦車の停止命令を解いたが、時すでに遅く、イギリス軍は塹壕を掘り、港と海浜で六月四日までもちこたえて充分な時間をかせぎ、三四万人の兵士（フランス兵一三万九〇〇〇人を含む）をあらゆる種類の多数の船で脱出させるという驚くべき急場しのぎの作戦を実施した。

ダンケルクからの撤退の重要性がようやく明らかになったのは、のちにヒトラーがイギリスは戦争をつづける気でいると悟ったときだった。当初は、イギリス軍が負けたと考えられており、ドイツ軍の注意が集中していたのは、近づきつつあるフランスをめぐる戦いだった。

この戦いは六月五日に始まったが、どのように指揮するかをめぐってヒトラーとOKHのあいだでまたしても意見が分かれた。ハルダーは古典的な軍事教典に固執して、敵軍の掃討に集中すべきだと主張した。ヒトラーはまず鉄鉱石を産出するロレーヌ地方を確保し、フランスの軍需産業の操業を停止させたいと思っていた。実際には、どちらの意見をとろうとあまり問題ではなかった。フランス軍部隊は個別に抵抗をつづけていたが、フランス政府と最高司令部は崩壊寸前だったからだ。ドイツ軍は三日足らずでセーヌ川に達し、十四日、すでに政府が逃走したあとのパリに入った。つづいて、ドイツ陸軍は展開して、機械化師団はローヌ渓谷、地中海、スペイン国境へと突進した。十六日、ポール・レノーに代わって八十五歳のフィリップ・ペタン元帥がフランス首相になり、翌日、休戦を求めた。国外からの戦争継続の努力は何の役にも立たず、二十二日に休戦協定が調印され、西方での作戦は終わった。第一次大戦ではカイザー指揮下の軍が四年にわたって消耗戦をつづけ、一八〇万以上のドイツ人の生命を犠牲にしたあげくに達成できなかったことを、ヒトラーの軍はわずか六週間で、三万人足らずの犠牲を出しただけでなしとげたのである。

7

フランスが休戦を求めていると聞くと、ヒトラーはすぐミュンヘンに向かい、六月十八日から十九日にかけてムッソリーニと会談した。大いに宣伝したものの鋼鉄条約は両国内では不人気であり、それまでのところ実質をともなわない空約束にすぎなかった。一九三九年十一月二十日の日記に、チアノはこう書いている。「ムッソリーニは、ヒトラーが戦争を遂行し、さらに悪いことに勝利を収めていると考えると、まったく耐えられなかった」[*37]

イタリアの統領《ドウーチエ》がとりわけ苛立っていたのは、ヒトラーがスターリンと合意したうえでポーランドを分けあったことだった。そして、一九四〇年が明けるとすぐ、ヒトラーに宛てて手紙を書き、不満を述べた。自分が協力者から独立した存在であることをこれほど強く示したのは、あとにも先にもこれきりだった。その手紙のなかで、たとえイタリアが協力しても、ヒトラーが英仏を破ることはアメリカが決して許さず、成功しないだろうという「強い確信」を表明したのである。さらにムッソリーニは、自分が組んでいるこの独裁者を何とか説得して、ポーランド人の国家を建設するという条件で英仏と妥協する道を探らせようとした。自分の都合から、西方での戦火の拡大に反対し、ヒトラーに、引き返して東部にドイツ人の生活圏を求めるよう要求したのだ。ムッソリーニはこう書いている。

実際にポーランドとバルト海で戦争から大きな利益を得ているのはロシアであり、

しかも彼らは発砲してもいないのです。私は革命家として生まれ、いままで一度も心変わりしたことはありません。その私が申し上げるのですが、あなたは革命という永久不変の原則を犠牲にして、政策上の一時的な段階として便宜的な必要を優先させられないはずです。反ボリシェヴィキ、反ユダヤの旗を二〇年間も振りつづけてきたあなたが、いまになってそれを捨てられるはずがない、と私は固く信じているのです。*38

ヒトラーは二カ月後にようやく返事を書いて送った。三月十日にリッベントロープが届けたその手紙で、ヒトラーは歴史に残る役割をはたしたいというムッソリーニの望みにうまく訴えかけた。「統領、われわれは遅かれ早かれ、結局はともに協力して戦う運命にあると信じています」。ムッソリーニは心をくすぐられ、ブレンネル峠におけるヒトラーとの会談の日程が繰り上げられると、不満を漏らしはしたが――「あのドイツ人たちは息をついたりじっくり考えたりする暇をくれない」――それでも会談に出席した。チアノの日記によれば、ムッソリーニはまだヒトラーを説得して西方攻撃の考えを捨てさせたいと思っていたというが、チアノは憂鬱そうにこうつけ加えている。「統領はヒトラーに強くひかれている。ヒトラーの魅力には、生まれついての性格に深く根ざしている部分があり、総統は統領からリッベントロープがなしうる以上に多くのものを引き出すだろう」[*39]

三月十八日の会談の結果は、まさしくチアノが予見したとおりだった。ヒトラーがとめどなくしゃべりつづけるので、ムッソリーニは圧倒されてほとんど口をはさめず、わずかにドイツの側に立って戦争に参加するつもりであることを再確認するにとどまった。ローマへの帰路、ヒトラーが会話を独占したと不平を言ったが、彼は面と向かうと明らかにヒトラーを気づかって相手の言いなりになって、戦利品の分け前にあずかれないのではないかとの不安を隠せなかった。

ヒトラーはムッソリーニにノルウェー侵攻の意図があることを漏らさなかったし、西方攻撃も予告しなかった。しかし、作戦が始まると、時間を見つけては統領に手紙を書き、そのなかで英仏の弱さを嘲り、ムッソリーニを勝利という餌で釣ったのである。ムッソリーニはついに勇気をふるい起こして宣戦布告したが、それは六月十日のことであり、すでに戦いは実質的に終わった段階だった。イタリアがマルタ爆撃を一日遅らせていたと聞くと、ヒトラーは叫んだ。「私だったらすべてを反対にやっただろう。これは歴史上最後の宣戦布告となるにちがいない。統領がこれほどうぶだとは思わなかった。私は絶対に宣戦布告の合図などしないだろう。いつでも、まず攻撃するのだ」[*40]

イタリア軍は一週間だけ作戦に参加し、目立ったことは何もせず、フランスを敗北させるうえで貢献もしなかったのだが、休戦の交渉となるとムッソリーニは貪欲ぶりをさらけだした。コルシカ、ニース、北アフリカのフランス領に加えて、イギリスにたいしてはマルタ、エジプト、スーダンの割譲を求めた。ヒトラーがわざわざ出向いて彼に面会したのは、その欲望を抑えるためだった。

いかにもヒトラーらしいのは、彼がOKWにもOKHにも休戦交渉について助言を求めなかったことだ。彼が自分で決心し、選んだ方法に、イタリア、ドイツ双方の軍人たちも驚いた。ヒトラーは苦心して一九一八年十一月十一日の舞台を再現させ、かつてフォッシュ元帥がフランス側からの条件を提示した古い木製の食堂車をコンピエーニュの森の同じ場所に運んできて、世界中の報道陣を招いてその場に立ち会わせたが、フランスにたいする要求は、一九一八年にドイツに課されたものとは非常に異なっていた。フランスにとって不当な要求はまったくなく、彼らが北アフリカを拠点にして戦争を継続する気になったり、ドイツの手が届かないところにいる強力なフランス艦隊がイギリス軍と手を結びたくなることもなかった。ヒトラーは、イギリスも自分の節度ある態度に感銘を受けてドイツからの和平提案を真剣に考えるだろうと期待していた。

ドイツがフランスで占領したのは西部の海岸地帯と北部だけで、残りの五分の二はヴィシーのペタン政権のもとで制限付きの独立を保つことになった。フランスは植民地の支配権を維持することを認められ、ムッソリーニは平和条約を結ぶまでは領土上のいかなる要求も控えるようにとの説得を呑んだ。フランス艦隊にたいする要求はすべて拒否され、統領はひどく失望した。フランスは、艦隊の一部については植民地を防衛するためにひきつづき保有することを許され、残りは退役させられることになった。

一九一八年にドイツが味わった屈辱を逆にフランスに味わわせて、休戦の条件を受け入れさせた翌日、ヒトラーは長年の夢だったパリ訪問をはたし、記念建造物を見てまわった。征服者と観光客という二つの役割を兼ねてこの地を訪れたのは、ヒトラーが初めてだった。午前六時に到着すると、エッフェル塔に登り、廃兵院にあるナポレオンの墓の前で脱帽して黙禱を捧げ、オペラ座ではその建物に関する豊富な知識をひけらかして悦に入った。九時にはパリを離れ、その夜、随行していたシュペーアにベルリン再建の布告を起草するよう命じた。帝国の首都はパリを含めて他のどの都市にもまさったものにするべきであり、再建事業は一九五〇年までに終えなければならないのだった。

フランスにたいする勝利は、ヒトラーの人生の頂点となった。どのような思惑があったにせよ、ヒトラーは一九三〇年代にはそうすることが政治的に必要だと考えてつけていた仮面を、いまやかなぐり捨てた。これ以後、彼は自分がそうあるべき存在、すなわちドイツ人民の総統、最高執行者、至上の法律制定者、軍の最高調停者にして最高司令官となり、その指導権は「ヒトラーのイメージ」に体現される成功によって合法化されるのであった。

そうした変化は、軍部の指導層との関係を通じて最も明瞭に表われた。一九三三年から三九年にかけて、彼は何をするにしてもかならず一つのことを警戒していた。フランスが介入するかもしれないということである。ドイツ軍の上級士官は誰もが第一次大戦で軍務についており、ドイツの敗北、フランスがドイツに課したヴェルサイユ条約、フランスが戦後につくりあげた同盟体制といったことが心に刻まれていたので、フランスはヨーロッパ最大の軍事大国であり、他に並ぶもののない軍事的伝統をもっていると信じつづけていた。そこでヒトラーは、フランスがもはやかつてのような軍事力をもっておらず、すぐれた指導者はいないし、戦闘意欲も失っていると繰り返し断言した。将軍たちはそれを信じなかった。フランスはラインラント再武装にたいして適切な対応ができず、オーストリア併合についても一九三一年に拒否していたにもかかわらず、三八年には抗議するにとどまり、さらに有力な同盟国のチェコを見捨てたというのに、それでもドイツ軍の参謀部は、ドイツがポーランドを攻撃すれば、フランス軍が西部の要塞線を突破し、一九二三年のときと同じくルール地方を再度占領するだろうと固く信じていたのである。

ヒトラーはその考えが間違っていることを証明したばかりでなく、またしても職業軍人の助言とは反対に、ドイツは先手を打ってフランスを攻撃すべきだと主張した。そして、それから六週間足らずで、フランスが長い軍事史のなかで経験したことがなかったほど完璧な敗北を味わわせた。

当時、フランスの敗北がどれほど衝撃的だったかを再現するのは難しく、それほど偉大な勝利を収めたヒトラーが自惚れたのも驚くにはあたらない。それ以後、彼は自分が政治においてのみならず軍事的にも天才だと信じて疑わず、ビスマルクだけでなくフォン・モルトケやフリードリヒ大王に匹敵すると考えた。とくに、フリードリヒ大王に自分をなぞらえることが多く、それはスターリンがピョートル大帝にたいして抱いた気持ちと同じだった。ヒトラーに軍事的才能がなかったわけではない。彼が職業軍人としての訓練に欠ける素人だとするなら、同じことはスターリンやチャーチルにも言えた。生涯にわたって軍事的な関心をもっていたヒトラーは戦争に関する歴史書や研究書を幅広く読んでいたし、細部を記憶する能力はきわだっていた。フォン・マンシュタインは戦略家としてのヒトラーにたいして非常に批判的だったが、戦後になって書いた文章のなかで、「(彼は) 技術的な問題と兵器に関するあらゆる事柄について、驚異的な知識と記憶力」をもっていたと述べ、さらに「彼は気の向かない話題を変えたいときには、好んでこの能力を利用した」[*41]とつけ加えている。

ニュルンベルクで裁判を待っていたときの口述の記録によれば、ヨードルはヒトラー個人が兵器に関しては先進的だったとしてその例をあげ、対戦車砲を三七ミリと五〇ミリからずっと強力な七五ミリに代えたことや、ドイツの戦車に搭載している大砲を砲身の短いものから七五ミリないし八八ミリの長いものに代えるよう主張したことを述べている。さらに、パンター、ティーガー、ティーガーII型といった戦車の開発でもヒトラーが先頭に立っていたとも述べている。こうした軍への干渉のすべてが、ドイツ機甲師団の成功に大きく寄与した。このように重要な貢献以外にも、ヒトラーが戦争における技術革命を認識していたことが、機甲師団を他の部隊から独立させて使うという発想に結びつき、それが電撃戦の中心となった。このすぐれた戦術の革新をヒトラーが支持したことが一九三九年から四一年にかけてのドイツ軍の勝利にとって決定的であり、このことによって彼は、スターリンを含む他の国家指導者の誰をも凌駕していたし、同様に他国の軍隊の職業軍人にまさる軍事的な判断力を示したのである。

指揮官としては、ヒトラーは中隊すら指揮した経験がないことを気に病んでいた。政治と同じく、戦争でも意志の力が決定的な要素だという考えを曲げなかったため、彼は大勢の軍隊を動かすのに必要な組織と時間という要素を念頭におかなかったし、あらゆる種類の予測不能な困難が起こる可能性を見越して手を打とうともしなかった。一九三九年から四〇年にかけて身近にヒトラーを見てきたワルリモント将軍の考えでは、作戦の進行状況に関する知らせが入らないときや、戦況が悪化したときにヒトラーがパニックにおちいりやすかったのは、指揮の経験が欠けていたためだった。ヒトラーは作戦を指揮するときには、計画を立てているときの大胆さとは対照的に、神経質になって逡巡した。

戦略家としてのヒトラーが、政治においても戦争においても、決してイマジネーションに欠けていなかったことは、彼が絶えず敵の裏をかく方法を考えていたことにうかがえる。フォン・マンシュタインは、ヒトラーが「作戦上の複数の可能性を見る目」をもっていたことを認めるのにやぶさかでなかったし、そのことはノルウェー攻撃を極北のナルヴィクまで拡大したことや、西方侵攻の中心を戦線の中央部においたことが証明していると述べた。この西方侵攻作戦は、誰も予期しない動きだったので完全突破できるだろうとの理由から、ヒトラーとフォン・マンシュタインがそれぞれ別々に考えていたのである。しかし、独学のヒトラーは、他の者とともに仕事をしたり、専門家の助言を受けることを性格的にいやがるのがつねだった。可能性のあるいくつかの進路について議論する相手は、いつでも自分自身だったのだ。彼の決定は直観的で、討論によって修正できるようなものではなかった。批評、分析、客観性は、意志を抑制する方向に作用するとして信用しなかった。

ＯＫＷ作戦部長のヨードルは、もう少しでヒトラーとのあいだに協力関係を築くところまでいった将官で、のちにニュルンベルクでこう記している。ヒトラーの態度を決定しているのは、権力を握るにいたるまでの経験だった。

彼の考えでは、一般幕僚将校の言葉で考える習慣を身につけていたら、一歩進むごとに立ち止まって、次の一歩を進められない可能性について計算しなければならなかっただろうし、したがって権力の座につくための努力さえしなかったろうという。客観的な計算にもとづいて考えると、初めから見込みがなかったからだ……総統は、政治活動の場合と同じで、軍事上の指揮をとる際にも非常に遠大な目標を立て、ものごとを客観的に見る専門家なら不可能だと断言するくらいでちょうどよいと考えていた。しかし、それは意識的にしたことで、控え目な計算では現実の事態の推移に置き去りにされると確信していたのだ。

ヒトラーは、自分の決定を具体的な命令のかたちにするスタッフとともに仕事するのはいとわなかったが、そのスタッフにも認めようとしなかったのは、参謀部が従来はたしていた役割、つまり戦略に関して助言することである。彼と異なる見解を示そうとすれば、怒りを爆発させるだけだった。ヨードルはこうつづけている。ヒトラーは最初に一九三九年から四〇年にかけての作戦で成功したため、確信をもって、参謀部ではなく自分こそが「現実的で、実際の展開を明確に見通しており、それはまさに計算不能なことまで考慮に入れているからだ」と考えるようになった。

そして、ヨードルの結論によれば、それ以来ヒトラーは、政治でも戦争でも自分の判断に誤りがあるはずはないと確信するにいたり、スタッフに求めるのは、自分の決定を実行するのに必要な技術的援助をすることと、軍事組織が円滑に役割をはたしてその決定を遂行することだけだったという。戦争がうまくいっているあいだは、スタッフは緊張とフラストレーションを感じはしても、このやりかたが通用した。しかし、ヒトラーの連勝が止まり、戦況が悪化すると、彼が助言に耳を貸さなかったこと――たとえば、スターリングラードでもそうだったし、東部戦線で戦略的撤退の準備の必要をめぐる議論においても同じだった――は大惨事に結びついた。[*42]

最初に成功したために、再軍備と戦時経済に関するヒトラーの判断も同じように歪んでしまった。ドイツの再軍備は、一九四三年あるいは四四年に完了する予定であり、それは、英仏という主要大国を巻きこむ全面戦争――チェコスロヴァキアにたいして実行し、ポーランドにたいして計画していた限定的な作戦とは区別される――は、四〇年代半ばまでは起こらないだろうという想定にもとづいていたのだ。三九年九月、ヒトラーの予想に反して、英仏があくまでも宣戦布告すると主張したので、ドイツ経済は長期戦の準備の半ばで不意打ちを食らった。

このことがどういう意味をもつかを最初に理解した人物の一人に、ドイツ海軍最高司令官のレーダー提督がいた。一九三九年九月三日のメモで、彼は実際にはその日に始まった英仏との戦争について、ヒトラーが四四年ごろまでは起こりえないと断言していたことを思い出している。そのころになれば、ドイツはイギリス海軍を倒して「イギリス問題を最終的に解決」する見込みが充分にあるだろうということだった。その解決は、海軍の軍備競争をしていたアルフレート・フォン・ティルピッツ提督の時代、つまり二十世紀初頭以来、海軍最高司令部が求めてきたものだった。四〇年代半ばというこの目標期日は明らかな前提であって、ヒトラーはそれにもとづいて、少し前の三九年一月まではドイツ再軍備計画のあらゆる部分をさしおいて海軍のZ計画に絶対的な優先権を与えていたのだが、結局は九月一日にそれを取り消してしまった。いまやレーダーが下した結論は、ドイツ海軍はイギリス海軍よりもずっと弱体なので「せいぜいできることといったら、威厳を失わずに沈没する方法を知っていることを示すくらい」[*43]なのであった。ノルウェー作戦でレーダーの悲観が時期尚早だったことがはっきりしたが、のちにドイツ海軍がイギリス侵攻の際に味方を援護できなかったことや、イギリス諸島の封鎖を効果的に実施できなかったことは、レーダーの判断の正しさを裏づけた。

ゲーリングが一九三七年に立案した重爆撃機（ハインケル177）計画も同じ前提に立っていた。その計画では、四一年に初めて重爆撃機を実戦に配備し、四三年の初めまでには空軍は長距離用の重爆撃機部隊をもつことになり、イギリスやソ連の工場にたいして効果的な空爆をつづけるうえで欠かせないものとなる予定だった。

この予定を知っていたため、（ゲーリングを含めて）再軍備に関わった人たちは、英仏という主要列強との戦争にそれより早い時期に巻きこまれたら、ドイツは充分な準備ができないと心配していた。実際にそうなって、ポーランド作戦後にヒトラーの和平提案を両国が拒んだときにドイツがおかれた予期せぬ状況と、それが再軍備計画におよぼす影響について見直しをしようとする明快な意見もあった。一例をあげれば、一九三九年十一月、ルール地方の有力な二人の実業家アルベルト・フェーグラーとヘルムート・ペンスゲンはOKWの経済・軍備局長であるトーマス将軍にこう指摘した。ザルツギッターにある国営ヘルマン・ゲーリング製作所の鉄鋼生産力を増強しつづけるのはばかげたことであり、溶鉱炉の建設に必要な鉄の量が、一九四三年までにその工場で実際に生産できる鉄の量を上まわるだろう、と。[*44]

トーマスはかねてから軍備の増強を強硬に主張していたので、納得するはずもなかったが、彼がOKW長官のカイテルを——そしてカイテルを通じてヒトラーを——説きつけて経済全体を戦時体制にする必要性をわからせようとしても、すでに開戦していたので徒労に終わった。ヒトラーは「経済全体を戦時体制に移行」させようと述べたが、民需産業からはできるだけ動員を避けるべきだという条件をつけた。すでに海軍のZ計画は削られていたとはいえ、ヒトラーが与えた優先権はずっと広範なものであり、一九四〇年にはたびたび変更が必要になり、そのために長期的な見通しにもとづいた生産は無意味になった。国内の経済的資源を動員するための長期的かつ全般的な計画が立てられなかったことはすでに指摘されていたが、四一年と四二年にまたがる冬まで、実際にそういう状態だった。

一九四一年十二月にソ連侵攻が阻止され、ロシアの冬への備えができていなかった陸空軍が壊滅的な打撃を受け、一回の作戦でソ連を倒す希望を捨てざるをえなくなってようやく、ヒトラーはトートの強い求めに応じて経済体制を根本的に変えた。トートは軍需大臣をつとめていた時期（一九四〇年三月〜四二年一月）の後半にすでにその要求を少しずつ出しはじめていたが、どれほど多くのことが実行されないままになっていたかは、トートが死亡して四二年二月にその後を継いだシュペーアの目にした状況が示していた。

二年半のあいだ戦争に関与して、シュペーアは五つの「帝国の最高権威」が軍需品の生産をめぐって別々に、そしてしばしば対立しながら力を行使していることに気づいた。それは、四カ年計画（ゲーリング）、ＯＫＷの経済・軍備局（トーマス将軍）、経済省（フンク）、労働省（党の「労働戦線」の指導者でもあったローベルト・ライ）、そしてシュペーア自身が属していた軍需省（以前はトートの指揮下にあった）であった。それらに次ぐ位置にあって、それでも大きな独立性を保っていたのは、陸海空三軍の兵站部と、四カ年計画の五つの全権委員（鉄鋼、建設、化学工業、機械、エネルギーと水）であった。地方行政では、五つの帝国最高権威が、それぞれに属する地方ごとの局地的なネットワークに指示を出していた。こうした下位の組織が直面したのは、経済の動員にたいする抵抗で、その担い手は多くが帝国防衛委員に任命されている党の大管区指導者や、「労働戦線」のようにボルマンや党事務局を通じてヒトラーと直接つながっているそれ以外の党組織だった。これらとは別に、ヒムラーはしばらく前に直属のＳＳ経済帝国を築きあげており、それは外部の勢力にまったく干渉されずに事業を運営していた。

つまるところ、戦争経済は計画ではなく有効性によって判断されるのであり、ヒトラーが電撃戦という公式——一度に一国だけを相手にし、充分に余裕のある軍事的優位に立って一回の作戦で相手を倒す——を堅持することができるかぎりは、こういう厄介な構造でも勝利をつづけるのに必要な兵器を生産できたし、占領地から次々に資源の補給があって他国の軍が太刀打ちできない技術と熱意をもって取り組んでいたのだから、なおさらである。しかしヒトラーの指導によってドイツが大英帝国、ソ連、アメリカとの全面戦争に突入すると、第一次大戦における敗北から得た教訓、つまりドイツは敵国の経済力に対抗できないという事実をもはや無視できなくなった。トート、ミルヒ、シュペーアが導入した改革によってドイツ経済の生産性は目ざましく伸びたが、それでも、ヒトラーとゲーリングがドイツ軍の勝利に見合うように最初からドイツ経済の戦時総動員をしなかったために失われた二年間を埋め合わせられなかったのである。

8

ドイツが西部で勝利を収めたことによって、誰よりも面くらったのはスターリンだった。彼は、一九一四年のような膠着状態になるか、あるいは少なくとも作戦が一年か二年かかって、たとえドイツが勝ってもひどく疲弊し、そのためにソ連の防衛力を強化する時間ができると踏んでいた。彼の反応は、できるだけ迅速に行動して独ソ不可侵条約で約束された取り分を確保することだった。

秘密議定書は、ルーマニアのベッサラビア地方を回復するというソ連の利益（そしてドイツにとってはまったく利害関係外）を認めていた。一九四〇年五月後半、ソ連軍はベッサラビアとの境界に向けて進軍を開始し、ルーマニアは防衛のために軍を動員しはじめた。ドイツはベッサラビアについては利害関係がなかったかもしれないが、ソ連とルーマニアが戦争すれば、ルーマニアからの大量の食料、木材、そして何よりも年間一二〇万トンの石油の輸入が脅かされかねなかったので、それを防止することには大いに利害がからんでいた。この石油はソ連からの輸入よりもかなり多く、全輸入量の優に半分以上を占めており、しかも支払いは交換可能通貨《ハード・カレンシー》だけでなく、ポーランドで奪った兵器でもよかったので、なおさら捨てがたかった。ルーマニアはドイツに保護を要請したが、リッベントロープはスターリンとの関係をこじらせたくなかったので、六月一日の返答では、ソ連のベッサラビア要求にたいしてどこまで応じるつもりがあるのかをたずねた。リッベントロープの意図を悟ったルーマニアは、ソ連と話しあいをすることに同意した。

バルト三国にはすでにソ連の駐屯軍が配置されており、スターリンはなおさら体面を気にせずに行動した。五月二十五日、モロトフはリトアニアの大臣を呼び、ソ連の兵士にたいする「挑発的な行為」について厳しい口調で不満を述べた。新聞を利用して宣伝活動が行なわれ、さらにバルト三国のすべての国境で紛争が起こった。六月十五日には、突然それが無抵抗なリトアニアにたいする侵攻へと発展した。ソ連側の説明では、バルト諸国の労働者が新政府を「ソヴィエト」および「社会主義」政権と呼ぶことを望むなら、「同志スターリンはそのような要求にたいしてはまったく異議がないと語った」ということだった。新たに任命する閣僚のリストが慎重に作成された。新政府が正式に組織され、「労働者階級のリスト」に投票する選挙が行なわれた。七月二十一日、新たに選ばれた三国の代表者たちが自分たちの国を「ソヴィエト社会主義共和国」と呼び、ソ連への編入を求めた。ソ連邦最高会議はモスクワで会議を開き、八月三日にその要求を認めた。赤軍は八月一日にバルト三国に侵入しはじめており、六日には占領が完了した。

すべての事業と、小規模な自作農地を除いたあらゆる土地が国有化された。シベリアへの追放の第一波は選挙前に始まり、一九四一年六月にドイツが侵攻してくるまでつづいた。その一週間前、六月十四日の夜から十五日の朝にかけての一晩で、エストニア人六万、ラトヴィア人三万四〇〇〇、リトアニア人三万八〇〇〇が祖国から可能なかぎり離れたところへ連れていかれた。ポーランド占領の場合と同様、その目的は抵抗運動の指導者となる可能性のある者——政治家、労働組合員、知識人、教員——を排除することであり、彼らに代わってその地位についたのはロシア人だった。家や職を取り上げたという点では、バルト三国の出身者数千人を含む「民族上のドイツ人」が、併合したポーランドの四つの地域で行なったこととまったく同じだった。

ヒトラーは、伝統的にドイツがバルト三国にたいしてもっていた利権を守るための行動は何一つ起こさず、ただそこに残っていた「民族上のドイツ人」が引き上げてこられるようにしただけだった。彼は、独ソ不可侵条約のもとでソ連が獲得した他の領土と同じように、さしあたってロシア人が占領していてもそれは一時的で、すぐにあるべき状態になると考えていたのだ。

ドイツが抵抗する可能性が最も高かったのは、ルーマニアをめぐる問題であり、ソ連はベッサラビアだけでなく隣接するブコヴィナ地方も占領しようとしたのである。モロトフはまったく譲歩せず、フォン・デア・シューレンブルクに語ったところでは、ブコヴィナは「統一ウクライナに欠けている最後の地域」であり、ベッサラビアと同時に処置しなければならないということだった。しかし翌日、ヒトラーの要求に応じる意思があることを示すために、スターリンはソ連の占領をブコヴィナ北部に限定することに同意した。舞台裏では、ドイツはカロル国王とルーマニア人に大きな圧力をかけて、領土の三分の一が失われることにも抵抗させず、同時にハンガリーとブルガリアにたいしても、この機会をとらえて自分たちの領土上の要求をルーマニアに突きつけないように強く迫った。六月二十八日、赤軍は侵攻し、スターリンは秘密議定書のもとで得られるものをすべて手に入れた。それは総計七四万一〇〇〇平方キロの土地と二〇〇〇万人以上の住民であり、それをロシア人の生命をほとんど犠牲にすることなく獲得したのである。

戦争への不安を感じていたさなかの一九四〇年八月に、スターリンが生涯またとない喜びを味わう瞬間が訪れた。トロツキー暗殺の知らせが届いたのである。トロツキーの非難の言葉には、彼の神経を逆撫でするだけの力がまだあった。独ソ不可侵条約に調印したスターリンへの挨拶として、トロツキーは「ヒトラーの補給係将校、スターリン」という見出しの記事を書いて、スターリンを指導者として仰いでいればソ連は大きな災厄に見舞われるだろうと予言し、彼が裏切った十月革命の名においてスターリンを打倒すべきだとソ連の労働者に訴えた。

これを読んだスターリンはベリヤを呼びつけ、ＮＫＶＤはもっと力を入れてトロツキーを黙らせろと命令した。秘密警察本部《ルビャンカ》で暗殺計画が練られ、現地のメキシコではＮＫＶＤの工作員ナウム・エイチンゴンが手筈を整えた。一回目の暗殺計画は一九四〇年五月に決行され、警官に変装した一団が防備を固めたトロツキーの家に弾丸の雨を降らせたが、トロツキーは無傷で脱出した。二度目の計画は、ＮＫＶＤが雇った元スペイン共和国中尉ラモン・メルカデルの手で実行された。トロツキーに信頼されるようになったメルカデルはその部屋に入り、スターリンの伝記を執筆していた彼の頭をアイスピックで力いっぱい殴りつけた。トロツキーは二四時間後に死亡した。メルカデルは二〇年の禁固刑に処せられたが、ソ連の関与については頑として否定しつづけた。釈放後、一九六〇年代になってモスクワを訪れたメルカデルは、すでに授けられていたレーニン勲章を受け取ったが、用心して人前でそれを身に飾ることはしなかった。暗殺計画の成功により、トロツキーの死の七カ月後にベリヤはＮＫＶＤの最高人民委員に昇進した。スターリンはすっかり満足した。最も危険な最後の旧敵は抹殺され、これでその昔レーニンのまわりにいた人間のなかで生き残っているのは彼一人となった。

一九三九年夏のドイツ国内の世論に関する報告――種々のナチ機関による報告および亡命社会民主党（原注：社会民主党の国外事務所員は急いでプラハからパリへ逃走しなければならなかった）によるもの――が一様に指摘していたのは、戦争が起こるのではないかという不安が広がっており、またしても戦争を回避できるかどうかがヒトラーの人気を左右する試練になるということだった。しかし、一〇カ月後、一度だけでなく三度にわたって作戦を実行したあとになると、同じそれらの機関が、総統にたいする信用と信頼は前例のない高さに達したとの一致した見解を伝えていた。だが、このことは党については当てはまらなかった。ヒトラーと同じように灰緑色の制服を着て前線で戦っている兵士たちにくらべて、褐色シャツのナチ党員は戦闘を忌避し国でぬくぬくしていると思われており、概して党内の地位の低い者ほど憂鬱な思いをしていた。しかし、ヒトラー自身と彼がつくりあげる総統のイメージにたいする国民の熱狂と支持は、一九四〇年夏には最高潮に達した。*45

三つの要素がからみあって、国民のあいだに広がっている気分を形成していた。一つは、ドイツ軍の勝利による愛国心の高まり。次に、長期戦の恐れがなくなったという安堵感。そして、最終的な勝利と平和を妨げている唯一の国、イギリスにたいする怒りである。ヒトラー自身の心のうちはもっと複雑で、以後の半年はためらいと欲求不満がないまぜになった状態がつづくことになった。彼もまた、西方での戦争が終わることを望んでおり、イギリスがなぜ戦争を継続しようとするのか、その理由がわからなかった。

平和になったら、彼がそれを利用して何をしようとしていたのかは別の問題で、それについて、当人はいろいろなことを語っていた。しかしヒトラーは、多くのドイツ人とは異なり、イギリスの敗北を見たいという望みはもっておらず、カイテルやフォン・ワイツゼッカーをはじめ多くの者に繰り返し言っていたのは、イギリスを倒して大英帝国を崩壊させ、その遺産をロシア人、日本人、アメリカ人にやすやすと獲得させてしまってはドイツの利益にならないということだった。ヒトラーが西欧列強と戦争をすることになったのは、彼らに何らかの要求をしたからではなく、ドイツが中欧および東欧で自由裁量権をもつことを彼らが認めようとしなかったからだ。これがチェコスロヴァキアおよびポーランドをめぐって一九三八年と三九年に議論された問題であり、四〇年になってもいぜんとして争点になっていた。彼はかねてからイギリスと手を結ぶという考えに心を引かれていた。大陸におけるイギリスの最後の同盟国が敗れ、イギリス軍も海の彼方へ逃れていったので、イギリスはヨーロッパ大陸でドイツが覇権を獲得するのを妨げえないと考えているにちがいなく、やがては協定を結ばざるをえなくなるだろう。イギリスは大陸でのドイツの優位を認めてドイツの植民地を返さなければならないだろうが、それはそれだけのことで、それ以上ではない。ヒトラーは、イギリスと和解するだけでなく、かねてから望んでいたとおりに同盟を結び、大英帝国の存続を保証することまで考えていた。

和解への道が開けていると強く確信して、ヒトラーは六月十四日に一七個師団の解散を命じ、次いで五〇万の兵を除隊させて兵器産業につかせると言明した。しかし、ヒトラーが心待ちにしていた知らせ、イギリスが和平交渉について検討する気になったというロンドンからの合図はなかった。中立の仲介者を通じて試みに打診してもみたが、何の答も返ってこなかった。六月十八日、チャーチルは下院で演説して内閣の決定を公表し、「大英帝国が一〇〇〇年存続したら、そのときなお後世の人に『彼らはこのときが一番立派だった』」と言ってもらえるよう、勝算がどうあれ、戦いつづけるのだと言った。七月三日、イギリス海軍は北アフリカのオラン港に停泊中のフランス艦隊を砲撃して、チャーチルの言ったことが誇張ではないことを示した。ヒトラーは帝国議会で行なうつもりだった演説を延期して、イギリスにもっと時間を与えようとしたが、それでもイギリスが和平に向けて動こうとしているという知らせはなかった。

七月十九日、彼はついに帝国議会を召集し、延期していた祝勝会を開いた。会は盛大で、これもまた勝利の一場面だった。ヒトラーは一二人の将軍（カイテルとフォン・ブラウヒッチュを含む）を陸軍元帥に昇進させ、ゲーリングのために国家元帥という新しい階級を設けて勝利を祝った。ゲーリングの虚栄心は満たされ、自分でデザインした空色の軍服姿で登場した。ヒトラーは上機嫌で演説し、全身に自信をみなぎらせて、イギリスの指導者たちにたいする侮蔑をあらわにした。しかし、演説の最後はイギリス国民に直接訴えかけるかたちで締めくくった。

チャーチル氏は、おそらく今回だけは私の言うことを信用するべきだろう。私は偉大な帝国が滅びると予言しているのだ――私としては破壊するどころか、損害を与えるつもりもなかったのだが……

いまこのとき、私は自らの良心に照らして、もう一度イギリスの理性と良識に訴えるのが義務だと感じている。私がこのように訴えるべき立場にあると思うのは、私が庇護を請い求める敗北者ではなく、理性の名において語る勝利者だからである。私にはこの戦争をつづける理由が何一つ見出せないのだ。[*46]

イギリスがこの提案を受け入れない場合、ヒトラーにはとるべき選択肢が三つあった。一つは、イギリスに侵攻して力ずくで敗北させ、フランスの場合と同じように条約を押しつけるというものである。二番目は、間接的な方法により同じ結果を得ようとするもので、イタリア、スペイン、ヴィシー・フランスの助けを借りて地中海および中東におけるイギリスの地位に揺さぶりをかけ、また日本と協力して極東でのイギリスの立場を脅かし、あるいはソ連の目を南のペルシア湾やインドのようなイギリス領に転じさせて、Uボートと空軍によるイギリス船団への攻撃作戦を強化するという手も考えられた。第三は、イギリスを無視して東方に向かい、ソ連にたいして決定的な勝利を収め、安全を確保するとともに、原材料を手に入れる道を開くというものだった。そうすれば、ドイツはこのあとイギリスと戦って勝つこともできようし、さらに必要とあればアメリカを打ち負かすこともできるだろう。

この最後の選択肢が、一九四〇年代半ばに実施する予定だった本来の計画であり、そのときになればドイツの海軍と空軍の長期計画が実を結んでいるはずだった。しかし、単なる局地戦のつもりだった対ポーランド作戦にイギリスが介入したため、この日程が狂ってしまった。スターリンは、秘密議定書で約束されていた莫大な賄賂に買収されて中立を守った。しかしイギリスは、独ソ不可侵条約に相当する条約を結んで大英帝国の存続を保証しようというヒトラーの申し出を拒否し、一度に一国だけを相手にするという彼の戦略を挫折させ、再び長期的な全面戦争に巻きこもうとしていた。ドイツは全面戦争への準備ができていなかったので、ヒトラーはそれを避けるか、あるいは少なくとも準備ができるまで先送りしたいと思っていた。

一九四〇年の夏まで、ヒトラーはイギリス侵攻をどうやって実行するかを本気で考えたことがなかった。最初に立てた計画は、ドイツの海軍と空軍に援護させて、ラムズゲイトからワイト島の西にかけての前線に沿って上陸を敢行するというものであり、ヒトラーは八月半ばまでにこの「アシカ作戦」の準備を終えるよう命じた。

ドイツ軍の熱意は高まっていた。しかし、ヒトラーはレーダー提督ともども作戦が困難だという印象をもっていた。ドイツ海軍が弱体であることはいまや明らかだった。レーダーがまかなえる輸送船では、陸軍が上陸させたいと考えている四〇個師団のうち一三個師団しか運べなかったし、しかもノルウェー作戦で犠牲が出ていた――巡洋艦三隻と駆逐艦九隻が沈没し、巡洋艦二隻と駆逐艦一隻がまだ修理中だった――ため、その輸送船をイギリス海軍から守るために必要な護送船団を編成することなど問題外だった。

八月に、ヒトラーは当初計画した規模で上陸を試みることに反対する海軍の意見を容れ、かわりに空軍に頼ってイギリス空軍を破り、空の優位を確保すれば、規模は縮小するが侵攻は可能になると考えた。スペイン内戦、ポーランド作戦、フランスをめぐる戦闘を通じてドイツ空軍は名声を高めていたので、その能力をもってすれば今度も充分に作戦を遂行できると思われた。八月十三日、ドイツの航空機一五〇〇機が、攻撃の口火を切る「ワシ作戦」に加わった。

しかし、ドイツ空軍は自分たちと対等にわたりあえる空軍と初めて対戦した。イギリス空軍には世界で最もすぐれている単発戦闘機——八門の機銃を装備したハリケーンとスピットファイア——があっただけでなく、革命的な早期警戒システムであるレーダーをもっており、対空監視部隊が設置した一〇〇〇の監視所がそれを補っていて、この点でも優位に立っていた。イギリス空軍の戦闘機隊の行動能力は限界に達していた。ある時点では、ロンドンと南東部を担当していた第一一戦闘グループでは、七つの主要飛行場のうち六つと、五つの前線飛行場が戦闘不能になった。しかし、一日だけの例外を除いて、ドイツの航空機の損害はあらゆる機種でつねにイギリスを上回り、一九四〇年七月十日から十月三十一日までの期間にその数は一二九四機、それにたいしてイギリスの犠牲は七八八機だった（原注：『オクスフォード第二次世界大戦必携』一九九五年刊より）。

ドイツの爆撃機はロンドンおよび他の都市への夜間空襲を冬になってもつづけたが、昼間はイギリス侵攻の前提条件だった制空権をイギリス空軍が握っており、ドイツ空軍に渡さなかった。九月十七日、ヒトラーはこのことを見てとり、侵攻を無期限に延期し、事実上中止した。

バトル・オブ・ブリテンはイギリスの勝利に終わったが、これが重大な意味をもつことは、のちの戦いのなかでようやく明らかになる。それまで、ヒトラーがずっとソ連攻撃の必要条件と考えていたのは、ドイツはまず西方からの介入の心配をなくさなければならないということだった。すでにフランスの脅威は取り除かれている。いまヒトラーは、イギリスが敗北を認めようとせず、しかも自分の力で屈伏させられないことに腹を立て、イギリスを倒したかのように振る舞って相手の存在を無視することにし、イギリス人がもちこたえているのはソ連を頼りにしているからにちがいないと言って自らを励ました。ヒトラーは、一回の作戦行動でソ連を打ち破るという賭けに出て、そののちイギリスと戦うことにした。しかし、この賭けは失敗に終わり、しかも東部戦線での戦いが二年、三年と長びいて、ついに四年目に突入したとき、対イギリス戦のけりをつけずに放置していたツケがまわって、ヒトラーは何があっても避けようと固く誓っていた二つの戦線での戦いにのぞまなければならなくなったのである。

七月になっても、アシカ作戦が実施されない可能性があると考えられていたので、OKHの手で対ソ連戦の暫定的な計画が練られはじめた。ハルダーの日記によれば、一九四〇年七月三十一日の軍首脳との会議でヒトラーはこう宣言したという。

イギリスはロシアとアメリカに期待している。もしロシアにかけている希望が潰《つい》えれば、アメリカも頼りにならなくなるだろう。というのは、ロシアが敗れれば極東における日本の力が非常に増すと思われるからである……

イギリスが最も頼りにしているのはロシアである。何かがロンドンで起こったにちがいない。イギリス人は完全に打ちのめされていたのに、いま再び気力を取り戻した……ロシアを粉砕すれば、イギリスの最後の希望は砕けるだろう。そのとき、ドイツ人はヨーロッパとバルカン半島の支配者になるのだ。

よって、こう決定する。ロシア打倒をこの戦いの一部としなければならない。作戦開始は四一年春。ロシアを粉砕するのは早ければ早いほどよい。ロシア人国家を一撃のもとに根こそぎ破壊できなければ、攻撃は目標を達成したとは言えない。国の一部を征服するだけでは不充分だ……四一年五月に攻撃を開始すれば、完了するまでに五カ月ある。年内にとりかかるのがやはり最良ではあるが、いまのところ統一された戦闘行動はできないだろう。[*47]　〔傍点ママ〕

自分が立てた予定ではまだ時間の余裕があったので、ヒトラーは一九四〇年の夏のうちにイギリスを侵攻できないかどうか、あるいはドイツが侵略の構えを見せた場合、イギリスが屈伏する可能性はないかどうかを確かめてみた。その一方で、すでに七月から、OKWとOKHの両方でソ連攻略の計画が準備されていた。八月の末に、陸軍元帥フォン・ボックは、B軍集団の司令部をポーランドに移し、あとから送られる数個軍団の指揮をとるよう命令されたが、そこでどのような作戦を展開するかについては何の指示も与えられなかった。

十月十二日、イギリス侵攻は最終的に延期されることになったが、この決定は一九四一年の夏に向けて進めていた準備には何ら影響しなかった。しかしヒトラーには、それまでのあいだイギリスの諸都市への爆撃をつづける以外に何をなすべきかという問題が残った。

何もしないでいれば、勢いが失われ、ドイツが再軍備で得た優位を享受していられる残り少ない時間を無駄に過ごすことになる。目を向けるべき方向は明らかに地中海だった。そこでは、イギリスは石油の供給地である中東をはじめとしてインド、オーストラリア、ニュージーランド、極東との連絡を断つことを狙った攻撃を受けやすく、その一方で、ヒトラーは枢軸国イタリアのみならず、スペインとヴィシー・フランスという潜在的な同盟国をもっていた。

地中海戦略はとりわけレーダーの関心をそそった。彼とドイツ海軍にとって、第一の敵はいぜんとしてソ連ではなく、イギリスだったのだ。九月六日、レーダーはヒトラーに進言して、イギリス本国への侵攻を試みる危険を冒すかわりに、地中海でのイギリスの生命線である二つの要衝、ジブラルタルとスエズ運河の奪取を考えてはどうかと伝えた。イギリス侵攻が延期されると、レーダーは九月二十六日の会議で自説を繰り返し、地中海ルートと中東支配が世界におけるイギリスの地位にとって命綱であると指摘した。

地中海戦略——東端の中東と西端の北西アフリカに焦点を合わせる——は、ソ連ではなく最も重要な敵たるイギリスとの戦闘に力を集中するというもので、レーダーはこれこそ新たにとるべき戦闘のパターンにほかならないと考えていた。当時、レーダーはヒトラー本人を半分以上説得できたと信じており、ヒトラーはその提案をムッソリーニと討議すると約束し、実際、一九四〇年の最後の四カ月間、かなりの時間を費やして地中海での作戦計画を練っていた。あとになってようやくわかったのは、レーダーも認めているとおり、ヒトラーはすでにロシア侵攻を決めており、南方の戦域にたいする関心は、ドイツ海軍の幕僚とはまったく異なる想定にもとづいていた。

東方の問題を最優先したいと考えるのは認めるとしても、当面の限定的な目標としてであれば、イギリスの都市を爆撃し、Uボートでイギリスの船舶を地中海から締め出してイギリスに圧力をかけることも、また北西アフリカと大西洋の島々をイギリスと自由フランスによる占領から守ることも、やはり意味があるだろう。しかし彼は、地中海西部でいかなる戦闘が起こっても、フランコをはじめとするスペイン人がその重い負担に耐えることを期待しており、同様にムッソリーニの率いるイタリア人には北アフリカと地中海東部で主導権を握ることを望み、それより期待の度合は小さかったが、ペタンらヴィシー・フランスには北西アフリカにおける彼らの利益を守ってほしいと思っていた。ドイツの関与は補助的な役割に限定され、ジブラルタル奪取のために特殊部隊と急降下爆撃機を送り、イタリア軍とスペイン軍を補強するために一個ないし二個師団を派遣する程度になるだろう。

イギリスに対抗するための提携というこの考えによって、イタリアのみならず日本も引きこもうとするリッベントロープの夢がよみがえった。日本は独ソ不可侵条約にたいして厳しい反対の姿勢を示していたが、このころになると極東でフランスとオランダの植民地を奪う好機だと見てとり、ムッソリーニと同じく、何とか戦利品の分け前にあずかりたいと考えていた。リッベントロープが提唱した三国軍事同盟は、ついに一九四〇年九月二十七日に締結された。それはもはや防共協定のようにソ連に対抗するためのものではなく、ヨーロッパではドイツとイタリアを中心として新秩序を確立し、大東亜では日本がリードして新秩序を打ち立てることを認めるものだった。[*48]

翌月、ヒトラーはスペインとフランスを自ら訪問するために出発し、両国政府を説得して彼の計画に同意させられるかどうかを確かめようとした。

フランコとは十月二十三日に国境の町アンダイエで会談したが、そのときのことを思い出すたびにヒトラーの心に怒りがよみがえることになる。期待に反して、ヒトラーがドイツの勝利とイギリスの敗北をきっぱりと断言しても、フランコは納得せず、厄介な質問をして、協定を結ぼうというヒトラーの申し出にはいかなる言質も与えようとはしなかった。その協定によれば、スペインは一九四一年一月に参戦し、ドイツの助けを借りてジブラルタルを奪い返すことになっていた。九時間の会談ののち、ヒトラーは努力が実らなかったことを認めざるをえなかった。のちに、彼はムッソリーニにこう語った。「もう一度話しあうくらいなら、歯を三、四本抜かれたほうがましだ」

見たところ、ヒトラーと八十五歳のペタンとのモントワールにおける会見は非常にうまくいった。このフランスの元帥は協力の方針を喜んで受け入れ、フランスもできるだけ早くイギリスの敗北を見たいという点では枢軸国と利害が共通しているとして、意見の一致をみた。その見返りとして、ヒトラーは、フランスがアフリカで失うかもしれない領土の埋め合わせに、イギリスの領土の一部を与えることを保証した。しかし、細かいことはすべて未定のままに残されていた。ペタン元帥が友人に与えたコメントがしばしば引用されている。「この計画を話しあうには半年かかるだろうが、忘れるのにもう半年かかるだろう」

9

対イギリス戦でフランスから支援を受ける約束を取りつけて、ヒトラーは大いに満足しただろうが、そのあとすぐ、それに水を差すような思いがけないニュースが、ベルリンへの帰途についた彼のもとに飛びこんできた。ムッソリーニがギリシアへの攻撃を開始しようとしているというのである。スペインに発つ前、ヒトラーは統領《ドゥーチェ》にブレンナー峠で会い、ドイツがフランスと協力関係を結びたがっていることに、この同盟者がすっかり気を悪くしていると気づいた。ムッソリーニはフランス植民地帝国から奪った領土の分け前をたっぷりもらえるだろうと期待していたが、それを犠牲にされる恐れがあったからだ。ローマへ帰る途中、ムッソリーニはとがめるような調子で、ヒトラーにこう書き送った。「フランス人は、戦っていないのだから負けてはいないと思っているのです」。しかし、ムッソリーニが仕返ししようという気になったのは、ドイツがまたしても事前に何も知らせず、今度はバルカン半島でクーデタを起こしたからだった。

ソ連がベッサラビアを占領して以来、ヒトラーが非常に心配していたのは、ルーマニアが崩壊してドイツが依存している油田の安全が脅かされるのではないかということだった。最もさし迫った危険は、ルーマニアの隣国がソ連の例に刺激されて領土の割譲を要求したことだった。ブルガリアはドナウ川河口のドブルジア南部を、ハンガリーはトランシルヴァニアを要求した。前者はルーマニアが折れてすぐに解決したが、後者の場合はルーマニア国民のプライドが目覚め、二つのドイツ属国間で戦争が起こりかねなかった。そうなることを防ぐ——またソ連にルーマニアの油田を占領するチャンスを与えない——ために、リッベントロープは両国の政権党をウィーンに呼び、チアノの助力を得て第二次ウィーン裁定を下し、トランシルヴァニアの半分をハンガリーに割譲させた（一九四〇年八月三十日）。

領土を失った見返りとして、ヒトラーはルーマニアに新しい国境の保障を申し出て、同時に、一二個師団の部隊に、必要な場合には公然と介入するのでその準備をしておくようひそかに命じた。裁定に抗議してカロル国王が退位したので、イオン・アントネスク将軍（総統の崇拝者）は独裁者となることができ、枢軸側に加わり（九月二十三日）、ルーマニアの独立を守るためにドイツ軍を派遣してもらいたいと「要請した」。九月二十日にヒトラーの司令部から秘密命令が出て、ドイツ陸軍と空軍はルーマニアに軍事使節を送り、ルーマニア軍を組織し訓練するよう指令を受けた。しかし「ルーマニア人にもわれわれの軍にも知られてはならない」本当の任務は、油田を守り、ルーマニアの基地からドイツ軍とルーマニア軍が展開できるよう準備して「ソ連と戦争をせざるをえなくなった場合に備える」ことだった。軍事使節につづいてドイツ軍（第一三機甲師団を含む）がやってきて、ルーマニアは衛星国となり、ヒトラーの支配は終戦まで揺るがなかった。

ムッソリーニがバルカン諸国をイタリアの勢力圏に組みこもうとしており、この方面におけるドイツのあらゆる動きを不安と嫉妬の入りまじった気持ちで見ていることを、ヒトラーはよく知っていた。第二次ウィーン裁定のときにも気をつかってイタリアを加えたし、ユーゴスラヴィアとギリシアにおけるイタリアの利権も認め、同時に一方ではチアノを説得して両国でのイタリアのいかなる軍事行動をも延期させ、バルカンの情勢がさらに紛糾するのを避けようとしていたのである。

しかし、ヒトラーはルーマニアにたいする支配を固めるためにとろうとしている手段について何も語っていなかったので、翌週、ムッソリーニはドイツ軍がルーマニアに進駐していることを知ると、突然チアノに向かって叫んだ。「ヒトラーはいつも私に既成事実を突きつける。今度はこちらが同じやりかたで仕返ししてやる。私がギリシアを占領したことを、彼は新聞を見て初めて知るだろう」[*49]。ヒトラーがプラハを占領したあと、ムッソリーニがアルバニアを占領してしっぺ返しをしたことがあったが、これはその再演だった。しかし、今回はもっと深刻な結果になった。枢軸側の戦略に関する合意の一部として、イタリアがエジプトからイギリスを追い出すという計画があった。イタリア軍はなかなかエジプト国境を越えての進軍を開始しようとせず、イタリアの参謀総長ピエトロ・バドリオ元帥はイタリアの関与する地域をこれ以上拡大することに強く反対していた。ムッソリーニはそれを聞き入れようとせず、彼の傷ついた虚栄心を癒し、イタリアの威信を回復するために、大胆に行動して勝利を収めるのだと言い張った。

ヒトラーがムッソリーニの手紙を受け取ってその意図を知ったのは、モントワールから戻った十月二十四日遅くのことだった。イタリアのギリシア占領が成功してもしなくても、まさにヒトラーがルーマニアの危機をうまく取り除いたばかりだというのに、統領の行動はバルカン半島全体を再び混乱におとしいれるにちがいない。長年、ギリシアの領土割譲を要求してきたブルガリアとユーゴスラヴィアとはまったく別に、ソ連が介入する口実になるし、一方、イギリスもこの機会をとらえてギリシアに上陸し、地中海のヨーロッパ側の沿岸に基地を築こうとするだろう。ヒトラーは、ムッソリーニに個人的に訴えれば説得に応じて考えを変えるだろうとの期待をもって、再び専用列車に乗ってフィレンツェに向かわなければならないと考えた。

実際には、十月二十八日、フィレンツェに到着する二時間前に、ヒトラーはイタリアのギリシア攻撃がすでに始まっていることを知り、駅に着くとその場で、待ちかねていた統領から初めての成功について報告を受けた。

ヒトラーはどれほどの怒りを感じていても、それを微塵も外に表わそうとはしなかった。反対に、ムッソリーニに全面的な支援を約束し、クレタ島の占領に必要ならばドイツのパラシュート部隊を自由に使ってもよいと言った。それから、フランコおよびペタンとの交渉について詳細に報告し、遅ればせながらムッソリーニを安心させるためにルーマニアとの関係を説明した。チアノはほっとして、枢軸側の二人のパートナーはあらゆる点に関して「完全な合意」に達したと記録した。ヒトラーは体面を維持できたが、彼の通訳のパウル・シュミットは回想録にこう記している。

ヒトラーはその午後、苦々しい思いを噛みしめながら北に向かった。彼は三度、失望を味わった――アンダイエで、モントワールで、そしていまイタリアで。以後四年にわたって、長い冬の夜には、ヒトラーは骨の折れたこの旅をたびたび思い返して、恩知らずで頼りにならない友、枢軸国のパートナー、「裏切り者の」フランス人に辛辣な非難を浴びせるのであった。[*50]

西方で勝利を収めてから四カ月間、ヒトラーはヨーロッパ大陸の支配者のように見えたが、何一つとして彼の思いどおりにはことが運んでいなかった。一九四〇年十一月四日、ヒトラーは国防軍の指揮官たちに、「ロシアにきっぱりと仕返しをする」日に備えて、あらゆる準備をするよう命じた。しかし、OKHが、その間に何を最優先すべきかを明らかにするよう求めると、それにたいして返ってきた十一月十二日付の指令（第一八号）には、選択肢がすべて列挙してあるだけで、そのどれを実行するつもりでいるかについては何の指示もなかった。[*51] 彼はいぜんとして、ヴィシー・フランスが対イギリス戦に参加してアフリカの植民地を防衛することに望みをかけていた。また、スペインを説得してジブラルタルを奪わせ、地中海の西側の出入口をイギリスが使えないようにできると相変わらず信じていた。機甲師団と航空部隊は、北アフリカのイタリア軍に援助が必要になった場合のために準備を整えておくことになっていた。陸軍と空軍は、イタリアが失敗した場合、ギリシア本土を占領するための用意をしなければならなかった。一九四一年春にはイギリス侵攻の計画が復活するかもしれず、三軍はその計画を改善すべく、精一杯努力しなければならなかった。

新たに重要な要因として浮上してきたのは、フィンランドとバルカン諸国、とりわけルーマニアだった。ソ連攻略計画のことを考えて、ヒトラーは、これらの国々を重視するようになったのである。その結果、一九四〇年夏の終わりから秋にかけて、ドイツとソ連の関係が目に見えて悪化していった。注意深くソ連‐フィンランド戦争に巻きこまれるのを回避したあと、ヒトラーは七月末にフィンランドへの兵器の供給を再開し、九月にはドイツがフィンランド経由でノルウェーに軍を送り、またその経路を守るために駐屯軍を置く権利を認める協定をフィンランドとのあいだで締結した。ロシア人はこれらの動きの狙いが自分たちにあり、独ソ不可侵条約に違反していると受け取った。このことをもっと強く感じたのは、彼らのベッサラビア併合に対抗してヒトラーがルーマニアに干渉したときだった。第二次ウィーン裁定では、ルーマニアに犠牲を強いてハンガリーにトランシルヴァニアの半分を、ブルガリアにはドブルジア南部を与えたが、これはソ連に何の相談もなしに行なわれたことだった。しかもドイツは、つづいて――またも相談なく――ルーマニアの領土の維持を保障し（保障するには、かならずソ連と敵対しなければならない）、ドイツ軍をルーマニアに派遣したのである。

リッベントロープが提唱した日独伊三国軍事同盟は、九月二十七日に締結されたが、そのことは土壇場までスターリンに知らされておらず、疑い深い彼がそれをあからさまな反ソ行動ととり、すでに消滅した防共協定の復活と考えることは確実だった。実際には、リッベントロープはいぜんとして独ソ不可侵条約を自分の外交上の第一の業績だと考えており、挫折を味わわせたイギリスをドイツの本当の敵と見ていた。できることなら、三国同盟を拡大してソ連も含め、世界規模の提携を確立し、イギリスを倒して大英帝国を分割したいと思っていた。ヒトラーがこのような政策の転換を真剣に考えるつもりでいたという証拠は何もないが、彼はモロトフをベルリンに招待して話しあうことには同意した。

口述してリッベントロープにサインさせた長い手紙のなかで、ヒトラーはフィンランドとルーマニアにおけるドイツの行動をはじめとして過去一年間に起こったあらゆることをイギリスのせいにし、彼らは独ソ間に悶着を起こそうと企てていると非難した。三国同盟の主旨は反イギリス、反アメリカにあると説明し、スターリンに三つの大国と手をたずさえて世界を分けあおうともちかけた。

スターリンの「親愛なるリッベントロープ殿」で始まる冷静な返答は、ヒトラーの空虚なレトリックといちじるしい対照をなしている。

お手紙を受け取りました。私への信頼と、最近の出来事に関する有益な分析に心から感謝します……モロトフ氏は、あなたへの返礼としてベルリンを訪問する義務があると認めております。ここに、彼はあなたのご招待をお受けします……

日本とイタリアをまじえて一緒に協議する件ですが、私の考えでは（原則として反対ではないのですが）この問題は前もってよく吟味しなければならないでしょう。

／　敬具　／　J・スターリン[*52]

リッベントロープが何を期待していたとしても、ヒトラーは一九四一年にソ連に侵攻するという考えを変えなかった。このことからわかるのは、ヒトラーがモロトフを招待することに同意したのは、当時のソ連側の態度を探るためであり、ソ連侵攻計画についてはごまかすことにし、ソ連と協力してまずイギリスを倒すという有利な方針について追求するつもりはなかったことである。モロトフがベルリンに到着した日に出された指令第一八号（一九四〇年十一月十二日付）にはソ連との政治的討議について記されており、「将来にたいするロシアの態度を明確に把握する」こととなっているが、さらにつけ加えて、「この討議の結果に関係なく」東方へ向けての準備はそのままつづけなければならず、その先の指令は作戦計画を提出して承認されしだい伝えるだろうとされていた。

モロトフとの討議が始まると、ヒトラーは「取るに足りない一時的な問題はすべてさしおいて」ドイツとソ連の関係を最重要議題にしようとした。そして、長期にわたる両国の関係の進路を定めるには、「充分な力をもって国を明確な方向へと発展させることのできる支配者が、ドイツとロシアの両国を治めて」[*53]いなければならないとした。将来のことを考え、ヒトラーはアメリカの国力が発展する出鼻をくじく必要を感じていた。アメリカはアングロサクソンのもう一つの大国であるイギリスよりも堅固な基盤をもっていた。ヨーロッパ大陸の列強は協力してアングロサクソンに対抗し、モンロー主義のようなものを確立してヨーロッパとアフリカの全域に適用し、各国が必要な植民地を分けあってそれぞれ勢力圏を確保しなければならないというのである。

モロトフは広範にわたる遠大な計画を並べたてて惑わそうとするヒトラーの試みを無視して、逆に、当時のドイツとソ連の関係をめぐる現実的な問題を次々にあげた。ドイツは、ソ連の勢力圏として割り当てていたフィンランドで何をしているのか。日独伊三国同盟はいかなる重要性をもつのか。ブルガリア、ルーマニア、トルコにおけるソ連の利益をドイツはどこまで尊重するつもりがあるのか。ヒトラーが口にするヨーロッパ及びアジアの新秩序にはどんな意義があり、そのなかでのソ連の役割は何か。

ヒトラーは、ソ連にいきなり既成事実を突きつけるようなことはありえないと保証した。さらに、こうつづけた。本当に困難な問題があるから、ドイツ、フランス、イタリアのあいだで協力関係が成立した。この三国間で大枠の合意ができているこのときだからこそ、「包括的な連帯関係を築くための具体的な第一歩」をともに踏み出すようソ連に働きかけることができる。そして、ドイツとイタリアとフランスが解決するべき西欧の問題だけでなく、ソ連と日本が関係していてドイツが仲介役を引き受けようとしているアジアの問題にも対処しよう。「アメリカはヨーロッパにもアフリカにもアジアにも関係がない」

その翌日、ヒトラーはモロトフの非難を封じるために、戦争遂行のための必要——原材料の供給ルートを守る必要——から、フィンランド（ドイツがニッケルと材木を確保するために必要だった)、ルーマニア(石油の供給地として重要だった)といった恒久的な利害関係をもたない地域に介入せざるをえなかったと認めた。「将来、ずっと大きな成功を収めるには、ドイツが今後の展望にもとづいて関心を抱いている地域では、ロシアは目先の成功を求めないことが必要です」。モロトフは「ドイツとロシアの関係を取り巻く雰囲気を損なう」このような主張に目をつぶるわけにいかず、フィンランドをめぐって激しい議論が交わされた。ヒトラーはこうたずねた。バルト地方で戦争が起これぱドイツとソ連の関係は非常に緊張するだろうに、ソ連は再びフィンランドとの戦争に突入したいののか。ソ連はフィンランドにこれ以上何を求めるのか。モロトフの答はこうだった。「ベッサラビアの場合と同じ規模の譲渡を望む」

「より重要な問題」に話を戻そうとして、ヒトラーは繰り返し、両国はフィンランドがソ連の勢力範囲内にあることについては原則的に合意していると言い、こうつづけた。

イギリスを征服すれば、大英帝国を世界中に広がる四〇〇〇万平方キロの広大な破産地所として分配することになるだろう。その破産地所のなかから、ロシアは公海に面した本当の不凍港を手に入れることができるだろう。これまでは少数派である四五〇〇万人のイギリス人が大英帝国内の六億人の住民を支配してきた。私はこの少数派を壊滅させようとしている……

こうした状況下で世界的な展望が生じてくる……この問題の解決にロシアが参加するよう、取り決めておかなければならないだろう。破産地所に利害関係をもちうる国はすべて、全面的に論争を中止し、大英帝国の分配に専念しなければならないだろう。その国とはドイツ、フランス、イタリア、ロシア、日本である。

モロトフはこう答えた。総統の議論には興味をもってついてきたし、自分が理解できた内容には全面的に同意するが、大切なのはまず第一にドイツとソ連の協力関係についてはっきりさせることだ。イタリアと日本の問題はあとから加えればよい。ヒトラーがさらに空想を語っているあいだ、モロトフは座って冷静に聞いていたが、それが終わると、一度中断した話をまた蒸し返した。彼が次に質問したのは、バルカン諸国の問題とドイツがルーマニアに与えた保障についてだった。ドイツがその保障を取り消す気がないなら、ソ連のブルガリアにたいする保障についてはどういう態度をとるつもりなのか。ヒトラーはすぐに切り返して、そのような保障をブルガリアが求めているとは聞いたことがないと言った。モロトフは黒海とダーダネルス海峡の管理権をヒトラーに強く要求し、こうつけ加えた。「ドイツがロシアとの摩擦の原因を突きとめようという気があるのなら、ダーダネルスとボスポラスの両海峡が必要だなどとは言わないだろう」

ヒトラーの通訳をつとめたシュミットの記録によれば、これほど激しいやりとりに立ちあったのは、ズデーテン危機のときのヒトラー対チェンバレン以来ということだった。フランコはのらりくらりと言い逃れてヒトラーを怒らせるだけだったが、モロトフは言い返して論争した。このように自由に反論することをヒトラーは許さず、討論を打ち切ってしまい、モロトフがその夜にソ連大使館で催した晩餐会への出席も急にとりやめた。

その晩餐会の途中でイギリス空軍による空襲があり、主催者も客も地下の防空壕に避難した。気のきかないリッベントロープはこの機会にモロトフに合意文書の草案を示した。その草案は、ソ連を三国同盟に加えようとするもので、独ソ不可侵条約にならって秘密議定書を二つつけ加えており、その一つには四大国の勢力範囲が定めてあった。平和条約締結時に行なうことになるヨーロッパでの領土の見直しは別として、ドイツが強く望んでいるのはアフリカ中央部で、イタリアは北アフリカと東アフリカ、日本は東南アジアだった。ソ連はインド洋にいたる自国の南の地域を獲得することになるとの提案がなされていた。

これは大胆だがいかにも見えすいた提案であり、ロシアが伝統的に領土を拡張しようとしてきた地域、つまり東欧、バルカン諸国、地中海沿岸地域では、ドイツおよびイタリアと利害がぶつかるので、そこから目をそらさせるのが目的だった。そして、ペルシア湾とインド洋に関心を向けさせて、ソ連をイギリスと争わせようというものだった。さらにモロトフの気をそそるために、もう一つの議定書では、ドイツとイタリアが協力して、トルコが西欧の問題に関わりあうのをやめさせ、モントルー条約（訳注：一九三六年、この条約によってダーダネルス、ボスポラス両海峡の管理権がトルコに返還された）にかえてダーダネルス、ボスポラス両海峡に関する新しい合意を形成することが約束してあった。さらに彼をひきつけるためにリッベントロープが示したのは、相手の気持ちをかきたてはするがはっきりしない見込みであり、ソ連と日本とのあいだに不可侵条約を結ばせ、外モンゴルと新疆をソ連の勢力範囲として日本に認めさせるというものだった。

モロトフは相変わらず頑固で、ソ連が無関心ではいられないヨーロッパに関する次のような問題を並べたててそれに応じた。ルーマニア、ハンガリー、トルコ、ブルガリアは今後どうなるのか、枢軸側はユーゴスラヴィアとギリシアにどんな提案をしたのか、ポーランドとバルト地方はどうするのか。リッベントロープはヒトラーと同様、話を「重要な問題」に引き戻すための最後の試みをした。ソ連は協力して大英帝国を打倒する気があるのか。リッベントロープがイギリスはもう終わりだと主張しつづけると、モロトフは有名な返答をした。「もしそうなら、なぜ私たちはこの防空壕にいるのだ。この爆弾は誰が落としているのだ」。彼の最後の言葉は、「こうした明日の大問題」は、今日の問題および現存する協定の履行と切り離すことができないというものだった。

モロトフは自らの任務に縛られており、ドイツ側が彼の目をくらまそうとして出した提案に答えられなかった。しかし、スターリンはその提案を時間をかけて吟味すると、リッベントロープが提唱する四カ国条約に加わる利点を見てとった。ソ連はそれまで独ソ不可侵条約から非常に大きな利益を得ており、スターリンはほぼペルシア湾の方向にあるバクーとバトゥーミの南を中心とする、新しく規定された勢力範囲を受け入れる気になっていた。モロトフが帰ってから二週間足らずの十一月二十五日に、ソ連は返書を送り、ヒトラーが一定の条件を呑むなら、リッベントロープの提案を受け入れると伝えた。その条件とは、フィンランドからすべてのドイツ軍を即座に撤退させることと、ソ連‐ブルガリア条約の締結を認めることで、その条約の内容はボスポラスに基地を設けることをトルコに認めさせたうえで、黒海への出入りについてソ連に管理権を与えるというものだった。[*54]

ところが、モスクワからたび重なる問い合わせがあったにもかかわらず、ドイツはソ連からの手紙にたいしてまったく返事を出さなかった。ヒトラーの申し出はソ連の目をヨーロッパからそらすことを狙ったものだった。スターリンがいぜんとしてフィンランドとバルカン諸国を自国の勢力範囲内と見なすと言い張ることがはっきりしたので、ヒトラーはそれ以上交渉することに関心がなくなってしまった。モロトフが手に負えない質問をし、ソ連の権利を主張したので、ロシア人の一行がベルリンを発つ前に、ヒトラーはゲーリングに、一九四一年の春にソ連への攻撃を開始する決意を固めたと語っていた。ゲーリングは思いとどまらせようと、レーダーがすでに論じたことを繰り返し、まずイギリスを地中海沿岸地域から追い出すことに専心すべきであり、対ソ作戦は一九四三年ないし四四年まで延期するのが最善だとつねづね考えていたと言った。しかし、ヒトラーを説得することはできなかった。ヒトラーは、イギリスにはドイツに損害を与えるだけの力がないので、ソ連を倒したあとで始末できると確信していたのである。ソ連の態度に関していぜんとして残っていた疑問も、ソ連からの返答でスターリンが条件をつけようとしたことにより、すべて解消した。十二月五日、ヒトラーは陸軍最高司令部に命じて、春の攻撃の準備を加速させた。「ヨーロッパの覇権はロシアとの戦いで決着がつくだろう」[*55]

ヒトラーには、地中海沿岸地域とバルカン諸国について決着をつけなければならない問題にどう対処すべきかという課題がまだ残っていた。最もさし迫った問題は、ムッソリーニが軽率にもギリシアにしかけた攻撃のなりゆきだった。十二月七日には、イタリア軍はギリシア軍にアルバニアまで押し戻され、ドイツがすぐに援軍を出さなければ完敗しそうだった。ヒトラーが統領との会談を求めると、ムッソリーニは断わった。イタリア軍は北アフリカでもギリシアの場合と同じく苦戦していた。十二月九日にシディ・バラニの戦いが始まって、イタリアはもはやエジプトに脅威を与えられなくなり、イギリス軍に追われたロドルフォ・グラツィアーニの率いるイタリア軍はリビアを越えて一散に敗走した。地中海をはさんだ反対側では、フランコが最終的に協力を拒んだため、ヒトラーは共同でジブラルタルを攻撃するというアイデアを断念せざるをえなかった。

危機に直面して、ヒトラーは過去五カ月のあいだどうにも湧いてこなかった決然たる行動力がよみがえるのを感じた。十二月十日、彼は空軍にイタリア南部への移動を命じて、アレクサンドリア、スエズ運河、シチリア島とアフリカのあいだの海峡を攻撃させた。また、機甲師団がリビアに移動してイタリア軍を援護するための準備にも拍車がかけられた。十二月十三日、ヒトラーはギリシアに侵入する「マリータ作戦」のための指令第二〇号を出した。ドイツの特殊行動部隊をルーマニアで編成することになり、その数は最大限二四個師団で、天候がよくなりしだいブルガリアを通ってギリシアへ移動し、イギリス軍がイタリアとルーマニアを爆撃するための基地を使えなくする準備をした。

そして、ついに十二月十八日、運命を決することになる指令第二一号に署名し、

「バルバロッサ作戦」を命じた。

ドイツ軍は、対イギリス戦の決着がつかなくても、短期間の作戦でソヴィエト・ロシアを粉砕すべく準備しなければならない……

もっと時間を要する準備も、まだ始まっていないのであれば、いますぐに着手し、一九四一年五月十五日までに完了すること……

ロシア西部に配置されている赤軍の大部隊は、先鋒機甲部隊が深く楔を打ちこんで破壊する。戦闘能力のある部隊を広大なロシア領に撤退させてはならない……

最終目標は、ヴォルガ川からアルハンゲリスクにいたる線上に、ロシアのアジア地域にたいする防衛線を築くことである。そうすれば、ウラル地方に残されたロシアの最後の工業地帯を、空軍が破壊できる。[*56]

ヒトラーは賭けに出て、バルカン危機を解決し、北アフリカのイタリア軍を救うために必要だと思われるあらゆる作戦を遂行しても、バルバロッサ作戦のための準備を五月十五日までに完了させるうえでの支障とはならないと判断した。彼の決断は極秘だった――指令の写しは九部だけ配付された――が、以後五カ月のあいだ、あらゆることがこの最優先目標と照らしあわせて進められることになった。

第16章　ヒトラーの新秩序

ヒトラー　一九四一―四三（五一―五三歳）
スターリン　一九四一―四三（六一―六三歳）

1

ヒトラーとスターリンのどちらにとっても、独ソ戦はそれぞれがたどる人生の最大の試練となるのだが、二人の取り組みには大きな違いがあった。

ヒトラーは誇大妄想的な気分になっては世界の大国について語り、アングロサクソン民族の覇権に挑戦する大陸間戦争を口にすることもあったが、外交政策についての考えのなかで一貫していた最大の目標は、東方に生活圏を獲得してドイツの経済的・社会的問題を解決することだった。『わが闘争』のなかで、彼はこう記している。「ヨーロッパにおける新たな領土について語るとき、まず第一にソ連とその周辺の属国のことを考えなければならない。この点については、運命自体がわれわれに道を示そうとしているように思われる」[*1]。また一九三六年に、彼は公の場でたびたびこう言っていた。「ウラル地方がわれわれの意のままになって、その測り知れない原料資源の宝庫とシベリアの森林が手に入ったならば、そしてウクライナのはてしなくつづく小麦畑がドイツ領になれば、わが国は豊かな恵みを享受できるだろう」[*2]と。
ソ連からは、原材料だけでなく、ドイツに必要な労働力も得られるのである。「スラヴ民族は主人を必要とする生まれながらの奴隷集団である」[*3]とヒトラーは断言した。こうした——東方でのドイツ人による「文明化の役割」とは正反対の——人種主義によって、ヒトラーは「ドイツの東進運動」という伝統的なテーマに特別な貢献をしたわけだ。ヒトラーに言わせれば、スラヴ人は自力で国家を建設することもできず、ロシアという国家を建設し維持してきたのは「ロシアの支配階級の中核にあるゲルマン的な要素だ」[*4]というのである。しかし、ボリシェヴィキ革命によってそうした支配階級は崩れ去った。それに取って代わったのは、ヒトラーがユダヤ人と同類だと決めつけるボリシェヴィキの指導者たちだった。「ユダヤ人」はロシアを国家としてまとめることができず、同様にロシア人はユダヤ人を排除できない、と彼は考えていた。「東方の巨大な帝国はまさに崩壊しようとしている。ユダヤ人によるロシア支配の終わりは、ロシアという国家の終わりでもある」[*5]
ソ連攻撃の決意は、ヒトラーを一九二〇年代の国家社会主義運動における自らのルーツに立ち戻らせるものだった。これまで彼が取り組んできた外交戦略は、ソ連に中立を保たせながらポーランドを叩く必要に迫られてのものであり、さらには西方の列強による介入の恐れを封じてから、東方に目を転じられるようにするのが狙いだった。いま、その策略にかわって、ヒトラーは自らが全幅の信頼をおく唯一の手段、つまり武力の行使によって第一の目標に向かってまっしぐらに進む決意をしたのである。攻撃開始の前日、ヒトラーはムッソリーニに宛てた手紙にこう書いている。

統領にもう一つ言わせていただきたい。苦しみながらこの決定にいたったいま、私は再び精神的な解放感にひたっています。ソ連との協力関係は……私の根源をなすすべてのもの、私の考え方、私のこれまでの義務感を断ち切ったように思えました。いまはこうした精神的な苦悩から解放されて、ほっとしています。[*6]

ヒトラーがもっと早くにこうした方向に踏み出さなかったのは、『わが闘争』で成功に不可欠だとしていた条件をまず確実に整えておく必要があったからだった。すなわち、フランスを軍事大国の地位から引きずりおろし、イタリアおよびイギリスと同盟を結ぶことである。フランスとイタリアについての条件は満たされたが、イギリスとの同盟については思うように進んでいなかった。同盟のかわりに、イギリスの中立を提案し、その見返りに大英帝国の存続を保障したいと申し出た。しかし、この提案も拒否されると、侵攻によって帝国を叩きつぶすよう命じたが、これもあきらめなければならないとなると、イギリスの諸都市に夜間爆撃を加えて、抵抗の意志をくじこうとした。

ドイツがバトル・オブ・ブリテンに敗北したことの意味は、いまや明らかになっている。そのために、ヒトラーはまったく異なる二つの戦略のうちから選択を迫られていた。一つはイギリスを第一の敵として全戦力をこれに投入するというものだった。これはレーダーが提案し、ゲーリングも支持していた海軍の地中海戦略であり、イギリスを倒すまではソ連を攻撃することは念頭から外すのである。もう一つは、イギリスのことは「棚上げ」にして、一撃のもとにソ連を征服するために全力を傾けることである。この方法をとれば、敵国ソ連を殲滅させるだけでなく、充分な資源を獲得することにもなり、ドイツの大陸支配に挑戦しようというイギリスの希望を打ち砕くこともできる。イギリスを一撃のもとに倒すことは、ソ連にたいする場合とくらべて戦略的に難しかったことは事実だが、ヒトラーは大英帝国を滅ぼすことを——対ソ戦略の場合とは違って——自分の計画に組み入れたことがなく、たとえそれをしても、最大の利益を受けるのはドイツではなく他の大国だ、と繰り返し語っていた。

大戦も終わりに近い一九四五年二月、赤軍がベルリンに攻め寄せてドイツの敗北が避けられなくなったとき、ヒトラーは四一年の戦いに触れて、あのときはほかに選択の道がなかったのだと主張した。

私にとって、ソ連を攻撃する決断ほど難しいものはなかった。つねづね二面戦争は何としても避けるべきだと言っていたし、私がナポレオンのロシア侵攻の経験を誰よりも真剣に考えていたことを疑う者はいないであろう。それならなぜソ連に戦いをしかけ、あのときになぜあの選択をしたのか。

ヒトラーの答はこうである。イギリスを講和に導いて、長びく戦争が――アメリカ軍の参戦の可能性が高まって――泥沼化するのを防ぐ唯一の方法は、ソ連の介入というイギリスの期待を打ち砕くことだった、と。「われわれにとって、ヨーロッパのチェス盤からソ連の駒を取り除くことが必須の条件だった」。ソ連の存在そのものがドイツにとって致命的になりうる脅威だと、ヒトラーは繰り返した。ソ連の再軍備が完了しないうちにドイツが先制攻撃をかけなければ、ドイツばかりかヨーロッパの他の国々までが優勢な兵力を擁するソ連の攻撃に蹂躙されていただろう――「われわれがソ連を打ち負かすには、機先を制するしか方法はなかった……時が経てば、われわれに不利になる……最後の数週間というもの、私はスターリンに出し抜かれるのではないかとの恐怖にとりつかれていた」。その証拠として、ヒトラーはドイツが頼りにしていた原材料の供給をスターリンが徐々に減らしていたと主張した。「われわれにとって絶対に必要な供給物資をソ連が自由意志で供給してくれそうもないのであれば、われわれが打って出て武力で奪い取る以外に方法はなかったのだ」[*7]。しかし、この点については、ソ連側ばかりかドイツ側の証拠を見ても、まったく正反対の結論になる。供給を減らすどころか、スターリンは国内に余裕がないときにも、たとえばドイツ向けの石油や小麦などの供給を増やしていた。ドイツ側から厳しい取引要求が出されたあと、一九四一年一月十日、モスクワで六つの独ソ条約が一括して調印された。その中心をなす経済協定によって、ソ連は四二年八月までの期間に価格にして六億二〇〇〇万から六億四〇〇〇万マルクのさまざまな産物を供給することに同意した。土壇場になってスターリンが自ら介入し（「最高権威の決定」）、重要だが不足しがちな原材料の供給を増やすことが決まり、銅六〇〇〇トン、ニッケル一五〇〇トン、亜鉛、タングステン、モリブデン各五〇〇トンが送られた[*8]。

経済交渉をずっと担当してきたシュヌーレは、相手をつとめたミコヤンがこれ以上は考えられないほど力になってくれたと報告した。喜びに沸く外務省の回状がドイツの各国駐在大使館に送られたが、そこには、この取引が「二国間で締結された最大の経済条約」であり、「独ソ間で懸案になっていた他の諸問題もこれにより一挙に解決した」と書かれていた。外務省からの回状の結びには、こう書かれている。

ソ連は約束したすべてのものを供給してきた。多岐にわたる産物を当初に合意されていた数量以上に供給してくれたのだ。膨大な量の出荷にあたったソ連の組織のみごとな運営ぶりには感心するばかりだった。目下、貿易と輸送は順調に進められている。[*9]

ポーランド攻撃を始める前もそうだったが、ドイツは自衛するしかないとヒトラーは考えていた。しかし、記録に残された証拠からすると、バルバロッサ作戦の詳細な計画案にはソ連の攻撃に対応するための条項はなく、国防軍最高司令部（ＯＫＷ）も陸軍最高司令部（ＯＫＨ）もソ連軍の国境への移動を純粋に防衛のためと解釈していたことが明らかである。ドイツ陣営が並々ならぬ自信をもっていたのは、あらゆる報告から見て、ソ連は自国の防衛すらおぼつかず、ましてや攻勢に出ることはまずないとされていたからだった。このことは、あとでわかるように、ソ連側の証拠からも、また戦闘が始まったときの実際の出来事からも裏づけられる。のちにバルバロッサを予防戦争と位置づけようとしたことを何よりも示すのは、ドイツの攻撃が開始される予定だった六月二十一日付のＯＫＷの訓令である。リヴォフやビャウィストックの周辺地域に赤軍の大部隊が集結しているという報告に動じるどころか、ＯＫＷがこのニュースを歓迎したことには二つの理由があった。ソ連部隊を包囲するというドイツの計画が進めやすくなったことと、「ソ連が急襲に出る構えを見せていたので、ドイツ側からの攻撃は軍事的にやむをえないという印象を与える」宣伝材料になることだった。

ドイツ側の自信は、対フィンランド戦での赤軍の戦いぶりに支えられた信念にもとづいていた。つまり、ソ連指導部は粛清によってひどく弱体化し、ドイツの集中攻撃に耐えられず、組織的な抵抗も維持できないと確信していたのである。これが致命的な見込みちがいだったことは、一九四三年二月にドイツ軍がスターリングラードで包囲された時点で明らかになっており、今日多くの者にとっては説明も無用なほど明白なことである。しかし、四〇年から四一年にかけて、このような推測をしていたのは決してヒトラーだけではなかった。

というのは、ドイツの将軍たちはのちに、あの当時は慎重な姿勢をとったと主張しているが、ソ連への攻撃にたいしては西方侵攻にたいして唱えたような反対をまったくしなかったからである。一九四〇年の夏以来、ヒトラーは、ＯＫＷやＯＫＨと一致した見方として、当初は四一年六月から十月までの五カ月程度の一度の戦いでソ連を敗北に追いやれると見ていた。ロンドンとワシントンは、もっと短期間ですむと見積もっていた。ロンドンの統合情報委員会では、ドイツが四週間から六週間でウクライナを占領し、モスクワに達すると見ていた。また、六月二十三日、アメリカの海軍長官フランク・ノックスはローズヴェルトに宛ててこう書いている。「私の耳に入ってくる最も信頼できる意見によれば、六週間から二カ月でヒトラーはソ連を掃討できるだろうとのことです[*10]」

ヒトラーはこれで独ソ不可侵条約から解放されそうだと考えて生き返ったように感じていたが、スターリンのほうでは条約を継続するためにあらゆる手を尽くし、ドイツがソ連攻撃の準備をしているという証拠をどうしても受け入れなかった。一九四一年に、ヒトラーの自信は頂点に達していたが、このとき、スターリンはその生涯のあとにも先にもないほどの不安をあらわにし、指導者としての支配力を失いかねない状態になっていた。四一年六月まで、スターリンはヒトラーにたいして宥和政策をとっており、六月二十二日にドイツが実際に攻撃を開始した当日まで、ソ連側の挑発だと言わせる機会を与えるような行動を慎むよう、司令官たちに命じていた。

しかし、スターリンの姿勢についてのこうした見解を裏づける証拠やその理由に目を向ける前に、一九四〇年十二月から翌年六月までにドイツ側がどのような準備を整えていたか、またこれにたいするソ連の対応がいかに適切さを欠いていたかを見ておくことにしよう。

この六カ月のあいだ、ドイツの参謀幕僚はソ連との国境に三〇〇万人以上の軍隊を徐々に集結させていた。春のバルカン作戦で、兵力増強は困難になり、遅れがちになっていた。しかし、東ヨーロッパの鉄道や道路網が不備なことや膨大な人員と機械の供給に問題があったことを考えれば、ドイツ軍の戦力の編成はまさに離れ業というべきものだった。

しかし万事が、ロシアの冬の到来で動きがとれなくなる前に一撃を加えれば敵を倒せるという前提に立っていた。距離的にかつてないほど遠かった――国境からモスクワまで一〇〇〇キロ、ロストフまで一四〇〇キロ、カフカースの油田までは二〇〇〇キロで、大部分が悪路だった――が、一九四〇年五月の西方攻勢と同じ電撃作戦が計画されていた。この賭けに失敗すれば、長くて障害の多い通信線の向こうの端にいるドイツ軍は困難におちいる。数百マイルにわたる補給線を維持することは可能だとしても、トーマス将軍の計算では、二カ月の戦闘しか維持できないとされていた。このために、カフカースの油田地帯に到達することが緊急課題だったのである。ドイツ軍は防寒衣類の備えもなく、凍結防止の装備もなしに、いつも摂氏マイナス二〇度から二五度にもなる冬を迎えることになった（原注：一九四一年八月、ゲッベルスが防寒用の衣類を集めることを提案したのだが、驚くべきことに、軍の指導部がこれを拒否した）。しかも、銃後を守るドイツ経済は、占領国から物資の供給を受けていたにもかかわらず、ヒトラーの唱える「全面戦争」の要求に応じられるようになっていなかった。

一九四〇年三月にフリッツ・トートを新設された軍需省の大臣に任命したことが、結局は二年後にドイツの経済資源を総動員する基礎を築いた。しかし、四一年の秋を迎えるまでは、競合する省庁がまた一つ増えただけにすぎず、そうした省庁間の対立が長期計画の妨げになっていた。その一例が弾薬の生産である。トートが任命された直後の一九四〇年の第2、第3四半期の弾薬の生産は、前年の水準より六〇〜九〇パーセント増加し、航空機と戦車の生産はそれ以上に伸びた。しかし、この年の最後の四半期になって弾薬の生産量は減少し、翌四一年前半の六カ月間にも減少はつづいて、最終四半期には三九年の水準ないしそれ以下に下がった。四〇年九月二十八日にヒトラーの命令を受けて、ソ連攻撃に備える優先権が上陸用舟艇や爆撃機から弾薬など、陸軍が必要とするものに移されたにもかかわらず、弾薬の生産量の減少傾向はつづいた。さらに目立ったのは、同じように優先順位の高い航空機の生産が低下したことである。

ヒトラーが対ソ戦でこうむる損害をいかに過小評価していたかは、まさに侵攻開始の前日、一九四一年六月二十一日に出した命令にも表われている。その命令では、前年九月の決定を覆して、陸軍に必要な兵器や弾薬よりも、航空機、戦車、Uボートの生産に優先権を与えていた。二カ月後の八月十六日、「ソ連にたいする勝利が間近いと見て」、彼は武装兵力の規模の縮小を命じ、電撃戦の原則にのっとって、生産力、原材料の供給、軍需産業の労働力をこれ以上は増やさないように指示した。前例のない規模となる軍事作戦の目標や予定が達成されなかった場合に備えての対策は、経済面でも軍事面でも、何も講じられなかったのである。

何か不足があれば、占領地から容赦なく掠奪して——穀物はウクライナから、石油はカフカースから——埋め合わせられると思われていた。計画の立案者たちは、東方に遠征した軍隊が目的地の作物で暮らしていけると期待するばかりか、年間数百トンの穀物の追加供給によってドイツ帝国の国民を養えると見込んでいた。一九四一年五月二十三日の東方経済局の報告では、こうした政策の重要性をあからさまに容認していた。将来のウクライナは、ソ連の他の地域に食糧を供給するのではなく、供給先をヨーロッパに変更しなければならないというのだ。

〔北方の〕地域の、とくに都市の住民は、非常に深刻な飢餓を覚悟しなければならないだろう。彼らは死ぬか、シベリアに移住するかしなければなるまい。

黒土地帯から余剰食糧をもってきて住民を餓死から救うことは、ヨーロッパへの食糧供給を犠牲にしなければできない。そのようなことをすれば、ドイツが戦争に耐え、封鎖をしのぐ力が衰えることになる。この点については明確にしておかなければならない。その結果として……従来から不足しているソ連国内の地域では、かなりの割合の人間と産業が死滅することになる。

報告書にはさらに、ここに示された見解が「大ロシア人を攻撃するという政治目標と一致しているので、最高権威筋からも承認された」[*11]と書かれている。

戦争中のドイツの差し迫った需要を満たすだけでなく、一部地域の長期的な展望についての決定もしなければならなかった。アルハンゲリスクからアストラハンを結ぶ線まで占領するという目標が達せられた場合、その地域には一億人以上の住民がひしめくことになる。ヒトラーはソ連侵略を従来のような講和条約の締結で終わらせようとは考えなかった。これは征服戦争であり、その目的はボリシェヴィキ政権を倒すだけでなく、ロシア人が継承する国家の復活を防ぐことでもあった。しかし、そうだとすると、誰が後釜に座るというのか。

一九四一年から四二年にかけてのヒトラーの思いは、「食卓談話」を通じて探れる。客や部下を相手にして語った言葉の記録は、食事のあとで、ヒトラーの本営である東プロイセンに常設されていた「狼要塞《ヴォルフスシャンツェ》」か、ウクライナのヴィンニツァに彼が臨時に置いたロシア本部「人狼《ヴェーアヴォルフ》」のいずれかに送られた。ヒトラーはテープレコーダーを使用させなかったが、ボルマンの提案に同意して党の幹部を食事のとき片隅に座らせて、目立たないようにメモをとらせていた。これらのメモはあとでボルマンによって修正され、承認されて、総統の天稟《てんぴん》を示す記録として残された。

一九四一年三月から十月末までは、ヒトラーがかつてないほど自分の才能を確信して想像をふくらませていた絶頂期で、自らをナポレオンやビスマルク、さらにはフリードリヒ大王と対等の人物に見立て、親しい間柄であるかのように、しばしば話題にしていた。そして「一人の人間にとっては帝国の建設に相当する、巨人キュークロプスにふさわしい仕事[*12]」に取り組んでいたのである。

その帝国への思いは、ヒトラーの想像力をかきたて、そのことがいつも話題にされた。七月二十七日の夕食のあと、彼はその帝国の版図がウラルの「東」二〇〇キロから三〇〇キロの線にいたると言った。ドイツ人はこの線を永久に保持し、その「西方」にはいかなる軍事大国も存立させないというのだ。

われわれはこの地域を支配できる。二五万の住民と優秀な行政官という中核を備えた帝国だ。イギリスが五万の兵を含む二五万の人口で、四億のインド人を統治した例にならおうではないか。ロシアのその地域を支配するのはドイツ人でなければならない……

あそこの大衆を教育しようとするほど愚かしい誤りはない……

ウクライナの南部、とりわけクリミア地方もわれらの手に収めて、ドイツ人だけの植民地にしよう。いまあそこにいる連中を追い出しても何ら不都合はない。ドイツ人の植民者を農民兵とするのだ……農民の息子である彼らのために、ドイツ帝国は申し分のない農場を与えよう。土地はただだから、あとは耕しさえすればよいのだ……農民兵には武器を与えよう。そうすれば、少しでも危険があったときに召集して、すぐ持ち場につかせられる。[*13]

ヒトラーは、十月十七日の夜にもこの問題をもちだしたが、このときはトートと大管区指導者のザウケル（外国人労働者の徴用を担当していた）が次のような話をうやうやしく拝聴した。

ロシアの砂漠には人を住まわせるが……アジアのステップ地帯の特徴を取り除いてヨーロッパ化するつもりだ。われわれはそのために道路の建設に着手してきた。クリミア半島の南端やカフカースに達する道路だ。この道沿いには端から端までドイツ人の住む町並がつづき、そこに移住者を住まわせる。

これだけの仕事をするには二〇〇万から三〇〇万の人間が必要だが、それは案外、早く見つけられると思う。ドイツやスカンジナヴィア、西方諸国、それにアメリカから連れてくるのだ。私はそのすべてを見るまで生きてはいないだろうが、二〇年もすればウクライナ地方は原住民のほかに二〇〇〇万の住民の故郷になっているはずだ……

われわれはロシア人の町には住まないし、何ら邪魔だてされずに彼らの町を粉砕できる。おまけに、この問題には良心の呵責など感じないですむのだ！　あの連中に関して、われわれには何の義務もないのだから。あばら屋を取りのけ、ノミを退治したり、ドイツ人の教師を連れてきたり、新聞を発行するなどは、われわれにとってあまり役に立たない！　たぶん、われわれだけの秘密として無線送信機を設置して管理する。連中には、高速道路の標識だけを理解させて、われわれの車に轢かれないようにさせておけば充分だ。

連中にとっては、「自由」なんてものは祭日に洗濯ができる権利があればたくさんだ……一つだけ義務がある……この地方をドイツ人の移民によってドイツ化し、原住民をインディアンと見なすことだ……この仕事は、冷酷と言われようと言われまいと、どんどん進めていくつもりだ。[*14]

一〇日後に、ヒトラーは次のように宣言した。

東部は誰の手にも渡さない！……われわれは、まもなくヨーロッパに小麦を供給する。石炭も鉄鋼も木材も！　ウクライナ――第二のインド帝国――の土地を開発するうえで、われわれに必要なのは西側の平和だけだ……

私の目標は大陸の覇権の利点を活用することである……ヨーロッパの支配者になれば、われわれは世界を支配できる。ドイツ帝国には二億三〇〇〇万、ウクライナには九〇〇〇万の人間がいる。これに新しいヨーロッパの他の国々を加えれば、われらの人口は四億、アメリカ人は一億三〇〇〇万だから、比較にならない。[*15]

ヒトラーの「食卓談話」に登場する「ユダヤ人」は、『わが闘争』に描かれているのと同じく、アーリア民族を害する人種的な汚染と社会的な腐敗の根源のように描かれている。だが、ヒトラーは「ユダヤ人」のなかに、安楽死という人種主義者の慣行にたいして一九四一年にキリスト教徒から抗議されたときに感じた怒りも投影させている。

人間性を打ちのめした最大の打撃は、キリスト教の到来である。ボリシェヴィズムはいわばキリスト教の私生児だ。両方ともユダヤ人が考え出したものである。宗教の意図的な虚偽は、キリスト教が世界に導き入れたものだ。ボリシェヴィズムは

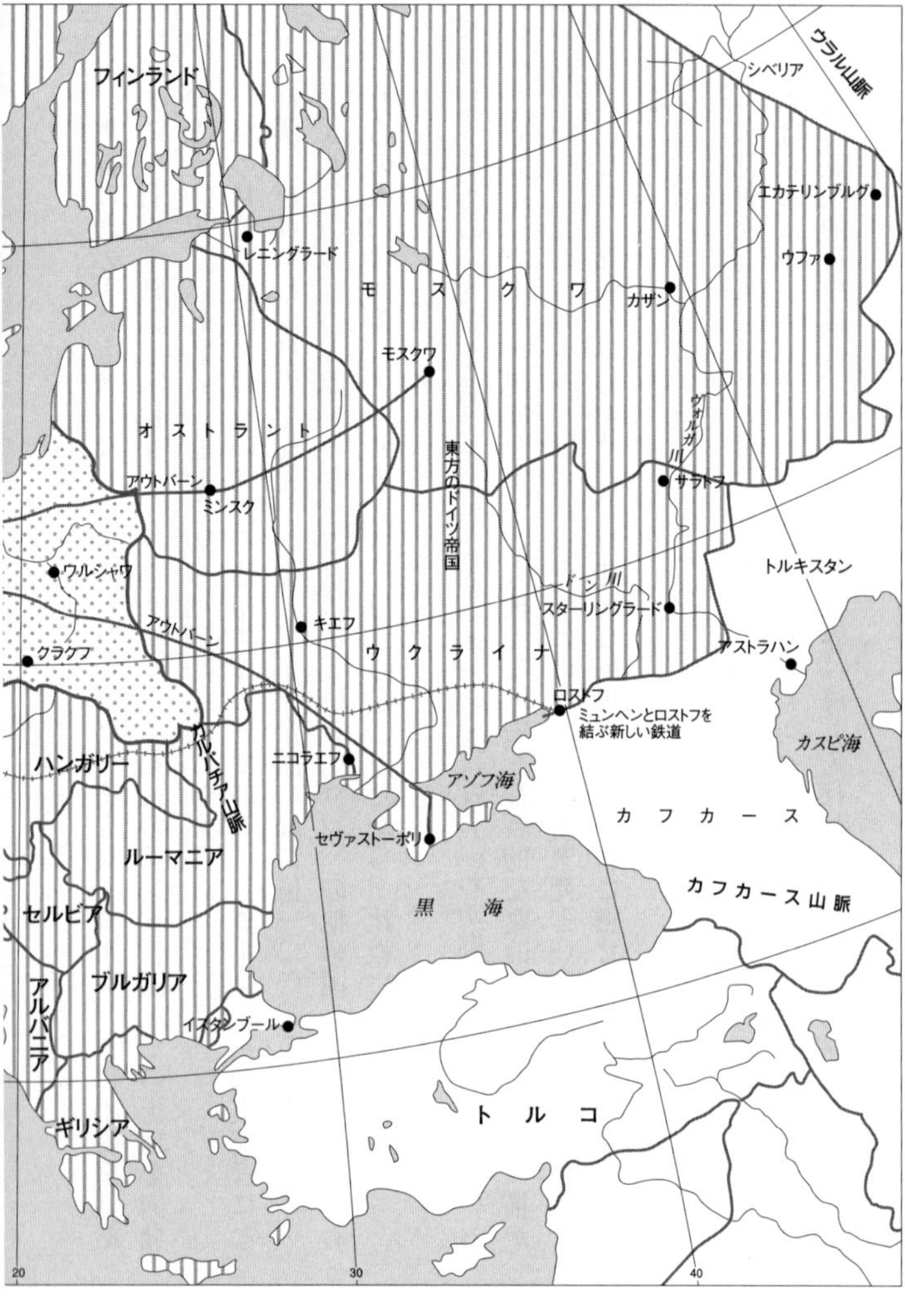

フィンランド
シベリア
ウラル山脈
エカテリンブルグ
レニングラード
ウファ
モ　ス　ク　ワ
カザン
モスクワ
オ　ス　ト　ラ　ン　ト
東方のドイツ帝国
ヴォルガ川
アウトバーン
ミンスク
サラトフ
ワルシャワ
トルキスタン
ドン川
スターリングラード
アウトバーン
キエフ
クラクフ
ウ　ク　ラ　イ　ナ
アストラハン
ロストフ
ミュンヘンとロストフを結ぶ新しい鉄道
カルパチア山脈
ハンガリー
ニコラエフ
アゾフ海
カスピ海
カ　フ　カ　ー　ス
セヴァストーポリ
ルーマニア
カフカース山脈
セルビア
黒　海
ブルガリア
アルバニア
イスタンブール
ト　ル　コ
ギリシア
20
30
40

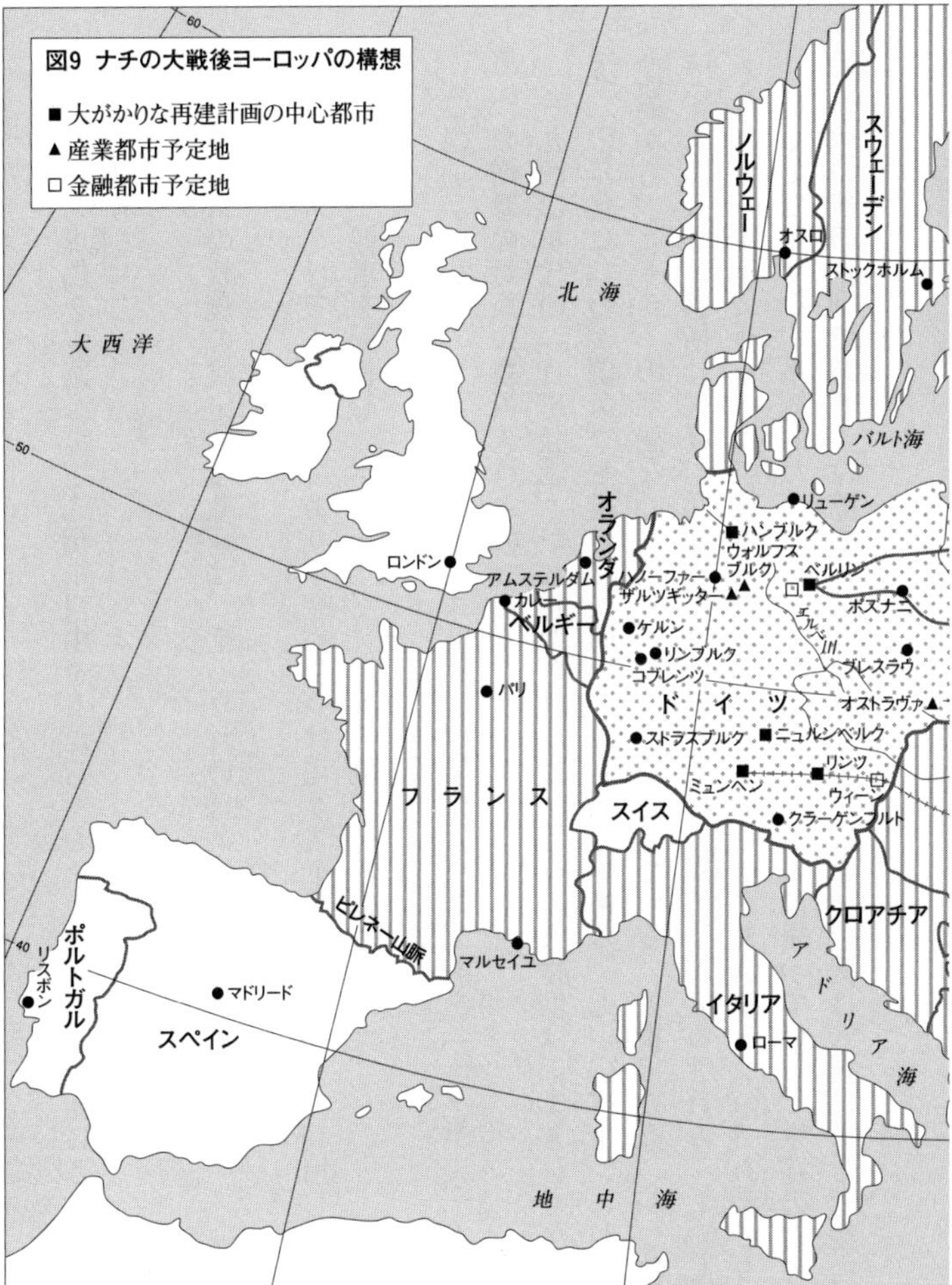
■大がかりな再建計画の中心都市
▲産業都市予定地
□金融都市予定地
北 海
大 西 洋
ノルウェー
スウェーデン
オスロ
ストックホルム
バルト海
リューゲン
オランダ
ハンブルク
ウォルフスブルク
ベルリン
ポズナニ
ロンドン
アムステルダム
ハノーファー
ザルツギッター
カレー
ベルギー
ケルン
リンブルク
コブレンツ
エルベ川
ブレスラウ
パリ
ド イ ツ
オストラヴァ
ストラスブルク
ニュルンベルク
リンツ
ミュンヘン
ウィーン
フ ラ ン ス
スイス
クラーゲンフルト
ピレネー山脈
クロアチア
マルセイユ
ア ド リ ア 海
ポルトガル
リスボン
マドリード
スペイン
イタリア
ローマ
地 中 海
60
50
40
0
10
図9 ナチの大戦後ヨーロッパの構想

同じ類の虚偽を実践して、人類に自由をもたらすといいながら、奴隷にさせているだけである。[*16]

イエスの教義の決定的な欺瞞は、聖パウロの言葉にあった。[*17]

キリストはアーリア人であり、聖パウロはキリストの教義をうまく利用して下層社会の犯罪者を動員し、ボリシェヴィズムの雛形を組織したのだ。[*18]

このようにして、ヒトラーはキリスト教とボリシェヴィズムを「ユダヤ人」という一つの憎悪の対象に組み入れたのである。

一九四〇年代の「食卓談話」から想像されるヒトラーの人物像は、まぎれもなく一九二〇年代に『わが闘争』を書いた人間のそれと同じである。七〇〇ページにわたる記述から、ヒトラーの邪悪な心が消しがたい印象として残る。狡猾で残忍、かつ狭量で、人間らしい感情に欠け、恥知らずなほど無知な人間の姿が読みとれる。しかし、それに劣らず目につくのは、彼の見方が、たとえどれほど荒削りなものであっても、一貫して変わりなく系統的だったことである。ヒトラーは語っている。生存のための戦いは自然の法則である。冷酷さは最高の徳なのだ。歴史の鍵は人種にある。権力はエリート人種の特権である。大衆は命令を実行することしかできない。個人は「フォルク」のためにのみ存在するものだ。武力こそが永つづきするものをつくりだす唯一の手段である。神の代理人の役割をはたす「世界史的人物」は、通常の道徳基準に縛られず、その基準で判断することも不可能なのだ。

ヒトラーは自身が口にすることを信じていただけでなく、それを実行してもいた。共産党は「人種」を「階級」に置き換えて、エリート人種に代わるプロレタリアートの名において独裁制を敷いていた――個人は「フォルクのためにのみ」ではなく「国家のためにのみ存在する」、そして「神の代理人」のかわりに「歴史の代理人」と入れ替えれば、スターリンにもほとんど異論がなかっただろう。二人とも、十九世紀の歴史家ヤーコプ・ブルクハルトが次の世紀の特徴として予見した「恐るべき単純な人間」の例として、二十世紀を代表する最も御しがたい人間である。

しかし、ヒトラーは将来についての自分のビジョンを具体的な計画に移しえなかった。一年後の一九四二年十一月、スターリングラード攻防の決定的な戦いが始まっても、彼はなお主張を変えなかった。「『東方政策《オストポリティーク》』の長期的な目標は、一億のドイツ人を東方に定住させる地域を拓くことである」[*19]と。しかし、それをどのように実現するかについては、ほとんど説明らしい説明をしなかった。重大な問題には答がないままで、総統の目的の不明瞭さは、第三帝国の「独裁的なアナーキー」の特徴でもある省庁間のライバル意識のためにいっそう混乱を招いていた。

やがてヒトラーは、ドイツ軍が進撃するにつれて、新たな占領地域を軍政から自身に直属する行政官による民政に移管するべきだと言いはじめた。そしてバルト諸国、白ロシア、ウクライナのなかに自ら思い描いてきた三つの保護領をつくる計画を立案する仕事にアルフレート・ローゼンベルクをあて、さらに一九四一年の夏には、彼を東方の占領地を担当する省――まもなく「東方占領地省」と呼ばれるようになる――の長官に任命した。

ローゼンベルクはドイツ人の靴職人の息子として、当時は――一九四一年にもそうだったが――ロシア帝国領だったエストニアのレヴァル（タリン）に生まれた。自分ではドイツ人だと思っていたが、同時にロシアの文化に染まっていた。こうして受け継いだ二つの国の文化が、新しい任務にたいする彼の姿勢のもととなる。ロシア革命後、ローゼンベルクはミュンヘンへ行ってナチ党の初期の党員となり、一九二一年には党の機関紙『フェルキッシャー・ベオバハター』の編集者となった。二三年のミュンヘン一揆のあと、ヒトラーは自分が服役中に「党を指導する仕事」をローゼンベルクにゆだねた。自分の留守中にライバルが現われないように、そして戻ってきたとき党から歓迎してもらうための手を打ったのだと多くの人が見ている。そのとき以来、ローゼンベルクはヒトラーに忠実に仕え、さまざまな地位を与えられたが、どれ一つとして首尾よくこなせなかった。党の理論家であり、もったいぶった内容の『二十世紀の神話』の著者でもあったローゼンベルクは、ゲッベルスの意地の悪い冗談の種にされた。外交政策の専門家としては外務省から排斥され、党の政治家としては突撃隊（SA）と親衛隊（SS）との抗争でどちらにつくかの選択を誤って、そのあげくに危険なヒムラーを敵にまわしてしまった。

このとき五十歳になろうとしていたローゼンベルクは、自分の生涯の夢がかなえられるとの思いを強め、ロシアに関する党内の第一人者、東方政策の鍵を握る省の担当大臣として、かねてから切望していた権威をまとえると期待しながら、東方占領地省のために大勢の現地スタッフを集めた。だが実際には、この見通しは生涯最大の誤りだった。東方についての指令はすべて東方占領地省が出すべきだと抗議しながら、彼はそれを実行できず、無視され除けものにされ、傷ついたばかりか忘れられさえした。ヒトラーは一九二三年から二四年にかけての時期と同じように、ローゼンベルクを自分の権威に決して逆らわない大臣と見ていたようである。

ローゼンベルクがとうてい太刀打ちできないライバルの一人が、ゲーリングだった。ゲーリングは当初、ヒトラーを説得してソ連への攻撃をやめさせようとしたが、ひとたびこの決定が下されると、四カ年計画の責任を担う自分の仕事の一環として、自分こそが占領地の経済開発の責任者になるべきだと主張した。さらに、自らの立場を強化するため、ゲーリングはトーマス将軍とOKWの経済・軍備局と協力して、新たに東方経済局を創設し、東方での経済政策とその施行を担当させることにした。

ヒムラーはローゼンベルクが東方占領地省の大臣に任命される前から、東方における自らの権限を主張していた。彼の権力基盤はSSの警察および保安機能だったが、一九四一年三月十三日にカイテルがOKWに与えた指令によれば、そこには次のものが含まれていた。

総統の指令により、二つの対立する政治体制の決戦の結果として生まれる占領地の行政に備える特殊任務。

こうした特殊任務の枠内で、SS全国指導者は自らの責任において独立して行動する。[20]

ポーランドのときと同じく、SSは「特別行動隊《アインザッツグルッペン》」を設けることになった。この部隊は軍隊の背後で行動し、裁判と名のつく手続きはいっさい踏まずに、第三帝国のイデオロギー的および人種的な敵対者、すなわち共産主義者、ユダヤ人、ジプシーをはじめとする「反社会分子」を組織的に撲滅する任務をおびていた。

ドイツの東方政策の策定に手を貸したがったナチの幹部のなかで、最も影響力をふるったのがマルティン・ボルマンだった。ナチの党機関を支配することによって権力基盤を築いた人間である。彼はヘスの参謀として地位を固めたのち、ヘスにかわって総統の代理として党務を担当するようになった。これに加えて、ボルマンはつねに身近にはべる秘書役として、ヒトラーにも影響をおよぼすようになり、ナチ党の権力構造のトップとして戦時の計画に重要な役割をはたすようになった。ローゼンベルクやヒムラーと違って、ボルマンが関心をもっていたのは東方そのものではなく、自身の権力を拡大させ、他人の権限を封じることだった。彼がローゼンベルクの東方占領地相への任命を強く支持したのは、その地位に自分よりも弱い者をつけたかったからだ。同じような理由で、彼は最も危険なライバルのヒムラーが東方の政策決定者になるのを防ぐ決意を固め、党にたいしてSSに反対の主張をするよう迫った。

ヒムラーを妨害し、またローゼンベルクに力を与えないためには、軍隊を進めるにつれて、党の指導的な大管区指導者を新しい「保護領」の民政にあたる責任者に任命することが必要だった。ボルマンがヒトラーを説得するのに用いた論法は、ナチ党はドイツ国民の「政治的な意思の伝達者」として将来の東方行政に決定権をもつべきだというものだった。この議論はヒムラーとSSの要求をしりぞけることになるので、ローゼンベルクの同意を得られた。だが、うかつにも、東方占領地相が気づいたときにはあとの祭りで、ボルマンの指名した人間、とりわけ東プロイセンの大管区指導者エーリヒ・コッホがウクライナの民政長官に任命されたことにより、東方占領地省からの自分の指令を実行に移すこともままならなくなってしまった。

2

一九八〇年代後半のソ連では、「情報公開《グラスノスチ》」政策が新たに採用されたのをきっかけとして、第二次大戦中にドイツの攻撃を予測してより適切な準備態勢をとれなかったことの責任をめぐって激しい議論が起こった。この議論はやがて、スターリンおよびその後継者が四〇年以上にわたって証拠を湮滅し、歴史を捏造し、議論を封じるために講じてきた措置にまでおよんだ。

一九三〇年代半ばにはすでに戦争の危険性が認識されて、国防力を強化するための措置が講じられていた。その一環として、ソ連では第二次五カ年計画を修正して軍需産業の生産力増強を優先し、国防予算を増額した。また、赤軍を再編成し、それまでのトゥハチェフスキー、エゴロフ、ブリュッヘル、ヤキール、ウボレーヴィチといった名前と結びついた軍事政策を改訂していた。しかし、この動きは粛清のために突然中断され、産業界を牛耳っていたオルジョニキーゼやピャタコーフから、トゥハチェフスキーをはじめ赤軍および海軍の参謀幕僚と上級司令官のほぼ全員にいたるまで、責任をもつ者が一掃されたため、国防力増強の推進力は失われてしまった。一九三九年から四一年にかけて、国防力は再び増強されたが、ドイツ軍の侵攻が始まったときには、ソ連の経済と軍はまだショックと混乱から回復していなかった。損失の埋め合わせは充分になされておらず、スターリンに粛清された有能で経験豊かな指導者層に代わる者はまだ現われていなかった。

銃殺された者以外に大勢の人びとが強制収容所や労働キャンプに送られ、そのなかには有能な官僚や管理者、技術者が多く含まれていた。したがって、当然ながら第三次五カ年計画の進捗状況はバランスを欠いていた。一九三八年から四〇年までの三年間に、機械・土木産業（兵器産業を含む）は五カ年計画で設定された総生産高の五九パーセントに達したとされている。一方、鉄鋼業は計画された五年間の伸びの五・八パーセントしか達成できなかった。圧延鋼は（鉄鉱石とコークスの不足のため）わずか一・四パーセント、セメントは三・六パーセント伸びたにすぎず、また戦略的にきわめて重要な原材料である石油の生産の伸びは鈍く、燃料危機におちいるほどだった。[*21]

政府の反応は、例によって農業と工業の両部門において強制力を強めるというものだった。中央委員会はコルホーズ内の私有区画の削減を命じ、総計二五〇万ヘクタールを取り戻した。この政策と同じように不人気だったのは、農民が所有する牛と豚の頭数削減を命じたもので、農民は家畜をコルホーズに売り渡すか食用にするかのどちらかを選ばなければならなかった。それまで以上に厳しい規律が要求され、個々の農民はそれぞれ決められた最低限の時間をコルホーズでの労働に割かなければならなかった。同時に、強制されて国家に納める農作物の割当量が増え、ジャガイモや野菜もその対象とされるにいたった。一九四〇年夏の『プラウダ』の記事で明らかなように、こうした措置やそれに類する、たとえば機械 - トラクター・ステーションへの支払い増額のような措置は、国家による強制と、「取るに足りない私有財産を求める本能」を断ち切って供給を増やすという政策に戻ったことを示していた。

農民たちは抵抗しても無駄だとわかっていたが、それでも不公平感からくるわだかまりを抱いていた。国の政策によって土地の所有権を奪われたあげくに、価格や割当量をごまかされたことに憤っていたからだ。彼らはいくら働いても最低限の報酬にしかありつけず、生活必需品を法外な高値で売りつけられ、灯油、石鹼、衣服、靴などの価格は、都会で同じ製品を買うよりも高かった。彼らがコルホーズを、かたちを変えた農奴制と見なしたのも当然で、土地に縛られ、生きていくのに必要な最低限のものさえ充分に手に入らなかったのである。

その結果、回復の遅れがちな農業生産力は（綿花を除いて）一九三三〜三八年に危機にさらされた。スターリンにとって幸いだったのは、ヒトラーがソヴィエト政権にたいする国民の鬱積した怒りを利用しなかったばかりか、そのような戦略を軽蔑してさえいたことだった。それどころか、ドイツ人に残酷に扱われたソ連の人びとは団結して、侵略者に抵抗した。その団結の強さは、スターリン自身には決して組織しえないほどだった。

農民はソヴィエト政権が意図的に自分たちの生活水準を標的にしたとみていたが、産業や建設現場での労働管理も同じように締めつけが厳しくなっていた――もちろん公式には、労働組合の勧告に従って行なわれたと記されている。被雇用者全員に労働手帳が発行されたので、許可なしの転職は不可能だった。一日の労働時間は七時間から八時間に延長され、一週間の労働日数も五日から六日に増えたが、手当はつかなかった。社会保険の給付金は削られ、欠勤常習者は刑事犯と同じように扱われた。各種の専門家は特定の仕事に振り向けられ、学業を終えた一〇〇万人の若者が集められて労働準備学校で訓練を受けさせられた。また、中等学校以上の高等教育には授業料の支払いが義務づけられた。このような措置でどれほど産業の生産力が高まったかは、農業の生産性の場合と同じく不明である。はっきりしているのは、一九三八年までつづいた生活水準の向上が止まったことである。これは、戦争に備えるために必要な犠牲だとして弁明できたかもしれないが、独ソ不可侵条約が有効だった時期には、そうした議論はめったに聞かれなかった。

スターリンは明らかに、ドイツとの戦争の可能性があることを承知していたが、それがヒトラーにとってイデオロギー的に――おそらく神話的と言い換えてもさしつかえないだろう――どれほど重要であり、そのために理性的な判断を度外視するほどだったことは理解していなかった。独ソ不可侵条約を締結してからは、ヨーロッパの他の地域の問題に没頭しているヒトラーにとっても、自分と同じように条約の維持が両国にとって好都合だとわかっているはずだ、とスターリンは思っていた。

一九四〇年の六月末、チャーチルがスターリンにメッセージを送り、ドイツがヨーロッパの覇権を狙う危険性を警告すると、モロトフは（ヒトラーに伝えてもらおうと）ソ連駐在のドイツ大使に次のようなスターリンの回答を得た旨を伝えた。

スターリンはヨーロッパの一国が覇権を握るような危険はないと考えており、ましてやヨーロッパがドイツのものになるとは想像もしていない……スターリンは、ドイツの軍事的な成功が、ソ連とドイツの友好関係への脅威になると思ってはいない。両国の関係は一時的な状況にもとづくものではなく、両国の基本的な国家的利害にもとづいているからである。[*22]

スターリンのこうした思いこみをさらに強める事実があったことは間違いない。一九四〇年に、スターリンはソ連に脅威を与えうるもう一つの大国の日本と合意に達して、極東での一〇年におよぶ国境紛争に終止符を打っていたのである。この合意をうまく発展させて締結した日ソ中立条約（一九四一年四月）は、四五年にスターリン自身が日本に宣戦布告するまで効力をもっていた。ソ連が、結局はドイツとの戦争を避けられないとしても、その戦争が起こるのは四二年ないし四三年であって、あと二、三年の準備期間があるとの結論に、スターリンは達していたのである。

この誤算がもたらした最大の被害が、一九四一年の敗北だった。しかも、この年の前半に、自分の考えが誤りであることを示す証拠が増えてゆくのを目のあたりにしても、スターリンがなお主張を変えなかったため、被害はいっそう深刻になった。

スターリンの側には、判断ばかりかタイミングの点でも重大な誤りがあった。一九二六年以来、ヴォロシーロフ元帥が国防人民委員として軍部の最高権力者の地位を維持できたのは、内戦以後ずっとスターリンの手下だったからにほかならなかった。ヴォロシーロフの無知無能ぶりは評判になったくらいで、トゥハチェフスキーを中心とするグループが二〇年代初めに着手した機械化部隊による実験を中止させようと躍起になっていた。スターリンでさえ、ヴォロシーロフの対フィンランド戦の失敗についての責任を見過ごすことができず、四〇年五月に彼を更迭してチモシェンコを国防人民委員に起用した。

チモシェンコは、経験豊富な参謀長としてフィンランド戦争の後半の作戦計画を立てたシャポシニコフとともに元帥に昇進させられた。二人が最初に取り組んだ仕事は、獄中の、あるいは失脚した四〇〇〇人の将校を救い出して、粛清による空白を埋めることだった。次いで、一〇〇〇人を上級指揮官に昇進させた。その多くは、一九四一年から四五年にかけての戦いで名を上げることになるが、このときはまだ登用された地位にふさわしい経験が不足していた。四〇年秋に二二五人の連隊長をサンプル抽出して調べた結果によると、士官学校の全課程を修了した者は一人もおらず、卒業した者はわずか二五人だった。赤軍はあらゆるレベルで再訓練を施さなければならなかったが、四一年夏の時点で、将校の七五パーセント前後と政治委員の七〇パーセントが一年足らずの経験しかもたなかった。

しかし、チモシェンコとシャポシニコフは粛清を免れたものの、スターリンが軍事を一人で支配しているために、独自の考えを打ち出す余地がないことを思い知らされた。スターリンが多少なりとも助言に耳を傾けようとした相手は、すぐれた能力によって昇進した人間ではなく、もっぱらスターリンに引き立てられて出世した者たちだった。なかでも目立っていた三人のうちの二人――政治委員でツァリーツィン防衛のときにスターリンと関係があったレフ・メフリスと、もと仕立屋のE・A・シチャジェンコ――は、やがてともに書記局員になった。一九三七年、二人は将校団を追放して赤軍政治総本部の再編成を図るうえで重要な役割をはたし、メフリスは上級政治委員に抜擢され、国防人民委員代理にもなった。三人目のG・I・クリークにはこれといった資格がなかったが、やはり一九一八年のツァリーツィン防衛のときスターリンの目にとまり、三七年には砲兵局長に抜擢され、国防人民委員代理に登用されたうえ、四〇年にはソ連に五人しかいない元帥の一人になった。この三人は軍事問題についてスターリンに働きかける力を誰よりももっていて、物資調達の主要部門、すなわち赤軍およびその航空部隊の装備の選択と生産の責任をゆだねられていた。彼らは赤軍の歴史に悪名を残すほど軍務に無知で、判断を誤ったケースが多く、四〇年代初めにもしばしば見当違いの助言をしていた。

もちろん、ソ連でもかなりの準備はなされていた。一〇年以上も前から重工業が最優先されていたが、これはソ連軍が何よりも必要としたものだったからだ。一九三九年から四一年までのあいだに、赤軍は二・五倍に拡大され、数においてはドイツ軍を明らかに上回っていたし、世界最大の航空部隊を擁していた。軍需生産は増え、軍隊と補給品が西方に送られ、一〇〇万人が防衛線の建設に従事していた。しかし、準備が完了したものは皆無で、（赤軍参謀総長だったジューコフがのちに書いているように）軍の再組織、再装備、再訓練を図りつつ、必要なものを蓄えている段階だった。

粛清を恐れて個人がイニシアティブをとれなくなり、戦争の危機感をあおれるのはスターリンだけだったが、当人にはそんなことをする気がなかった。その結果、すでに設計されテストもされた最新式の兵器はあっても、まだ大量生産に移されておらず、戦争が始まったときには、その使用方法について充分な訓練を受けた兵士や飛行士がほとんどいなかった。たとえば、KV1型戦車、T34型戦車、ヤク1型戦闘機（一九四〇年には六四機しか製造されていなかった）、ミグ3型戦闘機、ラグ3型戦闘機、ヤク「ストルモヴィーク」戦闘爆撃機、ペー2型軽爆撃機がそうだが、これらは後日、ドイツ軍の装備に匹敵するものだったことがわかった。同様のことが、ウラル、シベリア、カザフスタンといった新しい工業地域についても言えた。戦争を遂行するうえで重要な役割をはたすことになるこれらの工業地域は、すでにできあがっていたが、その後見られたように異例なペースで成長するのは、戦闘が始まってからだった。おまけに、優先的に投資され、一九四〇年にまだ兵器の生産がつづいていた中心的な重工業地域は、敵に侵略されてしまった。四〇年に、ドネツ盆地からは石炭九四〇〇万トンが産出され、ウラルからは一二〇〇万トン、カラガンダからは六〇〇万トンがそれぞれ産出された。四〇年における中心地域への投資額は、ウラルのそれの三倍に近く、シベリアの七倍以上だった。[*23]

一九三〇年代、ソ連の西部国境に沿って、慎重に位置を定め、入念に防衛線――スターリン・ライン――が築かれた。しかし、スターリンは参謀幕僚の意見には耳を貸さずに決定を下し、三九年と四〇年の新しい領土の獲得によってできた国境に新しい防衛線を敷くことにした。それはフィンランドからルーマニアにかけてつづく起伏のある線で、防衛上危険な、数多くの突出部があった。そのために、従来の防衛システムを放棄して新しいものを急いでつくる必要が生じたが、一〇万人の労働者を雇ったにもかかわらず、四一年にはまだ完成していなかった。ドイツが侵攻してきたときにもまだ一〇キロから八〇キロの切れ目があったのに加えて、旧防衛線にはチモシェンコとジューコフが設置するよう勧告したにもかかわらず、大砲が配備されていなかった。新防衛線でも二五〇〇基のコンクリートの砲床のうちで大砲を据えつけていたのは一〇〇〇基にすぎず、残りの箇所では機関銃で応戦するしかなかった。

飛行場も同じように未完成の状態だった。西部地域に新たに一九〇カ所の飛行場をつくる計画が四一年二月に承認された。内務人民委員部（ＮＫＶＤ）はこれを実行に移し、同時に古い飛行場の拡張工事にも着手した。そのため、赤軍の航空機のほとんどは、国境付近にあって防備の手薄な民間飛行場に移さなければならなかった。

新しい防衛システムでは、地雷敷設区域も充分に備えられていなかったが、それはクリーク元帥が地雷を「弱者」の使う兵器と考えていたからだった。クリークはまた、多連装ロケット弾発射機「カチューシャ」の価値を理解できなかったため、それは四一年六月まで大量生産に移されなかった。防衛線の背後で、ソ連の軍事システム全体が通信ネットワークの不備と輸送車両の慢性的な不足に悩まされていた。

独ソ間の経済協定が締結されたとき、ヒトラーとスターリンがそれぞれ陰でどのようなことを言っていたかを比較すると、状況が明らかになってくる。一九四一年一月九日に、ヒトラーは軍首脳とリッベントロープを集めて会議を開いた。全般的な状況を述べてから、彼はソ連の問題を集中的に取り上げた。

ソ連の支配者スターリンは賢明な男だ。ドイツにたいして公然と敵対する態度はとらないだろうが、ドイツにとって……ますます厄介な問題をもちだしてくると覚悟しておかなければならない。弱体化したヨーロッパの遺産を手に入れたがっているし、成功する必要もあって、「西進運動」に夢中になってもいる。

イギリスにとってはソ連介入の可能性が支えになっている……イギリスがもちこたえて四〇～五〇個師団を戦時編成し、アメリカとソ連が支援すれば、ドイツにとってきわめて厳しい情勢になるだろう。このような事態は避けなければならない。
（原注：この発言は、のちにヒトラーのソ連およびアメリカへの宣戦布告によって生まれる状況を正確に予言していた）

ドイツがソ連の侵略に脅かされていると見えるどころか、ヒトラーはこうつづけている。

ソ連軍が顔のない粘土の巨像にすぎないとしても、将来どのように発展するかはわからない。いずれはソ連を倒さなければならないのだから、いまやるほうがよい。いまならソ連軍には指導者がいないし、装備はお粗末、それに軍需産業の大きな問題も克服しなければならない……

ソ連軍を壊滅させ、最も重要な工業地域を奪取し、残る地域を破壊することを作戦の目標とし、バクーも占領しなければならない。

ソ連を「粉砕」したあとは、イギリスが降参するか、あるいはドイツが全ヨーロッパ大陸の資源を頼りに戦争を継続するかのどちらかである。同時に、ソ連が倒れれば日本は全力を傾けてアメリカに立ち向かい、アメリカがヨーロッパで参戦するのを防げる。そして、ソ連の「測り知れない資源」を手中に収めて「ドイツはやがて、アメリカ大陸さえも相手に戦争を遂行できる国力をもてる。そうなれば、もはや何者もドイツを倒せないだろう。バルバロッサ作戦が実行されれば、ヨーロッパは息を呑むだろう[*24]」。

その前の月、一九四〇年十二月の最後の一〇日間、赤軍の上級司令官がモスクワに集まって最高軍事会議の特別会合を開き、フィンランド戦争の教訓とドイツの電撃戦の驚くべき成功から学ぶべきことについて議論した。党中央委員会が設立した特別委員会の報告を見ると、国防人民委員部の態勢が不充分だったことがはっきりとうかがえる。

戦車、軍用機、パラシュート部隊の利用について、まったく意見が一致していない……戦車と機械化部隊の開発は時代の要請より立ち遅れている……機械化部隊の割合は低く、赤軍の戦車の性能は満足のいくものではない。[*25]

スターリンと政治局は関心をそそられ、政治局員のジダーノフがスターリンの代理として軍事会議に出席した。最後にチモシェンコが机上作戦演習を取り仕切った。演習では、ソ連の主だった将軍が大きな地図を使いながら西部の国境で二通りの攻防作戦を想定していた。一つの作戦では、ジューコフが「西欧」軍を指揮して「赤軍」の集結部隊の大半を壊滅させ、ロシアに深く攻め入った。第二の作戦では、ジューコフは「赤軍」側につき、結果はあまりはっきりしなかった。一月十三日、スターリンは、演習の参加者を政治局員をはじめとする政府のメンバーとともにクレムリンに呼び、多くの質問を浴びせて、西方からの攻撃部隊とソ連の防衛隊のどちらが勝ったかをたずねた。

新しく参謀総長に任命されたばかりのK・A・メレツコフ将軍は虚を突かれたかたちでうまく答えられず、スターリンの意に沿うように、兵員数では劣っていたけれども赤軍が勝利を収めたと答えた。話が第二の作戦演習になると、スターリンは皮肉まじりの質問をした。「それで、結局どちらが勝ったんだね。また赤軍かな」。メレツコフが狼狽して言いよどんでいると、スターリンは叫んだ。「政治局員はどちらが勝利者になったのか知りたいのだ」。それでも答は出なかった。それからまもなく、メレツコフにかわってジューコフが参謀総長になった。

クレムリンでの会議で最大の論議を呼びおこした問題は、ドイツにならって独立した戦車部隊を創設するかどうかだった。クリーク元帥が反対の口火を切り、ヴォロシーロフの考えに沿って機械化は不要だと断言した。一九三九年のスペイン内戦に従軍したクリークは、ヒトラーと戦うには、フランコと戦ったときと同様、歩兵隊と馬車による輸送が適していると確信していた。だが、クリークの意見は他の参加者にしりぞけられたので、スターリンはチモシェンコにこう語った。軍の内部にこのような混乱があるかぎり、「機械化も自動車化も決してできないだろう」。チモシェンコはそれに答えて、軍の内部に混乱はまったくなく、クリークの頭が混乱しているだけなのだと主張した。

クリークはスターリンの寵臣の一人だったが、このときばかりは主人に手厳しく叱責された。

クリークは機械化はだめだと言ったが、政府が軍に取り入れようとしている自動車が嫌いなのだ。これはまさしく、トラクターやコンバインに反対して木製の鋤や村の自給自足経済を守ろうとするのに等しい。[*26]

最後の発言で、スターリンは、次の戦争がエンジンと機動力の戦いになるだろうと断言したが、それがいつになりそうなのか明らかにしなかった。しかし、居あわせた人たちの多くは、一年前の一九三九年十一月にスターリンがすべての戦車部隊をできるだけすみやかに解散させることに同意したのを覚えていた。クリークを抜擢して赤軍の砲兵隊をまかせたのが、ほかならぬスターリンだということも知っていた。実際、赤軍の機械化軍団の再編は四〇年三月に始まり、四一年の上半期には性能のすぐれたT34型戦車が一〇〇〇両以上生産されていた。しかし、組織的に計画を立て、ドイツのようにこの戦車を機甲部隊の基軸にしようとしたわけでなく、戦車は既存の部隊に編入されたり、早急に修理を要する時代遅れの機械と一緒に使われたりした。古参と新参とを問わず、戦車の操縦訓練を一日に平均一時間以上受けた兵士はほとんどいなかったし、機甲部隊に配属されるのは新兵と歩兵隊や騎兵隊からまわされる下級指揮官が多く、これから立ち向かわなければならない百戦錬磨のドイツ軍機甲部隊を見たこともなかった。[*27]

一九四〇年十二月の図上演習では、ドイツ軍が三ないし四個の戦車部隊を投入して西部戦線で攻撃を開始し、スモレンスクとモスクワをうかがうという想定で行なわれた。この演習の報告書のなかで、ジューコフは自分の部隊の戦術があれほどの成果を収めたのは、戦線と地形を計算に入れたからだと述べていた。さらに彼は、ドイツも同じ計算をするだろうと言い（実際に六カ月後にそうした）、なぜそれほど強力な部隊が必要なのかといぶかるスターリンに、ドイツ軍も最初の攻撃に同じ程度の兵力を投入すると予想されるからだと答えた。

一九四一年二月、スターリンはジューコフが自信たっぷりに自分の作戦を説明したのに感心して、彼を参謀総長に任命した。この六カ月間に更迭がつづいて、三人目の就任だった。スターリンは最良の人選だと考えて選んだのだが、それでもジューコフの助言に耳を貸そうとはしなかった。四一年四月から五月にかけて出された防衛計画は、スターリンの主張に沿ったもので、ドイツ軍の攻撃の主力が西部ではなく南西部の戦線に投入され、ウクライナの穀物とドネツ盆地の石炭を狙うと予想していた。[*28]のちに、これは見込み違いの戦争に向けての作戦で、一九四一年の戦争ではなく一九一四年の戦争を想定したものだといわれた——赤軍は奇襲攻撃によって虚をつかれるはずがなく、敵の作戦はかぎられた兵力によるもので、赤軍には動員を完了できる時間が充分にあると想定していたのである。スターリンは、メフリスの助言を受けて、生産局や参謀幕僚からの提案——燃料、食糧、原材料の戦略備蓄をヴォルガ川の後方に分散させて、侵略者の手が届かないようにすべきだとしていた——を考慮に入れなかった。これらの備蓄は、手つかずのままヴォルガ川の西部に放置されたり、実際に前線地区に移動されたりした。敵に攻撃される可能性を考慮した、不測の事態に備えての計画はまったく立てられなかった。

攻撃の主力が西部戦線に向けられるとなおも確信して、ジューコフは五月十五日にスターリンに手書きの覚書を送り、ドイツ軍は充分に組織された奇襲攻撃もできるので、赤軍は、敵がまだ展開しているときに機先を制して攻撃をしかけ、主導権を握るべきだと進言した。[*29] スターリンがジューコフの覚書に目を通した証拠はなく、それどころか彼は七月の初めにさらに二四個師団を南西部の戦線に移動させるよう命令した。

スターリンは参謀総長にたいしてさえ、戦争が迫っていることを認めようとしなかった。そのため、戦争が起こった場合の作戦計画はまったく発表されず、戦闘力に欠ける部隊が出てきても無頓着だった。そのことを、当時、海軍人民委員だったクズネツォフが、一九六五年に次のように伝えている。

スターリンは戦争を進める方法を考えていたのだが、いつもの病的な不信感に駆られて、それを実行すべき立場にある人間にも秘密にしていた。衝突が起こる日の予測を誤って、まだ充分に時間があると思っていたのだ。ところが、歴史の流れが速まると、将来の戦争についての考えを明確な戦略的構想や具体的な計画に移しかえることができなかった。だが、一九三九年から四一年にかけては、細部にいたるまで練り上げた具体的な計画が絶対に必要だったのだ。[*30]

3

持ち前のギャンブラー気質を発揮したのだろうか、ヒトラーはすでに生涯最大の賭けともいえるバルバロッサ作戦をさらに危険にさらして、バルカン半島と北アフリカでのるかそるかの行動に出る一方、東方の部隊を増強していた。

ギリシアを占領したことと、機甲部隊を「砂漠の戦争」に送りこむ決断を下したことは、計算ずくの冒険だった。ギリシアに侵攻したのは、ムッソリーニのギリシア攻撃の失敗に乗じてイギリスにつけこまれるのを防ぐためだった。一九四一年二月に、イギリスはギリシアの要請で軍隊を上陸させていたのである。砂漠に機甲部隊を送ったのは、イタリア軍が北アフリカで敗走させられたからだった。ドイツとギリシアのあいだには四つの国——ハンガリー、ルーマニア、ブルガリア、ユーゴスラヴィア——があり、この四カ国が同意する確証がなければ、ドイツはギリシアを攻撃できなかった。ハンガリーとルーマニアはすでにドイツの衛星国となっており、一九四〇年から四一年にかけての冬に、ドイツ軍はハンガリーを横断して、ルーマニアに六八万の兵力からなる機動部隊を編成していた。ブルガリアでは、ドイツとソ連とのあいだで影響力をめぐる激しい争いがあったが、ドイツが勝利を収めていた。三月一日、ブルガリアはハンガリー、ルーマニア、スロヴァキアにつづいて三国同盟に加入し、ドイツ軍部隊はルーマニアからドナウ川を渡ってブルガリアを縦断し、ギリシアとの国境に向かった。

同じような外交上の争いがユーゴスラヴィアでも起こり、ドイツの今度の相手はイギリスだった。ユーゴスラヴィアの摂政パウル王子は親英的だったが、彼の頭にはフランスの陥落が焼きついており、また三月初めにベルクホーフにおける密談でヒトラーからサロニカを譲ろうと言われたことにも心を動かされていた。三週間後、ユーゴスラヴィアの外相がウィーンで三国同盟に調印し、ギリシア占領というドイツの問題は楽になった。しかし、ヒトラーの満足はやがて憤激に変わった。三月二十六日から二十七日にかけての夜、シモヴィッチ将軍の率いるユーゴスラヴィア軍士官の一団が、枢軸側の主張を支持する政府に反対し、若い王位継承者ペタルを担いでクーデタを起こしたのだ。その知らせを受けるとすぐ、ヒトラーはバルバロッサ作戦を延期した場合にどうなるかを考えもせず、命令を発した。「新政府からのドイツへの忠誠宣言を待つことなく、ユーゴスラヴィアという国家そのものを破壊する」準備をただちにせよと命じたのだ。中立的な道を進もうというシモヴィッチの望みは一蹴された。ユーゴスラヴィアにたいする作戦は「情け容赦なく」遂行すべきだとされた。

ヒトラーの事前の外交戦略に、ユーゴスラヴィア領の隣国（イタリアを含む）は領土の分け前にあずかりたい気持ちをそそられ、ユーゴスラヴィア内部からもクロアチア人を中心に分裂の動きが現われた。かねてから、ベオグラード政府にたいするクロアチア人の不満をドイツ人があおっていたのだ。しかし、ヒトラーは武力によって自らの力を誇示しようとした。

四月六日、ドイツ軍はユーゴスラヴィアとギリシアに攻撃を加えたが、その狙いには違いがあった。ギリシアは占領し、ユーゴスラヴィアは滅ぼすのが目的だった。ユーゴスラヴィアを文字どおり滅ぼすつもりでいることを示すために、機甲師団が七個、航空機が一〇〇〇機も投入された。地上で駐機するユーゴスラヴィアの航空隊を奇襲攻撃で殲滅すると、ドイツ爆撃機のパイロットは首都ベオグラードの壊滅に着手した。迎撃される恐れもなく、家々の屋根をかすめるほどの超低空飛行によって三日間で五〇〇回以上にのぼる爆撃を加え、五〇〇〇人以上の死者を出した。ヒトラーはこの作戦に、「懲罰」という暗号名をつけた。ベオグラードは四月十三日に占領され、十七日にはユーゴスラヴィア軍が降伏した。その三日後に、それまで六カ月にわたってイタリア軍にしぶとく抵抗しつづけてきたギリシア軍も降伏を余儀なくされた。四月二十二日、総勢五万の兵からなるイギリス、オーストラリア、ニュージーランドの軍隊がつい二カ月前に上陸したばかりのギリシア本土から撤退しはじめた。二十七日には、ドイツ軍の戦車がアテネに侵入して、アクロポリスに鉤十字の旗が掲げられた。ユーゴスラヴィア戦とギリシア占領作戦は、地形上の困難があったにもかかわらず、三週間足らずですべて完了した。

これは結果として、近代戦におけるユニークな記録とも言える電撃戦の最後の例となった。ポーランドとノルウェーはそれぞれ四週間と八週間で席巻された。オランダとベルギーは五日間、フランスは六週間、ユーゴスラヴィアは一一日間、ギリシア(クレタ島を含む)は三週間だった。ヒトラーがこの作戦で成功を収めたのは、他の計画の場合と同様、国防軍と将校団のおかげだったが、ヒトラーはしつこく彼らを非難していた。それは彼らにとっても天晴れな戦いぶりであり、兵術に長けた将校や兵士の能力がなければ勝利はおぼつかなかっただろう。しかし、世間はヒトラーが機を見るに敏で、次々に大胆な命令を下したからだと見ていた。ヒトラーにとっては、ソ連への攻撃を前にして自らの軍事的才能を確認できたことになり、無敵の強さを誇る自分に抵抗しようとする者はかならず滅ぼされることが立証されたと思っていた。

ヒトラーを一瞬ぎくっとさせ、また彼の怒りをかきたてた唯一の出来事は、五月十日にルドルフ・ヘスがスコットランドに飛んだことだった。パウル・シュミットがのちに書いた記録によれば、そのニュースが伝えられると、「ヒトラーのいるベルクホーフに爆弾でも落ちたような」騒ぎとなった。ヒトラーはいたるところで怒りをぶちまけ、ヘスを裏切り者と非難し、ほかに関与している者の名前を教えろと言った。数年前から、とりわけ開戦以後、ヘスは日陰の存在になっていた。ヒトラーのかわりに党務をこなし、帝国大臣という地位にありながら、実際には責任のない無任所相だった。もはや党内業務に興味を失っていたヒトラーは、ヘスに会うこともしだいに少なくなり、ヘスの地位は彼の元補佐官でいまではヒトラーの秘書をつとめるマルティン・ボルマンに浸食されていた。憤慨して苛立っていたヘスは、人の意表をつくような手柄を立てて、いまなお神のごとくに崇めるヒトラーの寵愛を取り戻そうと躍起になっていたのである。

そこで、ヒトラーがイギリス攻撃をしぶっているのに気づいていたヘスは、一九四一年の夏、イギリスに飛んで、それまで総統がはたせなかった和平交渉を土産として帰ることを思いついた。ヒトラーはヘスの「特別任務」をまともに受けとめず、イギリス側も同様だった。ただ、ヒトラーが懸念したのは、ヘスが彼のソ連攻撃計画について知っているかぎりのことをイギリスに話すかどうか、イギリスがナチ党の党首に次ぐ指導者で、ヒトラーの最も古くからの献身的な部下が敵国に飛んだ事実をプロパガンダに利用して自分の威信を傷つけはしないかということだった。実際には、ヒトラーとソ連の関係について訊問されて、ヘスは噂を否定した。ヘスが和平の妥協できる条件について秘密交渉をするためにやってきた口ぶりだったことに、イギリス側もヒトラーに劣らず当惑したが、結局、ヘスを捕虜として拘束したという短い公式声明を出すにとどまり、この事件を政治目的に利用しなかった。

ヒトラーはヘスが精神に異常をきたしたのだとしてその役職を解き、かわりにボルマンに党の運営をまかせることとし、ヘスがドイツに戻ってきたら射殺せよと命じた。チャーチルによれば、この件について話しあいをしたスターリンは、ヘスがイギリスの情報部に招かれたのだと邪推し、ドイツとイギリスが協力してソ連に侵攻する秘密の交渉ないしは陰謀があったが、未遂に終わったのではないかと言ったという。調査の結果、ヘスが単独で行動したこと、陰謀などなかったことが明らかになった。事件のあと、うやむやのうちに九日が過ぎた五月二十日、ドイツ軍空挺部隊のクレタ島への上陸作戦開始という劇的なニュースが伝わった。海軍の優位を誇るイギリスはクレタ島を奪われて、またしても面目丸つぶれとなり、ドイツ軍も大きな損害をこうむったが、ヒトラーはまた瞠目すべき成功を収めた。ただスターリンだけは、ヘスのイギリスへの飛行が相変わらず頭から離れなかった。[*31]

バルカン作戦のためにバルバロッサ計画を五月十五日から六月二十二日に延期せざるをえなくなり、それが原因でヒトラーはモスクワを奪取するチャンスを失ったのだという議論がある。しかし、いずれにしてもバルバロッサ作戦にはある程度の延期が必要だったはずである。一九四一年、ソ連では雪解けが遅れ、道がぬかるんでいる六月の第一週以前には作戦を開始できず、少なくとも三週間は遅らせなければならなかったからだ。ユーゴスラヴィアとギリシアにたいする実際の作戦は、四月末に始まったクレタ島攻撃を別として、六月初めまでに完了していたので、そのためにバルバロッサ作戦を延期する必要はなかった。しかし、山中の悪路を通り、とりわけギリシアまでの長旅を往復したために、戦車や車両の傷みがひどく、最大の損害をこうむった南方軍集団はウクライナへ攻め入るのに、予定をあらためたうえ、三分の一の戦車部隊しか使えなかった。同様に、クレタ島攻撃で受けた損害の大きさに、ヒトラーはソ連での大規模作戦に空挺部隊を使うのをためらった。したがって、バルバロッサ計画を立案しながら、別個にバルカン作戦を展開する決意をしたことが、東方での電撃作戦に悪影響をおよぼしたことは間違いないとしても、この決定自体がヒトラーの失敗の原因だったとは言えない。

疑うべくもないのは、ムッソリーニが自分の独立性を主張しようとして開始したバルカン戦争がドイツの勝利に終わり、そのためにイタリアの失敗がきわだったことである。ベルリンとローマが実際にどのような関係にあったのか、ユーゴスラヴィアの分割で明らかになった。ヒトラーは言葉どおりにユーゴスラヴィアという国家を地図の上から抹消して、四月十二日の指令で分割を決定した。ようやく二十一日になってウィーンに呼ばれたチアノ外相は、戦利品のイタリアの分け前を知らされたが、そのときにはすでにヒトラーはクロアチア人の独立国家を建設していた。

イタリアがドイツに依存していることは、北アフリカでさらにはっきりした。イギリス軍はイタリア軍を敗走させたのにつづいて、キレナイカ(訳注：リビア東部)全域を征服したが、ロンメル将軍に奪回されてしまった。機甲軍団を率いたロンメル将軍は、この砂漠地帯で機械化部隊と自動車化部隊の指揮をとった。ロンメルは四月二十日までに計画を提出するよう求められたが、三月三十一日に反撃を開始し、四月十二日にはイギリスに奪われた土地をすべて奪回し、イギリス軍をエジプト国境まで追い返した。

イギリスは、ギリシア、クレタ島、北アフリカで敗北したのに加えて、イラクではイギリス駐屯軍にたいしてラシド・アリの率いる反乱が起こった。五月三十日、レーダーは一九四一年の秋にエジプト－スエズに決定的な攻撃を加えてはどうかとの主張を蒸し返した。それによって、イギリスの中東支配に致命的な打撃を与えられるというのだ。しかし、ヒトラーを動かすことはできなかった。ヒトラーにはすでに将来の攻撃計画への心づもりがあって、そのなかにはリビアからエジプトを攻撃すること、ブルガリアから小アジアへの進軍、ザカフカースで勝ちとった地点からのイラン侵攻などがあった。しかし、それらはいずれもソ連を倒してからの話だった。同じ五月三十日、彼はソ連侵攻開始の日をあらためて六月二十二日と確認した。

ドイツ軍の疾風のごときバルカン侵略に、スターリンはドイツ軍が西方で勝利を収めたときに劣らず驚いた。一九四一年三月初めにドイツ軍がブルガリアに進軍すると、モロトフはソ連の安全保障地域の侵害だとしてこれに抗議した。しかし、その抗議を後押しする行動はなく、新経済協定による物資供給を中断しようという動きもなかった。それどころか、当初はなかなか進まなかったソ連からの物資の供給は、三月になるとドイツ側の約束の履行がかなり遅れていたにもかかわらず、にわかにスピードアップした。ユーゴスラヴィアの新政権から支援の訴えを受けて、ソ連は新政権を承認し、ユーゴスラヴィアとのあいだに友好不可侵条約を結んだが、その直後にドイツがユーゴスラヴィアを攻撃したとき、スターリンはまったく行動を起こさず、抗議すらしなかった。

ドイツの勝利を告げるニュースが舞いこんでくるなか、日本の松岡外相はベルリンからモスクワに到着し、スターリンとモロトフを説得して、不可侵条約を締結しようとした。そうすれば、日本は英米と独自に戦えるのである。ソ連側の無理難題にいらいらしながら一週間を過ごしたあと、松岡外相が帰国しようとしていた四月十二日の夜、スターリンからクレムリンに呼び出された。松岡のねばり強い交渉に態度を変えざるをえなくなったとして――「あなたに首を絞められそうだ」と言いながら、喉に両手をまわしてみせた――スターリンはソ連側の要求を引っこめ、全面的な中立条約を結びたいと提案した。松岡外相が、それによって三国同盟にどのような影響がおよぶのかとたずねると、スターリンは「とことんまで枢軸を守る、英米は敵だ」と言って安心させた。

翌日、日ソ中立条約が締結され、松岡はシベリア鉄道で日本への帰途についた。外交団と報道陣が松岡を見送ろうとして駅で待っていると、突然、スターリンとモロトフが現われた。まさに前代未聞のことだったが、スターリンは松岡を抱きしめて見送りの挨拶をし、そこにいた全員に聞こえるようにこう断言した。「ヨーロッパの問題は日本とソ連が協力すればおのずと解決されるだろう」。それから、スターリンはあたりを見まわしてドイツ大使のフォン・デア・シューレンブルクを見つけると、歩み寄って彼の肩に手をやり、もう一度宣言した。「われわれは友好関係を保持しなければならず、いま、あなたはそのために全力を尽くさなければならない」。それだけでは満足せず、スターリンは大使館付き武官代理のクレプス大佐を見つけると、その右手を両手で握りしめ、大声で「何が起ころうとも、われわれはあなたがたの友人です」と言った。[*32]

スターリンの思惑どおり、このジェスチュアたっぷりの光景は各国の外交官からそれぞれの政府にしかるべく報告された。しかし、ベルリンでは黙殺された。スターリンは何としてもドイツとの戦争を避けたがっていると確信したシューレンブルクは、ヒトラーに宛てて覚書を書き、ソ連にドイツ攻撃の意図がまったくないと信じる理由を列挙した。やがて、シューレンブルクはベルリンに戻り、総統に会見を求めた。机の上に置かれた覚書にはヒトラーが目を通した様子がなく、もはやシューレンブルクが何を言ってもヒトラーはとりあおうとしなかった。会見のあいだ、ヒトラーは終始ソ連にたいする不信の念をぶちまけた。「セルビアでの出来事に警戒心を抱いてきた。あそこで起こったことは、政治的に信用できない国があることを例証している」。ヒトラーは三〇分で会見を打ち切り、シューレンブルクが扉を開けようとすると、背後から呼びとめた。「ああ、それからもう一つ。私はソ連と戦争をするつもりはない」。[*33]モスクワに戻ったシューレンブルク大使は職員たちに、「賽は投げられた。ソ連と戦争になるだろう」と言った。そして、ヒトラーはわざと嘘をついたのだとつけ加えた。

五月五日、スターリンは士官学校の卒業生と上級士官のために開いた晩餐会で演説をした。その内容に関しては、大きく食い違う複数の報告があるのだが、モスクワに広まった話の要点は、ドイツとの戦争の危険が迫っているということだったらしい。翌日、発表があって、スターリンはこれまでずっと書記長の地位に甘んじてきたが、モロトフにかわって政府の最高責任者（人民委員会議議長）に就任するということだった。モロトフがひきつづき議長代理および外相にとどまったことから、国際情勢が悪化したのでスターリン自身が公にソ連の政策について責任を負うことになったのだと解釈された。しかし、この「特別に重要な出来事」をベルリンに報告したとき、シューレンブルクはスターリンがこのような行動に出たのはソ連をドイツとの衝突から守るためだと考えると述べた。[*34]

シューレンブルクの言うとおりだったことはほぼ疑いない。以後七週間、ドイツ軍がソ連の西部国境沿いに集結しており、五月と六月のそれぞれの期日にソ連を攻撃する計画があるという詳細な報告が次々とクレムリンに入ってきた。その情報源はさまざまだった。外国政府からの最も早い情報は、三月にアメリカの国務次官サムナー・ウェルズから寄せられたもののようで、ベルリンのアメリカ人が独自に入手した情報だった。四月には、チャーチルが別の情報を送ってきたし、イギリスのイーデン外相は四月中旬から六月中旬にかけて五回にわたりロンドンでソ連大使のマイスキーと会った。

ソ連のスパイとして名を馳せたドイツ生まれのジャーナリスト、リヒャルト・ゾルゲは、一九二九年にソ連情報部にリクルートされ、三三年以来、日本で活動していた。彼がドイツ軍による攻撃が迫っているという第一報を寄せたのは、四一年三月五日だった。五月の初めには攻撃開始の予定日を六月二十日ごろと伝えていたが、五月十五日には二十二日と正確な日付を教えている。ジューコフは回想録のなかで、一九四一年二月付のソ連情報部の報告として、三月二十日にスターリンに送られたものを引用している。その報告では、ドイツ陸軍三個軍集団とその指揮官たちの目標を正確に言いあてており、攻撃開始は五月二十日ないし六月中旬としてあった。

もちろんドイツ側が煙幕を張るために流した偽情報もあって、東方でのドイツ軍の増強はイギリスへの侵攻というヒトラーの本当の狙いから人の目をそらす陽動作戦だとされていた。しかし、ドイツ軍側が流した偽情報よりも効果的だったのが、ソ連軍参謀本部情報総局（GRU）のゴリコフ将軍による情報処理だった。情報はすべて「信頼できる筋」からのものと「疑わしい筋」からのものとの二つに分類されてスターリンに送られていた。三月二十日にゴリコフがGRUの局員に回覧したメモには、「戦争が切迫しているという文書はすべてイギリスないしドイツ筋からの偽情報とみなすこと」[*35]と記されていた。ゴリコフは情報を差し止めはしなかったが、スターリンが一九四一年夏の時点で、ヒトラーにはソ連攻撃の意図はないとした自身の考えを裏づける情報ならどんなものにでもとびつくことは充分に心得ていた。ゴリコフは自分の地位を確かなものとするために、スターリンの気に入る報告は「信頼できる筋」に分類し、ゾルゲから送られてきたような情報は「疑わしい筋」に分類していた。[*]

スターリンに報告を送る責任者だったグネーディチは、一九六六年にこう証言している。スターリンは、ヒトラーの意図について自分が考えていたことと一致しない報告にもかかならず目を通していたが、あえて無視するようにした。「スターリンが政府を引き継いだのは、国の防衛に備えるためではなく、ヒトラーと合意するためだったのだ[*36]」

ヒトラーと同じく、スターリンも自分の考えを正当化する論拠をすぐに見つけて、ヒトラーはソ連を電撃戦で倒せると考えるほど愚かではないと自分に言いきかせた。確かに、正気の人間なら誰でも、もっと時間をかけて大量の戦略物資を調達してからでなければ広大なソ連を征服する気にならなかっただろう。ドイツ軍の増強は、より多くの必需品を供給させようとソ連に圧力をかけるためにちがいないとされていた（五月末までは、イギリスの統合情報委員会もこうした見解だった――チャーチルはそうではなかったが）。その一方で、スターリンは英米がドイツとソ連を戦わせようとしているとみていた。そのために、英米はモスクワに警戒心を「植えつけ」て、ソ連に防衛手段を講じさせれば、ヒトラーを挑発させて対ソ攻撃に出ると期待しているのだろう。何としても、ソ連軍は慎重に行動して挑発を避けなければならない、とスターリンは考えていたのである。

同じような疑念からスターリンは、ヘスがイギリスへ飛んだのは和平条約を結んで英独の同盟によってソ連を攻撃するか、少なくとも中立を守らせるためだと確信した。フルシチョフが政治局員の一致した意見としてこうした疑念をスターリンに述べたとき、返ってきた答はこうだった。「そのとおりだ。きみたちの理解は正しい[*37]」

ゴリコフはスターリンに直属しており、ドイツの計画に関して集めた情報を参謀総長のジューコフにも国防人民委員のチモシェンコにも教えることを禁じられていた。しかし、こうした情報を入手できなくても、現地の指揮官たちから国境付近でドイツ軍の動きが活発になっているという情報はたくさん入ってきた。ドイツ空軍は頻繁にソ連上空を侵犯して情報を集めており、偵察機を飛ばしてソ連空軍のすべての基地を特定し、写真を撮らせていた。一月から六月までに、ドイツの偵察機が二〇〇回以上

＊ 原注：実際に情報がこのように分類されていたことが確認されているが、この慣行について、アンソニー・リードとデーヴィッド・フィッシャーは『ヒトラーとスターリン 死の抱擁の瞬間』（根岸隆夫訳、みすず書房）で、「ロシアの三U病、ugadat, ugodit, utselet『嗅ぎまわり、ごまをすり、生き残る』の一例」だとして描いている。

も ソ連領内に深く入りこんだ。ソ連の陸海軍がこうした偵察飛行を妨害したり発砲したりすることはスターリンから厳しく禁止されていた。そのため、開戦当日にはソ連の航空機の相当数が駐機中に爆撃された。

西部の国境付近に配備されていたソ連軍は、二九〇万の兵員を擁するうえ、五〇万の余備軍をもち、兵員数ではドイツ軍に劣らなかった。だが指揮官は、スターリンの思い込みのために、それを戦時編成にすることを禁じられていた。こうした行動は、スターリンの考えではドイツを挑発して戦争につながる危険性があり、彼としてはどんな犠牲を払ってもそれを避けたかった。六月半ばに、キエフ軍管区の部隊が第一線地域に移動すると、ジューコフはスターリンの命令を受けて、指揮官宛に怒りに満ちた電報を打った。「このような行動は、たちまちドイツ軍を挑発して武力衝突につながりかねない。ただちに命令を撤回して、誰がその命令を出したかを報告せよ[*38]」

不安に駆られていた上級指揮官のもとにさえ、次のような答が返ってきた。「うろたえるな。『ボス』はすべてを承知している」

ヒトラーはソ連侵攻の意図を、ムッソリーニ(六月二日にブレンナー峠で会談した)にも同盟国の日本にも知らせなかった。ヒトラーがソ連攻撃に加わることを認めた国は、フィンランドとルーマニアだけだった。両国ともソ連とのあいだで解決すべき問題があったので、侵攻を歓迎した。どちらの国にたいしても、ヒトラーは予防戦争だというつくり話をして、国境に集結しているソ連軍からの攻撃の脅威にたいして機先を制するためだと主張した。ドイツがどの程度の規模の備えをしたのか、軍隊と装備の東への移動に必要とされた特別列車の数から、ある程度は推測できる。その数は、三月半ばまでに二五〇〇本、その後の一〇週間にさらに一万七〇〇〇本であった。

これほどの規模の部隊を集結させれば、いつものごまかし戦術ももはや通用しなかった。しかも、ドイツの暗号のやりとりをイギリスが解読したところでは、疑いなくこれは本物だった。六月十日、スターリンを説得する最後の努力として、イギリスの外務次官サー・アレグザンダー・カドガンはマイスキーに会見を求め、ソ連の国境沿いに配備されているドイツ軍部隊に関する詳細な内容――配備された日付、数、名称――を教えた。マイスキーはそれをモスクワに伝えたが、イギリスにはタス通信の声明が送られてきただけだった。その声明はスターリン自身が書いたとされており、六月十三日にモスクワ・ラジオで放送され、翌日の新聞に発表された。

外国の新聞に独ソ戦が迫っているという噂が流れていることに触れて、「モスクワの責任ある筋」はソ連のタス通信社に、これは「ソ連とドイツに対抗する勢力の下手な宣伝工作であり、戦争の拡大と激化に関心をもっている連中の仕業だ」と述べた。ドイツはソ連にたいしていかなる要求もしていないし、両国は独ソ不可侵条約の条項をきちんと守っている。ソ連当局は、ドイツがソ連侵攻を意図しているという噂を根拠のないものとみなしており、またソ連がドイツを攻撃する準備をしているという噂は「偽りの挑発的なもの」である。赤軍の予備役の召集は毎年恒例のことであり、これをドイツにたいする敵対行動と解釈するのはナンセンスだ、と記事はつづけていた。モロトフはとくにドイツ大使を呼んで、その声明の写しを手渡した。[*39]

タス通信の声明が発表された日、ヒトラーは主だった指揮官たちから個別に最終報告を受けた。同じ日、チモシェンコとジューコフはスターリンに会いに行き、軍隊に警戒体制を敷かせてくれと求めた。スターリンは聞く耳をもたなかった。「きみたちが言っているのは戦時動員だ。それでは戦争になる！　わかったか、どうなんだ？」。クズネツォフはドイツの船舶の動きに関する最新報告を見せてスターリンの注意を促したが、関心をひけなかった。「それだけかね？」とスターリンはたずねた。クズネツォフはモロトフにも同じ説明をして、ドイツの船舶が船積みもそこそこにソ連の港から離れており、六月二十一日にはすべての船舶がいなくなりそうだと言ったが、モロトフはそんなはずはないと一蹴した。「われわれに攻撃をしかけるのは愚か者だけだ[*40]」

バルバロッサ作戦開始まで数日に迫ったとき、ヒトラーとスターリンの双方が緊張の色を見せていた。ヒトラーは眠れないので、朝の三時か四時まで側近たちを眠らせなかった。しかし、彼が神経質になっていたのは、待ちきれずに興奮していたからだった。彼が心配していたのは、何かが突発して計画が狂うことだけだった。計画はいまや細部にいたるまで完璧だった。ドイツに物資を運ぶソ連からの最後の貨物列車が、六月二十一日から二十二日にドイツの国境を越えるはずだった。

スターリンはいかにも重圧に耐えている様子で、ドイツが戦争の準備をしているという報告が舞いこんでくるたびに苛立ちをつのらせた。フルシチョフは、スターリンがソ連の軍隊にたいする信頼を完全に失ってしまい、何の計画も立てておらず、挑発しさえしなければ戦争の脅威は遠のくという考えにすがっているだけだと思っていた。六月十九日、スターリンの後継者と見なされていたジダーノフが夏期休暇を過ごすために黒海に出かけたという報告があり、モスクワでは好天と平穏な状況がつづくことをまた一つ確認させたのである。しかもモスクワでは、戦争が近いという世界中の憶測を伝えるソ連の新聞は一つもなかった。

それまでの侵略行為のときにいつもそうだったように、ヒトラーはソ連側の攻撃計画にすべての責任があるとする公式声明を用意し、そのなかでソ連は「ドイツとの協定を破り、ドイツが生存のために苦闘しているときに背後から襲いかかろうとしている」としていた。攻撃開始の前夜、六月二十一日に、ヒトラーは車に乗ってしばらくベルリンを見てまわり、そのあとでゲッベルスとともに公式声明の原文を仔細に検討した。ゲッベルスは日記にこう書いている。「総統は決定的な瞬間が近づくにつれて恐怖心が消えたようだ。いつもそうだ。悠然とかまえている。疲れなんかすっかり吹き飛んだようだ[*41]」

もう一つ、新たな作戦を前にしたヒトラーの儀式は、ラジオで大勝利を報じるときに流す勝利のファンファーレの曲を選ぶことだった。シュペーアは以前、大規模な新しい海軍基地の設立計画と、ノルウェーのトロンヘイムの近くに二五万人の人口を擁する都市を築くという構想についてヒトラーと話しあったことがあったが、このときにも呼ばれて、リストの『前奏曲』を数小節聞かされた。「『これからはしばしばこの曲を聞くことになるはずだ』とヒトラーは断言した。『気に入ったかね……ソ連から御影石や大理石がいくらでも入ってくるのだ』」。午前二時半、床につく前にヒトラーは側近にこう語った。「三カ月と経たないうちに、われわれはこの目でソ連の崩壊を見るだろう。いまだかつて見たこともないほどに崩れていく姿を[*42]」

はるか東のクレムリンでは、同じ夜のもっと早い時間にモロトフがドイツ大使に会見を求めた。最後の時が迫っていることに気づいていないモロトフを見て、フォン・デア・シューレンブルクはほっとした。モロトフは、ソ連領空の侵犯がつづいていることに抗議する覚書を手渡した。他の国だったら最後通牒を突きつけるところだが、ドイツは領空侵犯をやめると確信している、とモロトフは言った。それから戦争の噂に触れ、ドイツがソ連政府に不満をもっているのはなぜか、とシューレンブルクにたずねた。なぜ六月十三日のタス通信の声明に何の反応も示さないのか。さらに、独ソ関係が現在のような状態になったのはなぜか、教えてほしいものだとも言った。シューレンブルクは何の情報もないとしか答えられなかった。

モロトフがシューレンブルクと会見しているあいだ、チモシェンコとジューコフはスターリンに会いに行き、国境に警戒体制を敷くよう命じることを強く求めた。ジューコフはその後のことを回想録にこう記している。[43] ドイツの脱走兵から、翌朝早くに攻撃が始まるという情報を得た。この問題を話しあっているとき、政治局員たちが会議を開くためにやってきた。スターリンは彼らに、「どうすべきか」と質問した。誰も答えなかった。しかし、チモシェンコは国境地帯の全軍に警報を発するべきだと確信した。ジューコフはその草案をポケットに入れてもっていたが、スターリンから読んでみろと言われた。その内容を聞いて、スターリンは反対した。「そのような指令を出すのは早すぎる。おそらく、問題はまだ平和裡に解決できる。軍はいかなる挑発にも乗ってはならない」。ジューコフが草稿の調子を和らげ、スターリンがさらに手を加えてから、ようやくスターリンはそれを発信することに同意した。だが、それが送られたときには、ドイツの破壊工作部隊がケーブルを切断していて、ほとんどの作戦部隊が警報を受信できなかった。

クズネツォフ提督がドイツ空軍のセヴァストーポリ港攻撃を知らせようとしたとき、スターリンはすでに車でクレムリンを発ち、クンツェヴォにある別荘に向かっていて、報告は届かなかった。午前三時半、チモシェンコとジューコフは西部のミンスク、南西部のキエフ、バルト海から爆撃のニュースを受け取った。クズネツォフとは違って、ジューコフはスターリンの私用電話の番号を知っていた。かなりの時間が経ってから、勤務中の将軍が電話に出た。「スターリン同志は就寝中です」。ジューコフは話を先に延ばすわけにいかず、さらに待って、ようやく電話に出たスターリンに、ドイツ軍の攻撃を報告して、軍隊に戦闘命令を出す許可を求めた。

スターリンは黙っていた。ジューコフの耳には、重苦しい息づかいしか聞こえなかった。「申し上げたことがおわかりいただけたでしょうか」。ジューコフはたずねた。またしても沈黙。やがて、スターリンはようやく口を開き、チモシェンコとともにクレムリンへ行くよう命じ、ポスクリョブイシェフに政治局員を全員呼びだせと言った。

午前四時半、二人の将軍はクレムリンのスターリンの執務室へ行った。「政治局員は全員集まっていた。スターリンは青白い顔をして席についており、煙草の葉を詰めたパイプを手でもてあそんでいた」。いぜんとして状況を把握する気がないのか、あるいはそれができないのか、スターリンは戦争なら公式の宣戦布告も外相同士の話しあいや会談もあったはずだなどと言い張った。そして、誰かドイツ大使館に電話して、何が起こっているかを聞きだせと命令した。大使自身がモロトフと会見を求めているとの返事だった。

モロトフに迎えられて、シューレンブルクは外交覚書のかたちをとったヒトラーの声明を読み上げた。それが終わると、モロトフは「これは宣戦布告なのか」とたずねた。そして、怒りにわれを忘れたモロトフは大声を張り上げ、ドイツの攻撃は歴史上前例のない背信行為だと言った。ソ連軍が集結してドイツを脅かしていたなどというのはナンセンスだ。ドイツ政府が集結部隊に挑発されたのであれば、ソ連政府にそう言いさえすれば、軍隊は撤退しただろう。「断じて、われわれがこんな仕打ちを受けるいわれはない」[*44]

スターリンは、シューレンブルクがヒトラーの意を体して政治的および経済的、そしておそらくは領土上の譲歩を求めるリストを突きつけるだろうと思っていた。ヒトラーがソ連にたいして宣戦を布告したとモロトフから告げられると、「スターリンは椅子に深くもたれて、考えこんでしまった。重苦しい長い沈黙がつづいた」。スターリンはソ連軍に反撃命令を出すべきだという将軍たちの要求に同意したが、国境を越えてドイツ軍を追撃してはならないと言って、ドイツとソ連が戦争状態にあることにはまったく触れなかった。スターリンは実際に起こっていることがまだ受け入れられなかったのだ。そして、ベルリンとの接触を保つようにと外相に命じてから、日本政府にドイツとソ連の仲介をするよう依頼した。午前三時半以降、陸と空からの全面攻撃がバルト地方からウクライナにいたる国境線を越えてつづいたが、ソ連国民が指導部からそのニュースを聞いたのは、ようやくその日の午後になってからだった。スターリンにかわってそのニュースを国民に伝えたモロトフは、ソ連政府を中心として結束するよう訴えた。

4

スターリンの最大の罪は、戦争の危機に直面しているとき、ソ連の軍事指導者のほとんどすべて——三万人から四万人の有能で経験豊富な指揮官——を恣意的に処分していたことである。また、ドイツがソ連攻撃の準備をしているというさまざまな情報筋からの証拠に耳を貸そうとせず、ヒトラーに奇襲攻撃を許して相手を優位に立たせてしまった。さらに、スターリンが恐怖政治を思わせる雰囲気をただよわせていたので、危険が迫っていることに気づいた者も、彼に実際の状況を説明することもできなければ、自分たちで対応策を講ずることもできなかった。

一九四一年の夏、支配力を失いかけていたスターリンとは対照的に、自信に満ちて好戦的な姿勢をとっていたヒトラーだったが、同じ批判が彼にもあてはまる。ドイツ軍はソ連の奥深くに攻め入って赤軍に甚大な損害を与えていたが、冬を迎える前に決定的な勝利を収めえなかった——ヒトラーがすべてを賭けていた電撃戦というギャンブルは失敗したのである。これが次の失敗につながり、ヒトラーが専門家の助言にたいしてかたくなに耳を閉ざしたまま——その頑固さは一九四一年前半および一九四二年のスターリンと同じだった——戦況がさらに悪化するにつれ、このギャンブルが軽率だったこと、また一億の人間を絶滅させ、立ち退かせ、奴隷化しようというヒトラーの夢想が正気のものでないことがますます明らかになった。ヒトラーの場合、批判や疑問を沈黙させる力をいやがうえにも強めたのは、恐怖政治よりも成功という魔力だった。しかしヒトラーの場合も、スターリンの場合と同じく、限界のある一人の人間にあらゆる権威が集中していた共通の体制ゆえに、国家のすべてを何の抵抗もなしに無謀きわまる企てに投入させることとなったのである。

その企ては、何百万というドイツ人の意志と、多くの場合、熱狂的な協力がなければ、とても手をつけられなかったろう。その意味で、彼らドイツ人はその罪を犯したことにたいして多かれ少なかれ責任がある。しかし、それでも残る疑問は、ヒトラーがいなければ、ドイツはソ連に侵攻して、単にソ連軍を敗北させ、あるいはロシア人の国家をつぶすだけにとどまらず、ロシア人の奴隷化をも狙っただろうかという疑問である。ヒトラー以外のナチの幹部やもっと広範にわたる国家主義的なドイツの政治家のなかに、誇大妄想的な企てを思いつくだけの想像力と魔術師のような能力を兼ね備え、軍務、経営、産業、行政面の実地経験豊かな多くの人びとを説得してその企てを実行させうる人物はいなかった。

ドイツではいまでも、ソ連からの攻撃に脅かされていたヒトラーはあのようにするしかなかったという議論が聞かれるが、証拠を吟味すればそれが誤りだとわかる。ソ連の戦略計画は、ウクライナとドネツ盆地の防衛を基礎にしていた。しかも、スターリンは防衛的な行動であっても、ヒトラーの攻撃を挑発しかねないものはいっさい考えていなかった。もし戦争が構造的、社会的、経済的な緊張の産物だとするのであれば、ここで問いたいのは、一九四一年のドイツ社会には三九年と異なるどのような緊張と矛盾があったのかということだ。さらに、ヨーロッパ大陸の大部分がすでにドイツの支配下にあり、あらゆる階層のドイツ人の野心、理想、欲望を満たし、組織能力を発揮するに足るかぎりなく広大な土地があったとき、そうした緊張や矛盾を解消する方法がソ連を攻撃することしかなかったのかということである。

ソ連に侵攻したドイツ軍部隊の兵員数は、一五三個師団、三〇五万人にのぼった。戦車三五五〇両(騎兵六〇万)、航空機二七七〇機以上という空前の規模だった。そこには歴戦の部隊や経験豊かな指揮官など、最近の記録的な成功に自信を深めていた者が多く含まれていた。ドイツ軍部隊を援護して、ルーマニア軍一四個師団、フィンランド軍二一個師団（合わせて五〇万人以上）が参加し、イタリア、ハンガリー、スペイン、スロヴァキアからも相当規模の部隊があとから加わった。

東部戦線での戦いは五カ月ではなく、およそ四年におよび、第二次世界大戦でも突出していた。二国間の戦闘としては歴史上で最も長くて激しく過酷なものだった。この四年間のほとんどの時期を通じて、平均して九〇〇万の戦力が絶えず交戦していたと計算されている。最初はドイツとその同盟軍が二〇〇〇キロ前進し、ヴォルガ川に迫ってカフカースをうかがい、やがてソ連軍が反攻に出てドイツ軍を二四〇〇キロ押し返し、ベルリンとエルベ川に達した。

一九四〇年十二月五日に、OKHがヒトラーに提出した計画書（原注：図10参照）を見ると、ドイツ軍が中央での攻撃に重点を置いていたことがわかる。中央部で、フォン・ボックの率いる中央軍集団には機甲二個群が配備され、他の二つの軍集団にはそれぞれ一個の機甲群しか割り当てられていなかった。中央軍集団の第一の目的は、ソ連軍部隊をミンスク周辺で包囲することだった。第二の目的は、しばし休止をしたのち、ヒトラーの言う「モスクワに向けて最終的かつ決定的な進軍」をすることだった。フォン・レープの率いる北方軍集団はバルト諸国を掃討し、レニングラードを制圧すること、そしてフォン・ルントシュテットの率いる南方軍集団はキエフを制圧することに

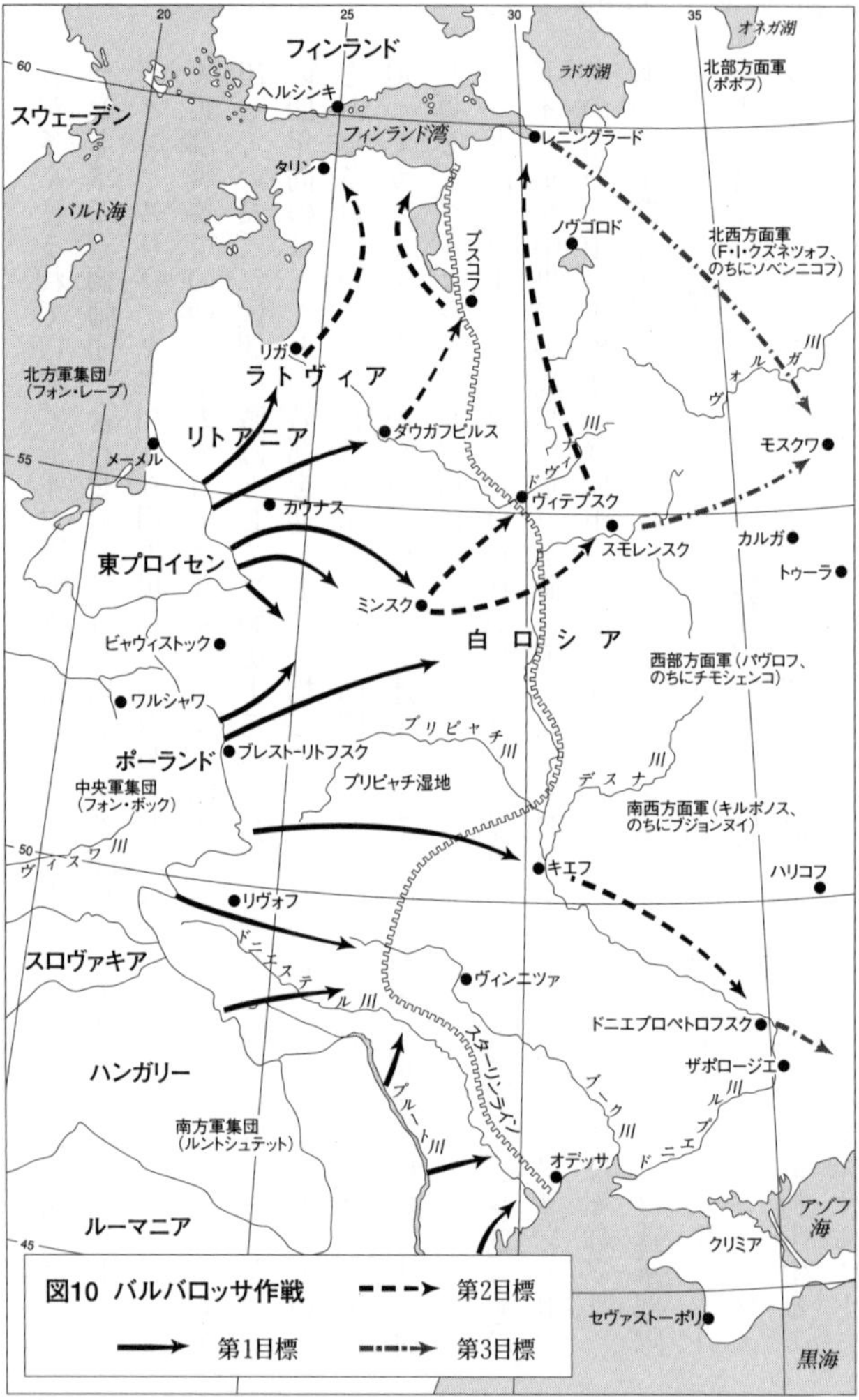

図10 バルバロッサ作戦

なっていた。攻勢全体は、ソ連の戦力が一回の作戦行動で破壊されるという仮定にもとづいていた。予備の戦力はなく、用意されている人員も装備も最初に投入されたものだけだった。

戦闘に加わるなり、機甲軍はひたすら前進し、一日に八〇キロを走破してソ連軍の前線を分断し、ドイツ陸軍の第二波の攻撃で孤立した部隊を包囲させた。ソ連軍は数においてまさっていたが、不意をつかれたために、孤立して捕虜になる者が増えるだけだった。ドイツ空軍は道路と鉄道を使用不能にし、事前の偵察とソ連側が無警戒だったおかげで、ソ連空軍の大部分を地上で撃破した。ソ連側の航空機の損害は八月末までに五〇〇〇機を超え、それは前線に配備されていたほぼ半数におよんだ。

スターリンの命令で事前に警告を発することができなかったために、ソ連軍の指揮官は不意をつかれ、部隊を国境付近に集結させられなかった。部隊が演習のために散りぢりになっていて半分しか動員できず、全戦力がそろうまでに数日かかったケースが多かった。通信システムが事実上使えなくなったために多くの指揮官が命令を受けられず、何が起こっているのかわからないまま孤立した。戦場に劣らず、クレムリンも混乱していた。あらかじめ最高司令部の組織もつくられず、最高司令官も任命されていなかった。国防人民委員部がスターリンを最高司令官に任命する指令を作成したとき、スターリンは「政治局と検討する」として決定を留保した。前線との連絡に手間どったので、中央にいる人間はソ連軍がどれほどの混乱におちいっているのか、敵の戦力と攻撃の規模がどの程度なのか、具体的に把握できなかった。

モスクワの状況認識がどれほど現実とかけ離れていたかは、二十二日の午後九時十五分にチモシェンコが出した指令第三号を見ればよくわかる。この指令では、ソ連軍のすべての前線にたいし、攻勢に出て一撃のもとにドイツ軍を国境の向こうに押し戻すよう命じていたのである。何とかして部隊をまとめようと必死に奮闘している前線の指揮官にとって、これは別世界からのメッセージに等しかった。前線の指揮を強化するためにジューコフが派遣された南西戦線は別として、指揮官たちがこの命令に従おうとしたために、一様に破滅を招くことになった。二十三日には、南西戦線と北西戦線との距離は約一三〇キロ近くに広がっていた。国境での戦闘は負けたのではなかった。両者が相まみえなかったのである。

国防人民委員代理のヴォーロノフ将軍は開戦当初の五日間をこう回想している。

スターリンは意気消沈し、神経質になって動揺していた。任務を割り当てるときは信じられないほど短期間に完了するよう要求し、現実にそれが可能かどうかを考えもしなかった……戦争の規模を正しく把握しておらず、どれくらいの兵力と装備があればバルト海から黒海にいたる前線で、進撃してくる敵を食い止められるのか、判断を誤っていた。敵はごく短期間で打ち負かせる、といつも口走っていた。[*45]

ヴォルコゴーノフ将軍はそのスターリン研究のなかで、スターリンが開戦当日、自分のかわりにモロトフにラジオ演説をさせたのは、一週間以内にドイツの侵攻を食い止めて自ら勝利を宣言できると信じていたからではないかと言っている。

しかし、この一週間のあいだ、スターリンはフルンゼ通りにある国防人民委員部を訪れたあと、精神錯乱のような状態におちいっていた。国防人民委員部にやってきたときには落ち着いて自信ありげだったが、彼はそこで初めてどれほどの危険が迫っているかを悟った。ミンスクでソ連軍の大部隊がドイツの機甲群に包囲されていることを知らされたのである。ミンスクの部隊との連絡は途絶え、部隊の分断を防ぐ手だてはなかった。「ふだんのスターリンは見るからに落ち着いたしぐさをし、慎重な話し方をするのだが、このときは自制することができなかった。怒りを爆発させ、侮辱的な言葉を吐いて非難した。それから誰の顔も見ずにうつむいたまま肩をすぼめて建物を出ると、車に乗って家に帰った[*46]」という。

呆然とする思いで、スターリンはドイツ軍の行動の迅速さを思い知らされた。敵は出発点から一六〇キロも進んですでにミンスクまで来ていたうえ、それを食い止める見込みがないと知って、彼はすっかり度を失った。二、三日のあいだ、彼はショック状態におちいってクンツェヴォの別荘に引きこもっていた。すべてが崩壊すると考えて絶望し、何をしたらよいのかわからなくなっているようだった。
スターリンの心のうちを最もよく理解していたと思われる娘のスヴェトラーナは、次のように書いている。

父は自分が知恵をめぐらせて手に入れたと信じていた一九三九年の条約が、自分にまさる狡猾な敵に破られるとは予期しておらず、それは思いもよらないことだった。開戦当時にひどくふさぎこんだのは、そのためだった。父にとってそれは政治的にきわめて大きな誤算だった。戦後になっても、口癖のようにこう繰り返していた。「ドイツ人と一緒にやれば、われわれは敵なしだっただろうに」。しかし、父は決して自分の誤りを認めなかった。[*47]

高度に集中したシステムにあって全権を握る指導者が存在せず、それにかわり、あえてイニシアティブを取ろうとする者もいないので、指導者の不在が気づかれないはずはなかった。政治局員、国防人民委員、参謀幕僚には山のような仕事があり、次々に必要な措置を講じなければならなかったので、誰もが口を開けば、スターリンはどこだ、どうしてこんなときに沈黙しているのだと言った。一九四五年五月二十四日に開かれた勝利の晩餐会における発言からすると、スターリンは自分が権力の座から引きずりおろされるのではないかという恐怖に——おそらく心の底からではないだろうが——とらわれていたようである。「いろいろな人びとが、政府に向かってこう言っていたことだろう。『お前たちはわれわれの期待を裏切った。みんな出ていけ。われわれは新しい政府を据えてドイツと和平を結ばせるのだ[*48]』」

六月三十日に、モロトフをはじめとする政治局員たちがクンツェヴォにやってきたとき、スターリンは自分を逮捕しにきたと思ったようだ。そこに居あわせたモロトフは、後年、次のように書いている。「スターリンは狭い食堂の肘掛椅子に座っていた。そして、顔を上げるなり、『何をしにきた』と言った。じつに奇妙な表情をしていたし、その質問自体も妙だった。とにかく、われわれを召集するべきだったのだ[*49]」。モロトフが、国家防衛委員会（GOKO）を設立してその議長に就任してもらえないかと提案すると、スターリンは驚いた様子だったが、反対もせず、「いいだろう」と言った。

そのときから、スターリンは自信を回復しはじめ、クレムリンにも姿を見せるようになった。恐怖と絶望を克服し、彼はまた不可欠の指導者として君臨できるようになった。七月三日には、ラジオを通じて国民に語りかけ、いつもとは違う調子の演説をした。「同志たちよ、国民よ、われらが陸海軍の戦士よ、兄弟姉妹よ、友よ、聞いてほしい」。ソ連国民はこのとき初めて、リトアニアとラトヴィアと白ロシアの西部、それにウクライナ西部の広範な地域が占領されたことを知った。スターリンは愛国心に訴えて「われらが祖国は重大な危機にある」と言って、国民に、退却を余儀なくされた場合にはあらゆるものを破壊すること、そして敵と容赦なく戦うよう求めた。

首脳部の混乱を収拾するにはさらに時間がかかった。鍵となるのは二つの組織の創設だった。まず最高統帥部《スタフカ》が国防人民委員チモシェンコの下に設立された。スターリンは最初はスタフカのメンバーの一人として名をつらねるだけだった。彼が国防人民委員に任命されたのは、ようやく七月十九日になってからで、スタフカを総司令部のスタッフとする最高司令官になったのは、八月八日になってからだった。スタフカはこうして、ヒトラーのOKWに相当するものとなり、最初はシャポシニコフが、のちにヴァシレフスキーが参謀長に、そしてアントーノフが作戦部長に就任した。しかし戦略的に何が必要とされ、どう措置するかの決定は、スターリンを議長として六月三十日に設立が公表された国家防衛委員会（GOKOとして知られる）が下すことになった。国家防衛委員会には国家、党、評議会《ソヴィエト》、軍事組織のすべてに優先する命令を下す権限が与えられた。スターリンはすでに党書記長と人民委員会議議長を兼務しており、まもなく最高司令官にも就任すると、戦時における経済と政治と軍事の指揮系統が完全に一本化されて、スターリンの手中に収められた。彼はどの資格で命令を出しているのかをいちいち区別しなかったので、高官たちはその分類を決めるのに苦労した。国家防衛委員会は毎日のように会合を開いたが、副議長のモロトフを別として、メンバーは固定していなかった。スターリンは自分の望む側近――カガノーヴィチ、ベリヤ、ミコヤン、マレンコフ、コスイギンら――を随時に召集して報告を求めたり、あるいは工業施設や労働力の疎開および危惧される鉄道システムの崩壊といった問題と対処するうえでの包括的な権限を与えたりした。

多くの部隊が緒戦で士気を殺《そ》がれ、規律の回復には厳しい措置を講じる必要があったが、その任務をゆだねられたベリヤとNKVDの増強部隊はまったく手心を加えずに厳しく取り締まりにあたった。八月十六日の指令第二七〇号では、捕虜になった将校や政府高官は「不法な逃亡者」と見なされ、家族は逮捕されると宣言した。メフリスは「虜囚となった者はすべて母国にたいする反逆者である」とする指令を出して、そのような者は生きながらえるより、自ら生命を断つべきであるとつけ加えた。これはスターリンが統制を強化するのに使える手段だと考えていた恐怖の雰囲気をまた醸成する意図によって行なわれたことだが、はたして効果があった。しかも、これは言葉だけのことではなかった。終戦を迎え、ドイツ人の残酷な扱いに耐えて生きのびた数十万のソ連人捕虜は、帰国するなり、そのまま収容所に送られたのだ。

スターリンは軍の指揮官たちを、その前任者たちと同様に信頼していなかった。どんな非現実的な命令であろうと、それを遂行できなかった指揮官は誰であれ、裏切り者として非難された。陸軍の政治委員は一九四〇年に廃止されていたが、にわかに復活され、敗北主義や妨害工作の兆候がありはしないかと見張っていた。メフリスは将校団に意地の悪い疑いの目を向けることで悪名をとどろかせ、赤軍政治総本部長に任命された。重責を負ったスターリンは――一日一八時間も仕事をした――ますます厳しく、冷酷かつ独断的になっていった。ソ連軍がこうむった大きな損害について原因の調査を命じるかわりに(調査をすれば責任を追及されるのはスターリン自身だけだっただろうが)、スケープゴートを探した。そして見つけだしたのが、ドイツ軍に突破されてミンスクまで侵攻を許した西部方面軍のパヴロフ将軍とその配下の指揮官たちだった。[*50] 彼らは逮捕されて拷問を受け、軍内部のスターリン打倒の陰謀に加わっていたと「告白した」のである。彼らの処罰勧告書を受け取ったとき、スターリンはポスクリョブイシェフにこう言った。「この判決を承認するが、ウリリヒに命じて『陰謀活動』の残党を残らず始末させよ。反論がなければ、前線にこの結果を伝えろ」[*51]

それと同時に、スターリンは反対派の疑いのある残党を一掃する措置をとった。そして九月五日、一七〇人の政治犯の名をつらねた処刑者のリストに署名した。そのなかには一九三〇年代の裁判で処刑を免れた人たちがいた。十月にはさらに四人の将軍が第二の処刑グループに含まれ、裁判にもかけられずに銃殺された。

ドイツが攻撃してから間もなく、一九四一年の夏に、スターリンはベリヤに命じてレーニンの先例にならうことが可能かどうかを打診させた。ドイツとのあいだに第二のブレスト＝リトフスク条約を結ぶことである。ベリヤはブルガリア大使のイヴァン・スタメノフ（NKVDのスパイだった）に接触し、スタメノフを通じてベルリンと連絡をとり、ヒトラーに、ソ連は軍事行動を停止してもらえれば「ウクライナ、白ロシア、バルト諸国、カレリア地峡、ベッサラビア、およびブコヴィナを割譲する」用意があると提案することになった。しかし、スタメノフは、たとえウラルまで撤退しなければならないとしても、最終的にはソ連が勝つだろうとベリヤとモロトフに言い、仲介役を断った。ミコヤンとフルシチョフは繰り返しこの報告について触れているし、スタメノフもスターリンの死後、ベリヤが逮捕されたとき、ベリヤに関して調査する評議会の質問にその報告の内容を確認した。[*52]

スターリンは八月まで最高司令官の地位につかなかったが、ほかに候補者はいなかった。彼は内戦のときに調停官としての経験はあったが、その経験はいま直面している戦争にはほとんど役に立たなかったし、ヒトラーと同じく軍隊を指揮した経験はなかったが、つねに頑固で助言に耳を貸さなかった。彼が政治家として発揮した才能は、軍事においても価値があった。情況の俊敏な把握、細部に目をくばる能力、驚異的な記憶力、自信（ひとたび回復してからの）、激務をこなす能力である。しかし、それを帳消しにするほどの欠点もあり、その点でもヒトラーとまったく同じだった――頑固一徹、自分が間違っていて他人が正しくてもそれを認めようとしないこと、しつこい猜疑心である。ヒトラーの場合と同じように、とくに自身の権力と威信に関わるときには、政治的な思惑のほうが軍事的な根拠にもとづく主張よりも先に立っていた。ただし、例外的に、レニングラードを失い、あるいはモスクワを占領される恐れがある危機に際しては、自分のプライドを抑えて、ジューコフに助言を求めた。

やがてスターリンは軍の首脳や主要な指揮官たちとの協力関係を深めた――一方、ヒトラーと部下たちとの関係は徐々に悪化していた――が、それも一九四二年から四三年にかけての冬のスターリングラード攻防戦からのことだった。四一年から四二年にかけて、スターリンがさまざまなことを学びとっているあいだ、赤軍は彼の犯した過ちのために大きな代償を支払わなければならなかった。自分がどれほど無知であるかに気づかぬまま、彼はヒトラーと同じように、自分は政治のみならず軍事においても天才だと信じるようになった。しかし、それまでは無署名だったコミュニケにスターリンの署名が入るようになったのは、ソ連軍が勝利を収めはじめてからだった。

七月三日、ドイツ軍の参謀総長ハルダーは日記にこう書いた。「対ロシア作戦が一四日以内で勝利に終わると主張しても、決して誇張ではない」。翌日、彼はヒトラーの言葉を引用している。ロシアは戦争に負けたも同然だ、自軍の戦車と空軍力をまさに緒戦で壊滅されるのを目にしたのだ、と。七月の終わりには、ドイツ軍は小休止して装備を整えなければならなかった。勝利を収めはしたけれども、ソ連軍を叩きつぶしたわけではなかったのだ。ドイツ軍の情報将校たちは、分断されてもしばしばソ連軍部隊が激しく戦いつづけ、新しい師団が絶えず投入されてはドイツ軍の側面を攻撃してくるのに舌を巻いていた。ドイツ軍部隊は長い補給線に頼っていたため、すでに機動性が損なわれる恐れがあった。中央軍集団の必要な物資を供給するためには、一日に二五本の貨物列車が必要だった。しかし、七月末から八月初めにかけては、八本しか到着しない日さえ何日かあったし、実際に到着するのはせいぜい一五本だった。

ここで重要な決断をしなければならなかった。フォン・ボックの率いる中央軍集団の二個の機甲群の再装備が終わったら、どの目標に狙いを定めるかということである。そもそもOKHの初めの計画では、フォン・ボックの戦力はモスクワに向かうことになっていた。いま、彼らはスモレンスクに達していて、第一段階の進軍を首尾よく終えていたので、OKHもフォン・ボックも機甲部隊の指揮官も当初の計画に戻したいと思っていた。それは（彼らが主張したように）モスクワを占領するためではなく、古典的な軍事原則にのっとって、首都防衛のためにモスクワに集中的に投入されていると思われるソ連の主力部隊を倒すためだった。しかし、ヒトラーは一九四〇年十二月に最初の指令に署名したときから、これとは別の方針をとりたがっていた。モスクワよりもバルト諸国を掃討し、北部のレニングラード制圧を優先させ、キエフとドニエプル川を目指す南東への進軍を支援して、ソ連国民からウクライナの農業および工業資源を奪い取ると同時に、カフカースへの道を開くという作戦を考えていたのである。

ヒトラーはこの問題を解決したと思っていたのだが、その後赤痢にかかって、回復したときには、ＯＫＨが彼の病気を利用して作戦を遅らせ、その間に議論を蒸し返していたことを知った。このようにして反対されたことから、西方侵攻作戦の際に抱いた職業軍人的な考え方にたいする不信感が、再びヒトラーの胸に湧いてきた。そして、彼は怒りに満ちた回答を送って自分の方針に従うよう要求し、陳腐な理論の枠にはまった頭では南部に機会のあることがわからないのだ、と侮蔑をこめた言葉を添えた。ヨードルの個人的なコメントには次のように記されている。「総統は本能的にナポレオンの轍を踏むことを避けようとしている。モスクワのことを考えると、不吉な感じが心をよぎるのだ。モスクワへ行けば、ボリシェヴィズムとの生死を賭けた戦いになるのではないか、と彼は恐れている」[*53]。結局、最終的には妥協にいたり、モスクワ攻勢が再開されることになったが、それはウクライナの目処《めど》がついてからということになった。

ドイツ軍の最初の猛攻撃で、ソ連軍はかなりの損害をこうむったが、全滅はしなかった。ヒトラーと将軍たちが次のプランを討議しているあいだ、ドイツ軍の新たな攻撃に遅れが生じたため、ソ連軍最高司令部にひと息つかせる暇を与える結果になった。その間を利用して、ソ連軍最高司令部は部隊の再編成と補給をし、訓練不足で装備も貧弱ながら新しい部隊も編成して、ドイツ軍との兵力の差を縮めていた。スターリンは、前線が安定してきたことに希望をつなぎはじめ、ローズヴェルト大統領の使者として訪ソしていたハリー・ホプキンズにこう言った。「冬のあいだ、前線はモスクワ、キエフ、レニングラードまで進まずに、おそらく現在の位置からせいぜい一〇〇キロしか動かないだろう」

八月二十三日に小休止は終わった。ドイツ軍の攻撃が再開されるとともに、グデーリアンの率いる機甲部隊は南方軍集団に転属になり、ウクライナでドイツが新たな勝利を収める地固めの手助けをした。スターリンの対応も、ヒトラーの場合と同じように、将軍たちの進言に逆らうものだった。ウクライナに脅威が迫っているとの警告を受けて、スターリンはすでに、古くからの同志で第一騎兵隊出身のヴォロシーロフとブジョンヌイの二人を送り、南西部の指揮をとらせていた。当時は二人ともソ連の元帥だったが、その任に適していなかった。しかし、スターリンは職業軍人にたいしてまだ不信感をもっていた。七月二十九日、ジューコフは参謀総長として全般的な状況について報告することになったが、スターリンはメフリスを呼んで立ち会わせるまで報告を始めさせなかった。ジューコフの自信ありげな話し方にスターリンは苛立ったが、その後の展開はジューコフの自信のほどを裏づけるものだった。ジューコフは西部戦線と南西戦線との接合点が危険な場所だと指摘した。そして、モスクワをカバーする西部方面軍を補強するよう提案した。さらに、極東から八個師団をまわしてモスクワ周辺の軍隊を強化し、南西方面軍をドニエプル川の東方に後退させてはどうかと進言した。それがキエフをあきらめるということだと知って、スターリンは怒りを爆発させ、ばかなことを言うなとジューコフを怒鳴りつけた。すると、今度はジューコフが怒って、ばかなことしか言えない参謀総長なら馘《くび》にしたほうがいいだろうと言い返した。「頭を冷やしたまえ[*54]」とスターリンは言った。「だが、きみがそう言うのなら、きみ抜きでやろうではないか」

　ジューコフは参謀総長としての自分のつとめをはたしているだけだと弁明したが、スターリンは会談を打ち切った。四〇分後に、スターリンはジューコフを呼び戻し、彼のかわりにシャポシニコフを任命すると言った。シャポシニコフは高齢のうえに健康状態もすぐれないが、「ボス」と言い争うほど愚かではない。ジューコフは新しい任務の問題になると再び苛立って興奮した。「落ち着け、落ち着け」とスターリンは言って、前線の支援部隊の指揮をまかせようと言った。スターリンはジューコフに、座って茶でも飲んでいくようにと言ったが、会話はつづかず、スターリンの最良の司令官は失意のうちに去っていった。

ジューコフの予想には充分な根拠があった。彼が指摘した戦線の接合点をグデーリアンが八月末に突破し、南西戦線沿いに配備されたソ連の五つの部隊を包囲する道を開いたのだ。ソ連の司令官たちは——ブジョンヌイも含めて——次々にスターリンのもとにやってきて、手遅れにならないうちに撤退を許可するよう迫った。しかし、スターリンはヒトラーに劣らず頑固な姿勢を崩さず、領土は寸土たりとも譲るつもりはないと言った。「キエフは過去においても、現在も、また将来も、ソ連のものだ」というのが、彼の答だった。「スラ川まで撤退することは許さない。キエフとドニエプル川を守れ、これが私の命令だ[*55]」

九月十八日、キエフは敵の手に落ち、スターリンの頑固さのせいで六六万五〇〇〇人のソ連兵が捕虜になった。この膨大な、しかも無用な損失は、ドイツ軍によるウクライナ制圧に道を開く結果となった。東部戦線における戦いの性質が明らかになったのは、九月二十九日から三十日にかけて、ＳＳの分遣隊が三万三〇〇〇人のユダヤ人民間人をキエフ郊外のバビ・ヤール峡谷で銃殺したときだった。

ヴォロシーロフとジダーノフは、スターリンからレニングラード防衛をまかされていたが、同じような惨事を辛うじて免れた。フォン・レープの率いる北方軍集団は、バルト三国を侵略したあと、レニングラード外側の防衛線を突破して、九月八日にはこの都市とソ連の他の地域とを結ぶ最後の陸路を断ったので、いまやラドガ湖だけが唯一の連絡路となっていた。ソ連第二の都市の陥落が迫っているとみて、スターリンはジューコフをレニングラードに送って指揮にあたらせ、この都市を守り抜くことにした。九月十三日にジューコフが到着したとき、ヒトラーはすでに、この町を攻撃によらず、兵糧攻めにして降伏させることを決定し、九〇〇日におよぶ包囲作戦が始まった。

このころになると、ヒトラーはモスクワのことを再び考えはじめていた。彼は側近にこう語った。「数週間のうちにわれわれはモスクワにいるだろう。あの忌わしい町を潰して、かわりに人造湖をつくり、その中央に明かりを灯すのだ。モスクワという名は永遠に消えるだろう」*56

ドイツ軍の首都侵攻を防ぐために、最高統帥部《スタフカ》は八〇万の兵員、七七〇両の戦車、三六四機の航空機をモスクワに集結したが、これは独ソの前線に配置された赤軍兵力の半分、戦車と航空機の三分の一に相当した。ドイツ軍の計画では「台風作戦」を始めるにあたって、歩兵三個軍と機甲三個群を投入することになっていた（機甲群を指揮するのは、南方から呼び戻されたグデーリアン、北方から戻ってきたホトとヘプナーだった）。しかし、モスクワへの侵攻が再開されたのは十月二日になってからで、予定していた夏の季節の八月――ヒトラーがウクライナ作戦を優先させることに固執しなければそうなったはずだった――ではなく、秋の初めになっていた。七月十六日にドイツ軍がスモレンスクを占領してから二カ月半も経っており、ヒトラーがモスクワを奪うチャンスがどれほどのものだったにせよ、この遅れが致命的な結果をもたらし、冬に入る前に電撃的な勝利を収めてソ連の崩壊につなげるという賭けにも失敗することになった。

またしても、ドイツの機甲部隊はそのスピードと攻撃の威力でソ連軍の守りを圧倒した。ここでも、ドイツ軍はソ連軍の前線を崩し、ウクライナの場合と同じ規模で、ヴャージマとブリャンスクを結ぶ新たな巨大包囲網を形成して、モスクワへの道を開いた。攻撃開始から一一時間後、スターリンは再びジューコフをレニングラードから呼び寄せて首都防衛の責任者に任命した。このときから、ジューコフはソ連軍の計画立案の中心となって、最後はドイツを降伏に追いこむことになる。十月十日、ジューコフが指揮をとりはじめたときには、彼の意のままになる兵力は九月末の八〇万人からわずか九万人に減っており、この兵力で二四〇キロにわたる前線を維持しなければならなかった。捕虜になったソ連兵はいまや三〇〇万人に近づいていた。

ヒトラーは待ちきれずに、敵を倒して勝利を得たと宣言した。十月八日には、オリヨールが陥落し、ヨードルはこう報告した。「われわれはついに、誇張ではなく、戦争に勝ったのだ！」。翌日、ヒトラーの主任報道官のオットー・ディートリヒは従軍記者たちに「ソヴィエト・ロシアにおけるすべての軍事目的は達成された」と語った。

十月半ば、ソ連の抵抗は押し潰される寸前だった。ジューコフの回想によれば、スターリンに呼ばれ、こう言われたという。「われわれはモスクワを守れると思うかね。悲痛な思いでたずねているのだ。共産主義者だったら、正直に答えたまえ」。ジューコフによれば、十月七日にドイツ軍とモスクワとのあいだに赤軍はまったくいなかった。

十月十五日、ソ連政府はモスクワから東へ九七〇キロのクイブイシェフに避難しはじめた。そのために、誰が守ってくれるのかと案じる一般市民がパニックに襲われた。事務所や工場から人が去り、鉄道の駅には人が押し寄せ、東方へ向かう道路は党の幹部を満載した車で混雑した。警察の保護もなく、商店は略奪された。一方、ジューコフの命令で爆破チームがモスクワの橋や鉄道の連絡駅に地雷を敷設した。スターリン自身も脱出を計画したのだが、ジューコフからモスクワは守れると聞かされてとどまる気になり、最後まで首都を守る決意を固めた中核部隊の指揮をとった。スターリンはモスクワに戒厳令を敷き、ＮＫＶＤの将軍Ｐ・Ａ・アルチェーミエフに指揮をとらせた。

スターリンがすでに講じていた一つの措置は、極東に配備されていた経験豊富で装備の整った一〇〇万人のソ連軍兵士の四分の三を呼び寄せることだった。東京にいるリヒャルト・ゾルゲから寄せられた信頼できる情報によれば、日本軍はソ連との国境付近の関東軍を増強したが、来年春まで攻撃はないだろうとのことだった。この情報によって、ドイツ軍がソ連は予備兵力を使いはたしたと確信した十月から十一月にかけて、スターリンは八個から一〇個のライフル師団（極東軍部隊の半分に相当）、戦車一〇〇〇両、航空機一〇〇〇機を西部に移動させられた。これに劣らず重要だったのは、モスクワ周辺の状況がいかに絶望的だったにせよ、こうした新しい戦力がさみだれ式に戦闘に投入されたのではなく、スタフカが築いていた予備の司令部にまとめて組みこまれたことである。

十月半ばには、ドイツ軍の攻撃開始の遅れによる影響が少しずつ現われていた。みぞれまじりの雨が降りはじめ、地面は沼地のようになり、最良の状態でも使える道路はほとんどなくなった。夜になると気温が下がり、地面は凍てついた。毎朝、氷が解けて、キャタピラー車でさえも、ずるずる滑って運転が容易ではなかった。地面がどろどろになるのと同時に、空は厚い雲におおわれ、空軍の作戦を妨げた。

いくらか温かい気候の下で展開していた南方軍集団はハリコフを奪取し、「ソ連のルール地方」と呼ばれるドネツ盆地に攻め入っていた。一方、フォン・マンシュタインの率いる第一一軍は、果敢に防戦をつづけるセヴァストーポリ以外のクリミア半島を占領していた。しかし、さらに北では、秋雨がドイツ軍主力部隊の進軍を遅らせ、十月二十一日から十一月第一週の終わりまで作戦行動を停止させた。ドイツ軍の小休止を利用して、ソ連軍の司令部は新しい予備軍を編成してモスクワ東部に配備すると同時に、一〇万の兵士と三〇〇両の戦車をジューコフ指揮下の西部戦線に送り、首都から八〇キロ足らずの最後の防衛戦を守ろうとしていた。

一九四一年十一月から翌年三月にかけては、スターリンとヒトラーの役割の類似がとりわけ顕著に現われていた。それは両者の指導力が最も厳しく試された時期だった。十一月六日、党の代表とモスクワ市の当局者、赤軍の代表が大理石でおおわれた地下鉄のマヤコフスキー駅に集まった。そして、十月三日にベルリンのシュポルトパラストで行なわれたヒトラーの「勝利の演説」に応えて、侵略者にぶつけるスターリンの挑戦の言葉を聞いた。「奴らが絶滅戦争を望むなら、絶滅の戦いにしてやろうではないか」

つづいて翌日の革命記念日に、間近に迫った敵に首都を攻撃される恐れがあったが、スターリンは伝統的な行事の赤の広場における軍事パレードを堂々と閲兵したのである。その日の演説で、スターリンは一九一八年を回想し、もっと悪い状況にあった赤軍が戦いつづけて勝利を収めたのだと語り、「アレクサンドル・ネフスキー、ドミートリ・ドンスコイ、スヴォーロフ、クトゥーゾフといった祖国の英雄的な先人たち」についいて言及した。クトゥーゾフはナポレオンがモスクワから撤退を余儀なくされたときにロシア軍を指揮した将軍である。

その三日後、ジューコフは配下の指揮官の一人、P・A・ベロフ将軍をともなってスターリンのもとに出向き、自分の立てた計画について話しあうことにした。二人はクレムリンの、爆弾で開いた穴を抜けて、地下通路の突きあたりにある部屋へ行った。大きな書きもの机といくつもの電話を備えたその部屋に、スターリンはいた。ベロフがスターリンに会うのは一九三三年以来のことで、このときのことをこう記している。「スターリンはあのときとはすっかり変わっていた。私の前に立っていたのは、やせこけた顔に疲れた表情を浮かべた小柄な男だった……この八年間に、二十歳も年をとったように見えた」。ベロフはジューコフの態度にも驚いた。「ジューコフは無愛想に、横柄な口調で話をした。ジューコフのほうが上官のような印象を受けた。しかも、スターリンはそれを当然のように受けとめていた。一度も不愉快そうな顔を見せなかった」[*57]。スターリンの学習過程が始まっていたのだが、彼は相変わらず最高司令官として戦争の指揮をとっていて、北部や南部の戦線に電話で命令を下し、あるいはジューコフの提案を受け入れながら部隊の動きを調整していた。

十一月十五日、モスクワをめぐる最後の戦いが始まり、ソ連軍は新たな包囲をはねのけようとして必死に戦った。敵が首都を目前にした最後の障害、モスクワ－ヴォルガ運河まで迫ったとき、ロコソフスキー（強制収容所で三年を過ごしたあと、呼び戻されて軍団を指揮していた）はジューコフから命令を受けた。「撤退はクリューコヴォで終わらせる。それ以上後退してはならない。さらに後退する場所はどこにもないのだ」[*58]

戦場はいまや深い雪におおわれ、身を刺すような風と凍るような霧のなかで凍てついていた。ドイツ兵に防寒服の支給はなく（ポーランドに備蓄されたままだった）、機械も飛行機も戦車も凍りついて動かなかった。十一月と十二月にまたがる週に、両軍は人間が耐えられる限界まで戦い、その間にジューコフは消耗しきった部下たちを救うために反撃の許可を求めたが、スターリンはなおもそれを拒否した。ドイツ軍のいくつかの部隊が実際にモスクワ郊外に到達し、クレムリンを防衛する高射砲の閃光が目についた。十二月二日付のハルダーの日記によれば、ソ連側は総力をあげて防戦につとめたが、新規の部隊は投入されなかったとしている。しかし、ハルダーは思い違いをしていた。

十二月五日、気温は摂氏零下二五度から三〇度に下がり、ドイツ軍機甲部隊の司令官グデーリアン将軍は、自分の部隊にもはや攻撃をつづける力がなく、最も近い補給線まで撤退して希望をつなぐしかないと悟った。ドイツ軍の攻撃が止むと同時に、ソ連側の反撃が始まった。七〇万の兵が投入されたが、これはドイツ軍の知らぬ間にスタフカがモスクワ東部に集めていたのである。ドイツ人よりもずっと寒さに慣れていたうえ、防寒服が支給されていたので、彼らは極東から呼び戻されたかなり堅固な部隊とともに初めてドイツ軍を押し返した。

ジューコフの反撃は急速に反攻となった。吹雪という天候状況のために、ドイツ軍は戦車、トラック、銃砲を遺棄し、先を争って混雑した道路を退却せざるをえなかった。参謀総長のハルダーはこの事態を「二つの世界大戦における最大の危機」だと断言した。ロストフを失ったばかりか、南方軍集団および北方軍集団は鉄道と道路交通の要衝、チフヴィンを放棄せざるをえなくなる一方で、中央軍集団は攻撃能力を殺がれて、十一月半ばに戦闘が再開されてから占拠していたすべての領土を明け渡さなければならなかった。それにはモスクワの南と北にある二つの突出部が含まれていた。

この重大なときに、ヒトラーは開戦直後のスターリンと同じように、指導力を問われることになった。士気の低下が広がるのを防ぎ、撤退が総崩れの敗走につながるのを食い止められるかどうかを示さなければならなかった。東方のドイツ軍は七五万の死傷者を出し、そのうち四人に一人が死んでいた。しかし、ソ連側の死傷者ははるかに多く、主軸となるモスクワ西方の戦線では、十二月にソ連が反撃を開始したときには、ドイツ軍のほうがなお数でまさっていた。しかし、それ以外のほとんどの点で、ドイツ軍はきわめて不利な状況にあり、基地からは一一〇〇キロから一六〇〇キロと遠く、物資の補給は絶えず天候とパルチザンの攻撃に妨げられ、寒さにひどく痛めつけられていた（クリスマスのころには一〇万人が凍傷にかかっていた）。おまけに勝利を重ねたあとの最後のハードルでつまずいたために、心理的な挫折感が大きかった。グデーリアンはのちにこう書く。「われわれを悲惨な状態に追いやったこの冬のロシアの、はてしなく広がる雪をその目で見て、そこを吹き抜ける凍てつくような風を肌身で感じた者だけが……このときの出来事に本当の判断を下せるのだ[59]」。また、師団司令官のフォン・ティッペルスキルヒによれば、「あの危機に際して、兵士たちは一八一二年にナポレオンがモスクワから撤退した話を思い出し、その影におびえながら過ごしていた。ひとたび撤退しはじめれば、彼らは恐慌状態におちいって潰走しかねなかった[60]」。

ヒトラーはスターリンと同じく、この難局に立ち向かった。前線の将軍たちと数時間にわたって電話で話をしたが、撤退を絶対に認めようとせず、将軍たちの訴えがどれほど切迫したものでも聞き入れなかった。フォン・ボック陸軍元帥は中央軍集団の指揮から外された。後任のフォン・クルーゲは戦線の強化を図るために撤退の許可を電話で求めた。ヒトラーは夜の十一時半から二時半までフォン・クルーゲと議論し、その途中に三〇分間ハルダー陸軍参謀総長との話しあいで中断したが、結局は許可を与えず、現在の前線を維持するよう命じた。十二月二十日、グデーリアンが飛行機でヒトラーの司令部に飛び、自分の部隊の絶望的な状況を説明しても、ヒトラーは同情もせず、こうたずねた。「フリードリヒ大王の近衛歩兵は国のために喜んで死んだと思うかね」。それでも、グデーリアンがひそかに撤退をつづけると、ヒトラーは即座に彼を解任した。機甲部隊を率いるもう一人の優秀な将軍のヘプナーは、階級と勲章を剝奪されたうえ制服の着用を禁止され、年金などの権利を失った。北方軍集団を指揮したフォン・レープ陸軍元帥は退役し、ロストフ占領後に後任となったフォン・ルントシュテット陸軍元帥はやがてそこから撤退した。

フォン・ブラウヒッチュが辞任を申し出たとき、ヒトラーは即座にこれを受け入れて、彼をスケープゴートにした。ヒトラーは、自分の知るかぎりでは国家社会主義の精神を陸軍に浸透させられる将軍は一人もいないと断言し、フォン・ブラウヒッチュにかわって自ら陸軍総司令官に就任し、国防軍最高司令官を兼務すると発表した。ハルダーがそれから一〇カ月のあいだ職にとどまれたのは、ヒトラーが彼のように陸軍参謀総長の経験のある人間を必要としたからにほかならない。全部で、ヒトラーは三五人の将軍を更迭した。

ヒトラーが妨害したために撤退は中断され、前線はソ連領の奥深くに固定された。

ヒトラーはそれを意志のなせるわざの証だと主張し、専門家が疑いをはさんでも意に介さなかった。短期戦ならばこれはもっともな議論だったが、ドイツの敗北の真の理由を見逃していた。ヒトラーが決断の基礎にした前提は、どれもこれも根拠の乏しいものだった。ヨーロッパ・ロシアの大きさも、その距離がはるかに長くて通信設備が貧弱なことも考慮に入れなかったため、ドイツ軍は一度の戦いによってほかではいずれも成功した電撃戦の効果をあげられなかったのである。一九四二年一月末までにドイツ軍は東部戦域で二万九〇〇〇人の将校を含めて九一万八〇〇〇人の死傷者を出していた。

この攻撃に前例のない規模の兵力を集中的に投入していちじるしい成果をあげはしたものの、これだけの地域で展開しなければならない作戦の規模にくらべると、充分ではなかった。たとえば、レニングラードから黒海に伸びる前線での作戦に出動したドイツ空軍は、当初の攻撃で奮闘したものの、その後はポーランドやフランスやユーゴスラヴィアのような戦果をあげられなかった。

ソ連の損失はさらに大きく、ドイツ側の発表によれば四一年六月から十一月のあいだに三〇〇万人がドイツ軍の捕虜になった。にもかかわらず、ソ連政府はヒトラーが計算していたようには攻撃の圧力で崩壊しなかった。ソ連の人力、軍備、産業力といった資源がひどく過小評価されていたことがわかった。ドイツが失敗した原因は、バルカン作戦による遅延のせいではなく、モスクワへの進撃開始が間にあわなかったことでもなく、ソ連を一撃のもとで倒せるという考え方そのものが基本的に間違っていたことである。

しかし、ヒトラーはこの現実を直視しなかった。スターリンと同じように、ドイツがおちいった状況について自分に責任の一端があることも無視して、軍部の指導者に責任をかぶせ、正しい状況を知らせなかったからだと言って非難した。

従来どおりに、OKWはバルカン諸国、北アフリカ、西方地域といった他の戦域でも支配力をふるって、最高司令官であるヒトラーの命令によって動いていた。しかし東部戦線はこれ以後OKHの管轄となり、ヒトラーが直接の責任を負うことになった。そのヒトラーは今度は東方で自ら指揮をとることにして、東プロイセンのラステンブルクに本部をおいた。これはどんな犠牲を払っても東方で勝利を得たいという執念を何よりもはっきりと示すことだった。

5

戦争を始める前の一九三九年に、ドイツは五八万平方キロの領土に七九五〇万の人口を擁していた。ソ連侵攻前の四一年夏には大ドイツ帝国の領土は八五万五〇〇〇平方キロとなって一億一六〇〇万の人口があった。同年の末には、ドイツ軍がソ連の広大な地域を占領した結果、ドイツはヨーロッパ大陸の大部分を何らかのかたちで支配していた（原注：図11参照）。このナチ帝国がどのように組織されるかは、まだ決まっていなかった。すでに四〇年五月には、西方での戦いがはずみになってヨーロッパの「広域経済圏」に関する議論が始まった。これは、ヨーロッパ経済を再編成し、ドイツを経済的に自給可能な国にしなければならないというヒトラーの主張に沿うものだった。四〇年六月には、「われわれに必要でありながら、わが国に不足しているものを獲得しなければならない」と、彼はトートに言った。そして、ゲーリングは経済相フンクに経済省内に特別な部局を設けるよう指示し、「ドイツの主導する統一ヨーロッパ広域経済圏」の計画立案にあたらせた。

広域経済圏の境界がどこになるかはまだ流動的だったが、その中心はつねにドイツ帝国そのものと見なされ、そこには併合したオーストリア、ボヘミア-モラヴィア、アルザス-ロレーヌ、ルクセンブルク、ベルギーの一部、ポーランドから「奪回した」シュレージエンなどの地域も含まれていた。ヨーロッパの重工業の大部分をこの地域に集中させて、ドイツにおけるルール地方と同じ役割をヨーロッパ経済のなかで担うことになっていた。それ以外の地域に割り当てられる工業生産は、ドイツ人向けの消費財のみとする。さらに、残りの占領地域では、需要が保証されているドイツ市場向けの食料を生産する。ここに、信用貸しおよび労働者の管理を含めた集中的な計画によって、ドイツの必要に合わせた国際的な経済が生まれることになるのであった。

実際、ナチの支配するヨーロッパは種々の支配形態を継ぎあわせたパッチワークのようだった。一九三八年から四〇年にかけて「奪回した」領土を除けば、帝国に本当の意味で併合された部分はほとんどなかった。それ以外の三つの広大な地域、つまり保護領のボヘミア－モラヴィア、総督府領のポーランド、民政長官施政地域である東方地区《オストラント》とウクライナはドイツ帝国とは区別されていたが、完全に帝国に従属していた。占領下にあるヨーロッパの残りの部分は、軍が占領している（ギリシア、セルビア、ベルギー、占領下のフランス、作戦が進行中だったソ連）か、あるいはドイツが現地政府とともに何らかのかたちの文民統制を行なっていた（ノルウェー、デンマーク、オランダ）。これにドイツの同盟国を加えると、パッチワークが完成した。枢軸のパートナーであり自身の帝国をもつイタリアから傀儡政権のスロヴァキアとクロアチアにいたるまで、同盟国は程度の差こそあれ、ドイツに依存していた。ヴィシー・フランスはどのカテゴリーにも入らず、公式には独立の非交戦国という立場にあったが、最終的には一九四二年十一月に占領された。

占領地はいずれも、実際の占領のコストよりもはるかに高額の賦課金の支払いを求められ、その支払いは、ドイツ人との他の取引の場合と同じように、マルクに都合のよいように人為的に固定された高い交換レートによっていた。占領された国々の金《きん》と

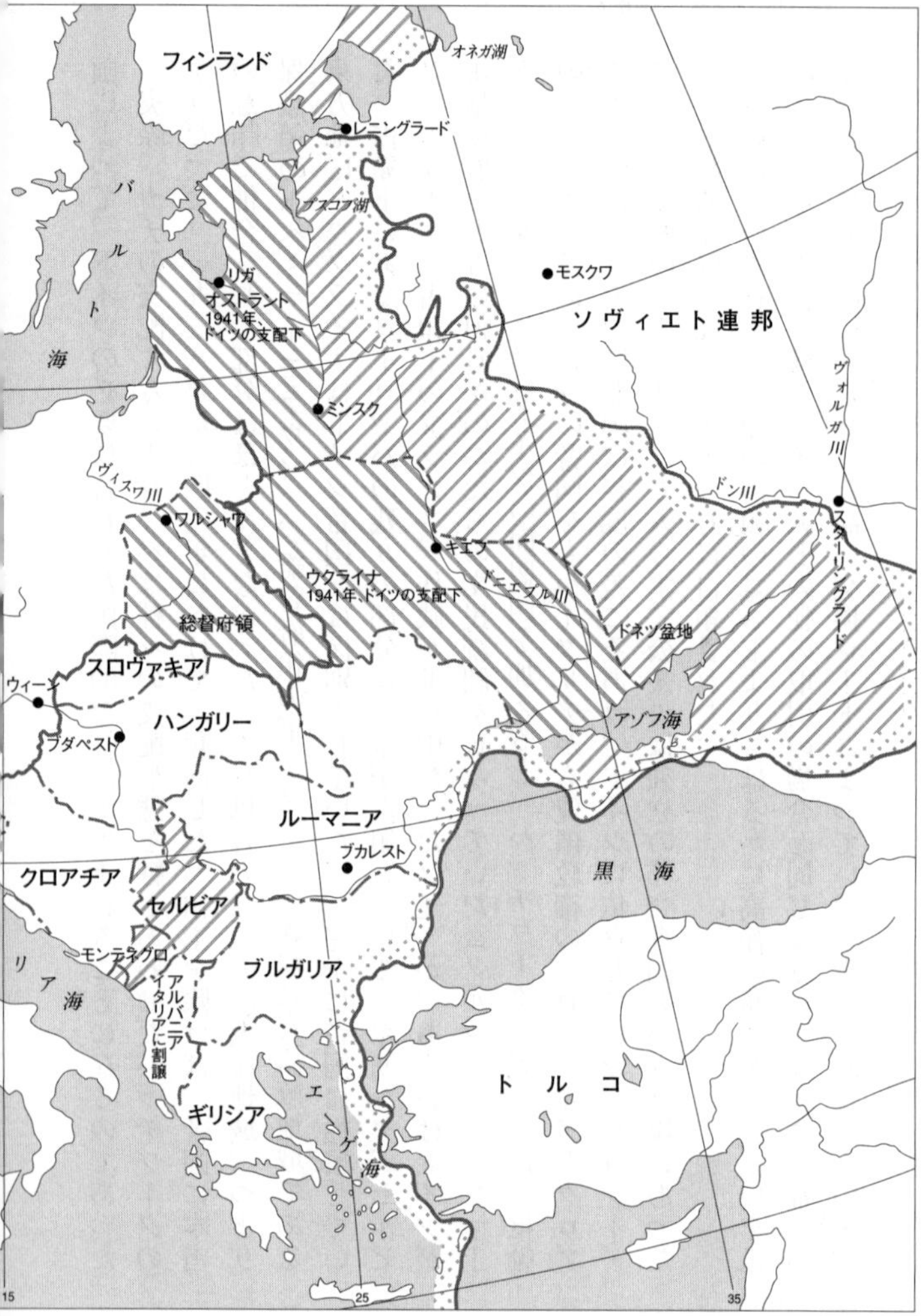

フィンランド
オネガ湖
レニングラード
バルト海
プスコフ湖
リガ
オストラント
1941年、
ドイツの支配下
モスクワ
ソヴィエト連邦
ミンスク
ヴォルガ川
ヴィスワ川
ワルシャワ
ドン川
キエフ
スターリングラード
ウクライナ
1941年、ドイツの支配下
ドニエプル川
総督府領
ドネツ盆地
スロヴァキア
ウィーン
ハンガリー
ブダペスト
アゾフ海
ルーマニア
ブカレスト
クロアチア
黒海
セルビア
モンテネグロ
リア海
ブルガリア
アルバニア
イタリアに割譲
トルコ
ギリシア
エーゲ海
15
25
35

ドイツによる占領の最大範囲
ドイツ支配下（民政）
ドイツ軍占領下
ノルウェー
1940年、ドイツの支配下
スウェーデン
北海
デンマーク
オランダ
1940年、ドイツの支配下
大西洋
ロンドン
エルベ川
ベルリン
ライン川
ドイツ
パリ
セーヌ川
ロアール川
オーストリア
スイス
ヴィシー・フランス
1942年11月より
ドイツ軍の占領下
ローヌ川
アド
エブロ川
アンドラ
イタリア
ローマ
ポルトガル
スペイン
地中海
スペイン領
モロッコ
アルジェリア
チュニジア
55
45
35
5
5

図11　ヒトラーのヨーロッパ（1942年11月）

保有外貨は没収され、その国の銀行システムを操作して銀行券の発行と信用貸しが統制されていた。

新たな地域が征服されるたびに、ゲーリング指揮下の「新秩序」の経済に組み入れられ、ポーランド（一九三九年）、オランダ・ノルウェー・フランス（一九四〇年）、そして最後に東方の領土（一九四一年六月）が次々に編入された。

一九四二年に、ゲーリングは自らの経済哲学を次のように表現している。

昔は何ごとも簡単だったようにみえる。昔は略奪するだけだった。国を征服した者は、その国の富を処分した。いまは、もっと慈悲深い方法がとられている。だが、私はいまでも略奪を考えている。一切合財を。[*61]

しかし、ただ略奪する——在庫品、機械、原材料をはじめ、動かせるものは何でも奪ってドイツに運び去った——だけではなく、地元産業と現地の労働力をうまく利用して最終製品をドイツに輸出するというさらに効果的な政策とバランスをとらなければならなかった。占領地での産業は、原材料と燃料に関する許認可制度によって統制されていた。農業は、ヨーロッパの西部および南東部では地元の農業省を通じて統制されていた。こうした統制は、帝国食糧庁が定めた生産および出荷の割当制に合わせなければならなかった。また、生産物の価格と助成金の額は食糧庁が決めていた。二五〇〇万トンの食糧が占領下のヨーロッパからドイツに輸入され、そのほとんどは徴発されたものだった。一九四一年から四三年までに、こうした物資の供給によってドイツ市民の配給の割当は、二〇〜二五パーセント増えたのにたいして、占領地域の、とくに都市部の住民は飢えに苦しんだ。

食糧だけでなく、原材料もかなりの部分をドイツに引き渡さなければならなかった。その支払い相当額がドイツから見返り輸出されたわけでなく、信用貸しとして未払いのまま、戦後になってようやく清算されることになった。この取引勘定によるドイツの負債総額は、一九四四年九月には四二〇億マルクに達したと見込まれ、フランスにたいする未払い分だけでも四四年七月末に八二億マルクとなっていた。

占領下のヨーロッパの経済全般を支配していたのに加えて、ゲーリングはヨーロッパ経済の将来を見越して、中立国も含むヨーロッパ全体のアルミニウム、石炭、石油産業の生産管理を目指した総合的な構想を練り上げていた。そのほか、織物、鉄鋼、化学製品に関しても、ヨーロッパにおける生産管理計画が立てられた。これは、ヨーロッパ広域経済圏にたいするドイツの支配権を主張するばかりでなく、その経済圏における四カ年計画でも指導的な役割をはたそうという意図の現われであり、ゲーリングが統括する経済帝国を築いてドイツのライバルたちに対抗しようとするものだった。

一九四三年に戦争の流れが変わり、ドイツにとって戦局が不利に傾くと、ドイツが支配するヨーロッパ経済の発展は失速したが、ドイツの戦時生産が占領地域から利益を得ていたことは間違いない。四三年から四四年にかけて、ドイツへの引渡しはピークに達し、「大ドイツ圏」における石炭の生産（九八五〇万トン）の三〇パーセントは占領地域、とりわけ上シュレージエンで産出されたものであり、鉄鉱石の生産（三四六〇万トン）のほぼ四〇パーセントも占領地から徴発したものだった。四四年七月に、シュペーアは「そのときまでに、ドイツの戦時生産の二五〜三〇パーセントは占領した西方の領地とイタリアから供給されていた」[*62]と報告している。

しかし、占領した国の経済の開発が可能な水準に遠くおよばなかったことを示す証拠もたくさんある。その原因は、ドイツの省庁間に対立と混乱があったことと、ナチ特有の腐敗に加えて、占領していた軍部が現地の人びとと共通の利害関係を築きえなかったために、住民を同化させられなかったことである。その一例が、フランスの航空機産業を充分に活用できなかったことである。フランスの航空機の生産能力は一九四〇年には年間五〇〇〇機に近づきつつあった。ところが、四〇年から四四年までに生産されたのは全部で二五一六機にすぎず、しかもその大部分は訓練用で、潜在的な生産能力の一割ほどしか活用できなかったことになる。[*63]

何よりも不満と抵抗の原因となったのは、占領国の男女を徴用してドイツの工場、炭鉱、農場、輸送機関で働かせたことだった。ドイツではすでに戦前から労働力が不足しており、数百万のドイツ人労働者を軍隊に召集したために、その不足はいっそう深刻になった。これを補うため、他国から志願者を募ることになった。しかし、労働条件や生活の実態に関する噂が広まると、応募者の数はたちまち減り、募集にかわって徴用が行なわれるようになった。徴用された人間の数は、一九三九年には三〇万人だったが、四一年には三〇〇万人、四三年には六五〇万人、四四年には七〇〇万人以上に増えた(このうち一八〇万人は主としてフランス人の捕虜で、五三〇万人は故国から追い立てられ、狩り集められた人たちだった)。四四年になると、ドイツの農業従事者の二八パーセントを外国人労働者が占め、ドイツの全労働力のほぼ二四パーセントが外国人だった。報酬はわずかで、食料も乏しく、ドイツの都市や通信施設にたいする爆撃が激しくなるにつれて、彼らの生活は貧しくなっていった。このように労働力として徴用されることは、食糧、燃料、衣類の不足にすでに怒りを感じていた被占領地の住民の不満を倍加させた。彼らは、自分たちが飢えと寒さに苦しんでいるのに、ドイツ人の生活水準を維持するための物資を徴収されていたからである。こうして、ドイツ人とその協力者にたいする憎しみが生まれ、その憎しみは戦争の最後の段階になって爆発した。

占領下のヨーロッパの他の地域での生活がいかに辛いものだったとしても、スラヴ人国家のポーランド、ユーゴスラヴィア、ソ連が受けた残酷な扱いとはくらべものにならなかった。この三国だけは、戦時中の死者が戦前の人口の一〇パーセントを超えた（原注：第4巻付表Ⅱ参照）。

どんな戦争でも、ソ連にたいする作戦ほどの規模と激しさになれば、どちらの側でも残虐行為が起こるものだ。しかし、そのことを考慮に入れても、ドイツ側には度の過ぎた非人間的な面があった。それはウィーン時代に胚胎したヒトラーの人種主義的な考えに直接根ざしていた。ヒトラーの考えによれば、ドイツ人は東ヨーロッパの国民よりもすぐれているだけでなく、ドイツ人とスラヴ人とのへだたり、そしてそれよりもさらに大きいユダヤ人との距離は、文化的な相違、すなわち歴史的な経験の相違から生じたものではなく、遺伝的な生物学的相違によるものだというのである。スラヴ人やユダヤ人は、ドイツ人とは異なる種類の生物で、人間ではない。スラヴ人は「劣等人種」であり、ユダヤ人は寄生虫であって、人類を食いものにして破滅させようとしている、とヒトラーは考えていた。

一九三三年以来、このような見解は科学的に根拠があるとされ、人種生物学としてドイツの学校や大学のカリキュラムに組みこまれてきた。東部戦線で兵役についた若者の多くはこうした考えを叩きこまれ、その影響を受けていた。ヒトラーの人種主義イデオロギーは、最初にポーランドで実践に移され、いまやドイツが軍事作戦と占領政策を進めるにあたっての全体的な指針となった。そしてこのとき、「今後の作戦が単なる武力衝突ではなく、二つのイデオロギーの闘争でもある」[*64]ことを、ＳＳだけでなく軍も認識しなければならないと主張した。四一年三月三十日、彼は軍の上級士官の会合でも同じメッセージを繰りかえした。ハルダーは彼の言葉をメモしている。

二つのイデオロギーの衝突……共産主義はわれわれの将来にとっての大きな危険である。われわれは兵士同士の仲間意識を忘れてしまわなければならない。共産主義者は、戦いの前も戦いのあとも、同志ではない、これは絶滅戦争なのだ……われわれが戦うのは敵を温存させるためではない。[*65]

五月十三日のいわゆる「人民委員指令[*66]」のなかで、ヒトラーは軍にたいしソ連の指導部を破壊し、捕虜にしたすべての役人と人民委員はその場で射殺するよう要求した。その命令はＯＫＨによって書面のかたちで回覧され、個々の士官たちの心に不安をかきたてた。五月六日のもう一つの指令[*67]はソ連の民間人の処遇に関するものだが、ＯＫＨは、敵対活動に加わったりドイツ軍に抵抗したりするすべての地元住民を射殺するよう命令し、必要な場合には「何らかの攻撃をしかけてくる村落にたいし、力を行使しての集団的な措置」を講じてもよいとした。さらに二つの補足的な指令によって、ドイツ軍兵士は占領地においては本来罪に問われるような行為にたいする告発を免れることになり、さらに戦争捕虜が「わずかなりとも反抗のしるしを見せたときは、容赦なく力ずくの行動」をとるよう命じられた。これによって、戦闘行為に先立って求められている軍律と戦争に関する国際的な協定が全面的に否定されることになったのだが、それを支持したのは最高総司令官のアドルフ・ヒトラーだった。のちの証拠から明らかなように、それは東方における戦争を遂行するにあたって、SSのみならず、士官と兵士を含むドイツ国防軍によって実施されたのである。

ヒトラーが名目上、東方の占領政策の責任者にしたローゼンベルクは、大ロシア人とユダヤ人に関するかぎり、ヒトラーと同じように人種主義的な見方をしていたが、ナチの指導者のなかではおそらくただ一人、ロシア人をソ連の他の民族と区別していた。ローゼンベルクは「モスクワ大公国」を「ロシア－モンゴルの後進性」の中心と見なしていた。「モスクワ大公国」は帝政時代にもソヴィエト政権下においても、民族的に異なるウクライナ人、エストニア人、グルジア人、タタール人を抑圧し、ロシア化を強要したというのである。ドイツがボリシェヴィキの圧制からの解放者として登場し、その保護下に自治国家を建設する機会を与えれば、ソ連国内にいる何百万という住民の協力を得て、ロシア人国家を解体し、緩衝地帯を設けて、「モスクワ大公国」および大ロシア人による強大な国の復活を防げるとローゼンベルクは信じていた。ソ連分割を目指したローゼンベルクの計画は、細部の変更こそあったが、ウクライナ人国家を建設し、バルト連邦およびカフカース連邦をつくるという点で一貫していた。

ヒトラーも以前には同じようなことを言っていたが、ソ連を侵攻するころには、新しい国家を建設するよりも、ドイツ人の直接支配という考え方に変わっていた。「自治への道は独立につながる」とヒトラーは「食卓談話」で明言した。「力で獲得したものを民主的な組織で維持することはできない」[*68]。ヒトラーにとっての武力は、スターリンにとっての恐怖政治と同じで、頼りにできる唯一のものであり、一九四一年の夏までの成功で自信をつけたヒトラーは、非ロシア民族に協力を求めなくても、武力だけでソ連を倒せると信じていた。

かつてはドイツに敵対する国の分裂をうまく利用したヒトラーだったが、東方では政治的な闘争という手段に頼らないことに決めていた。しかし、この決断を多くのドイツ人が後悔することになった。早くも一九四二年二月に、ゲッベルスが日記にこう書いている。「われわれは短期戦にすっかりなじんでしまって、勝利が目前にあると思っていたので、この種の心理的な問題に頭を悩ます必要はないと考えてしまった。そのときに見失ったものを、われわれはいま苦労して取り戻す羽目になっている」[*69]

東方での戦争が数カ月という短期間ではすまないことが明らかになると、ゲッベルスのようなプロの宣伝活動家だけでなく、国防軍の多くの者も——しまいにはヒムラーまでも（戦術上の理由から）——非ロシア民族にたいして、またロシア人にたいして政治的なアピールをする方法を探りはじめた。一九四二年十二月に開かれた軍と政府の指導者の会議の結論は、次の短い文章にまとめられている。「事態の深刻さからして、現地の住民の積極的な協力がぜひとも必要である。ロシアを倒せるのはロシア人だけである」[*70]

しかしヒトラーは、ボルマンの後押しもあって、断固として考えを変えなかった。スターリンは冷酷なドイツ人にたいするソ連住民の反応をうまく使い分けて、愛国主義者をもちあげ、共産主義者の訴えを抑えていたが、卓越した政治家としてのヒトラーは、すぐれた戦略家としてのヒトラーの影に隠れ、全員が考えをあらためてからも、武力だけで運命の神から勝利をもぎ取れると信じつづけていたのである。

ドイツ人は最初のうち、ロシア人に占領されたばかりのポーランドやウクライナ西部では解放者として歓迎されたという報告がある——ほかにもそういう場所がどれほどあったかはわからない。いまとなっては推測するしかないのだが、もしドイツが、ローゼンベルクが力説したとおり、ロシア人に抑圧されているウクライナ人の伝統に訴えて、集団農場を解体し、農民の土地所有を認めていたら、彼らを味方につけえただろうか。ここはスターリン政権の最大の弱点となる狙いどころだった。しかし、ローゼンベルクの意見は聞き入れられなかった。ヒトラーの意見に押されて、ドイツ軍はボリシェヴィキとロシア人国家にたいしてだけでなく、ソ連国内のどの民族にたいしても同じように戦争をしかけ、大ロシア人もウクライナ人も非ロシア人も区別しなかった。あとになってさまざまな努力が払われたが、一度失われた機会は二度と取り返せなかった。作戦が開始されてから数週間のあいだのドイツ人の行動の印象——軍とSSの別なく——は、ソ連の人びとの頭に焼きついて消えなかった。

おびただしい数のソ連兵が投降した事実——ソ連側の数字では開戦して一年半のあいだに三〇〇万が捕虜になったとしており、ドイツ側はもっと多くの数字をあげている——からすると、ソ連軍内部に敗北主義と離反が広がっていたことがわかる。しかし、ドイツ側が頑強な抵抗に手を焼いた例もあったようだ。

七月二十八日、スターリンは第二二七号指令「一歩もしりぞくな」を発して前線の部隊に読ませようとした。それは、祖国が絶望的な状況にあることからして、これ以上の退却を禁じ、それに背けば死刑に処するとの命令だった。ＮＫＶＤは、捕虜になったソ連兵が脱走してきたら逮捕して、戦線離脱者として銃殺するよう指示されていた。だが、ドイツ側の手中にある捕虜も、似たような扱いを受けた。ドイツ軍は短期戦を予想していたので、このように膨大な数の捕虜を処理する準備ができていなかったのだ。組織としての対応が充分でなかったうえ、ドイツ人の頭には「劣等人種」というナチのプロパガンダがしみついていたので、ソ連の捕虜を自分たちと同じ人間としてではなく、人間以下の種族とみなしていた。

九月八日にOKWが出した捕虜の扱いに関する指令では、ソ連の捕虜には敵国の一人の人間としての扱いを求める権利はなく、その扱いにはどれほど冷酷に処遇してもかまわないとしていた。たいていの捕虜が一も二もなく即座に銃殺され、軍の負担を軽くしていた。数十万人が疲れはてて倒れ、死んでしまうまで行進させられ、あるいは間にあわせの収容所に集められて食料を与えられず、怪我の治療もほどこされず、雨風を防ぐ手だても衛生設備もないままに放置された。一九四二年二月十九日付のドイツ側の報告によれば、この日までに捕虜になった四〇〇万人のうち三〇〇万人が死んだという。捕虜の人道的な扱いを定めたジュネーヴ協定はソ連が批准していなかったので、ソ連兵の捕虜の救いとはならず、ドイツが規定を無視するままになっていた。スターリンも何の力にもならず、ドイツの手に落ちた兵士は、自分の息子ヤーコフ（スターリンに嫌われ、勘当されていた）も含め、それだけで裏切り者であり、政府の保護を受ける資格はないとされていた。

ソ連の多くの地域が、ドイツ軍に占領されているあいだ、軍政下におかれた。その地域があまりにも広いため、軍が管理するのは難しく、ドイツ軍の通信網と後方基地は、非正規軍《パルチザン》のゲリラ攻撃にさらされた。ドイツ軍が捕虜も一般市民も冷酷に扱ったことから、赤軍の敗残兵を含む多くの者が森に入ってパルチザンに加わった。一九四二年の夏までに、その数は一五万に達し、最終的には五〇万前後になった。彼らは白ロシアとウクライナで目に見えない第二の戦線を形成して、ドイツ軍の後方を脅かしていた。ドイツ軍は容赦ない報復によってこれに対抗した。四一年九月のOKWの指令では、ドイツ兵が一人殺されたら五〇人から一〇〇人のロシア人を射殺するよう命じており、さらに「この処刑の手段は、相手にさらなる抑止効果を与えるものでなければならない」[*71]とされていた。パルチザンをかくまったり、そのアジトではないかと疑われた村があちこちで焼討ちにあい、住民が虐殺された。SSばかりか、軍までが絶滅戦争を目指した戦いにはまりこんでいくにつれ、侵略者にたいするロシア人の憎しみがつのり、パルチザンに加わる者が増えていった。

軍政下に置かれた地域のほかに、占領されたソ連の一部の地域は、民政長官施政地域として二分されて、民政が敷かれていた。北側の東方地区《オストラント》はバルト三国と白ロシアからなり、ソ連が独ソ不可侵条約で獲得していま再び失った地域だった。もう一つはウクライナで、最も大きかったときの面積は二三万平方キロ（フランス国土のほぼ半分）、人口五〇〇〇万を擁していた。

ローゼンベルクはウクライナを自分のソ連政策の成否の鍵になると考えていた。共産主義者の支配によって他のどの民族グループよりも苦しんでいるウクライナ人の信頼を勝ちえて、ウクライナ人国家を再建すれば、ドイツにとっては、ロシア人の大国の復興と拡大を防ぐ恒久的な障壁を築けると信じていたのである。ゲーリングやボルマンのような強硬派にとっては、これはナンセンスだった。二人の考えでは、ひとたびウクライナを征服してしまえば、その土地も人民もただ一つの目的、つまり戦争中はドイツ人の必要を満たし、戦後にはドイツ人の重要な入植地とするという目的をかなえるものでしかないというのだ。ウクライナの民政長官に、東プロイセンの大管区指導者エーリヒ・コッホを任命することについてヒトラーの合意を取りつけて、二人はローゼンベルクの政策が採用されるチャンスを首尾よく摘みとった。

コッホはナチの典型的な古参の闘士《アルテ・ケンプファー》といってもいいだろう。ラインラントの一介の鉄道職員だったコッホは、一九二一年に一九人目の党員としてナチ党に入ったという。党内の急進的な反資本主義派にひきつけられ、グレゴール・シュトラッサーの信奉者となって、二八年には東プロイセンの大管区指導者に任命された。そこでは、精力的な指導者、生まれながらの扇動家という評判を得た。そして、知識人と中産階級を気取る者に反感をもち、自分の目的をとげ、ふところを肥やすためには良心の呵責を感じず、どんな手でも使うと言われていた。つねづねロシアと東方に関心をもっていたコッホは、ローゼンベルクの考えにはまったく我慢がならなかった。ウクライナ人の国家とか文化といった概念を軽蔑し、私的な場だけでなく演説でも、ウクライナ人を農奴、奴隷、黒ん坊と呼び、鞭で扱うのが一番であり、ドイツ人に生かしてもらっていることだけでも感謝すべきだというのであった。

ローゼンベルクは名目上は部下にあたるコッホを抑えようとしたが、うまくいかなかった。コッホは総統にたいしてのみ責任を負うと主張し、ローゼンベルクではなく自分こそがヒトラーとボルマンの支持を得て、「決して譲歩しない」強硬な政策を進められるとの自信をもっていた。そして、こうした強硬な方針を、一九四四年にウクライナを最終的に失うまで模索しつづけた。

コッホが重視されたのは、何かをしたからではなく(彼がウクライナにいることは少なかった)、彼がつくりだしたドイツ人の支配というイメージのためであり、このイメージそのものによって、彼はウクライナの人びとを実際に支配していた。しかし、ドイツの要求や計画を実施させる責任者は、ウクライナのコッホや東方地区のローゼンといった民政長官でも彼らの直属の少数のスタッフでもなく、彼らの領地で活動していたSSのさまざまな経済組織だった。一九四二年九月四日に、ドイツ蔵相は怒りをあらわにしてこう書いている。「誰に権威があって誰にないのか、当局の人間なのか半官半民の会社の人間なのか、戦場の身勝手なハイエナのような大集団の人間なのか、もはやわれわれにはわからない」[*72]。しかし、管轄をめぐるこうした争いは、東方での作戦そのものとそれを反映する政策による影響にくらべれば、さして興味のもてる問題ではない。

ゲーリングは当初、経済的目標を占領地経済の回復におくよりも、ドイツ軍とドイツの戦時経済が必要とする食糧および原材料の獲得に向けるべきだと主張し、現地の住民がどうなろうとかまわず、飢えても放置しておけばよいと言っていた。ところが、戦争が短期間で終わらないことが明らかになると、経済政策は変更された。相変わらずドイツ帝国の利益が最も重視されたが、目先の利用を図るのをやめて長期的な計画による経済の再建が必要だと考えられるようになった。一九四二年五月の新しい指令では、東方における生産を最大限に回復させ、民間企業を復活させることが求められた。白ロシアの農民に土地を与えた結果、ドイツ人への感情が好転し、生産も増大したが、それよりはるかに重要なウクライナでは、新しい農業体制の導入がコッホに阻まれ、また現地でも集団農場のドイツ人管理者たちから反対された。彼らの多くは、農場を維持して戦争が終わったら自分の私有地にしたいと思っていたのである。

ソ連側は撤退する前にウクライナの重工業をできるだけ別の地域に移し、あるいは破壊していた。ゲーリングはニコポリ、クリヴォイ－ローク、ドネツ盆地、ドニェプロペトロフスクの鉱山業と冶金工業を接収し、一括して国営ヘルマン・ゲーリング製作所に移した。しかし、それを再稼働させるために必要な資本財、労働者、管理者はすでにドイツ国内でも不足しており、ルール地方の大工場に生産再開に向けて業務の一部を委託したが、結果はドイツ人の期待をはるかに下回った。フル操業に戻せないうちに赤軍の反撃が迫って、ドイツ軍は退却を余儀なくされ、工場を再び爆破してから撤退した。ドイツによる経済再建はいつの場合にも帝国の多額の投資が必要となった。たとえば、ウクライナの経済運営を維持するために上シュレージエンから石炭を運んだこともあった。

ドイツの政策の矛盾は、同じ時期に、東方から農業および工業労働者をできるだけ多く徴用したいと要求していたことにもはっきりと現われていた。ヒトラーが経済の最高責任者としてのゲーリングへの信頼をなくしていたことは、ゲーリングではなくシュペーアをトートの後継者としたことですでに予想された。さらにそれを裏づけるように、ヒトラーはフリッツ・ザウケルを労働力配置総監に任命した。この役職はシュペーアの場合と同じく、形式的には——ゲーリングの顔を立てて——ゲーリングの下に置かれたが、実際には完全に独立していた。ザウケルは党の役職にもついており（一九二七年以来チューリンゲンの大管区指導者だった）、ボルマンを指導者として党が勢いを盛り返していることをさらに証明していた。ザウケルにはコッホのように空威張りするところがなかった——ゲッベルスはコッホのことを「退屈きわまるなまくら野郎」と呼んでいた——が、西方でも東方でも、何万人もの住民が奴隷として強制移送されるよりましだとばかり、次々にパルチザンに加わっていた。
男女を問わず、人びとは市場や教会でいきなり捕らえられ、また家族に別れを告げることもできずに家から引きずりだされかねない状況だった。動員の要求に応じられない家々が、さらには村全体が焼き払われた。東方占領の最終段階になると、まだ十歳といういたいけな子供まで連れ去られかねなかった。一九四四年八月には、捕虜を含めてドイツで働く七一〇万の外国人男女労働者のうち半数以上がソ連（二四〇万人）とポーランド（一四〇万人）の出身だった。ドイツでの扱いは、捕虜と同じく人種主義的なものだった。東方出身の労働者の食糧、収容施設、医療は、フランスをはじめとする西欧の労働者のそれよりもずっとひどかった。ドイツ人のために働いているときでも、劣等人種は劣悪な待遇に耐えられるとみなされていたのだ。

6

SSは占領地域の開発と利用にたずさわる民政長官および多くの機関の活動領域にも足を踏み入れ、他の誰にもまさる権限があると主張していた。SSがこのような主張をしたのは、ヒトラー政権を内外の敵から守るという任務を帯びていたからだった。それは憲法や国家にたいして負う任務ではなく、ただ総統にたいして負うべき責務であり、最終的には他のあらゆるものに優先しなければならないものだった。しかし、

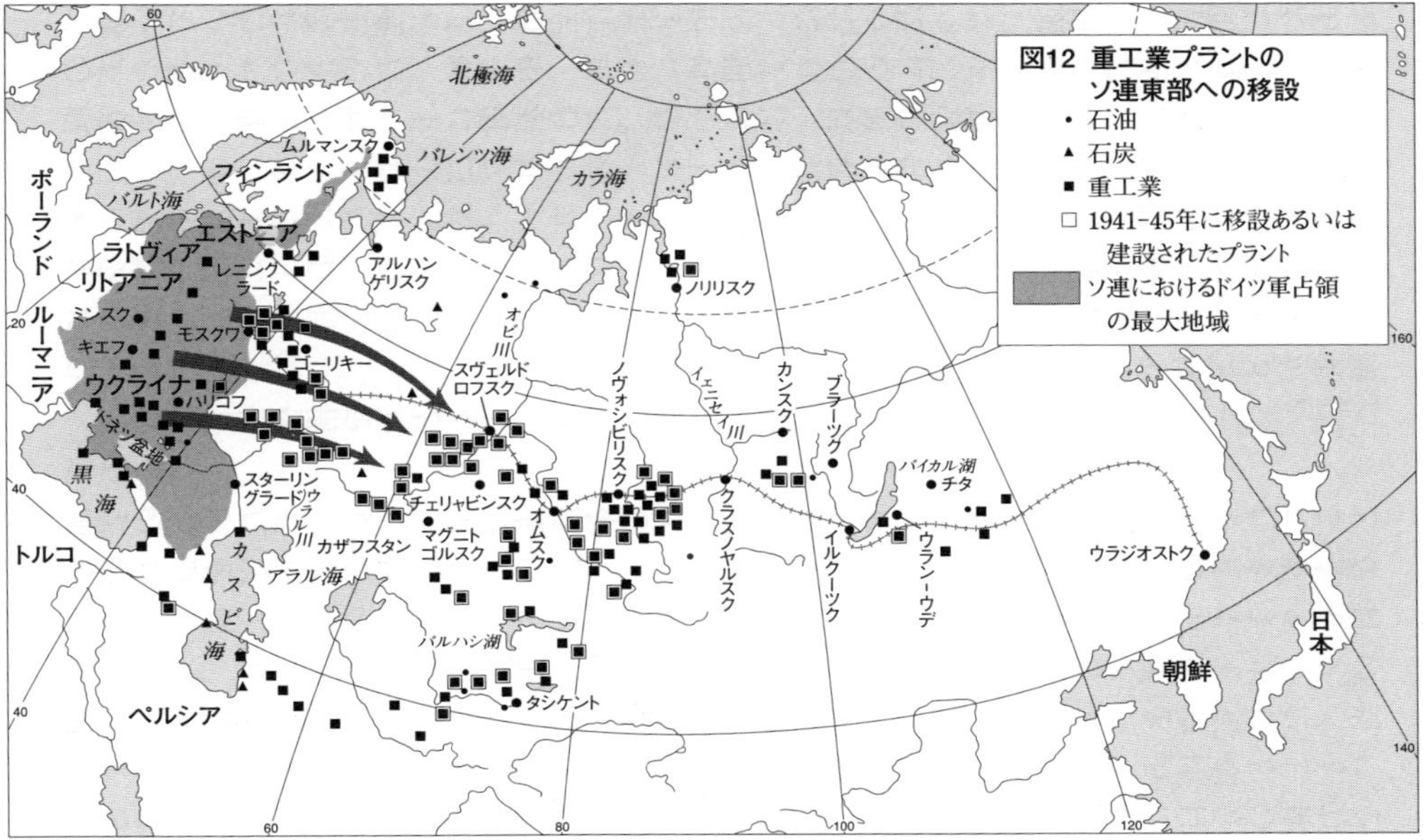
図12 重工業プラントのソ連東部への移設
石油
石炭
重工業
1941-45年に移設あるいは建設されたプラント
ソ連におけるドイツ軍占領の最大地域
北極海
バレンツ海
カラ海
バルト海
ムルマンスク
フィンランド
ポーランド
エストニア
ラトヴィア
リトアニア
レニングラード
アルハンゲリスク
ノリリスク
ミンスク
モスクワ
キエフ
ゴーリキー
ルーマニア
ウクライナ
ハリコフ
ドネツ盆地
スヴェルドロフスク
オビ川
ノヴォシビリスク
イェニセイ川
カンスク
ブラーツク
バイカル湖
チタ
黒海
スターリングラード
ウラル川
チェリャビンスク
マグニトゴルスク
オムスク
クラスノヤルスク
イルクーツク
ウラン-ウデ
ウラジオストク
トルコ
カスピ海
カザフスタン
アラル海
バルハシ湖
タシケント
ペルシア
朝鮮
日本
60
0
20
40
80
100
120
140
160

SSは決して一枚岩ではなかった。ヒムラーはほとんどすべての活動に自分の権力をおよぼそうとした。そこでSSは、戦時中に独自の経済帝国をつくりあげるとともに、国防軍と並ぶ第二の武装勢力である武装親衛隊（ヴァッフェンSS）を設立した。当然ながら、ヒムラーの勢力拡張の野心は、ナチの他の機関――たとえばゲーリングの四カ年計画――との対立を生み、ボルマンや党所属の大管区指導者は、あくまでも自分の利益を守ろうと決意していた。これに劣らず目についたのは、SSのさまざまな部署のあいだで、ヒムラーの支持をとりつけようとしてライバル意識が生まれたことである。

SSの官僚機構をたどると、それだけで一冊の本になってしまうだろう（原注：すでに本が書かれている。ヘルムート・クラウスニック、ハンス・ブーフハイム、マルティン・ブロスツァット、ハンス－アドルフ・ヤコブセン共著『SS国家の構造』一九六八、ロンドン）。ここではSSが実際に何をしたかに目を向けるほうが重要である。ハイドリヒが保安警察（SIPO）と保安諜報部（SD）を統合したのは、大ドイツの内部における反体制派の活動を突きとめて追及するためだった。一九三九年に戦争が始まるとすぐ、反体制の疑いのある者が――カトリックおよびプロテスタントの聖職者も含めて――大勢逮捕され、強制収容所の「保護監督」下に置かれた。なかには、以前に強制収容所に入れられたことのある者もかなりいた。戦争中、最初に処刑されたのは、ダッハウのユンカース工場で働いていた共産主義者で、防空作業を拒否したためだった。逮捕者を訊問したあと、ヒムラーは銃殺を命じた。刑はザクセンハウゼンの収容所で執行された。

ヒトラーは、このようなケースでは裁判所の取調べや審理は不要だと明言していた。保安警察は有罪かどうかを決定して、それ以上の調査や上訴は受けつけずに投獄ないしは刑を課する権限をもっていた。強制収容所の収容者数は、一九三九年九月から四二年三月までのあいだに、二万五〇〇〇人から一〇万人弱に増えた。収容者の多くは占領地から送られてきた者で、そのなかには四一年十二月にヒトラーが出した指令「夜《ナハト》と《・ウント・》霧《ネーベル》」により抵抗運動の罪を問われて逮捕された者もいた。彼らは現地で裁判を受けるのではなく「夜と霧」にまぎれてひそかに連れ去られ、ドイツで隔離され、その所在は誰にもわからなくなった。

このような事例を全部合わせると、スターリン時代のソ連のNKVDによる事例の数倍にのぼった。SSの独自の役割は、東方に純粋なドイツ民族だけの帝国をつくるという、ヒトラーのイデオロギーを実現させる手段になるということだった。

戦争が始まるまで、ヒトラーの過激な人種主義にもとづく世界観がどの程度のものかは明らかにされなかった。わかっているのは、一九一八年の敗北をはねのける国粋主義の計画を立て、ドイツの軍事力を回復させてドイツをヨーロッパの指導的な大国にしようと考えていたことだけである。ドイツが戦争と平和をへだてる垣根を取り払って、「人種的に劣る」ポーランド人に勝利を収め、ポーランドの国土の半分を占領したことが、新しい段階を画することとなり、ヒトラーは以前にも増して自由に自らの思想を実際に試してみるようになった。それでも、彼は慎重な姿勢をとりつづけ、国粋主義から初めて人種主義政策へと段階を移したことを外に表わさなかった。自由を手にしながらそれを隠していたことを何よりも例証するのが、ポーランドを敗北させたあとで初めて彼が下した決定である。

権力の座につくかなり以前から、ヒトラーは「民族《フォルク》」の健全さを退化から守りたいという思いにとりつかれて、肉体的あるいは精神的に損なわれている人間を抹殺するという考えに傾いていた。首相に就任（一九三三年）して三カ月足らずのうちに、ヒトラーは「遺伝性の疾患」のある者にたいして強制的な断種手術をほどこす法律を導入した。断種手術は、反ユダヤ政策を目指したニュルンベルク法にも採り入れられ、「ドイツ民族の血の純粋さはドイツ人を存続させていくために不可欠」であるとの理由にもとづいていた。三九年の秋、ヒトラーはさらに一歩を進めて安楽死を認め、成人と子供とを問わず「生きるに値しない生命」を医薬によって死にいたらしめることにした。ダンツィヒに近いソポトのカジノ・ホテルに滞在中、彼は総統命令に署名して、総統官邸を取り仕切るフィリップ・ボウラーと専属の外科医カール・ブラント博士に手渡した。

特定の医師の権限を拡大し、人間的なあらゆる基準に照らして不治の病と診断された者にたいして、その医療条件において可能な最も厳重な査定をしたのち、慈悲深い死を与えることを認めることとする。／（署名）アドルフ・ヒトラー[*73]

一九三九年一月三十日の演説で、ヒトラーは新たな戦争によって「ヨーロッパのユダヤ人種が絶滅される」ことを「予言」したが、それ以後、この予言をひきあいに出すたびに、その日付を間違えて九月一日、つまり開戦の当日にしていた。意識的なのかどうかはともかく、安楽死に関する指令についても同じ間違いをして、十月一日だったのを九月にさかのぼらせている。それはあたかも、開戦の日に一線を踏み越えたことで、平和なときには政治的にできなかった多くのことが可能になった事実を強調したかったかのようである。一方、命令は「秘密」扱いにされていただけでなく、それまで使っていた偽善的な用語を何度も繰り返して、このうえなく野蛮な殺人方法をたくみにカムフラージュしていたのである。

Ｔ４――総統官邸の住所、ベルリン市ティーアガルテン四番地にちなんでつけられた――と呼ばれるこの計画には、ＳＳのみならずドイツの精神科医の多くが関わっていた。ドイツ国内で六カ所のセンターがもと精神病院だったところに設けられ、そのほか占領したポーランドにも設置された。殺害――成人ばかりでなく子供も対象となった――の方法は、最初は注射で、のちにはヒトラーの決断で一酸化炭素が使われた。ナチの最初のガス室を設計したのは、SS刑事警察の一員だったクリスティアン・ウィルトである。ガス室はシャワールームに見せかけた部屋で、患者が衣服を脱いで入ると、五分以内にガスで殺される仕組みになっていた。死体はすぐにSSの隊員が取り除き、焼却炉に入れた。医師が偽の死亡診断書を書いて署名し、骨壺に悔やみ状を添えて家族のもとに送られた。

T4計画は一九四一年八月に中止されたが、「安楽死」の組織や医師の個々の主導でつづけられた。薬品を用いたり、とりわけ子供などの患者にたいしては「自然な方法」として餓死させたりした。彼らは政府の医療関係筋からお墨付をもらい、国家およびその戦争遂行上の負担を取り除くために、負傷兵に必要なベッドを占領している「ただ飯食らい」を処分しているのだと自負していた。

ガス室の発明以外にも、T4計画には「最終的解決」、つまりのちのアウシュヴィッツをはじめとする絶滅収容所での大量虐殺に直接関係するいくつかの特徴があった。第一は、作戦を取り巻く秘密主義と、関係者が手のこんだごまかしで自らの行動を隠したことである。第二は、医師が加わって医学の手順を踏むよう注意が払われたことである。身体検査を行ない、犠牲者の選別にも実際の殺害にも(アウシュヴィッツにおけるように)医師が担当し、診断書も書いた。医師自身も医療としてのこの方法の治療価値を強調し、「治療行為」が個人に安楽を与えるとともに地域社会の利益にも適うものであり、「医学の倫理に完全に一致する」とした。第三の特徴は、ユダヤ人患者の扱いである。彼らにたいしては、医学的な見地による安楽死の基準――不治の病、精神的欠陥、精神分裂病、入院の長期化――を適用しなくてもよいとされた。一九四〇年四月以降、ドイツの精神病院に入院したユダヤ人はすべて、ユダヤ人であるというだけの理由で殺された。ユダヤ人は伝染病の保菌者で根絶しなければならないとされたのである。

最後の特徴は、この計画がドイツの教会の多くの指導者が率いる抵抗運動にぶつかったことである。その名を忘れてはならない人物として、プロテスタントの牧師で精神病院の理事でもあるパウル－ゲルハルト・ブラウネとフリッツ・フォン・ボーデルシュヴィングがいる。さらに、ミュンスターのカトリックの司教で元士官だった枢機卿アウグスト・フォン・ガーレン伯もその一人で、有名な一九四一年八月の説教で、罪のない人びとを殺す者に神罰が下るよう祈りを捧げた。抵抗運動は効果をあげ、ヒトラーは八月中にT４計画の一時停止を命じることになった。このときまでの犠牲者は七万人以上にのぼっていたという。

ヒトラーとナチが得た教訓は、ドイツ本国で非合法な大量虐殺を実行するという危険を犯すべきではないということだった。もう一つの教訓は、ヒムラーが指摘したことだった。「T４作戦をＳＳにゆだねていたら、事態は違っていただろう。総統がわれわれに仕事をまかせてくれるなら、われわれは正しい処置の仕方を知っているし、無益な騒動が起こることはないのだ[*74]」

ポーランドはまるで別の世界のようだった。その住人は文明世界に属する者ではなかった。ここでは通常の行動規範はずたずたにされ、ＳＳがポーランド人を住みなれた家から追い立て、ユダヤ人をゲットーに追いやることもでき、ドイツで安楽死が呼び起こしたような抗議を受けることもなく、彼らの移住政策にも着手できた。

それにもかかわらず、一九三九年九月から四一年六月のソ連侵攻にいたるまでの二一カ月間、ＳＳは自分たちの意のままにならない展開に苛立ちをおぼえていた。四一年五月までに移住させた民族上のドイツ人が二〇万にとどまるという、期待を裏切る結果になったのは、ＳＳの行動によって生じた問題をめぐって他のナチ党幹部が反対したことと、戦争のさなかでさまざまな資源が緊急に求められるという実際上の問題があったためだった。第一の問題として最も深刻だったのは、ハンス・フランクがＳＳの計画――すでに過密状態の彼の総督府領に七〇〇万人以上のポーランド人を移住させるというもの――に反対したことだった。ヒトラーの介入でフランクは反対の口を封じられ、ハイドリヒはヒトラーの同意をとりつけてさらに一〇〇万人以上の難民を総督府領に強制移住させる緊急計画を進めることにしたが、四一年三月にこの計画の実施はにわかに中止された。このときまでに強制移住させられた人は二万五〇〇〇人にすぎなかったが、その遅れの理由は、ドイツ軍があらゆる輸送機関をバルバロッサ作戦の準備のために優先させなければならないからだった。

同じような進行の遅れによる苛立ちは、ナチのユダヤ人政策にも影響をおよぼした。「水晶の夜」事件以来、ナチはドイツ人の生活からユダヤ人を組織的に排除する方針に逆戻りして、ユダヤ人の資産の「アーリア化」を図り、彼らを国外に追放させようとして圧力をかけた。ハイドリヒの主張によれば、この政策によって都合三六万人のユダヤ人がドイツから追放され、さらに一七万七〇〇〇人がオーストリアとボヘミア－モラヴィアから追放されたという。しかし、戦争によって国外追放政策に事実上の終止符が打たれるのと同時に、ポーランド占領によるドイツ支配地域の拡大により三〇〇万以上もユダヤ人が増えた。ナチはなおもユダヤ人を国外へ移住させる政策をとりつづけ、二つの地域が移住先として候補にあがった。一つは、アイヒマンが提案してすぐにひっこめたもので、ルブリン南西の総督府領内の、サン川沿いにあるニスコの周辺地域だった。もう一つはドイツ外務省のユダヤ人問題専門家のフランツ・ラーデマッハーが一九四〇年に提案した地域だった。当時フランスの敗北により、フランスの領土の再配分の道が開かれたように思われていた。ラーデマッハーの構想では、六〇〇万のユダヤ人をヨーロッパからマダガスカル島に移住させるというものだった。「マダガスカルにイスラエル国家が建設されるかもしれない」とヒトラーは六月、ムッソリーニに語っている。この構想はアイヒマンとハンス・フランクが熱心に推奨し、フランクはこれによって自分の総督府領に向けられている要求を「一挙に解消できる」と見ていた。

しかし、マダガスカル計画を実現させるには、フランスばかりかイギリスも敗北させなければならなかった。一九四〇年九月にこれが無理だということがはっきりすると、マダガスカル計画にたいする関心は急速に薄れていった。四一年一月から二月になると、ナチのユダヤ人政策は手づまり状態になった。

この手づまり状態はソ連侵攻によって打開された。ヒトラーの考えのなかでイデオロギーの要素と戦略的な要素とが一つの焦点となって結ばれたのである。ヨーロッパの覇権に通じる戦略的な鍵としてソ連の軍事力を打ち砕くことと、ドイツが世界の覇権をかけた最後の戦いでアングロサクソン諸国を敗北させるのに必要な原材料と食糧、奴隷労働力を獲得することの二つが、いまや人種主義のヒトラーの「世界観」と自然に結びついていった。アーリア人であるドイツ人が「劣等人種のスラヴ人」よりまさるとの信念、ドイツ民族という支配者民族の将来のための生活圏の確保、反マルクス主義と反ユダヤ主義、これらが一つになってヨーロッパをユダヤ的なボリシェヴィキの悪疫から救い、モスクワの病根を打ち砕く撲滅運動になったのである。

ソ連侵攻によって、ヒトラーは目的が限定された民族主義的プログラムと決別して、はてしない地平線の広がる人種主義者‐帝国主義者の冒険に乗り出した。それはドイツ軍が西方で繰り広げたような戦いではなく、（彼が絶えず主張していたように）絶滅戦争であり、どんな規則も無視される破壊を目指したイデオロギー戦争だった。

ヒトラーの頭のなかで、ソ連の打倒と「ユダヤ人問題の解決」の論理的な結びつきをいっそう強めたのは、ドイツ軍が侵略して占領するはずのソ連に、ヨーロッパで最も多くのユダヤ人が住んでいたことだった。この事実は、ポーランド、ドイツ、オーストリア、チェコスロヴァキアのユダヤ人居住者をどうすべきかという問題が未解決だったことに加えて、ヒトラーに強い圧力をかけることになり、そこにユダヤ人問題の「最終的」解決という過激な発想を生みだす素地があった。

ヒトラーがまだいくらか躊躇していたとしても、一九四一年の春から秋にかけての目ざましい勝利の連続で、それも払拭された。フランスを敗北させたあとの数カ月間ほどは不安を見せていたものの、神の摂理に導かれた任務をはたしているのだという信念とそれがもたらす自信をさらに強めたのは、ユーゴスラヴィアとギリシアを打ち破って占領したこと、北アフリカとクレタ島でイギリス軍を打ち負かしたこと、そしてとりわけ最大の賭けに成功を収めたことで、十月半ばには、東方での戦いに勝利を収めた、とヒトラーは宣言していたのである。

こうした背景のなかで、ユダヤ人問題の「最終的解決」とナチが叫び、のちに「ホロコースト」と呼ばれるようになったヨーロッパのユダヤ人絶滅計画が策定されていった。この決定がなされた時期をはっきりと特定することはできないが、それも驚くにはあたらない。このような決定は、前例もなく、遂行するにあたってはできるだけ秘密を守らなければならず、通常の手順を踏んで行なうわけでもないのだ。さまざまな事柄を照らし合わせてみた結果、ヒトラーが初めてソ連攻撃の決意を将軍たちに語ったのは一九四〇年七月三十一日で、参謀幕僚が第一次作戦の草案を作成したのが八月五日だったとされている。バルバロッサ作戦の指令が出されたのは四〇年十二月十八日だが、攻撃を開始する日が決められたのは四一年五月一日のことである。最終的な攻撃命令が出されたのは、ようやく六月十七日になってからだった。つまり、一年のうちで最良の時期を選んだのである。だが、ヨーロッパのユダヤ人を絶滅するという決定にくらべれば、ソ連にたいする攻撃開始の決定は、前例のない規模のものだったとはいえ、きわめて明快で、ドイツの参謀幕僚なら百戦錬磨の腕前をもって実施できることだった。これにたいして、前例がないだけでなく、兵站面や技術上の問題ばかりか、道徳的かつ政治的な問題がからむ絶滅戦争となると、話が違ってくる。

実際には――こういう言葉が使えればの話だが――二度の「決定」があった。いずれの場合も、完了するまでに数カ月を要した。一つは、ソ連のユダヤ人居住者の大量殺戮につながったもので、もとはヒトラーがSSの四つの特別行動隊にポーランドで同一の役割をはたすよう求めた指令に述べられていた。一般向けに「特殊任務」という名がつけられていたが、ヒトラー自身は「ボリシェヴィキのすべての指導者と人民委員、ボリシェヴィキ的なユダヤ人インテリゲンチャの抹殺」であると述べていた。しかし、実際には、人民委員と高官はドイツ軍がやってくる前に逃亡していたので、彼らを銃殺したといってもユダヤ人を殺戮したのにくらべれば、特別行動隊の活動のほんの一部にすぎなかった。ユダヤ人の殺戮は本来は成人男子にかぎられていたが、四一年秋には婦女子も含まれるようになった。たとえば、十月十五日付のA部隊の報告によると、この日までに一二万五〇〇〇人のユダヤ人のほかに、主としてソ連の人民委員と官吏からなる五〇〇〇人を一掃したとされている。

ソ連侵攻の直前の最後の状況説明で、ハイドリヒは将校たちに何が求められているかを明確に説明した（原注：将校の多くは専門的な背景知識をもっており、高度の学識をもった者、省庁の高官、弁護士、プロテスタントの牧師、オペラ歌手なども含まれていた）。その要点をルドルフ・ランゲ博士が一九四二年一月の報告書で次のようにまとめている。「特別行動隊が心にとめておかなければならない目標は、ユダヤ人問題を全ユダヤ人の処刑によって解決することである」*75

特別行動隊がソ連の広大な領土に分け入るにつれて、三〇〇〇人という彼らの人数では、与えられた任務を遂行するのに充分でないことがわかってきた。白ロシアだけでも一五〇万のユダヤ人がいると、B部隊の隊長アルトゥール・ネーベは報告している。

しかし、ヒトラーの気分は高揚していて、困難に怯むどころではなかった。ドイツ軍がソ連にすばやく侵攻したことから、勝利は目前だと確信し、七月十六日にゲーリングおよびナチの指導者たちと会ったとき、彼はすっかり有頂天であり、どんなことでも不可能ではないと思っているようだった。ドイツは、いまドイツ軍が突進している領土を絶対に手放しはしないとヒトラーは宣言した。そして、ロシア人がパルチザンの戦法に頼っているのはまことに都合がよいと、これを歓迎した。「おかげで、われわれに敵対する連中をみな殺しにできる……当然ながら、この広大な地域はできるだけすみやかに平定しなければならない。それには、われわれに不信の目を向ける人間を片っ端から撃ち殺すのがいちばんだ[*76]」。ヒムラーはこの会議に出席していなかったが、議事録を渡され、それに従って行動した。ヒトラーがこの発言をしてから一週間足らずのうちに、ヒムラーはさらに一万一二〇〇人のSS隊員を追加して特別行動隊を補強したのである。四一年の末までに、特別行動隊の総数は三万人に増員され、四二年七月には一六万五〇〇〇人に、さらに四三年一月には三〇万人に増員された。

そのあいだ、彼らは一貫して必要不可欠なドイツ軍の支援をあてにできた。

ヒトラーがどれほどの関心を向けていたかを示す証拠は、秘密警察《ゲシュタポ》の長官ミュラーから送られた一九四一年八月一日付の暗号電報を見れば明らかである。「総統には、東方における特別行動隊の仕事を絶えず知らせておかなければならない……このために、とくに興味をそそる、写真などの視覚的な資料が必要である」[*77]

ロシアのユダヤ人は、自分たちのたどる運命をまったく想像していなかった。独ソ不可侵条約が守られているあいだは、ユダヤ人にたいするナチの仕打ちはソ連の新聞に報じられなかったので、保安課報部（ＳＤ）は彼らの無知につけこんだ。以下は、ウクライナで活動した特別行動隊Ｃの報告からの抜粋である。

キエフでは、移住を奨励するポスターにつられて、ユダヤ人のほうから集まってきた。当初、われわれはせいぜい五〇〇〇〜六〇〇〇人を見込んでいたのだが、三万人以上のユダヤ人が集まった。組織的な宣伝が非常に効果をあげて、彼らは処刑の寸前まで移住の話を信じていた。[*78]

特別行動隊は三万人の全員を銃殺した。他の町では、婦女子を含む三万四〇〇〇人のユダヤ人が収容所に入る登録をした。「貴重品と衣服を剝いだうえで、彼らを全員

図13　地獄の地図

①ナチの主な絶滅収容所および強制収容所

— 大ドイツ帝国の国境線

■ 強制収容所

▲ 絶滅収容所

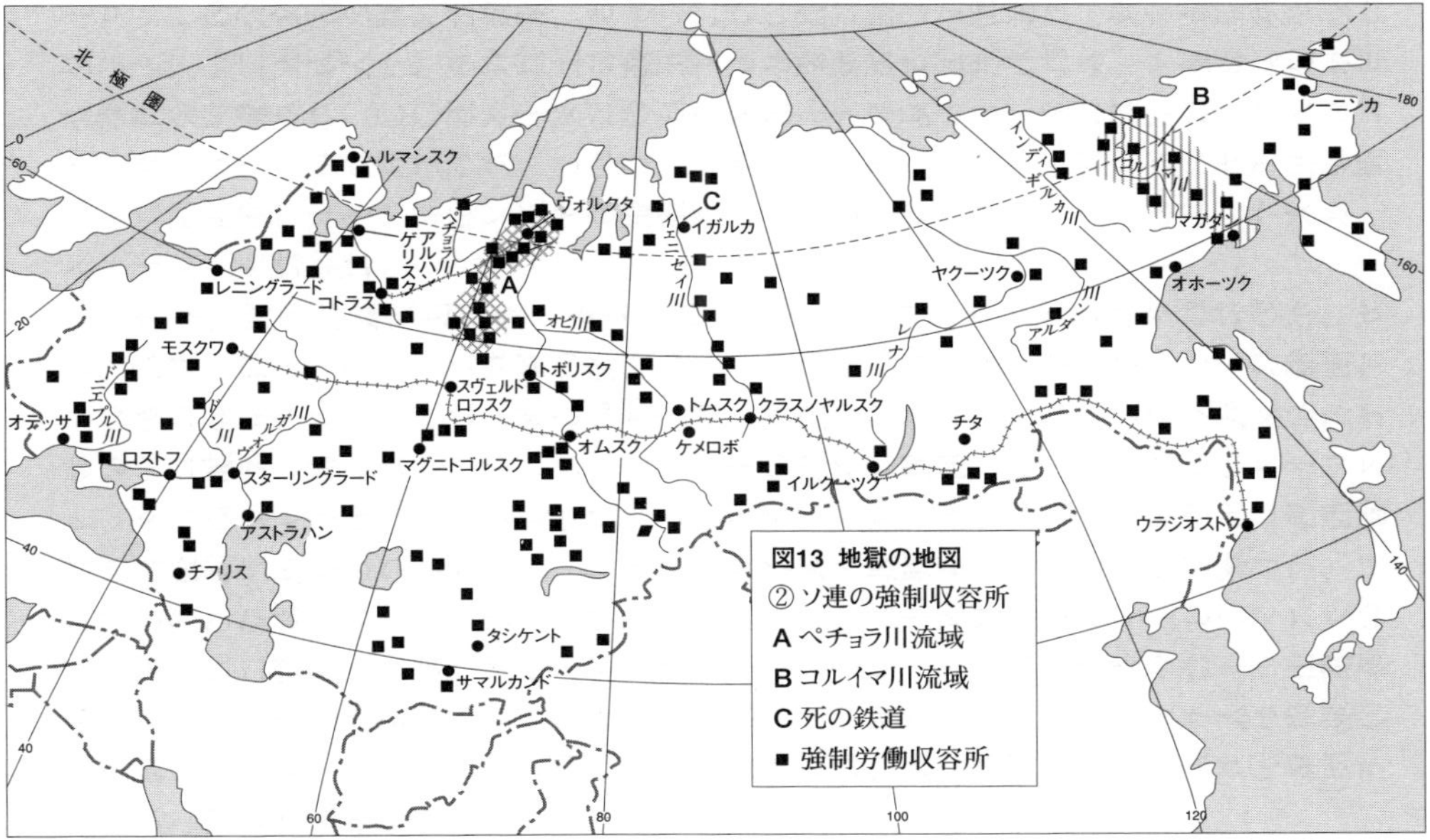

図13 地獄の地図

② ソ連の強制収容所

A ペチョラ川流域

B コルイマ川流域

C 死の鉄道

■ 強制労働収容所

殺した。何日もかかる仕事だった」

処刑の前には、犠牲者たちは隅のほうに集められ、衣服を脱いで自分たちが集団で埋められる墓穴を掘らされた。彼らの死体はまだ処刑されていないユダヤ人か現地の労働者が穴に投げ入れた。埋めようともせず——まだ生きている者もいた——山積みにして捨てておかれることもあった。一九四一年八月十五日、ヒムラーはミンスクの特別行動隊を視察したとき、二〇〇人のユダヤ人が処刑されるところを目撃して、ショックのあまり卒倒しそうになった。このあと、ユダヤ人の婦女子が定期的に処刑者のなかに加えられるようになった。ヒムラーの悩みは処刑にあたる者たちのストレスをいかに軽減するかだった。彼らの多くは、将校をはじめ、このうえなく残忍な者でも、白昼に自ら手を下した現場の光景にうなされていた。そこで、ヒムラーは帰国するとすぐ、別の殺戮方法に変えるよう命令し、その結果として発明されたのが、ガス・トラックだった。

一九四四年にドイツ軍がソ連から駆逐されるまでに殺されたロシアのユダヤ人は、当初九〇万人といわれていた。しかし、ソ連の公文書——たとえばソ連のナチ犯罪調査委員会が集めた二〇〇万ページにのぼる文書——を見ると、その数字は、控え目に見ても、一二五万人か、それ以上に修正する必要があると思われる。ソ連および東ヨーロッパの公文書を調べた結果、さらに二つの点に関して両者で一致する証拠が見つかった。第一は、SSばかりでなく、ドイツ軍と軍事警察がこれまで考えられてきた以上に、市民にたいする残虐行為に関与していたことである。第二は、ウクライナ人とリトアニア人、それにハンガリー人、クロアチア人およびスロヴァキア人がそれまで知られていた以上にドイツに協力的で、ユダヤ人の強制移住と殺害に手を貸していたことである。

仕上げとなる作戦は、虐殺についての物理的な証拠を隠滅することだった。この仕事を割り当てられたSS第一〇〇五特別行動隊は、巨大な墓穴を掘り、人間の痕跡を残す証拠を油をひたした網の上で焼いた。残った骨は特別な機械ですりつぶされた。

一九四一年七月、対ソ戦における勝利の望みが出てきたことから、ヒトラーは何でもできると思いはじめた。そして、ソ連国内のユダヤ人にたいするSS作戦の強化を決意しただけでなく、第二のさらにおぞましい決意も固めたようである。ヨーロッパにいるすべてのユダヤ人を殺して、ユダヤ人問題の最終的解決を図る決意をしたのである。一九四一年の夏、ヒムラーはアウシュヴィッツ強制収容所の所長ルドルフ・フェルディナント・ヘスをベルリンに招いてある指令を発した。ヘスによるのちの証言は以下の通りである。

総統は、ユダヤ人問題をきっぱりと解決するよう命じられ、われわれSSにその命令を実行するようにとのことである。

ヒムラーはさらに付言して、この課題の遂行は「ガスによるものとすべきである。射殺すれば、予想されるおびただしい死体を処分するのは困難で、その作業をしなければならないSS隊員に重い負担がかかるだろうし、とりわけ犠牲者のなかに女と子供が含まれるとなれば、なおさらである[*79]」。

七月末日、帝国防衛委員会議長のゲーリングは国家保安本部（RSHA）長官のハイドリヒに以下の指令を発した。

一九三九年一月二十四日に貴下に命じた任務は、ユダヤ人問題を移住および疎開による最も適切な方法で解決することであるが、それを補足するものとして、ここにヨーロッパのドイツ勢力圏内におけるユダヤ人問題を全面的に解決するための組織的、技術的、物質的な問題に関して、必要なあらゆる準備をするよう命ずる。他の政府機関が関与する場合、貴下と協力することになる[*80]。

ゲーリングをはじめ、ナチの幹部の誰一人として、ヒトラーの許可なくしてこのような指令を出すことはできなかった。ましてや、一九四一年七月といえば、ヒトラーのソ連攻撃の正当性が認識されて絶対的な権限を得ていた時期だけになおさらである。

一九四一年の夏に、ヒムラーはしばしばヒトラーの本部を訪れていた。この指令の出所は、もともと「二人だけの」話しあいの席だった可能性が高い。この段階での「決定」は、おそらくヨーロッパに残っているユダヤ人の強制移住と抹殺の計画立案に着手する権限を与えるかたちをとったものと思われ、おそらく同じころにヒトラーはヒムラーの提案を許可して、すでにソ連で実施されている計画を拡充するため、SSの増援部隊を送ることにしたと思われる。

この指令に、ヒトラーではなく、ゲーリングの署名があることは、ヒトラーがかねてから慎重に行動し、反ユダヤ人的な措置と自分の名前が結びつかないようにしていたことと一致する。最初から最後まで、この作戦はすべて秘密のベールに包まれていたのである。書類に残すことは最小限にとどめられ、どうしても必要なときは、絶滅というかわりに「疎開」とか「再定住」といった婉曲表現を使うのが不文律になっていた（原注：戦後に書かれた覚書のなかで、カイテルは総統が側近に伝えるときに使った「言い換えの取決め」による表現にふれている。〔ジェラルド・フレミング『ヒトラーと最終的解決』ロンドン、一九八五〕）。ヒトラーは自分の希望を口頭で明確に伝え、必要な命令を伝えるのは他の人たち――ヒムラーやゲーリング、あるいは軍事問題はカイテルかヨードル――にまかせて、そのときには「総統の希望により」という決まり文句を使わせていた。

最終的解決は、ドイツ国内ではなく、ポーランドとソ連で実行されることになった。この両国に関するニュースの公開は、とりわけ戦時には、厳しく制限されていたからである。それでも口伝てに噂が広まるのを防げなかったのだが、一九四二年七月末にドイツの実業家エドゥアルト・シュルテが最終的解決についてのニュースを、スイスにいる連合国代表にひそかに伝えて、当時準備中のこととすでに始まっていることを話したとき、作戦の規模があまりにも大きいため、すぐには信じてもらえなかった。十二月半ばになってようやく、連合国側の政府は、チャーチルとイギリス政府に強く促されたこともあり、シュルテの報告が事実だと確認できるとの感触を得て、そのような人間性にもとる行為を非難し、責任者を処罰すると約束した。[*81]

今後とるべき措置がヒトラーの承認を得ていることを知っておく必要がある者には、そのことが極秘のうちに伝えられた。中心的な役割を演じたアイヒマンが、一九六〇年にイスラエルの尋問官に語ったところでは、四一年の夏の終わりごろ、ハイドリヒに呼び出されてこう知らされたという。

「総統がユダヤ人を物理的に根絶するよう命じた」。彼は私にそう言ってから、いつもと違って長いこと黙っていた。彼の言葉が私にどう影響したかを確かめたがっているようだった。彼が慎重に言葉を選んだので、最初、私はどういう意味かわからなかったが、そのうちに事情がのみこめた。私は何も言わなかった。私に言えることなど何もなかったからだ。[*82]

一九三九年秋のポーランド侵攻から、最終的解決に取り組みはじめる四一年七月までの二二カ月間に、SSとナチ党はおびただしい数のユダヤ人とポーランド人にたいする無差別殺戮に慣れっこになっていた。これはドイツとポーランドにおける「安楽死」計画に始まり、占領下のポーランドに広まり、やがてさらに大きな規模に拡大されて、ヒトラーにより「特殊任務」としてソ連のSSに割りふられた。ある歴史家の言葉を借りれば、「殺人が横行していた[*83]」のである。ナチ党とSSばかりか、国防軍までが、ソ連国内でますます野蛮になっていく戦争に影響されたことは、ロシア人捕虜にたいする当初からの非人道的な扱いを見れば明らかだった。

しかし、こうした実際上の問題そのものが、最終的解決を生む原因となったのではない。これを言いだしたのは下からあがった声ではなく、上からの申し伝えだが、実際上の問題が下地にはなっていた。一九四一年七月十六日にポーゼン在勤のSS将校ヘプナーがアイヒマンに送った議事録には、現地のナチ幹部が直面していた実際的な問題が記されている。彼はワルテ大管区の収容所に三〇万のユダヤ人を移す問題に関する討議の内容を報告して、次のように書いている。

この冬は、ユダヤ人の全員に食糧が行き渡らない危険があります。働けないユダヤ人はすぐに手筈をととのえて殺すのが最も人間的な解決策ではないかを真剣に考慮しなければなりません。このほうが餓死させるよりも好ましいと思います。

さらに、まだ生殖能力をもつすべてのユダヤ人を断種して、ユダヤ人問題を現在の世代で最終的に解決してはどうかという提案もあります。[*84]

ユダヤ人を組織的に殺戮するという最終的解決は、ヘプナーのように現場で圧力を感じていた士官にとって、自分たちが直面する実際問題の答になるだけでなく、彼らがすでに半ばまでたどってきたコースの論理的な帰結でもあった。

SSはヨーロッパの各地から連れてこられる数百万のユダヤ人を秘密裡に殺す方法を何か提案せよという問題に答えなければならなかった。その答は、SSがすでに経験した四つのプログラムを混ぜあわせたものだった。強制収容所という制度、ガスによる安楽死、特別行動隊の作戦、自らの運命を知らせずにおびただしい数のユダヤ人を移送する方法である。

銃殺に代わる方法を考えだすようにというヒムラーの要請に最初に応えたSS士官

は、ポーゼンのヘルベルト・ランゲだった。安楽死計画のもとに、ランゲは東西プロイセンの病院から「疎開させた」入院患者をトラックに載せたコンテナーに押しこみ、一酸化炭素を注入して処分したのである。このような方法で最大の成果をあげたのは、一九四〇年五月に東プロイセンの病院から「疎開させた」一五五八人の患者を殺したときだった。その後、ベルリンで働くSSの機械工が排気ガスの一酸化炭素を利用する改良モデルをつくった。安楽死計画が中止されて転属したランゲが、この改良型のガス・トラック三台をポーランドのウッチのゲットーに近いヘウムノ付近の人里離れた場所に置いた。こうして、四一年十二月八日に最初のユダヤ人犠牲者が「処理」された。しかし、ヘウムノを訪れたアイヒマンは、このランゲ式の殺戮方法を批判した。犠牲者を殺せないうちに装置のほうが故障することがしばしばあったからだ。それでも、ヘウムノのガス・トラックはそのまま使われて、最終的には一五万二〇〇〇人以上のユダヤ人がこれによって殺された。

ガス・トラックよりももっと効果的な方法を考えだしたのが、やはり安楽死計画に関わっていたクリスティアン・ヴィルトだった。彼は「安楽死」計画が中止されて以来、これという仕事についていなかったが、見かけは公衆浴場のようで、やはり一酸化炭素を使う特別なガス室を設計したのである。彼が設計した最初の設備は、一九四二年三月十七日にルブリン－リヴォフ鉄道沿いのベウジェツ収容所で使われた。ここにはガス室が六つあり、一日に一万五〇〇〇人の犠牲者を処理できた。ベウジェツの最初の犠牲者は、ルブリンのユダヤ人ゲットー全体だった。

この成功は、実験を重ねつつ不安な思いで数カ月を過ごしてきた総督府領の政府に熱狂的に受け入れられた。「ユダヤ人の『再定住』計画は、こうした大がかりな方法が総督府領でも実施できることを証明した」[*85]のである。ベウジェツにつづいて、ソビボル、トレブリンカ（一日に二万五〇〇〇人を処理できた）、そして最後にマイダネックにガス室ができた。ウィルトに挑戦するかのように、東方のドイツ占領地域、上シュレージエンのアウシュヴィッツにある最大規模の強制収容所のSS技術者が、さらに効果的な方法を考え出した。アウシュヴィッツの収容所長ヘスが、ここを新たな絶滅工場に変えようとしていたのだ。技術者たちは、新しい殺人物質としてシアン化水素酸ガス、つまり殺虫剤として販売されているチクロンBが使えることを発見した。これによって、アウシュヴィッツとその衛星収容所では、他のすべての殺人工場の総能力を上回るほど「生産性」を高めることができた。彼らが「生産性」という言葉を使うことから明らかなように、収容所をつくった者からすると、ここは言わば大量殺人のための工場だったのである。

しかし、ヒトラーは計画の立案者や技術者たちが問題を解決するのを待ちきれなかった。「ユダヤ人問題」についての決定は、彼の気分と密接な関係があり、それはまた戦況とも密接に関係していた。一九三九年九月にポーランドで勝利を収めたあとで安楽死計画が承認され、次いでヒムラーに人種主義にもとづく東ヨーロッパの再編成計画に着手するよう命令が下された。そして、四〇年の夏には、フランスで勝利を収めたのにともなって、ヒトラーはポーランド国家の解体とマダガスカル計画に関するヒムラーの五月の覚書を承認した。四一年七月にユダヤ人にたいする最終的解決を推進する決定を下したのは、ドイツ軍がモスクワからわずか二四〇キロのところに到達したというニュースを聞いた直後のことだった。

しかし、ヒトラーは八月に、ハイドリヒにつづいてゲッベルスからも寄せられた、ユダヤ人を旧帝国領内から東に移住させるという提案を拒否した。この月は、ヒトラーが大衆からの抗議を受けて安楽死計画を中止させた時期だった。国外への移住は、戦争が終わるまで待たなければならないと考えたのである。

やがて九月半ばに、キエフの陥落と五〇万のソ連兵を捕虜にしたことで自信を取り戻したヒトラーは、気が変わって、第一段階としてポーランドに隣接する地域への移住を認めることにした。最初にユダヤ人を一掃することになった都市は、ベルリンとウィーンとプラハだった。十月十日には、ヴャージマとブリャンスクを二重に包囲したというニュースを受けて、ヒトラーはハイドリヒにプラハで次のように発表させた。

「総統は今年末までにできるだけ多くのユダヤ人をドイツ圏内から追放したい意向である[*86]」

一九四一年十月十五日、ヴャージマで包囲されたソ連軍部隊が降伏して、モスクワにパニックが広がった日、第一陣の移住者を乗せた列車がウィーンを発ってウッチに向かい、その直後にプラハ、ルクセンブルク、ベルリンからもすし詰めの列車が出て、翌四二年二月末までに四二回にわたって移住者が運ばれた。ユダヤ人の家や土地をすべて奪っておきながら、この移動は東方に「定住」させるためだというふうに偽装されていた。そうした巧妙な手口の一つが、家の購入契約だった。相当額を支払えば老人ホームに場所が確保され、「契約者は家や福祉、洗濯施設、医療、医薬品などの支払いの心配をせずに余生を過ごせる」というのだ。契約の最後の条項には、購入代金は「契約者が死亡しても」返還されないと付記されていた。実際は全員が殺される運命だったのである。彼らに何がなされようとも、ヒトラーは委細かまわず、ただドイツ人の目に触れず耳に入りさえしなければよかったのだ。

ガス室はまだそれほど多くの人間を受け入れる体制になっていなかった。東方地区《オストラント》の旧バルト諸国で実際にあった事例を二つあげてみる。ミュンヘン、ベルリン、フランクフルト、ウィーン、ブレスラウからコヴノ（訳注：現カウナス）に移送されてきたドイツ系ユダヤ人の五つのグループは、四一年十一月二十五日と二十九日に第九城砦で虐殺された。リガでは、ベルリンから送られてきた三〇〇〇人のユダヤ人が列車のなかに一晩閉じこめられたまま側線に留め置かれ、翌朝、列車から引きずりおろされて午前八時十五分と九時に殺された。同じ日にリガのユダヤ人住民一万四〇〇〇人は、町外れにあるルンブリの森の雪の降り積もった穴のなかで殺された。

虐殺に参加した一人は、のちに裁判で当時の光景を次のように述べた。「穴のなかにユダヤ人は横一列に並んで腹ばいにさせられました。顔をあげないようにさせ、首筋に一発撃って殺しました。場所をできるだけ無駄なく使えるように、撃ち殺されたばかりの死体の上に次のグループを腹ばいにさせました。狙撃手は死体の上に立っていたわけです*87」。当時の責任者だったSSのイェケルンは終戦後の尋問で、バルト諸国で二〇万人から二五万人のユダヤ人が殺されたと答えた。

移送後すぐには殺されなかったユダヤ人は、すでに過密状態になっていたワルシャワやウッチといったポーランドの町のゲットーに押しこまれ、そこでもどうにか生きのびた人たちも、一九四二年のうちに強制収容所のガス室で「シャワーを浴びながら」殺された。

一九四一年の秋にヒトラーの命令を受けてユダヤ人の強制移送計画と急いで取り組みはじめたハイドリヒは、「ヨーロッパにおけるユダヤ人問題の全面的な解決」を遂行する組織をどうするかという広範な問題を論議するため、会議を召集する必要があると考えた。そして四二年一月二十日、のちにヴァンゼー会議と呼ばれる会合がベルリンで開かれた。議題は、選別の問題（ユダヤ人の定義）と例外視されうる者（たとえば戦時経済に雇用されている者や混血、つまりユダヤ人の血が半分ないし四分の一混じっている者）だった。最も難しい問題は、どのようにして恐れおののく数十万の人びとを家から連れ出し、戦争のさなかに数百キロも移送して、占領地域で受け入れたうえ、死に追いやるかということだった。

この会議の議事録は、アイヒマンが書いた。彼ののちの証言によれば、討論は「感情抜きで進められた。殺人とか抹殺とか絶滅の話だった」[*88]。しかし、配布された議事録は、次のような事柄を公式的かつ事務的、客観的に記録してあるだけに、なおさらおぞましい。

約一一〇〇万人のユダヤ人が、ヨーロッパのユダヤ人問題の最終的解決の対象として考慮に入れられる。彼らは次のような国々に分布している。〔リストアップされたなかには、イギリスのユダヤ人三三万人、アイルランドのユダヤ人四〇〇〇人が含まれている〕

最終的解決が進むにつれて、ヨーロッパの西から東までくまなく捜索してユダヤ人を排除することになる。[*89]

一年後、ヒムラーは一九四二年度の最終的解決策の進捗状況について、ヒトラーに宛てた報告書を作成させた。「特別措置」を受けたユダヤ人――すなわち「総督府領の収容所を通過したユダヤ人」の意――の総数は、一八七万三五三九人だった。報告書はヒトラーが読みやすいように、専用の特別なタイプライターを使って大きな文字でタイプされた。最後にはアイヒマンのところに戻され、そこにはヒムラーの指示が付されていた。「総統はメモをとられた。破棄せよ。H・H」[*90]

ナチの指導者のなかでも、これほど誇大妄想的な計画を考えだしえたのは、たった一人だった。ヴァンゼー会議に出席し、そこで示された実践的な問題に関わった官僚たちもそこまでは考えなかった。また、総督府領、ワルテ大管区、東方地区《オストラント》でSSや党の指導者としてゲットーや収容所の責任をあずかり、その過密状態を緩和する方法はないかと探っていた者も考えつかなかった。彼らはこれ以上多くのユダヤ人を自分の管轄区域内に連れてくることを考えもしなかったし、そこがヨーロッパの全ユダヤ人を絶滅させる殺戮の場として使われるなどとは思いもしなかった。

ヒトラーだけが、そのような計画を思いつくだけの想像力――どれほど歪められたものにせよ――をもっていたのだ。彼がいつごろからその計画を温めていたかは知るよしもないが、第一次大戦が終わったときに初めて演説をして以来、一貫して「ユダヤ人問題」を重視してきた姿勢とその軌跡は一致する。このような「解決」を空想していた段階から一挙に現実化することを考えるにいたった年を特定すれば、それは一九四一年である。

この年、ヒトラーは自らの「世界観」に描いていた東方の生活圏というもう一つの空想を現実に転化させる恐るべき能力を発揮して、正当な理由もなしにドイツ軍部隊をソ連に侵攻させたのである。バルバロッサ作戦の場合もそうだったが、ヒトラーには「最終的解決」を組織的に実施する能力もなければ実際的な関心もなかった。その仕事は、ヒムラー、ハイドリヒ、アイヒマン、ヘスらにまかせ、ソ連侵攻の執行部隊の組織づくりも、陸軍の参謀幕僚にゆだねていた。しかし、このような計画を思いついて、他の人間たちにそれが実際にできることを納得させられるヒトラーのような人物がいなかったら、ソ連侵攻もユダヤ人虐殺も起こらなかっただろう。ヒトラーだけが備えていたこうした才能は、泡沫的なナチ党を政権につかせたときに発揮されていたし、敗戦国のドイツを再びヨーロッパで最も強力な国家にしたときにも、フランスを打ち破ったときにも実証されていた。ユダヤ人絶滅を「予言」した演説で自ら言っていたように、彼の言葉はいつの段階でも一笑に付されて、真剣に受け取られなかった。「最終的解決」はヒトラーの日ごろの主張の正しさを証明し、彼の予言者としての能力を嘲笑する者は二度と口がきけなくなる事実を示すもう一つの例となった。

ヒトラーが「最終的解決」に貢献した第二の点は、それを正当化したことである。解決の実行に関わった者たちは、それが絶対に公表してはならない国家機密であることを充分に知っていた。ヒトラーの署名入りの指令書がない理由もわかっていた。ヒトラーが自らの「予言演説」を引用した――一九四一年一月から四三年三月までいずれも放送で合計六回言及されていた――ので、ヒムラーとハイドリヒが総統の命令を実行しているのだと言えば、充分な説得力があったのだ。ヒトラーは総統として、国家、党、軍の最高の地位につき、他に並ぶ者のない権限をもっていたので、部下たちは命じられた任務にどれほど不安を感じても、ドイツ国民のために行動しているとの確信をもてた。その点は、ヒムラーがＳＳの指揮官たちに語った次の言葉にも現われている。「これは、われわれの歴史において、あとにも先にも例がない栄光の一ページである……われわれを破滅させたがっている連中を撲滅する道徳的権利が、われわれにはあり、それは義務でもあるのだ」[*91]。ヒトラーがそれを保証していたのである。

ヒトラーの「最終的解決」への貢献の第三は、このような作戦を始動させる意志を国民に広めさせただけでなく、戦争が終わるまでつづくと主張し、敗戦が誰の目にも明らかになってからもつづけさせたことである。ユダヤ人狩りは、フランス、オランダ、イタリア、ギリシアなどヨーロッパ全土でつづいていた。鉄道が絶えず空襲を受け、軍需物資の輸送で手一杯のときでも、ユダヤ人をポーランドへ移送する光景が見られた。一九四四年七月になっても、アイヒマンは新たに五万人のハンガリー系ユダヤ人をアウシュヴィッツに送っていた。そこに到着すると、このユダヤ人たちも従来と同じ身の毛のよだつ手順で処理された。白衣の医師が――手ぶりで合図して――死ぬまで働かせられる者を選びだした。それ以外の者は衣類と所持品のすべてを取り上げられ、男も女も裸のまま並ばされ、子供は安心させるために手を取られたり抱かれたりしてガス室へ駆りたてられていった。叫び声がしなくなってドアが開くと、ユダヤ人たちはまだ直立したままだった。つめこみすぎで倒れなかったのだ。死体は焼却炉に運ばれて焼かれた。この光景は毎日見られ、ヒトラーは用心して見なかったが、証拠を検分した者は誰もがうなされた。

アウシュヴィッツにはまた、六〇人の医師と三〇〇人以上の看護婦が常駐する施設があった。これら設備のととのった実験施設は、収容者を実験の対象として研究を行なうために使われた。囚人は麻酔処置なしで実験台にされ、どんなに苦しんでもいっさい顧慮されず、ただ耐えるほかなく、やがて死ぬままに放置された。ナチの医師の記録は、第三帝国の歴史の最も酸鼻をきわめる一章である。これは一九三三年の強制的な断種手術に始まり、ヒムラーの人種主義的な強迫観念に支持されたものだが、戦争のあいだ施設は大幅に拡充されていった。

一九四四年十一月二十六日という日付のある指令で、ベルリンのSS本部はアウシュヴィッツ収容所の管理者に、前進してくるソ連軍が現地に到達する前にすべての証拠を処分せよと命じた。実験棟は爆破され、すべての記録は焼却された。しかし、見過ごされたものが一つだけあった。中央管理棟に保管されていた七〇〇〇件のファイルが、無傷のまま赤軍の手に落ちたのである。そこには一九四二年に焼却炉の建設を始めたエアフルトの会社、トップフ・ウント・ゼーネがアウシュヴィッツで行なった工事の詳細も記録されていた。同社がナチ時代に手がけて完成した五〇の施設のうちで、最も効率的だったのはアウシュヴィッツのものだった。それはトップフ・ウント・ゼーネが設計し建造して、現場で人間の死体でテストして手直ししたものだった。ソ連軍はこの会社で働いていた四人の主だった設計技師も逮捕したが、尋問の結果、技師たちがベルリンからの要求に応じるのが難しくなった事実が明らかになった。「遺体の処理数」が増大していったため、アウシュヴィッツに課せられたノルマをこなすのが困難になったのである。ソ連がこの資料を公表したのは、やっと一九九〇年になってからだった。ジェラルド・フレミング博士がこれを公刊したおかげで、戦時中にアウシュヴィッツがどのように使われていたかについての反論できない証拠が提供されたのである。

赤軍が進軍してくれば収容所から解放されるという望みは、SSに打ち砕かれた。

SSは西方へ死の行進をさせたのだ。この恐ろしい行進をしのいで生きのびた者はごくわずかで、その生存者もドイツの強制収容所で銃殺された。最後の死の行進は、すでにヒトラーが自殺したあとの一九四五年五月の第一週に、オーストリアのマウトハウゼンからギュンスキルヒェンまでの行進だった。二五年前に歴史の表舞台に登場して反ユダヤの熱弁をふるった男は、ベルリンの地下壕という自らの希望の廃墟のなかで一人こう考えて自らを慰めていた。「とにかく、われわれはユダヤ人という腫れ物を切開して膿を出したのだ。後世の人びとは永遠に感謝するだろう[*92]」

7

ハイドリヒとアイヒマンがヨーロッパから「ユダヤ人を一掃」する長期計画に取り組む一方で、一九四一年十二月の第二週に起こった二つの出来事にたいしてヒトラーがとった対応措置が、ソ連侵攻から始めた賭けの結果を根本から変えることになった。第一の出来事は、すでに述べたように、ソ連が十二月五日から六日にかけて中部戦線で反撃を開始したことである。第二は、十二月七日に日本軍が真珠湾のアメリカ海軍基地に奇襲攻撃を加え、甚大な被害を与えたことである。この二つの出来事のため、ヒトラーは一つの選択を迫られた。

ソ連の反攻を受けたドイツ軍の撤退を食い止め、戦線を安定させるというのは答にならなかった。実際の問題は、そのあとどうするかだった。翌年の春に攻撃を再開するか、それともすでに手にしたもので満足して、講和を結ぶかである。

ヒトラーが第二の選択肢を真剣に考えた証拠はない。だが彼は、こう主張した。春になったら、ドイツ軍は新たな攻勢をかけ、最初の作戦で逃がした勝利を、この第二の作戦によって確保すべきだ、と。

第二のケースについては、ヒトラーはさらに複雑な選択をしなければならなかった。三国同盟が結ばれてはいたが、彼は同盟国の日本に警戒心を抱いていた。とくに、日本がアメリカと長びく交渉をつづけていたので、なおさら気がかりだった。この交渉が合意に達すれば、戦略的なバランスは大きく変わり、アメリカはいっそう自由にドイツと戦う英ソ両国を支援するだろうし、イギリスは東南アジアやインドの植民地の防衛にたいする懸念が解消されることになる。

同時に、ヒトラーはアメリカ政府が英ソ両国の戦争努力を支援する姿勢を深めていることに苛立ちをつのらせていた。一九四〇年にアメリカから五〇隻の駆逐艦がイギリスに渡されたのにつづいて、四一年三月には武器貸与法が成立し、その適用範囲がイギリスばかりかソ連にも拡大された。アメリカの艦船をめぐる事件が頻発し、ついにはアメリカ海軍とUボートがほとんど戦闘状態になっており、一九四〇年十一月にはアメリカの中立法が撤回される事態になっていた。

しかし、怒りながらも、ヒトラーはこれまでアメリカとの公然たる対決を慎重に避けてきた。その証拠に、一九四一年七月にアメリカ軍部隊がアイスランドを占領したとき、あるいはローズヴェルトがアメリカの艦船を保護するうえで必要とあればドイツ空軍の哨戒機および海軍の哨戒艇を「発見しだい攻撃せよ」という命令を出したときにも、ヒトラーは過激な反応を控えた。いずれ将来には、ドイツが世界の覇権を目指すためにかならずアメリカに挑戦しなければならないと、ヒトラーは考えていた。しかしその前に、まずソ連を打倒し、ヨーロッパにどんな封鎖にも耐えられる経済基盤を築き、できればイギリスとの同盟のもとで大洋の彼方の敵と互角に戦える海軍力と空軍力を築きたいと思っていた。

日本軍の真珠湾攻撃で、ヒトラーにとって状況は単純になった。日本がアメリカと戦争を始めれば、日本の意図をめぐる不安が消える。しかし、彼にはそんなことを心配する必要などなかった。日本にたいして全般的な支援を約束しながら、ヒトラーはアメリカとの公然とした対決を引き延ばす政策をつづけることもできたのだ。早くも一九四〇年十一月に、アメリカの統合司令部（統合参謀本部の前身）は、アメリカが独日の両国と戦争をする事態になったら、太平洋の戦場ではもっぱら防衛にまわり、ヨーロッパの戦場を優先すべきだという点で意見が一致していた。この決定は何よりも重要だったが、アメリカが英ソ両国への支援をつづけることはますます困難になるだろう。だが、ヒトラーが手を出さなければ、アメリカは日本だけを相手として戦うことになり、ドイツは除外されるのである。

ともあれ、ヒトラーがこれとは別のことを考えたという証拠はない。一週間前から始まったソ連の反攻をかわすために苦闘するさなか、また真珠湾攻撃の直後、アメリカがドイツではなく、日本にたいして宣戦布告してからわずか四日後、ヒトラーはその必要もないのにアメリカにたいして宣戦を布告したのである。

なぜヒトラーは結果も考えず、そのように軽はずみな行動に出たのだろうか。その答には心理的な要素がからんでいた。彼は一撃のもとにソ連を打ち負かせなかったことに落胆し、しかもアメリカにたいする行動を抑制しなければならないとの思いに苛立っていた。アメリカが真珠湾でひどい目にあったというニュースに、ヒトラーは自信をつけ、神の摂理を再び確信したのである。急遽召集された帝国議会で、彼は喜びにあふれてこう演説した。

私は、神がこの歴史的な戦いの指揮をまかせてくれたことに感謝するばかりだ。この戦いは、今後五〇〇年ないし一〇〇〇年にわたって、ドイツの歴史のみならず全ヨーロッパの歴史、そして世界の歴史を決定する戦いだったと言われるだろう……他に例を見ない規模で歴史を塗りかえる任務が、造物主により、われわれに課せられたのである。*93

アメリカからの宣戦を待たずに、こちらから先に宣戦を布告することで、ヒトラーは心理的に先手を打ったとみていた。お気に入りの奇襲戦術により、ドイツ国民に日本の同盟国であることの価値を誇示し（まもなくイギリスが損害をこうむり、シンガポールを失ったために、その価値がさらに高まった）、国民は彼のリーダーシップにあらためて信をおいたのだ。

　こうした心理的な要素には、二重の計算違いがからんでいた。つね日ごろ、アメリカを堕落した民主主義の国、「ユダヤ人と黒人によって腐敗の進んだ社会」だとして蔑みの言葉を口にしていたヒトラーは、アメリカの経済力を認識していなかった。アメリカがその経済力を海軍や空軍に注ぎこんで、太平洋ばかりか大西洋－北アフリカ－ヨーロッパと、世界の両側で同時に大がかりな戦いをしかけられるとは、夢にも思っていなかったのである。最初のこうした計算違いは、第二の計算違いのためにいっそう危険なものになった。第二の計算違いから、ヒトラーはアメリカに宣戦を布告すると同時に、一九四二年にソ連とあらためて戦う決意をしたのである。アメリカがヨーロッパに再び介入してくるのは、早くても四二年の末以降で、そのときまでにはソ連軍を打ち負かせる、と彼は信じた。そうすれば、ドイツ国防軍を西方での戦いに投入し、イギリスとアメリカの上陸軍をすべて海に追い落とせると計算したのである。そのための準備として、四一年十二月十四日に帝国議会で演説してから三日後、いわゆる「大西洋の防壁」と呼ばれる要塞線を北極海からピレネー山脈にいたるヨーロッパの西岸沿いに築くよう命令した。

しかし、すべてが後手にまわった。まずソ連を敗北させることを前提として西側連合国を撃退するつもりだったため、ヒトラーは一九四一年にすでに犯した賭けの失敗を二重にふくらませることになった。イギリスを倒せないうちに、ドイツをソ連との戦争に突入させたあげく、今度はイギリスもソ連も打ち負かせないうちに、ドイツをアメリカとの戦争にのめりこませたのである。

ヒトラーとスターリンは、一九四一年から四二年にかけての冬の経験から、同じ結論を導き出した。ドイツ軍のモスクワ攻撃をしりぞけて自信を回復したスターリンは、休まずに攻撃をつづければ、赤軍は「一九四二年のうちにヒトラーが率いる軍隊を壊滅させる」（一九四二年一月十日付のスターリンの指令）だろうと確信した。ヒトラーはヒトラーで、ドイツ軍の退却を意志の力で食い止め、ナポレオンにも不可能だったことを成就しえたとして、自信を取り戻していた。その自信を胸に、彼は「赤軍を全滅させ、ソ連の命綱とも言うべきエネルギー源を断つ」（一九四二年四月五日付の指令）ことをわが身に誓い、南部戦線の突破を図る作戦を実施した。それが成功すれば、国防軍はカフカースとその油田に到達できるのだ。

一九四一年十二月から、ヒトラーはバルカン半島、北アフリカ、西方の戦場を、まだ自身が最高総司令官をつとめていたとはいえ、OKWにまかせてしまい、東部戦線はOKHに担当させることにした。そして、自らその頂点に立つべく、フォン・ブラウヒッチュに代わって陸軍総司令官になった。このことを見ても、ヒトラーが東方での戦いをいかに重視していたかが明らかである。いまや東方では、ヒトラーとスターリンが直接、作戦の指揮をとって対決することになったのだ。ヒトラーは陸軍参謀総長のハルダーに次のように語ったが、おそらくスターリンもこの考えに共鳴したことだろう。

戦争で作戦の指揮をとるくらいの仕事なら、誰にでもできる。総司令官の仕事は、陸軍を教育し、国家社会主義者を育てることだ〔スターリンの場合は、政治委員が遂行すべき仕事は共産主義者を育てることだ、となる〕。私の知る陸軍の将軍のなかで、私の希望どおりにこの仕事をやりおおせた者は一人もいない。そこで、自ら陸軍の指揮をとることにしたのだ。*94

さらに二人の類似点をあげよう。すでに参謀総長のシャポシニコフの補佐官になっており、やがてそのあとを継ぐヴァシレフスキー元帥は回想録にこう記している。

スターリンは参謀幕僚の仕事ぶりに大いに不満をもっていた……当時、スターリンのやることは計算違いばかりがあって、ときにはきわめて深刻な誤算をしていた。彼は途方もない自信家であり、頑固で、他人の言うことに耳を貸そうとはしなかった。戦争を直接指揮する自身の能力と知識を過大評価していたのだ。参謀幕僚などほとんどあてにしておらず、彼らの個人的な技能と経験を充分に活用することもまったくなかった。しばしば、何の理由もなく性急に軍の指導者を交代させていた……軍は時代遅れの戦略思考を棄てるべきだという彼の主張は、まさにそのとおりなのだが、そういう本人がわれわれの希望するように古い考えを棄ててくれたためしがなかった。*95

この文章はヒトラーとドイツ軍の参謀幕僚との関係を記述する場合にも、そのまま当てはまったことだろう。

また、二人の仕事のやりかたについても同じことが言えた。ヒトラーはウクライナのヴィンニツァに前進司令部をつくらせてしばしば利用していたが、前線は一度も訪れなかった。一方、スターリンは一九四三年八月に西部戦線とカリーニン戦線の司令部をしばし訪れただけで、自分が指揮する戦闘のそばに近づきもしなかった。ヒトラーもスターリンも自分の命令がどのような地形や状況で遂行されるのか知らなかったし、近代戦がどういうものかもきちんと理解していなかった。二人の経験といえば、二〇年前の内戦と第一次大戦でのフランドルの戦いだけだった。一九四一年から四五年にかけての戦争では、二人はそれぞれ、クレムリンという遮断された環境とラステンブルクに置かれた東プロイセン司令部で、テーブルに地図を広げて指揮をとった。そこで邪魔が入るものといえば、自分の気性の激しさくらいで、それは意見が合わない素振りを見せた者や与えられた命令を遂行できなかった者を叱りつけるときに現われるのだった。

ヒトラーもスターリンも、戦争の戦略的な指揮をとるだけでは満足せず、作戦面にも絶えず口を出した。指揮官たちを前線から呼び出したが、参謀幕僚や彼らの上官に事前の相談もないことがしばしばだった。彼らはかわるがわる電話に呼び出され、スターリンに、あるいはヒトラーに、命令を実行しなかったとして罵られ、新たな命令を下され、しかもそれが戦闘のさなかのことがよくあった。二人とも、こうした行為が引き起こす混乱を意に介さず、他の誰をも信用せずに、将校をどやしつけ、脅しをかけて、部下に人間の耐えられる限界まで、さらにそれ以上に目的を追求させられるのは自分だけだと思っていた。

一九四一年十二月の半ば、まだソ連の新聞がモスクワの手前でドイツ軍を撃退したことを祝う記事を掲載しているとき、スターリンはすでに、反攻に転じてドイツ軍を元の位置まで押し戻す計画を立てていた。戦場の混乱も何のそので、スターリンには戦線の切れ目とチャンスが地図のうえで手招きしているのが見えた。いまやスターリンの想像力は、一八一二年のイメージに魅せられていた。前線の司令官たちを順番に呼んで命令を下していくうちに、計画中の作戦の規模がはっきりしてきた。作戦は北部で包囲されているレニングラードから南部で包囲されているセヴァストーポリまでおよんだ。レニングラードを解放したあと、ドイツの北方軍集団と中央軍集団を大包囲作戦により殲滅し、同時に南方軍集団からウクライナとクリミアを奪回しようというのである。

経験豊富な参謀総長シャポシニコフ元帥の悩みの種は、スターリンの途方もない要求に応じる力がソ連軍にあるかどうかということだった。職業軍人の目から見れば──この年すでに甚大な損害をこうむっていたので──兵士の数だけでも決定的な優位に立っている前線は一つもなく、その兵士の訓練も装備もひどく不足していた。バートフ将軍はクリミアからクレムリンに呼び出され、ブリャンスク方面軍を指揮するよう命じられて当惑していたとき、シャポシニコフがもの思いにふけっているのに気づいた。そして、シャポシニコフはバートフに「われわれにはまだ近代戦の経験が足りない」と語り、さらにドイツ軍をモスクワから撃退したが、「今日ここで戦争の結果を判断するわけにいかない。難局はこれから先に待ちかまえている」[*96]とつづけた。しかし、年老いて病身のシャポシニコフは、スターリンに何を言っても無駄だと知っていた。

一九四二年一月五日、スターリンが召集した最高統帥部《スタフカ》で、シャポシニコフはコメントを加えずに、スターリンの総攻撃計画を提出した。この攻撃の相手のドイツの三つの軍集団は、ヒトラーから、いかなる犠牲を払ってももちこたえ、占領地を寸土たりとも明け渡してはならないと命じられていた。ジューコフは、十二月の戦闘で最も大きな打撃をこうむった中央軍集団への攻撃に総力を傾けるべきだと主張した。もてる資源をすべての戦線に分散したのでは、突破口も開けず、無用な損害をこうむる危険があるというのだ。彼を支持したのは国家計画委員会《ゴスプラン》議長として戦時経済の責任を負うヴォズネセンスキーであり、すべての戦線で同時に攻撃をするのに必要な物資は供給できないときっぱり言った。スターリンは二人の反対を歯牙にもかけなかった。ジューコフもシャポシニコフも、話しあいが時間の無駄だったことを悟った。すでに前線の司令官たちに指令が送られていたのである。

一月に入ってから、赤軍はほぼ一六〇〇キロにおよぶ戦線で総攻撃をかけた。時として気温が摂氏零下三〇度から四〇度まで下がり、補給が不足していたので、陣形を整えるにも兵員が足りず、食糧にありつけたのもドイツ軍の食糧補給所を攻め落としたときだけだった。ヒトラーと同様、スターリンも自分に都合のよい話以外には耳を貸さず、勝敗を決するのは物資ではなく勝つ意志だと確信していた。さらに、やはりヒトラーと同じく、将校たちが専門的な訓練で身につけるのは、難点を見つけて作戦に異を唱えることだけだと信じていた。将校たちを鼓舞するために、スターリンは自分のかわりにメフリス、ブルガーニン、マレンコフを派遣した。しかし、三人は軍事知識もなしに現地へ乗りこんだので、行く先ざきで信頼関係を傷つけ、混乱を招くばかりで、現地の指揮官を励ますどころではなかった。

七〇日におよぶ激しい戦いのあいだ、スターリンが絶えず無線電話で口をはさみ、指揮官が誤りを犯しているといって彼らの判断を訂正させ、指揮官の免職や昇進や交代を命じ、戦闘配置を目まぐるしく変更するので、正規軍も予備軍も疲弊するばかりだった。ソ連軍の春季攻勢の勢いは衰え、ついに一九四二年三月末に攻撃はやんだ。ドイツ側の戦線は後退し、軍隊は大きな損害をこうむった（ソ連側も同じ程度の犠牲を払った）が、要地はいぜん確保されたままで、しかもレニングラードの包囲も解けず、スターリンの目標は一つも達成されなかった。

ソ連の軍隊と戦時経済が一九四一年の戦闘でこうむった空前の損害から立ち直るには時間が必要だということを、スターリンはまだ悟っていなかった。その年の終わりまでに、ドイツ軍はソ連の工業および農業資源の半分を押さえ、全人口の半分が住む地域を占領していた。数百万の兵員が死傷し、あるいは捕虜となったのに加えて、ソ連全土の鉱工業生産は一九三〇年代にくらべて半減していた。石炭生産の六三パーセント、銑鉄の六八パーセント、鉄鋼の五八パーセント、アルミニウムの六〇パーセントが被害を受けていた。農業も同様に、大きな打撃を受けた。四一年の終わりには穀物生産が三八パーセント減少し、四〇年末から四二年末までのあいだに畜牛の数が半減し、馬は二一〇〇万頭から八〇〇万頭に減った。

最終的にソ連が勝利を収めた原因は、二つ考えられる。まず、赤軍が開戦後の六カ月間の惨禍を乗り切って、組織的な戦力として生き残ったことである。もう一つ、それに劣らず重要な原因は、攻撃を受けるおそれのある西部地域の産業を移転し、東部での生産を拡大させて、ソ連の工業力を維持したことである。戦時の混乱のさなか、しかも人と物資を西へ移送するのに手一杯という悪条件下の鉄道を利用して、一〇〇〇万から一二〇〇万の労働者が東部へ移動したことは、それ自体信じがたく、前例のない離れ業である。しかし、これはまだ事態の半面にすぎず、労働者とともに移動したものに（ヴォズネセンスキーの報告から引用すれば）「何百もの企業、何万にもおよぶ工作機械、圧延機、圧縮機械、ハンマー、タービン、モーターなどがある……二五九三もの工業施設が一九四一年の後半に移転した。このうち一五二三社は大企業と言ってよく、二二六社がヴォルガ地方へ、六六七社がウラル地方へ、二二四社が西シベリアへ、七八社が東シベリアへ、三〇八社がカザフスタンおよび中央アジアへ移転した。そのうち一二〇〇社は四二年半ばまで操業をつづけていた[*97]」。

レニングラードが封鎖されて、ソ連の最も重要な工業地帯の一つで生産ができなくなった。しかし、包囲が完成する前に、建物は別として主要な設備の七割がすでに運び出されていた。次の二つの例から、この作戦がどれほどすみやかに実行されなければならず、人びとがどれほど奮闘したかが理解できよう。一つは、ウクライナのザポロージエの例である。

一九四一年八月十九日から九月五日のわずか一九日間に、ザポロージエの製鋼所から貨車一万六〇〇〇両分の重要な機械が運び出され、そのなかにはとくに貴重な鋼板の圧延機もあった……ズエヴァ発電所の大型タービンは八時間で輸送した。

第二は、航空機工場をヴォルガ川の岸辺に疎開させた例である。

一九四一年十一月二十六日、機器を積んだ最後の列車が到着し、十二月十日までの二週間で、最初のミグ戦闘機を組み立てた……十二月中にこの工場ではミグ三〇機とイリューシン2型ストルモヴィーク三機が生産された。[*98]

機械を収納する建物は、時間がないので木造のものしか建てられず、宿泊施設も足りないとあって、労働者は床のうえで機械に囲まれて眠ることがよくあった。ソ連の水準に照らしても、困窮ははなはだしく、食糧は乏しく、病院から学校にいたるまで、あらゆる設備が不足していた。軍需産業に労働者が動員されて軍規に従わされたが、戦闘部隊に人員が必要だったので、労働者の総数は当初の二八〇〇万人から一九四三年には二〇〇〇万人以下に減少した。そのころになると、軍需産業に従事する労働者の半数を女性が占め、農業では全労働力の三分の二を女性が占めていた。

戦時の混乱によって生産は急激に落ちこみ、三〇〇の兵器工場が操業を停止した。しかし、一九四二年には兵器産業では航空機を四一年より六〇パーセント増の二万五四三六機、戦車は四一年のほぼ四倍にあたる二万四六八八両を生産した。[*99]四四年には、ソ連の航空機の生産高は月に三〇〇〇機以上になり、戦争の最終段階では、ソ連空軍の保有機数はドイツ空軍の二〇倍に達した。

あらゆる資源の管理がいちじるしく中央に集中した。ゴスプランは、ヴォズネセンスキーが中心となって一九四一年から四二年用の緊急戦時計画を作成し、その後、年次ごとの軍事経済計画を立てた。決定権は、小規模ながら全権をもつ国家防衛委員会に集中した。国家防衛委員会は毎日のようにスターリンを議長として会合を開き、国民所得のうちで軍事費の占める割合を一九四〇年の一五パーセントから四二年には五五パーセントという、歴史上前例がないと思われるほどの高率に引き上げた。一九四二年の、とりわけ前半六カ月はきわめて重大な時期だった。その年の半ばには兵器の総生産量が戦前のレベルを上回っていた。交戦国が戦時の産業を拡大する場合のつねとして多くの誤りもあったが、ソヴィエト体制とスターリンの指導の下で、ロシア人が経済面にもたらした成果はきわだっていた。それは、同じ時期の軍事面におけるスターリンのみじめな成績を相殺して余りあるものだった。

一九四一年十二月には、ソ連との戦いが一年では終わらず、そのためにドイツの戦時生産の大幅な増大が必要になることは、ドイツ軍の指導部にも明らかになった。ここで決定しなければならない問題は二つ、どのようにしてそれを達成するか、そして（第三帝国の政治ではつねに難問だった）誰がやるかということだった。ゲーリングは自分の経済帝国が脅かされていることを感じとり、すでに先手を打ってトートの軍需相としての任務を引き継ごうと企んでいた。そうなれば、四カ年計画を生産の合理化の手段として利用できる。生産の合理化は、トートが先駆となって成功を収め、いまま十二月三日の総統指令によって至上命令とされていた。しかし、ゲーリングの強力なライバルたちは、無能なゲーリングこそが生産性を高めるうえで最大の障害であるとし、彼には経済の分野で任務を遂行する能力がないことはいままでさんざん見せられたとおりだと指摘した。

ゲーリングの無能ぶりや陰謀の話にうんざりして、ヒトラーは、元帥でしかも戦時経済最高責任者のゲーリングの権力をさらに強めれば、四カ年計画に関わる軍事および経済の官僚機構の拡大につながるだけだと結論した。この官僚機構については、ヒトラーはすでに批判的な見方をしていた。一九四二年二月七日にトートが飛行機の墜落事故で思いがけない死をとげると、ゲーリングはその後釜に座ろうとしてヒトラーに働きかけた。そうなれば、戦時経済にたいする支配力が完全なものになると思ったからだが、すでにアルベルト・シュペーアを任命したという答が返ってきた。実際は、シュペーアはまだその部屋にいて、予期せぬ指名に動揺した気持ちをようやく鎮めたところだった。シュペーアは以前から建築家としてヒトラーに重用されてきた側近の一人で、トートの代理で建設作業にたずさわった折りに、その統率力を認められていた。これはヒトラーが行なった人事のなかで最良の任命だったが、それだけではなかった。この二人（シュペーアはヒトラーよりも十六歳年少だった）のあいだに個人的な結びつきが生じたのである。それはヒトラーと他の誰との関係よりも友情に近いものだった。シュペーアを軍需相にしたことにはヒトラーなりの思惑があったようで、それまで責任ある独立したポストについていなかったシュペーアなら政治的には自分に依存するだけだろうし、そうなれば軍備に関する自分の支配力が増すだろうとみたのだ。一九三八年には国防相を、そしてつい最近には陸軍総司令官を更迭して自分がそのあとを引き継ぎ、戦略および軍事問題にたいする支配力を強めてきたヒトラーが、また同じ手を使ったのである。シュペーアの任命を公式に発表した翌日、ヒトラーは初の総統会議を開いた。総統会議は戦争末期まで開かれ、シュペーアが、そしてのちには代理のオットー・ザウアーが、ヒトラーと政策について話しあい、彼の決定を記録していた。

いぜんとして経済政策全般を支配しているゲーリングとの対決を避けるために、シュペーアは「四カ年計画の枠内で」軍備全権委員にしてほしいと提案して、ゲーリングは最終的に合意した。ゲーリングは、空軍の軍備（金額にして全軍備の四〇パーセントを占めていた）は自分の管轄にとどめるべきだと主張したが、シュペーアは、航空機生産の事実上の責任者だったミルヒと協力関係を結んで、ゲーリングの主張をかわすことができた。ミルヒはシュペーアとともに三人のメンバーからなる中央計画委員会に加わった。これは四月に創設された組織で、石炭、合成燃料、ゴムを除くすべての原材料の分配を管理することになっていた。

シュペーアの指揮のもとで、中央計画委員会は兵器以外の経済部門にも支配権を広げた。この委員会は参謀幕僚が軍事作戦の計画を立てるよう経済についての計画を立てる機関だと、シュペーアは経済・軍備局のトーマス将軍に語った。シュペーアは権力を自分に集中させる第一歩として、トーマスが管轄する組織をOKWから自ら管轄する軍需省に移した。シュペーアが支配権を手にできなかったのは、労働関係の部門だった。一九四二年三月に労働力配置総監に任命された大管区指導者のザウケルは思いどおりに振る舞い、(自分で主張したとおり)ヒトラーにたいしてのみ責任を負い、シュペーアもゲーリングも無視した。

シュペーアはゲーリングにかわって経済の最高権力者になることこそできなかったが、強力な機関をつくり、ヒトラーに支持されるかぎりにおいては合理化を進め、トートが始めた資本家との協力関係をより緊密にすることができた。彼は軍部の戦時経済への介入を減らし、そこに産業専門家や技術者などを加わらせて、生産が自分の仕事を熟知している人間の手で行なわれるようにした。それによって、設計の単純化、大量生産、従来のコスト・プラス方式の契約に代わる固定価格といった改革が可能になった。

中央計画に加えて、シュペーアは主要な兵器生産にトートの生産管理委員会というシステムを発展させて、特定の兵器群の生産にたずさわるすべての企業をそれぞれの委員会に監督させた。

シュペーアとトートのどちらにどれほどの功績を帰するかという問題は別として、二人が目ざましい成果をあげたことには疑問の余地がない。*100 連合国軍の空襲にもかかわらず、二年のうちにドイツの兵器生産は三倍になった。航空機の生産は一九四一年の一万一七七六機から一九四四年の三万九八〇七機とほぼ四倍になり、戦車と自走砲は一九四一年の五二〇〇両から一九四四年の二万七三〇〇両と五倍以上になったのである。

ドイツに国産の原材料、とりわけ石油が乏しいこと、すなわちドイツは敵国であるソ連、アメリカ、英連邦を総合した資源量にかなわないという現実は、どうにもならなかった。このことがベルリンではっきりと認識されていたことの証拠に、アメリカが参戦したあと、総統指令により、長期的な観点からドイツに連合国の生産に追いつく能力があるかどうかといった議論はいっさい禁じられたのである。この禁令の効果をあげるために、連合国軍の戦時生産に関する情報は政府諸機関に伝えてはならないとされ、職務上、その情報が必要な機関でさえ例外ではなかった。シュペーアも、ドイツ経済を効率的に戦時経済へと移行させる以前の二年間の無駄を帳消しにできなかった。とくに、航空機や軍艦のように開発に長い時間が必要な兵器の生産については取り返しがつかなかった。しかし、ドイツ産業の潜在力がようやく現実化され、一九四二年にヒトラーは勝利を目指してもう一度賭けに出られたし、それが失敗に終わったあとも、ほぼ二年半にわたって戦争をつづけられたのである。

スターリンと違って、ヒトラーは東部戦線以外の戦場にも軍隊を送らなければならなかった。しかし、東部戦線にかかりきりになったため、彼の戦略の根本的な欠陥が増幅された。それは——大陸間の戦争を口にしていながら——全体としての戦争の大きさを把握できなかったこと、手遅れになるまで地中海と大西洋に目を向けなかったこと、イギリスの復元力とアメリカの力を過小評価していたことである。

ソ連への攻撃を始める前に、ヒトラーはレーダー提督の意見をしりぞけたが、そのとき、ソ連を倒してから彼の提案に応じて地中海での戦いを強化すると約束していた。ヒトラーが一九四一年から翌年の春までに地中海へ送った部隊は防衛だけを目的としたもので、イタリア軍が壊滅するのを防ぐためだった。しかし、冬が終わるころに地中海での攻撃をまたもちだしたレーダーは、自分の構想を「大計画」だと誇大に吹聴してヒトラーの関心をひき、地中海から中東を抜け、カフカースで北から進んできたドイツ軍と合流し、日本と協力して大英帝国を大きく包囲する作戦を披露した。

第一段階として、ヒトラーは一九四二年の夏に両面作戦を展開することに同意した。

一つは「アイーダ作戦」と呼ばれ、砂漠での攻撃を再開してエジプト、スエズ、さらにはペルシアの獲得をも目指すというものだった。もう一つのマルタ島占領作戦は、ロンメル部隊の補給ルートとなる要地の確保を狙っていた。ロンメルの部隊は快調なすべりだしで、トブルクを占領し、ついでエジプトに侵攻した。六月の終わりにはエル・アラメインに達して、アレクサンドリアまで一〇〇キロ強の地点に迫っていた。しかし、ヒトラーはこのあと口実を設けてもう一つの計画のマルタ島攻撃を延期したため、ロンメルの攻撃は勢いを殺がれ、イギリス軍の増強を許す結果となった。ヒトラーの関心はソ連以外の戦場については一貫性を欠き、北アフリカはそれを失いそうになるまで余興としか考えておらず、全体としての戦争の流れのなかでどういう位置を占めるのかをまったく把握していなかった。一九四〇年、イギリスがどん底に沈んでいたとき、チャーチルにはそれが把握できていたのだ。

ヒトラーはもう一つ、さらに大きな誤りを犯して、海軍力の重要性と大西洋での戦闘を過小評価したため、後手を踏んでしまった。レーダーは、イギリスを破る確実な方法は、その交易ルートを攻撃して港を封鎖することだといつも言っていた。ところが、ゲーリングの反対によって海軍航空隊の設立が中止され、またレーダーが空軍の協力のもとにイギリスの船舶と港湾に効果的な攻撃を加えることもできなかった。それればかりでなく、ヒトラーも潜水艦の戦いになる可能性を無視して、戦艦の建造を優先していた。しかし、一九一七年にイギリスを降伏寸前まで追いつめたのは、ほかならぬUボートだったことを考えれば、一九四〇年代に空軍が失敗した作戦もUボートなら成功を収めていた可能性がある。またUボートなら、アメリカ軍がイギリスに足場を築いてヨーロッパ大陸に再び介入するのを防げたかもしれなかったのだ。

開戦当時、Uボート艦隊の司令官カール・デーニッツは、三〇〇隻の潜水艦が必要だと考えていたが、手元には五七隻しかなく、しかも外洋航行作戦が可能なのはそのうちの二三隻だけだった。一九四一年には潜水艦の建造が損失を充分に上回ったので、デーニッツの艦隊は威力を発揮した。一九四一年四月には、イギリスおよび中立国の艦船六四万四〇〇〇総トンが撃沈されたが、その半数以上がUボートによるもので、残りはドイツ空軍によるものだった。この年に海上でイギリス船籍の艦船に与えた損害は四〇〇万総トン以上（一二九九隻）にのぼった。これほどの損害は償いようもなく、そのうえ四二年には、ドイツ軍がイギリス側で解読できない暗号を採用したこともあって、損害は前年のほぼ二倍になった。

このように目覚ましい成果をあげたので、ヒトラーは考えを変え、Uボートが戦争の勝敗を決する要素だと言いはじめた。一九四二年三月の一カ月間で、Uボートは二七三隻、総計八三万四一六四トンの船を沈めた。五月に、デーニッツは初めて総統会議に呼ばれたとき、Uボートの建造や修理に従事する者の兵役を免除するよう要請して、ヒトラーの同意を得た。四二年には三〇〇隻以上のUボートがつくられ、イギリスのこの年の損害は総計七八〇万トン（一六六四隻）にのぼった。

この大西洋の戦闘は一九四一年以降で最もドイツが勝つ見込みのある戦いだった。チャーチルは、大西洋ではイギリスが戦争に敗れる可能性がまだあることを重々承知していた。また、Uボートによる被害のため、イギリスおよび連合国の海運は限界にまで落ちこみ、四三年までそれがつづいた。さらに地球の裏側の極東で戦争が始まって、いちじるしく緊張が増した。アメリカは太平洋での戦争に直面して、大西洋のイギリスにこれまでのような援助を与えられなくなり、イギリスは相次いで植民地――マレーシア、シンガポール、ビルマ――を失うという屈辱を味わい、日本はさらにインドを脅かしてイギリスの「帝国神話」を打ち崩し、大英帝国に終止符を打つかに見えた。海軍の最も近代的な軍艦二隻『プリンス・オブ・ウェールズ』と『レパルス』は四一年十二月に日本の航空部隊に撃沈され、イギリスの海軍力の信頼性も揺らぎはじめた。

一九四一年五月に「不沈」と言われた最新鋭の戦艦『ビスマルク』がやはり空襲にあって航行不能になったことから、ヒトラーのほうでも同様の幻滅を味わっていた。「私はこれまでつねに大型艦の熱心な支持者だった」と、同年十二月にヒトラーは海軍の副官に言った。「しかし、大型艦の時代は終わった。空襲を受ける危険が大きすぎる」[101]。『ビスマルク』の姉妹艦『ティルピッツ』を同じ危険にさらすわけにいかなかったので、ヒトラーはレーダーに命じてドイツの残りの主力艦で大西洋の商船を襲撃するという考えを断念させ、艦船をノルウェーに撤退させた。そこならば、ドイツの海上艦隊はロシア北部に補給品を運ぶ連合国軍の護衛艦隊を攻撃できるし、沿岸の防備を強化してイギリスとアメリカの襲撃に対抗することもできた。ヒトラーは両国がノルウェー奪回のために襲撃計画を立てていると確信していた。

同時に、一九四二年の夏、連合国軍がイギリス海峡を渡って進攻してくるのを恐れ、ヒトラーはフランスとベルギーに駐留していたドイツ軍の兵員を二九個師団に編成し、フォン・ルントシュテットに指揮をとらせた。「西ヨーロッパを失ってしまったら、ソ連で勝っても何にもならない」と、ヒトラーはハルダーに語った。イギリスに――そしていまやアメリカに――ヨーロッパ大陸で足場を回復させないように、ヒトラーは四三年四月までに「大西洋の防壁」を完成させるよう命じた。これは、一万五〇〇〇のコンクリート製地下壕に五〇万の兵員を収容し、さらに一五万の予備部隊を用意するというものだった。

ヒトラーは英米軍が進攻してきたときの脅威をつねに考えていた。両国が進攻してくれば、西方に「第二戦線」ができることになり、スターリンはこれを非常に重視していたが、ヒトラーは一九四三年以前に攻撃は始まらないだろうと考えていた。四三年まではソ連での戦争に勝利を収め、「大西洋の防壁」が完成し、ドイツは総力を結集して海岸線を守れると期待していたのだ。ところが、四二年には別の「第二戦線」ができはじめていた。ドイツ本土を狙った連合国軍の空襲で、これは連合国がドイツ人に戦争を肌で感じさせる唯一の手段となった。この戦いに勝利を収める望みがはかないとわかっても、ドイツの産業は爆撃による損害の増加を生産の拡大で帳消しにしていたが、それも四四年の夏までで、ナチがドイツの都市を空襲から守れないという事実は、ナチの、そしてとりわけゲーリングの威信にとって深刻な打撃となった。四二年五月末に、イギリス空軍は一〇〇〇機の爆撃機を動員してケルンに初めての爆撃を加え、夏にはハンブルクを標的として九日間に七回にわたって激しい爆撃を加えた。焼夷弾による火災は手に負えず、家屋の半数が焼失し、残りの半数も損害をこうむった。住民の死者は五万を数え、生存者一〇〇万人はこの町から逃げた。しかし、どちらの都市の士気も衰えず、その点ではかつてのロンドンと同じだった。しかし四三年には、ドイツの夜間戦闘機がイギリスの爆撃機に損害を与えるようになり、イギリスはアメリカの空軍司令部とともに戦術を考えなおさなければならなくなった。

8

ソ連の冬季攻勢がまだつづいているさなかに、スターリンと最高統帥部《スタフカ》は一九四二年春の計画を検討しはじめた。三月半ばに参謀幕僚が出した結論では、赤軍は守勢をとるべきであり、ドイツ軍の攻撃をもちこたえて敵を消耗させる一方で、熟練した兵士と物資の予備を蓄えておき、夏になってから兵力の衰えた敵にたいして決定的な反攻に出るべきだとしていた。シャポシニコフとヴァシレフスキーは、守勢をとるあいだ、ソ連司令部はモスクワを掩護する中部戦線に注意を集中するべきだと主張した。

スターリンは参謀幕僚の見方に直接異議を唱えはしなかったが、全般的には守勢をとりながら「部分的な攻撃」を組み合わせることを考えていた。クレムリンでの深夜の会議で、彼はこう言っている。「序盤戦でも、ドイツが攻撃してくるあいだ、ただ守勢にまわって手をこまねいているだけではだめだ。こちらからも打って出て、広範な戦線で機先を制し、敵の備えを攪乱するべきだろう」

とりわけスターリンの関心を引いたチモシェンコの提案は、五月に南方軍集団を攻撃してハリコフを奪回するというものだった。スターリンは自分の都合次第で個々の司令官と個人的に「取引」した。たとえば、赤軍中将のホージンには、レニングラードを制圧しているドイツ軍を打ち破るために新たな攻撃の指揮をまかせた。スターリンはさらに三カ所での「部分的攻撃」に合意を取りつけて、北部方面軍と中央方面軍に攻撃させるとともに、ケルチ攻撃を再開してクリミア半島からドイツ軍を一掃するよう指示した。参謀幕僚は、そんなことをすれば戦力を充分に蓄えられなくなり、このあとの戦略への備えに支障をきたすことを懸念した。

スターリンは、一九四二年中に連合国軍が西方で第二戦線を開き、そのことによりドイツ軍は東方から撤退すると確信していた。そして、さらに独断的な判断を下し、ヒトラーが南部を攻撃するのではないかという意見を無視して、ソ連軍を中央部に集中させるべきだと主張した。「ルーシー」と「ウェルター」という二つの最も信頼できる情報筋から、カフカースを狙うドイツの「青作戦」の作戦命令を知らせても、スターリンはドイツ側が例によって「陽動作戦」をとっているのだと言い張り、ソ連の情報機関はドイツの「本当の」意図を示す証拠がつかめないのだと悪口を浴びせた。ウラル地方の工場が奮起して冬のあいだに戦車四五〇〇両以上、航空機三〇〇〇機、火砲一万四〇〇〇門を生産したことに元気づけられ、スターリンは一九四一年のようなモスクワ制圧の企てを二度と許すまいと決心し、あわよくばレニングラードの包囲を崩してハリコフを奪回し、クリミアを解放したいと思っていた。

ドイツ軍の諜報部もソ連側の意図を示す証拠を手に入れ、五月のチモシェンコによるハリコフ攻撃をもってスターリンが戦闘の口火を切るつもりだと予想した。ソ連軍はまたしても包囲される危機に直面し、今回はハリコフの南東だった。赤軍参謀総長代理のヴァシレフスキーは、チモシェンコの部下の政治委員フルシチョフの支持を得て、ハリコフ攻撃を中止するようスターリンを説得しようとした。しかし、スターリンが同意する気になったのは、やっと五月十九日になってからで、チモシェンコの率いる部隊は全力を傾けてドイツの罠を突破しようとしたが、もはや手遅れだった。数千人の士官と兵士の必死の努力も報いられず、多くの人命が失われ、二三万七〇〇〇人以上が捕虜になった。レニングラード戦線ではヴラーソフの指揮する第二突撃軍の九個師団が同じ運命をたどっていた。

南部では、スターリンがメフリスを送りこんでクリミア戦線に活を入れ、セヴァストーポリを解放させようとした。だが、メフリスが介入しても、現地の司令部をいたずらに混乱させるだけだった。そのため、五月にフォン・マンシュタインの率いる第一一軍がケルチ半島に奇襲をかけたとき、手も足も出なかった。この惨劇のなかで、ソ連軍二一個師団が崩壊し、損害は兵士一七万六〇〇〇人、前線に配備していた戦車三五〇両と火砲三五〇〇門の大半だった。これに関わったメフリスと現地の指揮官の全員が降格ないし免職の処分を受けた。ケルチを占領したあとの六月には、さえぎる敵もなく、フォン・マンシュタインはこの戦争で最も集中的な攻撃をセヴァストーポリ要塞にたいして加えた。二七日間にわたり、重砲と航空機によって絶え間ない爆撃を加え、要塞線をずたずたにして、あらゆるものを破壊し、残ったのは守備隊の生存者一〇万六〇〇〇人だけだった。

フォン・マンシュタインの勝利は、ソ連側の攻撃の失敗を決定づけ、ヒトラーによる二度目の夏季攻勢の先ぶれとなった。ヒトラーが冬季のドイツ軍の撤退を食い止められたのは、将軍たちの専門的な助言をものともしない意志の力だったということから、ヒトラーはさらに使命感を強めた。冬の危機が頂点に達していた一九四二年一月三十日の演説で、ヒトラーは「自らにたいする揺るぎない自信」を口にし、「何が起ころうとも、私を引きずりおろすことはできないし、何ものも私の地位を揺るがすことはできない」[*102]と述べた。ゲッベルスは、日記に書いている。

［一九三三年のヒトラーの首相就任を記念する］集会は、一九三〇年、三一年、三二年の集会と同じく成功を収めた……総統は国家全体にまるで蓄電池のようにエネルギーを充電した……彼が健康でわれわれとともにあるかぎり、またわれわれにその魂の力を与えてくれるかぎり、われわれはいかなる災いにも毒されることはない。[*103]

ところが、一九四二年三月に司令部を訪れたゲッベルスは、冬の作戦ですっかり消耗したヒトラーの姿を見てショックを受けた。「ヒトラーの髪は真っ白になり、冬の心配をするばかりで、ひどく老けこんだように見えた」[*104]。しかし、危機は去り、ヒトラーはその危機を克服した。「私には神の加護があるのだと思う」とムッソリーニに語り、自分が信じたいことは何でも真実だと思いこむいつもの悪癖に駆られて、危機を招いた責任が自分にもあるとは考えようとせず、もっぱら軍の幹部を非難した。春になると、以前にもまして、自分の希望に反する助言には――あるいは情報にさえ――耳を貸そうとしなくなった。そのために、自己批判によって何かを学ぼうとはせず、最後にはすっかり現実離れしてしまう結果となった。

全体として、ヒトラーは一九四一年十二月にはそれが可能だとは思われなかった以上の快活さで冬を乗り切った。軍隊は彼への信頼を失わず、ヒトラーもモスクワから一六〇キロ以内に前線らしいものを保持していた。東部のドイツ軍は三五〇万を数えるほか、戦力に疑問はあるが一〇〇万の枢軸軍を擁していた。これにたいしソ連軍は五五〇万が「戦線で対峙し」、さらに多くの予備戦力を温存していた。ヒトラーは信じなかったが、もっと不吉だったのは一九四二年にソ連の装甲車両と航空機の生産がドイツのそれを上回った事実だった。そして、ドイツはそれに決して追いつけなかったのである。

ソ連はヒトラーの「青作戦」の第一段階について知っていたが、スターリンがそれを「罠」だと信じつづけていたので、ドイツ軍の攻撃に不意をつかれるかたちとなった。相手はモスクワを狙ってきたのではなく、ドン川流域を押さえ、交通の要衝であるスターリングラードを占領し、カフカースの油田地帯に進攻することを目指してい

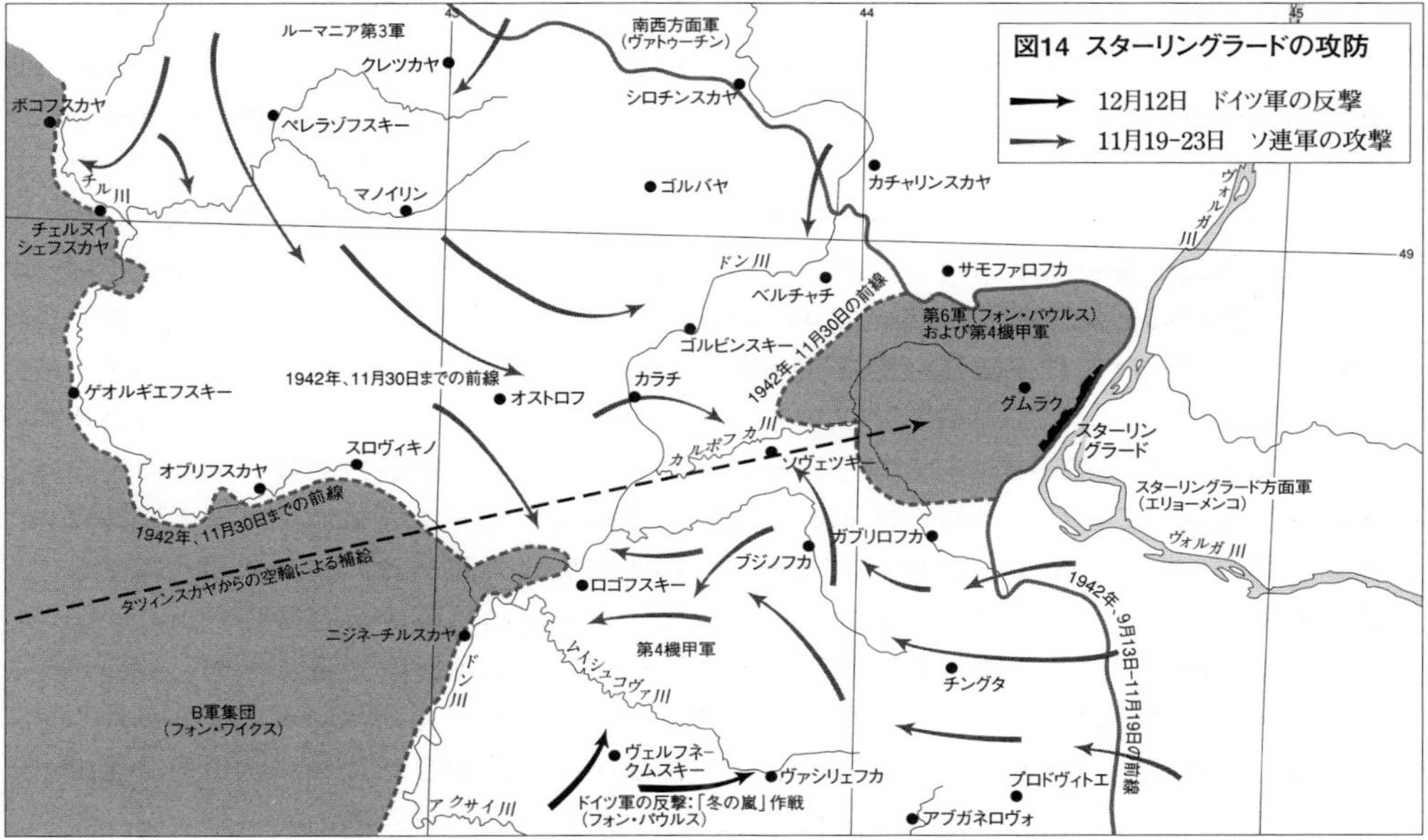
図14 スターリングラードの攻防
12月12日 ドイツ軍の反撃
11月19-23日 ソ連軍の攻撃
ルーマニア第3軍
南西方面軍
(ヴァトゥーチン)
クレツカヤ
シロチンスカヤ
ボコフスカヤ
ペレラゾフスキー
マノイリン
ゴルバヤ
カチャリンスカヤ
チル川
チェルヌイ
シェフスカヤ
ドン川
ベルチャチ
サモファロフカ
1942年、11月30日の前線
第6軍(フォン・パウルス)
および第4機甲軍
ゴルビンスキー
ゲオルギエフスキー
1942年、11月30日までの前線
オストロフ
カラチ
グムラク
スターリン
グラード
カルポフカ川
ソヴェツキー
スロヴィキノ
オブリフスカヤ
スターリングラード方面軍
(エリョーメンコ)
ヴォルガ川
タツィンスカヤからの空輸による補給
ガブリロフカ
ブジノフカ
ロゴフスキー
1942年、9月13日-11月19日の前線
ニジネ-チルスカヤ
第4機甲軍
アイシュコヴァ川
チングタ
B軍集団
(フォン・ワイクス)
ヴェルフネ-
クムスキー
ヴァシリェフカ
プロドヴィトエ
アクサイ川
ドイツ軍の反撃:「冬の嵐」作戦
(フォン・パウルス)
アブガネロヴォ
43
44
45
49

た。スターリンと最高統帥部が戦線を立て直してソ連軍がドン川の湾曲部で大規模な包囲作戦に捕えられるのを防ごうと必死になっているころ、ヒトラーは七月半ばにウクライナのヴィンニツァの前進司令部に移動し、ソ連軍はもう「終わり」だと確信していた。ドイツ側の計画では、B軍集団がドン川沿いに進軍をつづけ、南部でリストの率いるA軍集団と合流してスターリングラードを奪うことになっていた。両軍集団の先鋒部隊がドネツ川下流とドン川を渡って東進し、実際に合流したとき、ヒトラーは突然、スターリングラードにすばやく進撃する考えを棄ててしまい、A軍集団を東のカフカース攻撃に振り向け、その手始めに南部のロストフを占領すべく方向転換させた。

ところが、これはヒトラーの思いこみによる決定的な間違いだった。彼は、ソ連軍の抵抗が、一九四一年と同じくいまにも崩れそうだと信じ、また本来は最初にスターリングラード、次にカフカースと順次実行する予定だった二つの作戦を同時に展開できると考えたのである。スターリングラード占領を待たずに、ドイツ軍は二手に分かれた。七月二十三日にロストフを奪い取るとすぐに、リストの率いるA軍集団は黒海の東岸にまわってバトゥーミに向かうよう命じられ、一方、第一、第四機甲軍はB軍集団から分かれ、カフカースの油田地帯を攻撃し、マイコプ、グロズヌイ、そして最終的にはバクーを占領するよう命令された。

そのため、B軍集団は核となるのがフォン・パウルスの率いる第六軍だけになってしまい、あとはイタリア、ハンガリー、ルーマニアの三つの同盟国軍だった。しかも、機甲部隊のほとんどがカフカースに振り向けられた状態で、スターリングラードを占領してカフカースと中央ロシアを結ぶ重要な道路と鉄道を分断しなければならなかった。第一一軍は、司令官のフォン・マンシュタインがケルチ海峡を渡って南部のドイツ軍と合流したがっていたにもかかわらず、予定を変更され、北のレニングラード戦線へと向かった。

一九四二年の初めから、ソ連軍は敗北に敗北を重ねていた。すでに工業地帯のドネツ盆地を失い、いまや主要な燃料供給地であるカフカースが脅かされていた。開戦当時の教訓を生かして、ソ連軍はヒトラーがロストフで包囲を計画していた軍勢の大半を撤退させていた。しかし、空ではドイツ空軍がいぜんとして優位に立っていて、最大限で一日にのべ三〇〇〇回の出撃が可能だった。これは規模では勝っているソ連空軍の一〇倍の攻撃能力だった。だが、またしても計画を変更し、ヒトラーは第四機甲軍をカフカースから呼び戻して、フォン・パウルスの第六軍の支援にまわした。第六軍はドン川湾曲部でソ連軍を圧倒し、川を渡ってさらに五六キロ進んで、八月二十三日にはヴォルガ川に達した。そこはスターリングラードの北部郊外にあたっていた。

スターリンは内戦のときに白軍から守ったこの都市――当時のツァリーツィン――

に自分の名前をつけた。政治委員のフルシチョフ、陸軍参謀総長に昇進したヴァシレフスキー、そして前線の指揮官たちは、ドイツ軍の成功を知ったスターリンの怒りを無線電話でまともにくらった。一般市民と産業がすでにドイツ空軍による被害を受けていることを考慮して、ヴォルガ川の対岸に疎開させるかどうかをたずねたところ、スターリンから短い答が返ってきた。

その問題を議論する気はまったくない。産業を疎開させたり、工場に地雷を敷設したりすれば、スターリングラードを明け渡すことに決まったと相手に思われることくらいわかりそうなものだ。したがって、国家防衛委員会は、産業の解体とか疎開などの準備はいっさい禁止する。

独ソ戦に関するイギリスの専門家ジョン・エリクソンが記しているように、「この発言によって、スターリンは、自らと赤軍とロシア人を、戦争の歴史のうえで最も苛酷な戦いに巻きこむことになった」[*105]。

ヒトラーはスターリングラードを占領する決意を固めたが、スターリンのほうでも同じく、断固としてそれを阻む決意だった。だが、ヒトラーはすでにチャンスを逸していた。第四機甲軍は、ヒトラーがB軍集団から外してカフカースに送りこんでいなければ、七月中にやすやすとスターリングラードを占領していたと思われるが、カフカースから呼び戻されたときにはソ連軍の抵抗は堅固になっていて、九月から十月にかけて奮闘したにもかかわらず、その抵抗を破れなかった。

ヴィンニツァにある丸太小屋でできた夏の野営地を第二の司令部として選んだのは間違いだった。うだるような暑さで、湿気が多く、マラリアを媒介する蚊が雲集していた。ヒトラーは絶えず頭痛がして考えがまとまらないとこぼした。決定的な勝利がまたしても手をすり抜けていくと、すべてを軍の責任にした。陸軍参謀総長のハルダーはヒトラーの怒りの矢面に立たなければならず、のちにこう書いている。

　　ヒトラーの決定は、過去何世代にもわたって認められてきた作戦や戦略の原則と共通する点がなくなってしまった。それらの決定はとっさの衝動からくる激情的な性格がもたらしたものであり、その性格は可能性に限界があることを認めず、欲しいとなればすぐに必要だと決めてしまうたぐいのものなのだ。*106

一九四二年の前半にはスターリンについても同じことが言えたかもしれないが、彼は過ちを——その犠牲の大きさは別として——乗り越えて、少数の傑出したソ連軍の将校グループと以前より安定した関係を築きはじめていた。ヒトラーの犯した過ちの影響は本人におよびはじめたばかりの段階だったが、時が経つにつれて軍や参謀幕僚との関係は修復しがたいまでに悪化した。

ヒトラーは、ソ連は資源が尽きたという自らの状況判断に疑問を投げかけた情報機関の報告に、スターリンに負けず劣らず強く抵抗した。こうした場面を回想して、ハルダーは次のように書いている。

ヒトラーは報告書が読み上げられるのを聞いていて、スターリンがいぜんとしてスターリングラードの北部地区に一〇〇万から一二五万人の兵士を集結でき(そのうえ、カフカースにも五〇万人)、またソ連の一カ月の戦車の生産台数が一二〇〇両だと耳にすると、拳を固め、口から泡を吹きながら、その報告書を読んでいる者にとびかかり、そんなばかげた報告は読むなと命じた。[*107]

九月、リストの率いるA軍集団は、カフカースまで来たところで、スターリングラードと同様に強化されたソ連軍の抵抗にあい、前進を阻まれた。ヒトラーはいてもたってもいられず、ヨードル将軍を派遣して実情を調べさせた。戻ってきたヨードルがあえてリストを庇おうとすると、ヒトラーはまた烈火のごとく怒った。何よりもヒトラーの怒りをあおったのは、ヨードルがヒトラーの以前の指令をひきあいに出して、リストはその命令を実行したにすぎないと言ったことだった。以後、その年を通じて、ヒトラーは二度と参謀たちと食事をともにしようとしなかった。そしてヨードルには、彼を更迭してフォン・パウルスがスターリングラード占領を完了しだい後任にあてると言い、さらに陸軍元帥のリストには辞任を要求して、カフカースのA軍集団の司令官には自身が就任した。誰かほかに、昔の自分の言葉をひきあいに出して逆らおうとする不心得者がいないかどうかを探ろうとして、ヒトラーはボルマンに命じて帝国議会の速記者の一団を東プロイセンに向かわせた。そして、軍事会議における発言を逐一記録させた――一日について五〇〇ページほどの議事録ができた。会議そのものも、もはや地図を掲げてあるヨードルの部屋ではなく、ヒトラーの司令部で行なわれ、よそよそしい雰囲気だった。

九月十三日、ドイツ軍は総力をあげて空と陸からスターリングラードを攻撃しはじめた。激しい戦闘が人気《ひとけ》のない市街や建物のなかでつづき、ドイツ軍はソ連軍のV・I・チュイコフ将軍の率いる第六二軍という手強い敵と対峙した。闘志あふれるこの将軍は、つねに戦闘の真っ只中にいて、日中に失った場所を夜には取り返した。ハルダーが攻撃を打ち切るよう進言すると、ヒトラーは彼を解任した。「私が神経をすり減らす原因の半分は、貴様にある。こんな状態をつづけていてもしかたがない。われわれにいま必要なのは、国家社会主義の情熱であって、専門的な能力ではない。貴様のような古臭い将官に、それを期待しても無駄だ」*108

ハルダーのあとを継いだ十一歳年下のツァイツラーも同じ助言を繰り返したが、ヒトラーは攻撃を断念せよとの意見には耳を貸そうとしなかった。十月十四日、スターリングラード攻防戦は新たに激しさを増した。ドイツ側は、第六二軍の倍の九万人が火砲および迫撃砲二〇〇〇門、戦車三〇〇両、それに第四海軍航空隊の航空機一〇〇〇機で攻撃を加え、チュイコフらは持てる戦力を総動員して、この町――三つの大工場を囲む奥行きわずか三・七キロの橋頭堡であり、すぐうしろはヴォルガ川である――を守り抜くよう命じられた。

狭い場所で激しい戦闘を展開したので、しばしば肉弾戦がそこここの家屋で演じられた。この戦いがいかなるものであったかは、スターリングラード攻防戦の勝敗を画した出来事の一つ、「パヴロフの家」の話がよく語っている。この四階建ての家は、「一月九日広場」への入口を掩護するかたちになっていて、第一三親衛師団のパヴロフ軍曹がたてこもり、六〇人の兵士とともに迫撃砲、機関銃、対戦車兵器を装備していた。三階で見張っている狙撃兵が路上で動くものは何であれ狙い撃つことができたうえ、パヴロフが広場に地雷を敷設して戦車を寄せつけなかった。大砲や迫撃砲の砲火を受け、爆撃もされたが、パヴロフは五八日間にわたってあらゆる攻撃をしりぞけた。

ドイツ軍はチュイコフ軍を二つに分断し、橋頭堡も九〇〇メートルまで崩してヴォルガ河畔に達したが、一五昼夜にわたって間断なく戦いがつづいたあと、両軍とも疲れきって戦闘を中断した。ソ連軍はヴォルガ川西岸でなおもちこたえていた。

チュイコフを救うために、ソ連側の反攻はすでに始まっていたが、ほとんど成功していなかった。スターリンはもっぱらスターリングラードの状況に関心を向けていた。しかし、九月半ば以降、ヴァシレフスキーとジューコフ（国防人民委員としてスターリンの代理をつとめていた）は、はるかに野心的な作戦計画を立てていた。それが成功すればスターリングラードを救うにとどまらず、フォン・パウルスの第六軍を包囲できるはずだった。この戦略的な反攻では、二方向からの包囲が必要とされ、スターリングラードの南北三二〇キロにわたる戦線で敵を掃討する予定だった。攻撃は一〇〇万人以上の兵士を集めて状況を説明してから開始することになっていた。スターリンはその計画を承認すると、ジューコフとヴァシレフスキーを計画の実行責任者とした。十一月十一日、作戦開始の直前、ジューコフがモスクワでスターリンに最後の準備について報告していたとき、チュイコフと第六二軍はドイツ軍が再開した橋頭堡への攻撃に直面しなければならなかった。弾薬は尽き、ヴォルガ川の流氷のために援軍も求められぬまま、苦しい一週間を体力のかぎりを尽くし、かろうじて守ってきた橋頭堡である。

ヒトラーは第六軍の側面が脅かされている事実を深刻に受けとめようとはせず、ルーマニア軍と、ほとんど訓練を受けていない空軍の兵士で編成した数個師団を援軍に送れば充分だと思っていた。ところが、ソ連の三個軍集団はこの援軍を壊滅させ、五日足らずで周囲のドイツ軍を一掃して、第六軍の二二個師団を包囲したのである。

ドイツ軍の猛攻撃をしのいでスターリングラードを守り抜き、しかも大規模な包囲作戦を成功させたこの戦いは、東部戦線における戦闘の転換点として特筆すべき出来事だった。それまで、優位はずっとヒトラーの側にあった。彼の夏季攻勢は、モスクワでの冬の失敗を帳消しにしてあまりあるものだった。ジューコフとヴァシレフスキーはスターリングラードでヒトラーを阻止したことはわかっていたが、その後の展開は彼らの予想をはるかに越えて、単なる局地的な勝利にとどまらず、一九四二年末には平衡状態にあった東方における軍事的なバランスが、スターリングラードでの成果によって一九四三年にはソ連側に傾き、二度と元に戻らなかったのである。

（第4巻につづく）

＊本書は、二〇〇三年に当社より刊行された著作を文庫化したものです。
＊第４巻は２０２１年６月初旬に刊行します。（全４巻）
＊原注は第４巻の巻末にまとめて掲載します。

草思社文庫

対比列伝
ヒトラーとスターリン（第3巻）

2021年4月8日　第1刷発行

著　者　アラン・ブロック
訳　者　鈴木主税
発行者　藤田　博
発行所　株式会社 草思社
〒160-0022　東京都新宿区新宿 1-10-1
電話　03(4580)7680(編集)
　　　03(4580)7676(営業)
　　　http://www.soshisha.com/

印刷所　株式会社 三陽社
付物印刷　中央精版印刷 株式会社
製本所　大口製本印刷 株式会社
本体表紙デザイン　間村俊一

ISBN978-4-7942-2512-2　Printed in Japan

草思社文庫